|光明社科文库|

城市群绿色发展布局及其协调发展策略研究

以湖北省为例

张欢　成金华　呙孙林◎著

光明日报出版社

图书在版编目（CIP）数据

城市群绿色发展布局及其协调发展策略研究：以湖北省为例 / 张欢，成金华，冴孙林著. -- 北京：光明日报出版社，2022.12
ISBN 978-7-5194-7030-2

Ⅰ.①城… Ⅱ.①张…②成…③冴… Ⅲ.①城市群—绿色经济—经济发展—研究—湖北 Ⅳ.①F299.276.3

中国版本图书馆 CIP 数据核字（2022）第 251097 号

城市群绿色发展布局及其协调发展策略研究：以湖北省为例
CHENGSHIQUN LÜSE FAZHAN BUJU JIQI XIETIAO FAZHAN CELÜE YANJIU: YI HUBEISHENG WEILI

著　　者：张　欢　成金华　冴孙林	
责任编辑：刘兴华	责任校对：李　倩　李海慧
封面设计：中联华文	责任印制：曹　净

出版发行：光明日报出版社
地　　址：北京市西城区永安路 106 号，100050
电　　话：010-63169890（咨询），010-63131930（邮购）
传　　真：010-63131930
网　　址：http://book.gmw.cn
E - mail：gmrbcbs@gmw.cn
法律顾问：北京市兰台律师事务所龚柳方律师

印　　刷：三河市华东印刷有限公司
装　　订：三河市华东印刷有限公司

本书如有破损、缺页、装订错误，请与本社联系调换，电话：010-63131930

开　　本：170mm×240mm	
字　　数：394 千字	印　张：22
版　　次：2023 年 8 月第 1 版	印　次：2023 年 8 月第 1 次印刷
书　　号：ISBN 978-7-5194-7030-2	
定　　价：98.00 元	

版权所有　　翻印必究

前　言

　　城市群化是我国当前城镇化的重要特征，中心城市和城市群已成为我国承载发展要素的主要空间形式。2021年3月11日第十三届全国人民代表大会第四次会议通过的《中华人民共和国国民经济和社会发展第十四个五年规划和2035年远景目标纲要》提出，"开拓高质量发展的重要动力源"要"以中心城市和城市群等经济发展优势区域为重点，增强经济和人口承载能力，带动全国经济效率整体提升"。当前，我国已经形成京津冀、长三角、珠三角、长江中游、成渝5个跨区型城市群和中原、关中、哈长、山东半岛、辽中南、海峡两岸、江淮、北部湾、天山北坡、晋中、兰西、滇中等近20个区域型城市群或地区型城市群。这些城市群承载着我国60%以上的人口和80%以上的国内生产总值，大约有70%的城镇人口集中在这些城市群。

　　湖北正着力构建"一主引领、两翼驱动、全域协同"发展布局，加快形成"强核、壮圈、带群、兴县"多点支撑、多极发力格局是湖北省构建以城市群为主体承载发展空间布局的具体表现。进入21世纪以来，湖北省主动服务和融入共建"一带一路"、长江经济带发展、促进中部地区崛起、长江中游城市群建设等国家战略，紧扣一体化和高质量发展要求，积极探索区域发展布局。当前，湖北省已整体进入工业化后期和城市群化快速发展阶段，武汉城市圈、宜荆荆恩城市群和襄十随神城市群已成为承载湖北省经济社会发展的空间形态。2021年4月，湖北省委十一届八次全会在《湖北省国民经济和社会发展第十四个五年规划和二〇三五年远景目标纲要》中作出"一主引领、两翼驱动、全域协同"区域发展布局。一主引领即为发挥武汉城市圈引领作用，辐射带动全省高质量发展。两翼驱动，即打造襄十随神城市群、宜荆荆恩城市群支撑全省高质量发展的南北"两翼"。全域协同，即支持全省形成全域协同发展格局。

　　绿色发展是我国开启现代化新征程发展理念的基本准则之一。构建以城市群为主体承载形态的绿色发展布局是我国构建高质量发展区域经济布局和国土空间支撑体系的重要内容，关乎城市群承载经济人口能效与新型城镇化质量。

湖北以武汉城市圈同城化、襄十随神一体化、宜荆荆恩一体化，开拓以城市群为承载形态的绿色发展格局在增强湖北在中部地区绿色发展支撑能级、践行长江大保护战略中肩负使命重大。

改革开放以来，湖北省倾向于将石化、钢铁、有色、建材等重化工产业以及机电、汽车、建筑、纺织等劳动密集型产业布局于中心城市武汉和重点城市宜昌、襄阳。这种工业的集聚发展模式对于建设工业强省和推动区域发展大有裨益，但与此同时，大规模、快速的工业化、城镇化发展产生了一系列的城乡区域发展不够协调、生态环境亟须改善等问题，这些问题在区域中心城市和重点城市表现尤为明显。武汉、宜昌、襄阳作为全省重点城市和城市群中心城市，其治理大气、水、土壤的污染和城市拥挤、生态超载等问题更为严峻和紧迫。李克强总理在2021年政府工作报告中指出，"加快发展方式绿色转型，协同推进经济高质量发展和生态环境高水平保护"。随着绿色发展成为推动经济社会高质量发展的先决条件和关键因素，优化绿色发展布局、推动绿色协调发展正成为"十四五"时期国民经济和社会发展的重要内容，也是湖北省"十四五"时期区域协调发展的主要方面。

本研究以习近平生态文明思想为指导，在揭示21世纪以来湖北经济社会成就及其呈现的以城市群为主体承载形态的发展格局基础上，探究湖北以城市群为主体承载形态的绿色发展布局的体制形成过程及其架构，分别从优化低碳控碳、生态修复与保护、污染防治、资源高效利用、生活方式绿色化转变五个方面挖掘湖北绿色发展的主要成效及其城市群承载形态，在分别对这五个方面对标"十四五"时期目标任务的基础上，在湖北着力构建"一主引领、两翼驱动、全域协同"发展布局，加快形成"强核、壮圈、带群、兴县"多点支撑、多极发力格局下，提出湖北优化绿色发展布局，推动绿色协调发展的思路、策略和综合政策。研究成果对于全国及湖北省以城市群为空间承载主体优化区域发展布局和推动绿色协调发展具有一定的参考意义。

基于以上思路，本研究涉及8个章节开展研究，各章内容简介如下。

1. 湖北省经济社会建设的巨大成就及城市圈承载形态

进入21世纪以来，湖北省经济社会建设取得巨大发展。在经济建设方面，全省经济保持快速增长，经济总量连上新台阶，各城市发展迈入经济新常态，产出水平保持增长，经济结构持续优化，已整体进入工业化后期阶段。在社会建设方面，湖北省整体处于城镇化后期阶段，各市州城镇化的差距逐渐缩小，主要城市的城镇化速度呈现持续放缓趋势，全省城镇格局呈现出以大中型城市为主的特征。随着湖北省人口城镇化和经济城镇化的水平的推进，全省人民的生活水平与生活质量也日益提高，整体上初步建成了小康社会。

当前，湖北省工业化已进入全面向后期发展和城市群化快速发展阶段，武汉城市圈、襄十随神城市群、宜荆荆恩城市群已成为湖北省承载发展要素的空间形态。三大城市群的形成和发展有效整合了全省经济社会资源，对于促进全省劳动要素合理流动，提高技术、资本和劳动要素的利用水平，实现城镇化发展从量变到质变发挥着重要承载作用。

2. 湖北省区域发展格局及其协调发展战略的形成与发展

湖北省是我国长江经济带战略和中部崛起的支点，在我国城市建设、优质农产品供给和优质生态产品供给的发展格局中居于重要地位。"十一五"时期以来，湖北省在继承历史战略布局的基础上，根据国民经济和社会发展的新趋势和新要求，区域发展战略由重点突破向多点支撑、协调发展转变。省委、省政府先后提出了"武汉城市圈""一主两副""两圈一带""两圈两带""两圈两带一群""一主两副多极""一元多层次""强核、壮圈、带群"等战略，以城市群为主体承载形态的湖北省发展布局形成和不断深化。《湖北省国民经济和社会发展第十四个五年规划和二〇三五年远景目标纲要》，提出着力构建"一主引领、两翼驱动、全域协同"的区域发展布局，是立足湖北省情、适应国家区域政策调整变化所提出的"十四五"时期区域发展布局，符合"十四五"时期湖北省区域协调高质量发展的主题，也形成了湖北省"十四五"时期和"展望2035年"以城市群为主体承载形态、优化绿色发展布局、推进绿色协调发展的总体的空间蓝图。

3. 湖北省优化绿色发展布局，推动绿色协调发展的体制架构和任务解析

"十四五"时期，湖北省按照着力构建"一主引领、两翼驱动、全域协同"的发展布局，加快形成"强核、壮圈、带群、兴县"多点支撑、多极发力格局来优化绿色发展格局，构建绿色协调发展的体系。湖北省优化绿色发展布局、推动绿色协调发展的体制架构主要体现在以下几个方面：坚定长江经济带"共抓大保护、不搞大开发"绿色发展总遵循；以湖北省政府为主导的优化全省绿色发展布局、推动绿色协调发展的决策架构；以行政职能部门为担当的优化全省绿色发展布局、推进绿色协调发展的执行架构；以武汉市和武汉城市圈为主导的优化全省绿色发展布局、推动绿色协调发展的区域引领架构；各市县因地制宜优化绿色发展布局、推进绿色协调发展的全域协同架构。

"十四五"时期，湖北省以"一主两翼、全域协同"布局绿色发展，需要全域协同完成"十四五"绿色发展的各项任务，将绿色发展参与湖北省"一主引领、两翼驱动、全域协同"发展布局和"强核、壮圈、带群、兴县"多点支

撑、多极发力格局调控，并遵循全域推进、多级发力、协调均衡发展、共享共建发展的原则，实现新阶段高质量建成湖北省绿色发展格局。

4. 以城市群为主体承载形态优化湖北省低碳控碳布局及其协调发展研究

进入21世纪以来，湖北省协调经济社会发展与低碳控碳发展稳步推进，湖北省能源消费总量和强度"双控"取得显著成效、能源利用低碳化水平显著提高、产业结构持续升级。"十四五"时期和"展望2035年"，湖北省进入低碳控碳发展大力推进、资源能源利用效率大幅提高、能源利用更为清洁低碳的时期。这一时期，湖北省在调控能源消费总量和强度、加强能源低碳化利用、优化产业结构布局、实现低碳化发展、推进碳交易市场发展等方面将赋予更多内容。

湖北省以城市群为主体承载形态，按照"一主引领、两翼驱动、全域协同"优化低碳控碳布局的同时，也存在区域差异。具体体现在：武汉作为武汉城市圈中心城市，其能源利用效率显著高于城市圈内部其他城市，且产业结构合理、清洁生产水平较高，引领带动能源消费结构优化；武汉城市圈能源利用效率水平高于其他城市群，宜荆荆恩城市群能源利用效率整体低于其他城市群；武汉城市圈第三产业比重高于湖北省和其他两大城市群，逐渐趋近全国水平；武汉、黄石、襄阳、十堰的高新技术产业增加值占地区生产总值比重居全省前列；武汉城市圈、襄十随神城市群高新技术产业发展情况整体优于宜荆荆恩城市群。

湖北省以城市群为主体承载形态，以武汉城市圈引领，以襄十随神城市群、宜荆荆恩城市群两翼驱动，从推动产业结构优化升级、保障能源供应安全、有序发展可再生能源、深化能源体制机制改革、发展绿色金融、加强环境规制等方面全域协同布局绿色发展。

5. 以城市群为主体承载形态优化湖北省生态修复与保护布局及其协调发展研究

近10年来，湖北省在基本建立起全省主体功能区制度、初步建立"三条控制线"空间管控和生态资源恢复发展等方面取得显著成效；基本形成了包含"中心城市向四周递减"的城市空间格局、"依江湖及平原呈鄂中鄂东连贯分布"的农业空间格局和"西部丰富，东部次之，中部最为稀疏"的生态空间格局的主体功能区空间格局；基本形成了"西优东良"的生态环境质量空间格局、"东西丰富中部稀疏"的森林生态空间格局、"鄂西匮乏，鄂东反C状分布"的湿地生态空间格局和"自西南向东北逐渐递减"的城市生态空间格局；基本建立全省主体功能区制度、初步建立"三条控制线"空间管控，并分别形成了特点鲜明的空间格局，极大地提升了生态系统质量和稳定性。

湖北省以城市群为主体承载形态，按照"一主引领、两翼驱动、全域协同"

优化生态修复与保护的同时，也存在与其他省的差距和本省的地区差异。与其他省份相比，湖北省的森林湿地保护、城市绿化丰满度具有进一步提升潜力，以及湖北省各地市州在森林湿地保护、生态环境状况、城市绿化水平方面存在不协同不均衡问题。与全国相比，湖北省的森林及湿地生态系统具有进一步修复提升潜力，湖北省的城市绿化水平具有进一步修复提升潜力；与全省相比，各市州的森林及湿地生态系统具有进一步修复提升潜力，三大城市群的生态环境质量具有进一步修复提升潜力，三大城市群的城市绿化水平具有进一步修复提升潜力；与全省及城市圈水平相比，各市州生态环境质量具有进一步优化提升潜力，各市州城市绿化水平具有进一步修复提升潜力。

湖北省以城市群为主体承载形态提升生态系统质量和稳定性，需以武汉城市圈引领，以襄十随神城市群、宜荆荆恩城市群两翼驱动。在全域协同提升生态系统质量和稳定性方面，应建立三大城市群内的生态环境协调机制；推进自然资源资产确权登记工作、健全自然资源产权制度，通过摸清全省自然资源资产家底，落实自然资源权利主体，以明确保护的主体责任，推进湖北省生态环境的保护；全省应深化系统性理念，从三个层次纵深推进生态保护修复；健全生态修复与保护的监督检查制度。

6. 以城市群为主体承载形态优化湖北省污染防治布局及其协调发展研究

党的十七大以来，湖北省及各地市州在打赢打好污染防治攻坚战方面取得了积极成效，多种空气污染物持续减排，空气污染物含量显著降低，局部地区空气质量显著改善，工业废气减排成效显著；空气中二氧化硫（SO_2）、PM10和PM2.5年均浓度显著降低；污水处理能力显著提升，水环境质量不断向好，集中式饮用水源安全得到保障，全省主要河流水质优良断面比例总体呈上升趋势，"十三五"末，国考水质断面全面消除劣Ⅴ类。

湖北省以城市群为主体承载形态，按照"一主引领、两翼驱动、全域协同"优化污染防治布局的同时，也存在区域差异。比如：部分城市空气优良天数比例不均衡、工业污染物排放强度相对较高、各级污水集中处理能力发展不均衡等问题。空气优良天数比例呈现西高东低的空间格局。对标"十四五"我国及湖北省的环境质量改善的各项目标，湖北省及部分市州区域差异明显，空气质量和水环境质量仍具有继续提升的潜力。对标全国水平、2025年全国目标水平，湖北省空气优良天数比例、各级污水集中处理率、工业污染物排放具有进一步提升的空间。

湖北省以城市群为主体承载形态优化污染防治布局，协调持续改善环境质量，需以武汉城市圈引领，以襄十随神城市群、宜荆荆恩城市群两翼驱动。在全域协同持续改善环境质量方面，建议全面提升环境治理能力、完善环境治理监管及支撑体系、培育壮大环保产业、强化环境保护督察、强化区域大气污染和水污染联防联控联治等。

7. 以城市群为主体承载形态优化湖北省资源利用布局及其协调发展研究

21世纪以来，伴随着湖北省向工业化后期的全面推进，湖北省资源利用能力持续提升、资源利用效率显著提高、资源循环产业发展向好。湖北省及各地市州在建设两型社会、倡导高效循环节约利用能源资源、形成循环发展的自然资源利用模式和产业体系方面取得显著成效。当然，湖北省及各地市州资源利用水平的持续提高、公共基础设施的全面提升也为湖北省及各地市州高效利用资源形成坚实基础。

湖北省以城市群为主体承载形态，按照"一主引领、两翼驱动、全域协同"优化转变资源利用方式布局的同时，也存在区域差异。比如：各类产业用水比重、城乡土地利用水平不协同，固废资源综合利用回收处理等在部分城市的建设相对滞后等问题。湖北省水资源的利用水平还未达到高效利用阶段，与全国最优水平还存在一定的差距，用水结构、用水方式等方面还存在着改进的空间；湖北省土地资源的利用水平保持增长，已达到中高水平，与最优水平存在差距，在城市建设和农村建设方面有进一步提高土地资源利用率的空间；湖北省矿产资源和固废资源利用水平整体较高，"十四五"时期将试点推进"无废城市"，在矿产资源以及工业固废资源方面做到固体废物产生量最小、资源化利用充分处置安全的目标。

湖北省以城市群为主体承载形态优化资源利用布局，推动资源节约循环利用协调发展，需以武汉城市圈引领，以襄十随神城市群、宜荆荆恩城市群两翼驱动。在全域协同形成节约集约化资源利用方式方面，落实自然资源确权登记制度推进循环体系建设，形成全面完善的资源高效循环利用体系；将农业再生资源作为重点推进农村资源循环发展，强化乡村资源循环利用；大力发展循环经济、低碳经济，实现资源集约节约绿色化利用转型。

8. 以城市群为主体承载形态优化湖北省生活方式绿色化转变布局协调发展研究

近10年以来，湖北省及各地市州在倡导形成绿色低碳出行、节约能源资源的生活方式，创建生活绿色宜居、卫生环保的健康生活环境等方面取得显著成效。武汉经济发展水平和居民生活水平显著高于湖北省其他市州，其更为普及的公共交通基础设施建设为创导绿色低碳出行方式形成较好条件，公共交通基础设施建设已成为制约湖北省除武汉外其他城市低碳绿色出行的重要原因。武汉、宜昌、襄阳三个地区性中心城市经济发展水平显著高于湖北省其他市州，伴随着生活水平的提高，中心城市绿色节约意识也相应增强。

湖北省以城市群为主体承载形态，按照"一主引领、两翼驱动、全域协同"优化形成绿色生活方式布局的同时，也存在区域差异。比如：公共交通、城区绿化、天然气的普及、生活垃圾的回收处理等在部分城市的建设相对滞后；人口增加带来的资源能耗的增加成为制约中心城市与其他市州绿色节约水平差别不大的重要原因；各市州经济社会发展的不平衡带来的资源环境差异，导致各市州城镇人均绿地面积发展不均匀；与全国及湖北省最优水平相比，部分市州在公共交通、城市绿化等方面存在发展不平衡等问题；与"十四五"规划目标相比，新能源汽车、绿色节约等方面仍存在一定差距。湖北省在公共交通出行、新能源汽车行业、人均日生活用水量、城市绿地面积、城市公园面积和个数等方面存在进一步改善的潜力。

湖北省以城市群为主体承载形态推动生活方式绿色化转变，形成绿色生活方式，需明确推进绿色消费的重点领域；扩大绿色生态产品和服务的供给；加大推动循环经济发展力度；倡议发起全省性绿色消费新生活运动；建立共建共治共享的绿色消费社会治理体系和机制；完善和强化推动绿色消费的市场和经济激励政策；加强绿色消费的基础设施和能力建设。

本书的出版由中国地质大学（武汉）碳中和与高质量发展管理交叉学科建设经费资助。本书由张欢副教授负责研究设计、调研组织、统稿、定稿。参加该著作研究的人员有成金华教授、呙孙林、郭一鸣、孙洋、郭欢、谭美婧、陈萍、胡仪之、梅煜臻、郑锦航、吴瑛祖、陈文熙、王若愚、王来峰副教授、朱雅丽副教授、刘雅芬、王雪、陈虹宇、江芬、郑晓雨。

目 录
CONTENTS

第一章 湖北省经济社会建设的巨大成就及城市圈承载形态 ………… 1

  第一节 湖北省经济发展与工业化建设的成就 ………………… 1

    一、进入 21 世纪以来湖北省经济发展取得巨大成就 …………… 1

    二、湖北省产出水平保持增长 ………………………………… 6

    三、湖北省经济结构持续优化，已整体进入工业化后期阶段 …… 8

  第二节 湖北省社会发展与城镇化建设的成就 ………………… 11

    一、进入 21 世纪以来湖北省城镇化建设取得巨大成就 ………… 11

    二、湖北省社会公共服务水平大幅提高 ……………………… 15

    三、湖北省整体建成小康社会 ………………………………… 19

  第三节 湖北省三大城市群的形成及其对经济社会发展的承载形态 …… 22

    一、湖北省三大城市群发展现状 ……………………………… 22

    二、湖北省三大城市群对经济发展的承载形态 ………………… 30

    三、湖北省三大城市群对社会发展要素的承载形态 …………… 34

第二章 湖北省区域发展格局及其协调发展战略的形成与发展 ……… 41

  第一节 湖北省地理区位及区域战略定位 ……………………… 41

    一、湖北省地理区位 …………………………………………… 41

    二、湖北省在中部崛起战略中的定位 ………………………… 43

    三、湖北省在长江经济带战略中的定位 ……………………… 47

  第二节 湖北省区域战略的形成与发展 ………………………… 50

    一、"十一五"时期——"两圈一带"区域发展总体战略 …… 51

    二、"十二五"时期——"一主两副"区域发展总体战略 …… 53

三、"十三五"时期——深入实施一元多层次战略体系 …………… 54
　第三节　湖北省"一主引领、两翼驱动、全域协同"的区域发展布局 …… 56
　　一、"一主引领"——武汉城市圈"十四五"新使命 ………………… 56
　　二、"两翼驱动"——"扇面式"发展模式的演进 …………………… 60
　　三、"全域协同"——构建多点发力的增长极系统 ………………… 63

第三章　湖北省优化绿色发展布局,推动绿色协调发展的体制架构和任务 …… 66
　第一节　湖北省以城市群为主体承载形态的绿色发展布局,
　　　　　推动绿色协调发展的体制架构 ……………………………… 66
　　一、坚定长江经济带"共抓大保护、不搞大开发"绿色发展理念总遵循 …… 66
　　二、以湖北省政府为主导的优化绿色发展布局决策架构 ………… 70
　　三、以行政职能部门为担当的优化全省绿色发展布局执行架构 …… 72
　　四、以武汉市和武汉城市圈为主导的优化全省绿色发展布局
　　　　区域引领架构 …………………………………………………… 74
　　五、各市县因地制宜优化绿色发展布局,推进绿色发展的
　　　　全域协同架构 …………………………………………………… 76
　第二节　湖北省以"一主引领、两翼驱动、全域协同"布局绿色发展的
　　　　　任务和原则 ……………………………………………………… 78
　　一、全域协同完成"十四五"绿色发展的各项任务 ………………… 78
　　二、绿色发展参与湖北省"一主引领、两翼驱动、全域协同"
　　　　发展布局调控 …………………………………………………… 79
　　三、全域推进、多级发力原则 ………………………………………… 80
　　四、协调均衡发展原则 ……………………………………………… 87
　　五、共享共建发展原则 ……………………………………………… 88

**第四章　以城市群为主体承载形态优化湖北省低碳控碳布局及其协调
　　　　　发展研究** ………………………………………………………… 90
　第一节　湖北省低碳控碳的主要方面及成就 ……………………………… 90
　　一、能源消费总量和强度的双控取得成就 ………………………… 91
　　二、能源利用的低碳控碳水平有所提高 …………………………… 93
　　三、基本形成低碳化发展的产业结构 ……………………………… 97
　　四、湖北省碳市场交易规模保持在全国前列 ……………………… 99
　第二节　以城市群为主体承载形态的湖北省低碳控碳发展空间格局 …… 100

一、湖北省能源消费总量和强度双控的空间格局 ………………………… 100
　　二、湖北省能源消费低碳化发展的空间格局 ……………………………… 102
　　三、湖北省低碳控碳的产业空间格局 ……………………………………… 104
第三节　湖北省低碳控碳的区域差距和"十四五"对标提升策略 ………… 108
　　一、湖北省能源利用效率的区域差距和"十四五"对标提升策略 ……… 109
　　二、湖北省能源消费低碳化的区域差距和"十四五"对标提升策略 …… 111
　　三、湖北省形成低碳控碳产业布局的区域差距和"十四五"
　　　　对标提升策略 ……………………………………………………………… 113
第四节　以"一主引领、两翼驱动、全域协同"布局湖北省低碳控碳
　　　　格局的对策建议 …………………………………………………………… 116
　　一、以武汉城市圈引领低碳控碳的建议 ………………………………… 117
　　二、以襄十随神城市群、宜荆荆恩城市群两翼驱动低碳控碳的建议 … 119
　　三、湖北省全域协同布局低碳控碳，推进低碳控碳发展的建议 ……… 120

第五章　以城市群为主体承载形态优化湖北省生态修复与保护布局及其协调发展研究 …………………………………………………………… 125

第一节　湖北省提升生态系统质量和稳定性的主要方面及成就 ………… 125
　　一、基本建立全省主体功能区制度 ……………………………………… 126
　　二、湖北省"三条控制线"空间管控初步建立 ………………………… 130
　　三、湖北省生态资源得到恢复和发展，提高了生态宜居水平 ………… 134
第二节　以城市群为主体承载形态的湖北省生态保护与恢复空间格局 … 142
　　一、湖北省主体功能区的空间格局 ……………………………………… 142
　　二、湖北省生态环境的空间格局 ………………………………………… 145
第三节　湖北省提升生态系统质量和稳定性的区域差距与和"十四五"
　　　　对标提升策略 ……………………………………………………………… 150
　　一、湖北省森林湿地保护的区域差距和"十四五"因地制宜提升策略 … 150
　　二、湖北省生态环境状况的区域差距和"十四五"因地制宜提升策略 … 155
　　三、湖北省城市绿化的区域差距和"十四五"对标先进提升策略 …… 159
第四节　以"一主引领、两翼驱动、全域协同"布局生态修复与
　　　　保护的建议 ………………………………………………………………… 163
　　一、以武汉城市圈引领生态修复与保护的建议 ………………………… 163
　　二、以襄十随神城市群、宜荆荆恩城市群两翼驱动生态修复与
　　　　保护的建议 ………………………………………………………………… 166

三、湖北省全域协同生态修复与保护,提升生态系统质量和
　　　　稳定性的建议 ································· 168

第六章　以城市群为主体承载形态优化湖北省污染防治布局及其
　　　　　协调发展研究 ································· 173
　第一节　湖北省环境质量持续改善的主要方面及成就 ········ 173
　　一、多种空气污染物持续减排,空气污染物含量降低成效显著 ····· 174
　　二、污水处理能力显著提升,水环境质量持续改善 ········· 182
　　三、工业污染物排放强度下降,经济发展对环境质量的影响减弱 ······ 188
　第二节　以城市群为主体承载形态的湖北省环境质量持续改善
　　　　　空间格局 ································· 192
　　一、湖北省空气污染防治及空气环境质量的空间格局 ········ 192
　　二、湖北省水污染治理及水环境质量的空间格局 ·········· 200
　　三、湖北省工业污染物排放强度的空间格局 ············ 202
　第三节　湖北省环境质量持续改善的区域差距和"十四五"
　　　　　对标提升策略 ······························· 206
　　一、湖北省空气污染防治及空气环境质量的区域差距和"十四五"
　　　　对标提升策略 ······························ 206
　　二、湖北省水污染治理及水环境质量的区域差距和"十四五"
　　　　对标提升策略 ······························ 212
　　三、湖北省工业污染物排放强度的区域差距和"十四五"
　　　　对标提升策略 ······························ 214
　第四节　以"一主引领、两翼驱动、全域协同"布局污染防治的对策建议 ····· 216
　　一、以武汉城市圈引领污染防治的建议 ················ 217
　　二、以襄十随神城市群、宜荆荆恩城市群两翼驱动环境污染防治的
　　　　建议 ····································· 218
　　三、湖北省全域协同环境污染防治,持续改善环境质量的建议 ········ 219

第七章　以城市群为主体承载形态优化湖北省资源利用布局及其协调
　　　　　发展研究 ································· 225
　第一节　湖北省自然资源节约与循环利用的主要方面及成就 ····· 225
　　一、工农业节水水平提高,用水效率、效益及循环利用水平显著提高 ···· 226
　　二、城乡土地利用效益逐年增加,土地利用效率显著改善 ······ 232

三、矿产资源和固废资源综合利用水平持续提高 ……………………… 237
第二节　以城市群为主体承载形态的湖北省自然资源节约集约利用
　　　　空间格局 …………………………………………………………… 240
一、湖北省水资源节约集约利用的空间格局 …………………………… 241
二、土地资源集约节约利用的空间格局 ………………………………… 244
三、湖北省资源综合利用和循环利用的空间格局 ……………………… 246
第三节　湖北省自然资源节约与循环利用的区域差距与和"十四五"
　　　　对标提升策略 ……………………………………………………… 247
一、湖北省水资源节约与循环利用的区域差距与和"十四五"
　　对标提升策略 ………………………………………………………… 248
二、湖北省土地资源的节约利用水平的区域差距与和"十四五"
　　对标提升策略 ………………………………………………………… 252
三、湖北省资源综合循环利用的区域差距与和"十四五"
　　对标提升策略 ………………………………………………………… 257
第四节　以"一主引领、两翼驱动、全域协同"推进资源利用方式
　　　　转变布局的对策建议 ……………………………………………… 257
一、以武汉城市圈引领推动资源利用方式转变的建议 ………………… 258
二、以襄十随神城市群、宜荆荆恩城市群两翼驱动推进资源利用方式
　　转变的建议 …………………………………………………………… 261
三、湖北省全域协同推进资源利用方式转变,推动形成节约集约化
　　资源利用方式的建议 ………………………………………………… 262

第八章　以城市群为主体承载形态优化湖北省生活方式绿色化转变
布局及其协调发展研究 …………………………………………… 266
第一节　湖北省绿色生活方式的主要方面及成就 ……………………… 266
一、公共交通出行量显著增长形成低碳出行的重要普及方式 ………… 267
二、能源资源节约构筑居民绿色生活的绿色底色 ……………………… 270
三、生活添绿和自来水、天然气等的普及铸就绿色健康生活 ………… 275
四、生活垃圾的无害化处理让生活更加绿色舒适 ……………………… 283
第二节　以城市群为主体承载形态的湖北省绿色生活方式形成的
　　　　空间格局 …………………………………………………………… 285
一、湖北省绿色低碳出行水平的空间格局 ……………………………… 285
二、湖北省绿色节约水平的空间格局 …………………………………… 287

  三、湖北省绿色健康人居环境的空间格局 …………………………… 290

第三节 湖北省形成绿色生活方式的区域差距与和"十四五"
    对标提升策略 ………………………………………………… 296
  一、湖北省绿色低碳出行水平的区域差距与和"十四五"
    对标提升策略 ……………………………………………… 296
  二、湖北省绿色节约水平的区域差距与和"十四五"对标提升策略 ……… 300
  三、湖北省绿色健康人居环境的区域差距与和"十四五"
    对标提升策略 ……………………………………………… 302

第四节 以"一主引领、两翼驱动、全域协同"推进生活方式绿色化
    转变的对策建议 ……………………………………………… 307
  一、以武汉城市圈引领推进绿色生活方式绿色化转变建议 …………… 307
  二、以襄十随神城市群、宜荆荆恩城市群两翼驱动推进绿色生活方式
    绿色化转变的建议 ………………………………………… 308
  三、湖北省全域协同推进绿色生活方式绿色化转变,形成绿色生活
    方式的建议 ………………………………………………… 310

参考文献 ……………………………………………………………… 313

第一章

湖北省经济社会建设的巨大成就及城市圈承载形态

进入 21 世纪以来，湖北省经济社会建设取得巨大发展。当前，湖北省工业化已进入全面向后期发展和城市群化快速发展阶段，武汉城市圈、襄十随神城市群、宜荆荆恩城市群已成为我省发展要素的主要形态。在本章，将系统介绍和归纳 21 世纪以来湖北省经济发展与工业化建设、社会发展与城镇化建设的巨大成就，以期对湖北省经济社会建设成就形成一个较为鲜明完整的认识，在此基础上，探寻和提炼湖北省以武汉城市圈、襄十随神城市群和宜荆荆恩城市群为承载经济社会发展的空间形态。

第一节 湖北省经济发展与工业化建设的成就

进入 21 世纪以来，湖北省经济发展和工业化建设在全国经济持续增长和快速工业化进程中勠力前行，经济总量连上新台阶，产出水平稳步上升，结构不断优化，这些均表明湖北省高质量发展的格局基本形成。截止至 2021 年，湖北省经济总量为 5 万亿元，已位居全国省域第 7 名；人均 GDP 为 8.66 万元，位居中部地区首位；第三产业比重达到 50%，正处于不断加强的工业化后期阶段。

一、进入 21 世纪以来湖北省经济发展取得巨大成就

改革开放以来，湖北省国民经济蓬勃发展。进入 21 世纪以来，湖北省经济保持快速增长，经济总量连上新台阶。进入新常态以来，湖北省经济增长虽有所放缓，但发展质量明显增强。

1. 全省经济保持快速增长，经济总量连上新台阶

经济发展是城市发展及各项功能的基础，是城市居民收入和财政收入的主要来源。在过去的十年里，湖北省委和省政府牢记习近平总书记视察湖北时的殷殷嘱托，全面深化改革，积极融入"一带一路"倡议和长江经济带建设，经

济实力稳步提升。[①]

湖北生产总值由1980年的199.38亿元跃升至2021年的50012.94亿元，增长了49813.56亿元，是1980年的250.84倍。这期间，湖北省的GDP增长率同全国增长率保持同步，1980—2000年间，湖北省的GDP增长率在6%到8%之间。图1-1描绘的是21世纪以来全国及湖北省地区生产总值及GDP增长率情况。如图1-1所示，进入21世纪以来，湖北GDP增长同全国经济增长同步提速，相较于2000年以前有了大幅度的提高，且连年高于全国GDP增速的平均水平，在2010年该增速达到14.8%，是全国平均水平的1.4倍。自2015年湖北省进入新常态以来，GDP增速趋于平稳，但仍保持高于全国平均水平的0.9~1.9个百分点。

纵观湖北省经济总量增长情况，湖北省地区生产总值从1978年的151亿元到2008年突破1万亿关口用了30年，从1万亿到突破2万亿、2万亿到突破3万亿分别仅用了4年，之后从2016年的3万多亿上升至2019年突破4万亿，仅花了3年时间。由于新冠肺炎疫情的影响，2020年全省地区生产总值较2019年有所下滑，但是2021年全省持续发力，经济逆势上涨，成功突破5万亿大关。到2025年，全省经济总量将跨越6万亿元，"十四五"期间年均增长速度将维持在6.5%的水平。[②]

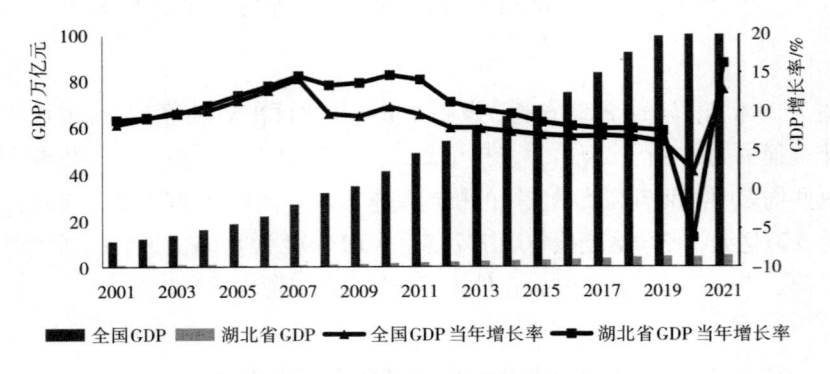

图1-1 21世纪以来全国及湖北省GDP及增长率对比图

注：增长率数据参考全国或地区生产总值指数（上年=100）数据计算。

数据来源：各年份《全国统计年鉴》《湖北统计年鉴》。

---

① 蒋超良. 高举旗帜牢记嘱托全面建成小康社会开启湖北"建成支点、走在前列"新征程——在中国共产党湖北省第十一次代表大会上的报告［N］. 湖北日报，2017-07-03（001）.

② 湖北省委，人民政府. 湖北省国民经济和社会发展第十四个五年规划和二〇三五年远景目标纲要［EB/OL］. 2021-04-12.

湖北作为促进长江经济带"上中下游协调发展、东中西部互动合作"的重要枢纽，面临着国家长江经济带战略实施的最为直接且受益的机遇。[①] 进入21世纪以来，随着湖北省经济实力的上涨，其在全国及地区的经济影响力也逐渐上升。从生产总值来看，湖北省地区生产总值和全国省域排名分别从2000年的3.54%和第12位增长到2021年的4.37%和第7位。2021年经济总量也位居中部省份的第2位。从GDP增速看，湖北省GDP增速在全国范围内排名从2000年的第23名跃升至2021年的第8名，经济发展的速度有了质的飞跃，并在近些年将增速稳定在全国前十名内。与此同时，湖北省GDP增速在中部地区的排名由2010年的第1名下降至2019年的第4名，抛开2020年和2021年湖北省GDP增速受疫情影响而表现出的异常波动，近几年的GDP增速排名比较稳定。

表1-1　湖北省GDP占全国比重及增速排名情况一览表

年份	经济总量 全国排名	经济总量 中部排名	湖北省占全国经济总量比重（%）	经济增速 全国排名	经济增速 中部排名	湖北省经济增速与全国增速差距（%）
2000	12	3	3.54	23	4	+0.1
2005	11	2	3.45	21	4	+0.7
2010	10	2	3.94	7	1	+4.2
2015	7	2	4.40	7	2	+1.9
2016	7	2	4.47	10	3	+1.3
2017	7	2	4.48	12	5	+0.9
2018	7	2	4.57	10	4	+1.1
2019	7	2	4.63	8	4	+1.4
2020	8	2	4.29	31	6	-8.5
2021	7	2	4.37	1	1	+3.4

说明：①表中"-"号代表湖北省经济增长速度低于全国经济增长速度的绝对值，"+"号代表湖北省经济增长速度高于全国经济增长速度的绝对值；②增长率数据参考全国或地区生产总值指数（上年=100）数据计算。

数据来源：各年份《全国统计年鉴》《湖北统计年鉴》。

[①] 肖德．湖北地域文化与区域经济发展［N］．湖北日报，2016-12-07（015）．

2. 湖北省各城市发展迈入经济新常态

2014年12月5日召开的中央政治局会议明确提出，我国进入经济发展新常态。同年12月9日召开的中央经济工作会议更为详细地提出了我国经济未来发展方向及经济新常态的特征。即向形态更高级、分工更复杂、结构更合理的阶段演化，经济高速增长转向中高速增长，经济发展方式从规模速度型粗放增长转向质量效率型集约增长，经济结构从增量扩能为主转向调整存量、做优增量并存的深度调整，经济发展动力从传统增长点转向新的增长点。[①] 从图1-1可以看出，湖北省同全国经济增长趋势变化一样，已经进入增长率为6%~8%的新常态时期。

各市GDP增长绝对额差距明显。如表1-2所示，2010年以来武汉的地区生产总值增长额明显高于其他地区。武汉的地区生产总值增长额在2010—2012年间逐年增加，在2012—2015年间逐年减少，在2015—2018年间持续增加，在2018年其增长额达到了1436.95亿元，2019年有所下降。宜昌、襄阳二市的地区生产总值增长额在2010—2016年间不分上下，且高于除武汉外的其他地区。在2017年及以后，襄阳的地区生产总值增长额明显超过宜昌，并在2019年达到了503.04亿元的GDP增长绝对额，为全省第二，但仍远低于武汉当年的GDP增长绝对额1375.92亿元。除武汉、宜昌、襄阳三市外，其他14个地市州在2010-2019年间的GDP增长绝对额大多低于200亿元。

通过分析2020年GDP增长额的数据，可以发现新冠疫情对于湖北省各市州的冲击是明显的。2020年全省各市州地区生产总值全部出现了负增长，其中对武汉市的冲击最明显，达到负607.11亿元的逆增长。其次是襄阳和宜昌，分别为-210.87亿元和-199.4亿元。由于2020年湖北各市州地区生产总值出现普遍的逆增长，以2020年数据为参照的2021年湖北各市州的GDP增长额表现出普遍偏高的特点，各市州在2021年的GDP增长额达到了历年新高。

表1-2　湖北省各地市州2010-2021年GDP增长绝对额一览表　单位：亿元

	2010	2012	2014	2016	2018	2019	2020	2021
湖北	16226.94	22590.89	28242.13	33353	42021.95	45828.31	43004.5	50012.94
武汉	945.07	1241.62	1018.21	1007.01	1436.95	1375.92	-607.11	2100.7
黄石	118.53	114.99	76.53	77.45	131.57	156.22	-125.87	268.68

---

① 齐建国，王红，彭绪庶等．中国经济新常态的内涵和形成机制[J]．经济纵横，2015（03）：7-17．

续表

	2010	2012	2014	2016	2018	2019	2020	2021
十堰	186	104.4	120	129	115.5	148.7	-97.62	248.88
宜昌	301.71	368.2	313.51	324.56	207.01	396.64	-199.4	761.27
襄阳	337.29	369.8	315.3	312.4	244.9	503.04	-210.87	707.46
鄂州	81.69	69.5	55.75	67.81	99.38	134.77	-134.84	157.07
荆门	129.54	142.67	107.98	132.54	183.72	185.88	-127.36	214.45
孝感	119.47	147	115.79	119.49	170.67	388.5	-107.85	368.46
荆州	129.29	152.9	145.56	136.25	160	434.3	-147.44	346.48
黄冈	161.98	147.77	144.6	136.93	113.37	287.53	-153.18	371.76
咸宁	115.18	121.19	92.14	81.57	127.56	232.56	-70.31	227.15
随州	57.52	72.53	61.51	66.92	74.48	151.03	-65.51	144.73
恩施州	59.87	64	59.53	64.89	281.08	77.06	-41.67	184.66
仙桃	29.07	65.75	47.99	49.94	81.44	68.37	-40.56	101.99
潜江	56.66	63.55	47.52	44.62	83.92	56.85	-47.4	87.51
天门	32.62	46.7	36.67	31.17	62.9	59.67	-33.33	101.4
神农架	2.01	2.28	1.67	2.11	3.08	4.27	-2.13	4.51

数据来源：历年湖北省各地市州统计年鉴。

各市GDP由高速增长转向中高速增长。如图1-2所示，从湖北省各地市州的GDP增长率（按可比价格计算）的整体变化趋势来看，2010年各地市州的GDP增长率均在12%以上，且个体之间差异较大；2014年各地市州的GDP增长率均降至10%以下，数值集中在9%左右；2019年各地市州的GDP增长率整体进一步下降，数值均集中降至6.6%~8.2%之间，可见2010—2019年间各地市州的GDP增速存在下降趋势，已经从高速增长迈入中高速增长的经济新常态，经济发展整体保持协同增长态势。其中，2010年十堰的GDP增长率达到十年来全省的最高水平，GDP增长率高达19.5%；2017年宜昌的GDP增长率达到十年来全省的最低水平，GDP增长率仅为2.4%。

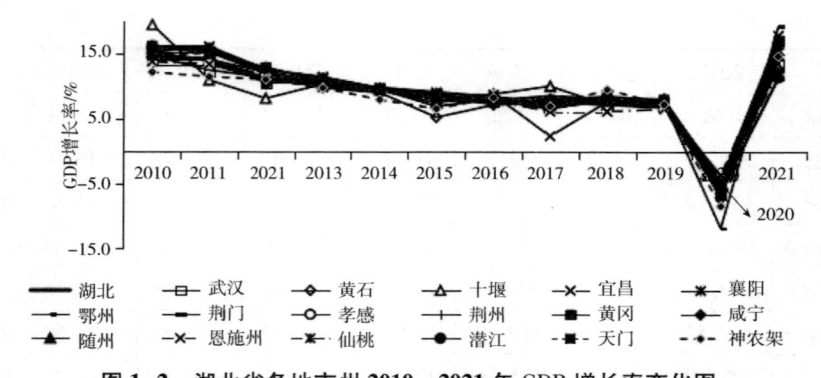

图 1-2　湖北省各地市州 2010—2021 年 GDP 增长率变化图

数据来源：2011—2021 年湖北省各地市州统计年鉴

2020 年，新冠肺炎疫情对全国经济社会发展产生了重大的冲击，湖北和武汉作为全国新冠肺炎疫情防控的重中之重和决胜之地，抓实抓牢经济社会发展各项工作。2020 年，全省完成生产总值 43443.46 亿元，比上年下降 5.0%。在经济新常态和新冠肺炎疫情影响的双重背景下，积极推进经济结构战略性调整，努力增强湖北经济发展的韧性，牢牢把握发展主动权，要求进一步增强所有制结构韧性，增强供给侧结构韧性，增强需求侧结构韧性，[①] 以此为抓手推进经济社会发展，坚决打好疫后重振的经济发展战。

2021 年是湖北历史上极不平凡、极具考验、极富成效的一年，面对纷繁复杂的国际国内形势和疫情汛情多重风险挑战，全省上下认真贯彻落实习近平总书记重要讲话和重要指示批示精神，坚决贯彻党中央决策部署，坚定必胜信心，保持战略定力，以"拼、抢、实"的状态和作风顶压奋进，持续统筹推进疫情防控和经济社会发展，疫后重振取得决定性成果。[②] 以武汉市为引领，2021 年湖北省各市州齐发力，全省地区生产总值突破 5 万亿大关，站到历史最高点，在"十四五"的开局之年打好了疫后重振的翻身仗。

二、湖北省产出水平保持增长

人均 GDP 衡量了国家或地区的产出水平，是反映一国或地区经济实力的核心指标。进入 21 世纪后的 20 年，湖北产出水平跃上新台阶，人均 GDP 赶超全国平均水平，稳居中部第一名，是湖北省人均产出水平提高的重要方面；从各

[①] 秦尊文. 着力增强湖北经济发展的韧性 [N]. 湖北日报，2020-04-27（015）.

[②] 湖北省统计局. 2021 年湖北经济运行情况解读 [N]. 湖北日报，2022-01-20（008）.

市产出水平角度上看，近年来各市人均 GDP 均实现有序增长。

1. 全省人均 GDP 赶超全国平均水平，稳居中部第一名

2000 年湖北人均 GDP 仅有 6239 元，2010 年人均 GDP 达到 28359.43 元，比 1980 年（427.98 元）增长了 65.26 倍，平均每年增长 217.54%。到了 2021 年，湖北人均 GDP 突破 85000 元，达到 86416 元，是 2010 年的 3.047 倍，实现了人均产出水平新的跨越。如图 1-3 所示，湖北省人均 GDP 在与全国人均 GDP 的平均水平对比，在 2015 年以前湖北人均 GDP 长期低于全国平均水平，2010 年以后湖北省的人均 GDP 加快提高，并于 2015 年首次超过全国平均水平，2021 年，湖北省的人均 GDP 为 86416 元，比全国水平高 5440 元，产出水平的提高令人瞩目。

改革开放以来湖北省的人均 GDP 水平在全国范围内的排名显著提升，由 1980 年的第 14 名提升至近几年的 10 名内，并在 2021 年有了质的提升，跃居全国第 9 名，并超越中部其他省份[①]，人均 GDP 稳居中部第 1。

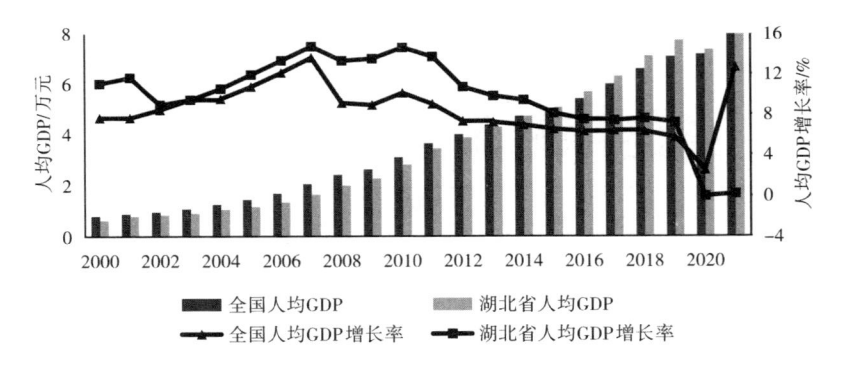

图 1-3　21 世纪以来全国及湖北省人均 GDP 及增长率对比图

注：增长率数据参考全国或地区生产总值指数（上年＝100）数据计算。

数据来源：各年份《全国统计年鉴》《湖北统计年鉴》。

2. 各市人均 GDP 持续增长

努力在中部地区崛起中走在前列，湖北已奠定良好基础。经过多年发展进位、转型升级，湖北在经济发展等方面已经具备良好的基础和支撑，有基础、有条件、有能力"在中部地区崛起中走在前列"。[②] 如图 1-4 所示，在 2010—

---

① 包括山西省（6.47 万元）、湖南省（6.93 万元）、河南省（5.93 万元）、江西（6.55 万元）、安徽省（7.04 万元）

② 阳小华. 努力在中部地区崛起中走在前列［N］. 湖北日报，2020-01-19（006）.

2021年间，排除2020年湖北省因疫情影响而导致经济受挫的不利影响后，湖北省各地市州人均 GDP 均呈均匀上升趋势。其中，武汉各年的人均 GDP 始终领跑其他地区，人均 GDP 增长幅度也较大，2021年达到144329元；除武汉外，宜昌、鄂州的人均 GDP 领先于剩下的其他14个地区，2019年分别达到125126元和100824元左右。在2010—2021年间，湖北省各地市州人均 GDP 的位次变动不大，2021年人均 GDP 从高到低依次为武汉、宜昌、鄂州、襄阳、潜江、仙桃、黄石、荆门、咸宁、十堰、随州、天门、孝感、荆州、神农架、黄冈、恩施州。2021年湖北省共有10个地区的人均 GDP 低于全国平均水平80976元，分别是荆门、咸宁、十堰、随州、天门、孝感、荆州、神农架、黄冈、恩施州。结合图1-2可以看出，武汉、宜昌、襄阳三市的经济实力较强，经济增长幅度较大，人民生活水平较高。

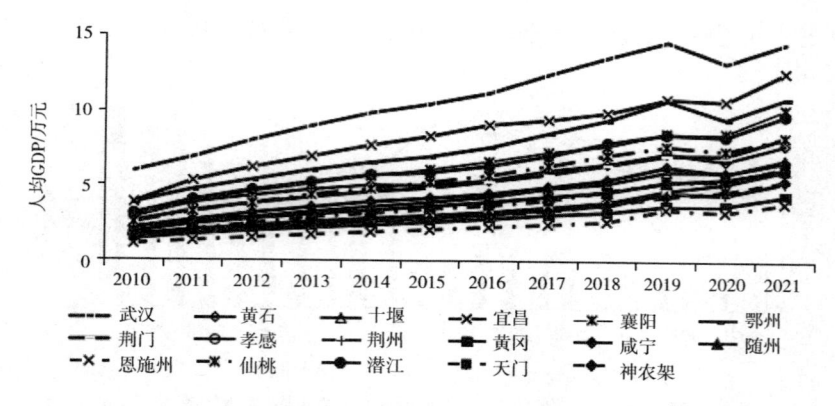

图 1-4　湖北省各地市州 2010—2021 年人均 GDP 变化图

数据来源：2009—2021 年湖北省各地市州统计年鉴。

三、湖北省经济结构持续优化，已整体进入工业化后期阶段

进入21世纪，工业由较快的增速步入高速发展期。"十二五"期间，湖北工业主营收入先后超过四川、上海、福建、辽宁，前移四位。而且工业比重在经济中比重提升，在工业强劲增长拉动下，湖北经济发展提速，"十二五"期间地区生产总值前移三位，弯道超越态势明显。[1] 改革开放40多年来，湖北的经济产业结构逐渐优化，产业体系布局也逐步合理化，工业生产能力迅速提高，

---

① 周开斌.湖北工业化中期产业特征及发展对策思考［N］.湖北日报，2016-08-22（011）.

新型工业化加快推进。当前,湖北省已整体进入工业化后期阶段,主要体现在其三次产业结构和高新技术产业占规模以上工业增加值比重上。

1. 第一二产业经济体量不断增大,第三产业成为经济新引擎

湖北省工业门类齐全,重点产业支撑作用强劲,共涵盖 41 个行业大类、206 个行业中类,已形成门类比较齐全的现代工业体系。随着 2020 年疫情后营商环境持续改善,截至 2021 年 12 月底,全省共有市场主体 647.58 万户,同比增长 13.3%。其中,新发展市场主体 112.46 万户,增长 53.9%。新增规模以上工业企业 1697 家,新增数量为近五年最高。[①] 湖北省的工业基础雄厚,但同时也在不断优化三次产业结构。如图 1-5 所示,1980—2021 年间湖北省三次产业结构发生了巨大变化,第一产业比重从 35.7% 下降到 9.3%,而第三产业比重则从 18.5% 上升至 52.8%,第二产业比重则稳定在 40% 左右。改革开放之初湖北省的第三产业比重仅为 18.5%,约为第一产业的一半,经过 40 年的发展,2021 年湖北省的第三产业比重升至 52.8%,占湖北省 2021 年国民生产总值的一半多。这说明近年来,湖北省在经济体量做大的同时,还持续不断地优化产业结构;传统行业持续增长的同时,金融、房地产等新兴服务业不断发展壮大,使第三产业日益成为经济增长的新引擎,产业结构从传统产业向现代产业的转化有助于经济增长,保持高质量经济增长态势。

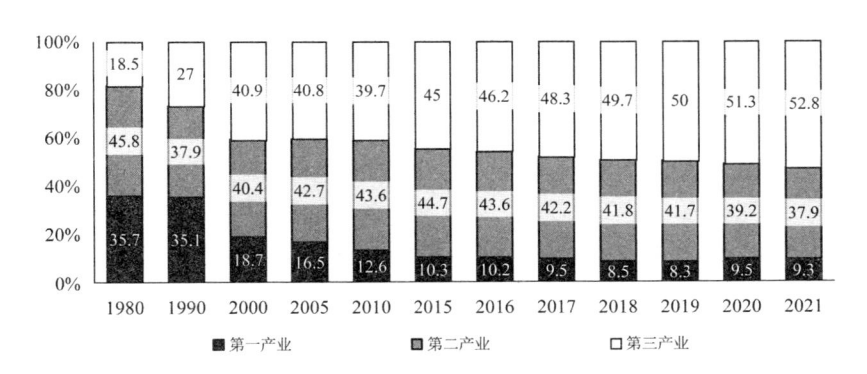

图 1-5 湖北省 1980 年以来三次产业分布图

数据来源:2021 年《湖北统计年鉴》。

2. 高新技术产业增加值大幅提升,成为高质量增长的主要来源

湖北科技创新基础扎实,近 5 年来,我省高新技术企业量增质升,数量从

---

① 湖北省统计局. 2021 年湖北经济运行情况解读 [N]. 湖北日报,2022-1-20(008).

5370家增至14560家，10亿元以上营业收入高新技术企业数量增长均超过六成。2018年至2021年，全省规上工业高新产业营业收入由7553亿元到10964.3亿元，年均增长15.9%，高于全部规上工业10.3个百分点，占全部规上工业比重由11.4%升至21.8%。2017年至2021年，全省高新技术产业增加值由5937.89亿元增至10196.5亿元，增长71.7%，占地区生产总值的比重由16.26%增至20.63%。[①] 高新技术企业新增数量两年翻一番。规模以上高新技术产业增加值首次突破万亿，达到10196.5亿元，比上年增长16.9%；高技术制造业增加值增长30.2%，快于全国12.0个百分点。[②] 从1980—2019年40年间，湖北省第二产业占比保持了比较稳定的比重，但其背后的质量效率却有了不同的内涵。进入21世纪后，湖北省的工业生产能力大幅提高，新型工业化也加快推进，高新技术产业从无到有，并逐步发挥对第二产业的强力支撑作用。如图1-6所示，进入21世纪以来，湖北省高新技术产业得到飞速发展，尤其是在近十年，高新技术产业增加值大幅拉升，远高于21世纪前十年的增长幅度。2000年到2010年间，我国的高新技术产业仍处于初步建设阶段，其间发展较为缓慢，在国际上属于落后行列国家。2000年，湖北省的高新技术产业增加值仅为237.5亿元，2008年首次突破1000亿元，达到1108.13亿元。2010年后，湖北省加速推进高新技术产业化，2018年高新技术产业增加值首次突破6000亿元，达到6653亿元，并在2021年达到10196.5亿元，是2000年的42.93倍，实现了巨大的突破和跨越。2000年以来，湖北省的高新技术产业在第二产业部门中的重要性愈发凸显，在湖北省高新技术产业增加值占规模以上工业增加值比重的变化中可见一斑。2000年，湖北省该比重为23.47%，经过近20年的飞速发展，在经济总量飞速增长做大的同时，2021年高新技术产业增加值占规模以上工业增加值的比重跃升至64.97%，是2000年的2.77倍；2018—2019年间，该比重上升幅度是2000年至2019年来最大的，2020—2021年间，受疫情干扰，该比重上升幅度为历年最高，侧面反映出了湖北省高新技术产业在受外部不利影响后的及时调整能力和韧性。高新技术产业增加值的比重变化不仅说明了高新技术产业在国民经济中，尤其是第二产业部门中，发挥的作用越来越大，并逐渐成为高质量增长的主要来源；更说明了进入21世纪以来，我国工业化向高质量目标不断发展，稳定的第二产业比重背后是更高质量的内涵。

---

① 肖丽琼.湖北规上工业战略性新兴产业营收破万亿元大关［N］.湖北日报，2022-05-30.

② 廖志慧.历史性跨越！湖北经济总量突破5万亿重回全国第七位［N］.湖北日报，2022-01-21.

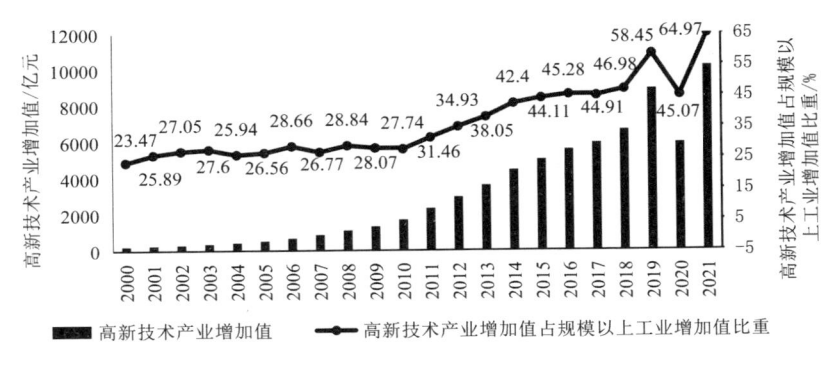

图 1-6　湖北省 2000—2021 年高新技术产业发展状况图

注：2011 年的规模以上工业增加值采用 2010 年的数值乘以规模以上工业增加值（现价）增长速度得出，往后年份以此类推。

数据来源：《湖北统计年鉴》《中国区域经济统计年鉴》。

第二节　湖北省社会发展与城镇化建设的成就

进入 21 世纪以来，湖北省城市交通、教育、医疗卫生及社会保险建设取得巨大成就。湖北省已整体进入城镇化后期阶段，大中型城市已成为我国城市的主要形态。经济发展和城镇化整体推进也促进了湖北省人民生活水平和生活质量的提高，并集中体现在居民人均可支配收入与消费水平持续提高。党中央引领的脱贫攻坚也直接促进了全省的贫困人口减少、贫困率下降。

一、进入 21 世纪以来湖北省城镇化建设取得巨大成就

湖北省经济的快速稳定发展直接推动了城镇化进程，进入 21 世纪以后，湖北省新型城镇化的发展连连步入新高度。当前，湖北省整体处于城镇化后期阶段，各市州城镇化的差距逐渐缩小，全省城镇格局呈现出以大中型城市为主的特征。

1. 全省已整体进入城镇化后期阶段，各市州城镇化率差距逐渐缩小

人口要素作为一切经济活动的主体，在以人为核心的新型城镇化进程中发挥着尤为重要的作用。人口集聚为城镇化提供重要动力，而城镇化进程将进一步促进人口集聚，人口要素与城镇化进程通过经济、社会、文化和环境等方面

深度融合，形成密不可分、相互促进的系统。① 城镇化率指标是城镇化水平的最直接体现，进入21世纪以来，湖北省整体及各市的城镇化率有了明显提高。如图1-7所示，在2000至2021年的21年间，湖北省城镇化率从40.47%提高至64.09%，增加了23.62个百分点，年均提高1.12%，根据城镇化阶段标准的划分，可以发现当前湖北省整体已处于城镇化后期阶段。湖北省的城镇化水平发展在全国处于领先地位。2021年，我国整体的城镇化率为64.72%，相比之下，湖北省整体城镇化水平略低于全国水平0.63个百分点，在全国排名第13位，同时在中部六省中，湖北城镇化率始终位列第一，这说明当前湖北省的城镇化发展处于全国领先地位。湖北省各市的城镇化水平也在不断提高，当前，除了黄冈、恩施州和神农架处于城镇化中期阶段，湖北省下辖各市城镇化率均超过50%，其中城镇化水平最高的武汉更是达到了84.56%。

虽然当前湖北省的城镇化水平仍存在突出的地区发展不平衡问题，但是全省各地市州的城镇化率差距逐渐缩小。如图1-7所示，2000年至今，湖北省各市州还存在地区城镇化发展不平衡问题，武汉的城镇化率始终保持较高水平，并在2018年超过了80%，远远领先于第二名鄂州的65.91%；而神农架、天门、仙桃等地城镇化率在湖北省内始终处于较低水平，其中天门市2021年仅为43.41%，处于全省最低水平。但随着全省经济发展的整体提高，各市的城镇化率差距逐渐缩小，2000年全省城镇化率最高的武汉城镇化率为81.65%，当年城镇化程度最低的恩施州城镇化率为15.28%，两者差距为66.37%；经过20年的发展，地区间差距有所缩小，2021年该差距缩小至36.96%，有了翻倍的改善。

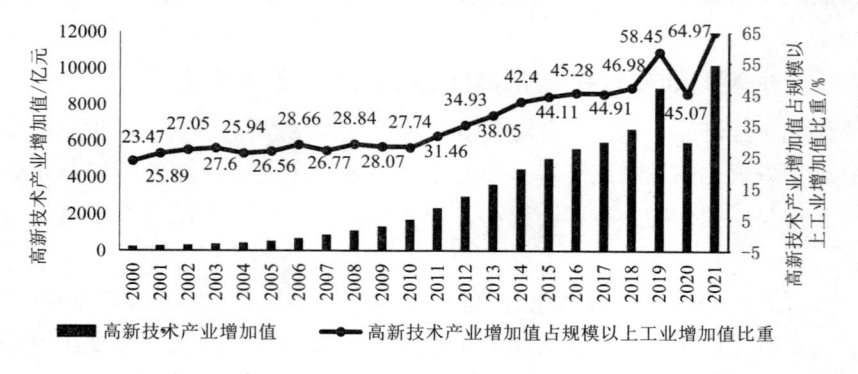

图1-7 湖北省2000—2021年城镇化水平变化趋势图

数据来源：各年《湖北统计年鉴》及各市州统计年鉴。

---

① 刘国斌，韩世博. 人口集聚与城镇化协调发展研究 [J]. 人口学刊. 2016，38（02）：40-48.

2. 全省城镇格局呈现以大中型城市为主特征

人口流动是中国快速城镇化的主要途径。流动人口不仅是推动城镇化水平提升的核心主体，其对不同规模城市的偏好在很大程度上改变了中国城镇体系的等级规模结构。由于大城市拥有更多的就业机会、更高的收入水平和更好的生活服务，流动人口在总人口中比重最高的城市大多是规模最大城市，他们对特大城市的偏好在很大程度上强化了特大城市在全国城镇体系中的突出地位。[①]

当前，湖北省城镇化的发展阶段已经成功从改革开放初期的以中小型城市为主体的阶段过渡到以大中型城市为发展主体的阶段。在这一阶段中，武汉、襄阳等中心城市作为引领者，促进全省社会与城镇化进程作用显著，并集中突出了人口大量集聚的特点。随着湖北省经济的快速发展，各项基础设施、公共服务资源逐渐完善，中心城市率先取得巨大发展，对人口的吸引能力大幅度上升。如表1-3所示，2000年，武汉的城镇人口仅有678.66万人，经过近20年的发展，武汉城镇人口达到了1039万人，比2000年增加了53.1%；同时，尽管武汉城镇常住人口净增加360.34万人，但其占全省比重与2000年相比却上升了0.25%，这侧面说明了武汉城镇人口的大幅增加，全省及各市容纳人口能力也有所提高。2020年，城镇人口数量占全省比重前五的市州依次为武汉（28.61%）、襄阳（8.92%）、荆州（7.98%）、黄冈（7.57%）、宜昌（7.02%），湖北三大经济中心城市武汉、襄阳和宜昌均在此列。此外，仙桃市的城镇人口数量呈现出净流出现象，2021年城镇人口数量分别比2000年少了8.86万人，说明该市的人口向武汉等经济更为发达、城市基础建设更为完善的武汉等中心城市流动。

表1-3 各市州城镇人口数量及其占湖北省的比重表

城市	2000 城镇人口（万人）	2000 占全省比重（%）	2020 城镇人口（万人）	2020 占全省比重（%）	变化人口数（万人）	变化比率（%）
武汉	678.66	28.36	1039	28.61	360.34	0.25
荆州	206.67	8.64	290	7.98	83.33	-0.66
襄阳	242.67	10.14	324	8.92	81.33	-1.22

---

① 刘涛，齐元静，曹广忠. 中国流动人口空间格局演变机制及城镇化效应——基于2000和2010年人口普查分县数据的分析 [J]. 地理学报，2015，70（04）：567-581.

续表

城市	2000 城镇人口（万人）	占全省比重（%）	2020 城镇人口（万人）	占全省比重（%）	变化人口数（万人）	变化比率（%）
黄冈	170.56	7.13	275	7.57	104.44	0.44
十堰	111.18	4.65	196	1.76	84.82	-2.89
宜昌	159.35	6.66	255	7.02	95.65	0.36
孝感	153.53	6.42	250	6.88	96.47	0.46
恩施州	57.68	2.41	94	2.59	36.32	0.18
荆门	125.50	5.24	153	4.21	27.5	-1.03
黄石	122.14	5.10	163	4.49	40.86	-0.61
鄂州	55.15	2.30	72	1.98	16.85	-0.32
咸宁	92.73	3.87	151	4.16	58.27	0.29
随州	85.00	3.55	116	3.19	31	-0.36
仙桃	49.86	2.08	41	1.19	-8.86	-0.89
天门	42.57	1.78	50	1.37	7.43	-0.39
潜江	37.20	1.55	56	1.54	18.8	-0.01
神农架	2.60	0.11	3.57	0.10	0.93	-0.01

数据来源：各年湖北统计年鉴，经计算整理所得。

尽管2000—2020年武汉城镇人口在全省所占比重仅从28.36%提高到28.61%，但其作为湖北省的省会城市依然对周边中小城市具有强大的吸引力，而襄阳、宜昌、荆州等城市作为各地区的中心城市也吸引了一定的人口聚集，这些城市作为湖北省各个区域的中心城市，不断吸纳周边中小型城市的人口。实际上，如表1-4所示，自2006年至2020年，湖北省大中型城市呈现数量和体量上的双重增长：武汉、襄阳分别成为特大城市和大型城市，武汉、襄阳、宜昌的城市规模在全省排名前列，这体现了湖北省城市规模逐渐向均衡化发展。2021年武汉成为中国第八大城市和领衔14座特大城市。湖北省的区域中心城市的快速发展不仅推动了湖北省新型城镇化进程，也推动了湖北省顺利过渡到以大中型城市为发展主体的城镇化阶段。

表 1-4　湖北省城市规模变化情况一览表

城市规模	划分标准（城区常住人口/万人）	各年城市名称及城区常住人口（万人）			
		2006	2010	2015	2020
特大城市	500~1000	——	武汉（565）	——	武汉（611）
大型城市	100~500	武汉（453）	——	武汉（474）*、襄阳（108）	襄阳（131）
中等城市	50~100	宜昌（76）、襄樊（74）、黄石（68）、荆州（64）、十堰（55）	襄樊（76）、宜昌（72）、黄石（71）、荆州（69）	宜昌（90）、黄石（85）、荆州（70）、十堰（69）	宜昌（90）、荆州（85）、黄石（66）、十堰（61）、孝感（58）、
小型城市	≤50	其他	其他	其他	其他

注：①"城市规模划分标准"依据《国务院关于调整城市规模划分标准的通知》（国发〔2014〕51号）；②城区常住人口采用《中国城市建设统计年鉴》中的"城区人口"测算，由于《中国城市建设统计年鉴》中自2006年开始统计"城区人口"数据，因此湖北省城市规模变化情况的可比数据从2006年选取，数值四舍五入取整数部分；③带*号数据表示2015年《中国城市建设统计年鉴》中的武汉"城区人口"数据可能存在误差。数据来源：各年中国城市建设统计年鉴。

二、湖北省社会公共服务水平大幅提高

社会公共服务水平高低是体现城市建设程度的重要内容。湖北省经济的快速稳定发展直接推动了全省各地区的社会发展，加上湖北省委、省政府大力推进幸福湖北建设，人民生活获得了显著改善，城乡就业持续扩大，脱贫攻坚取得阶段性成果，城乡基本公共服务水平和均等化程度明显提高，民生支出占地方一般公共预算支出比重保持在75%左右。[1] 进入21世纪以来，湖北省各地区的社会公共服务水平不断提高，城市交通建设、教育事业、医疗卫生事业和社会保障水平等建设取得巨大成就。湖北省规范政府购买公共服务项目，持续提升基本公共服务水平，2021年购买服务项目达2.2万个，预算达218.8亿元；

---

[1] 蒋超良. 高举旗帜牢记嘱托全面建成小康社会开启湖北"建成支点、走在前列"新征程——在中国共产党湖北省第十一次代表大会上的报告[N]. 湖北日报, 2017-07-03（001）.

2016年至2021年的6年里累计支出1100亿元，购买了7万个公共服务项目。通过政府购买服务，湖北走出了一条财政支出不虚增、公共服务提质效的发展之路，实现了政府与社会共创共赢。①

1. 城市交通基础设施建设持续发展

城市交通是城市发展要素集聚与扩散的重要渠道与载体，高质量的城市交通是推进城市群发展的重要支撑。② 主要体现在支撑经济运行，降低城市群空间组织的成本；服务、支持人口流动与人才集聚；推动枢纽经济，优化城市群发展格局。进入21世纪以来，湖北省城市交通建设进入持续发展阶段，以公路建设为主，同时积极建设铁路交通，各地政府相应启动并完成各个城市道路建设项目。例如，2015年武汉投入运营4条地铁线，运营里程达12.4千米，宜昌建成首条BRT系统，全长23.9千米。湖北省各地积极进行城市交通的建设使得湖北省交通行业发展取得巨大成就，如图1-8所示，湖北公路总里程从2010年的20.62×104千米增长到2021年的29.69×104千米，增加了9.07×104千米。此外与2000年（5.79×104千米）相比，2021年增长了4倍左右，促进了湖北省的交通运输行业不断发展。同时铁路营运里程由2010年的3032千米，增长到2021年的5200千米，此外与2000年（2025千米）相比，2021年增长了1.57倍。公路及铁路里程的大幅度增长降低了人们交通出行所耗费的时间成本，人们的出行体验得到了大幅度的提升。

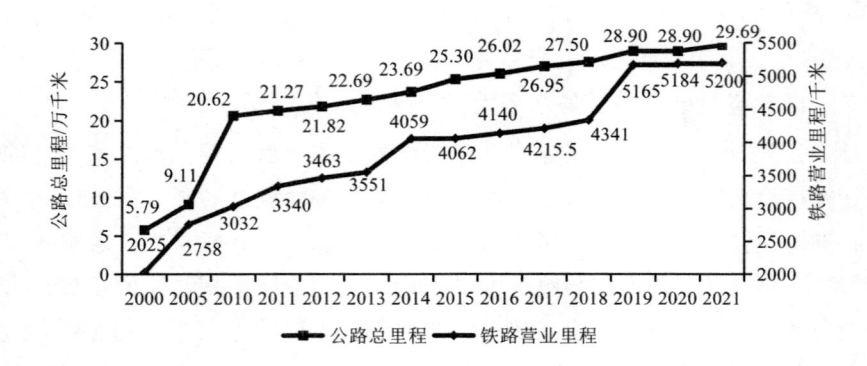

图1-8 2010—2021年湖北省公路及铁路里程变化图

数据来源：各年《湖北统计年鉴》。

---

① 张爱虎. 我省6年1100亿元购买公共服务7万个项目让群众享受多种服务［N］. 湖北日报，2022-03-03.

② 汪光焘，王婷. 贯彻《交通强国建设纲要》，推进城市交通高质量发展［J］. 城市规划，2020，44（03）：31-42.

2. 教育事业不断进步

湖北省的教育公平取得重大进展。① 自进入21世纪以来，随着湖北省城镇化进程加快，城市建设愈加完善，城镇人口素质也不断提高，这不仅体现在接受高等教育的人数上，也体现在财政支出方面。如图1-9所示，湖北省每万人普通高校学生数量有所上涨，2010年每万人普通高校学生数为226.58人，2021年增长到291.54人，增长了64.96人，且为其中增长最高的一年，相比之下2000年每万人普通高校学生数仅为57.49人。同时，湖北省不断加大对教育事业的支持，在2010年湖北省地方财政教育支出仅有366.57亿元，到2020年达到了1191.5亿元，增加了2.25倍，湖北省教育支出的大幅度增长促进了教育事业的繁荣发展，吸引了大量的优秀人才同时也培养出来一大批对国家建设作出了卓越贡献的人才。总体来说，湖北省教育事业的不断发展吸收了大量的人才接受高等素质教育，为提升湖北省人口的文化素质奠定了良好的基础，而人口素质的提升又促进了湖北省经济水平、教育事业的发展，两者相互促进共同发展，为湖北省发展奠定了坚实的人才基础。

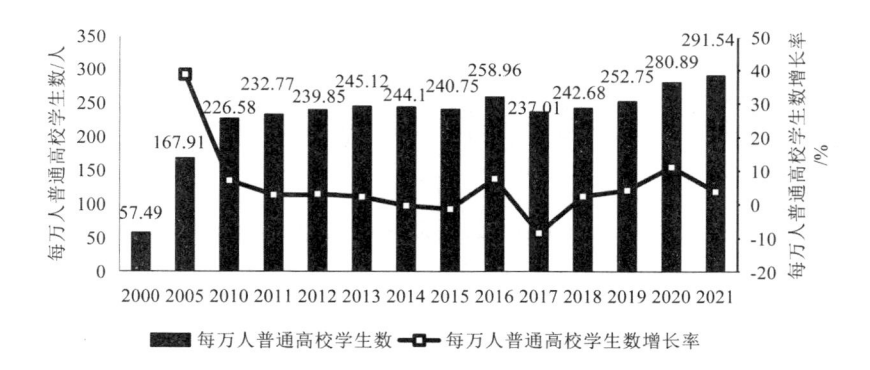

图1-9　2010—2021年湖北省每万人大学生数

数据来源：各年《湖北统计年鉴》。

3. 医疗卫生事业持续发展

随着湖北省城市建设、基础设施的完善，医疗保障水平也在不断提高，医药卫生体制改革逐步深化，居民健康生活得到了有效的保障。湖北省地方财政

---

① 蒋超良．高举旗帜牢记嘱托全面建成小康社会开启湖北"建成支点、走在前列"新征程——在中国共产党湖北省第十一次代表大会上的报告[N]．湖北日报，2017-07-03（001）．

医疗卫生支出从 2010 年 179.13 亿元增长到 2019 年 601.82 亿元，增加了 2.36 倍，同时由于新冠疫情的影响 2020 年医疗卫生支出较 2019 年有大幅度上涨，达到 1022.15 亿元，不仅体现出湖北省对于人民健康十分重视，医疗投入的增加保障了医疗事业的持续发展，也体现了湖北省防疫抗疫工作的决心，也使得医院数量从 2005 年的 574 个增长到 2021 年的 1168 个，增长 594 个，增长率为 103.48%，医院个数的持续增长也导致了医护人员数量持续增长的态势，如图 1-10，由 2010 年的平均每万人 16.2 位医师增长到 2021 年平均每万人 29.4 位医师。与此同时，卫生机构的床位数也有了大幅度的增加。由 2005 年的 13.96 万张增长到 2021 年的 43.51 万张，居民健康安全保障能力大幅度提升。这些都说明湖北省医疗卫生事业得到了巨大发展，医疗卫生资源数量和质量以及医疗服务水平等方面都有了显著的提升。

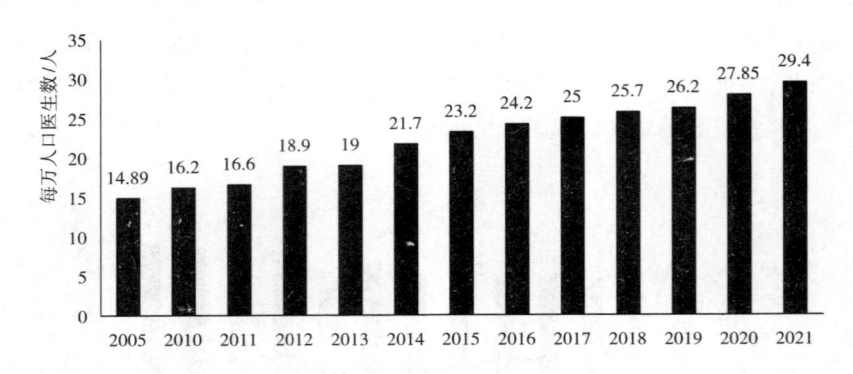

图 1-10　2010—2021 年湖北省每万人口医生数

数据来源：各年《湖北统计年鉴》。

4. 社会保障水平逐步提高

进入 21 世纪以后，湖北省社会保障水平逐步提升，主要体现在参加失业保险、基本养老保险和医疗保险的人数上。在失业保险方面，2000 年，参加失业保险的人数仅有 459.6 万，并且在 2005 年以前呈现一种下降的趋势，到 2005 年以后才逐渐增加，到 2021 年已有 698.69 万人参加失业保险。失业保险参保职工人数的增加说明湖北省的失业保障水平具有一定的提升。

在养老保险方面，2000 年，全省参加基本养老保险的职工人数仅有 465.6 万，而到了 2021 年年末，参与基本养老保险的职工人数达到了 1217.02 万人，数量翻了一倍多，平均每年增长达到 7.7%；在 2017 年，增长率达到了 13.75%，可能是由于 2016 年养老保险补缴新政策促使了原来没有缴纳养老保的职工参加养老保险。这说明湖北省对于人民养老事业十分重视,大幅度提高了职工养老保障水平。

在医疗保险方面,自2007年新医改实施以后,2010年,参加基本医疗保险的职工数达到了847.8万人,到2021年年末则是达到了1196.1万人,增长了41%,平均每年增长达到了1.95%;在2017年增长了6.025%,这可能是由于在2016年、2017年间医保实行了新政策吸引了更多原来没有参加医保的职工参加医保。参加基本养老保险和基本医疗保险人数的持续增加,覆盖率的不断上升,都体现了我省的福利水平的快速提升。福利水平的不断提升体现了我省经济实力增强,保障居民生活能力提高,未来发展存在巨大潜力,城市建设水平将不断提升。

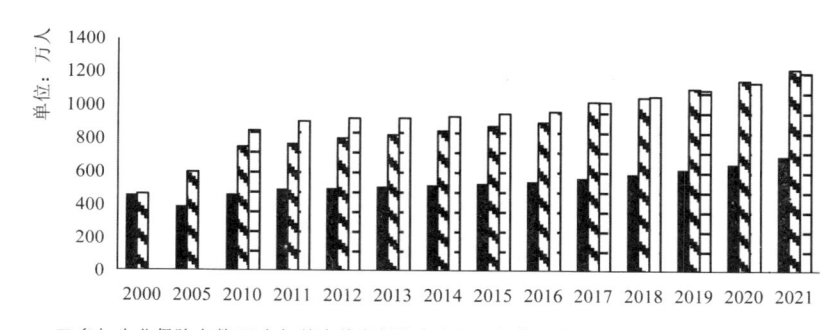

图 1-11　2010—2021 年湖北省参加基本养老保险及医疗保险职工人数

数据来源：各年《湖北统计年鉴》。

注：2000 年及 2005 年参加基本医疗保险职工人数数据缺失。

三、湖北省整体建成小康社会

伴随着湖北省人口城镇化和经济城镇化的推进,全省人民的生活水平与生活质量也日益提高。城镇居民和农村居民人均可支配收入及消费水平的明显提高,贫困人口和贫困发生率的大幅减少和降低,这都充分说明了湖北省新型城镇化极大提高了居民生活水平和改善了生活质量,大幅提高了居民的幸福感,整体上初步建成了小康社会。

1. 居民人均可支配收入与消费水平持续提高

湖北省城镇化的推进大大提高了城镇居民的生活质量,城镇居民人均可支配收入和城镇居民人均消费水平的提高是城镇居民生活质量提高的直接体现。如图 1-12 所示,自 2000 年到 2021 年 20 年间,城镇居民人均可支配收入从

5525元增长到40278元，人均增加了34753元，增长了6倍，伴随着可支配收入的逐步提高，居民的人均消费水平也在不断提升，从2000年的6250元增长到28506元，人均增加了22256元，增长了3.5倍。同时，从图中可以明显发现，湖北省2000年的人均可支配收入低于人均消费水平，这意味着当时人们的收入并不能满足人们的消费需求；然而，2021年湖北省的城镇居民可支配收入达到了40278元，完全覆盖了消费需求体现的28506元，这说明在近20年间，湖北省城镇居民的生活质量已有了大幅改善，人民逐步寻求更高质量的生活需求满足。

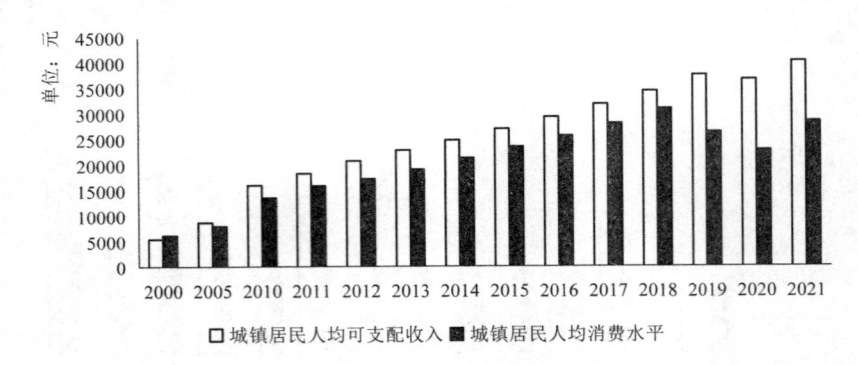

图1-12 2010—2021年湖北省城镇居民人均可支配收入及消费水平

数据来源：各年《湖北统计年鉴》。

湖北省城镇化的提高不仅提高了城镇居民的生活水平，农村居民的生活水平也得到了大幅度的提升。同时，湖北市场潜力巨大，近年来一直保持着稳定良好的发展势头，人均社会消费品零售总额高于全国平均水平。2019年，全省人均社零额达3.41万元，高于全国平均水平0.47万元。[①] 如图1-13所示，在2000至2021年间，农村居民人均可支配收入从2268.5元提高至18259元，增长了7.05倍，爬升速度喜人。随着农村居民可支配收入的提高，农村居民的消费水平也在逐步上升，20年间，湖北省农村居民人均消费水平提高了13.5倍，并于2018年超过了农村居民人均可支配收入，但此后3年均低于农村居民人均可支配收入。这说明全省农村居民的生活质量从温饱水平逐步提高。

---

① 湖北省统计局.坚定湖北经济长期向好的发展信心——2020年一季度经济数据解读[N].湖北日报，2020-04-22.

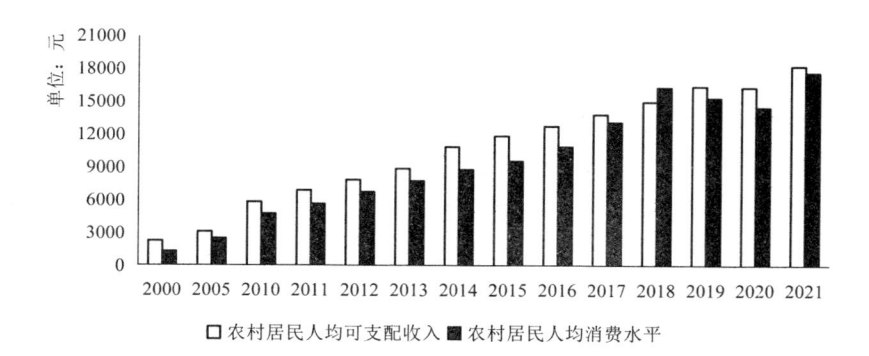

图 1-13　2010—2021 年湖北省农村居民人均可支配收入及消费水平

数据来源：各年《湖北统计年鉴》。

2. 贫困人口和贫困发生率不断减少

从中国城镇化发展与贫困程度来看，城镇化水平较高的地区贫困程度较低，而城镇化水平较低的地区贫困程度相对较高。[1] 湖北省贫困人口规模自进入 21 世纪以来不断减少，在巩固"八七"扶贫成果的基础上，全省贫困人口实现了大幅度减少，但由于贫困人口基数较多，贫困原因多样，贫困人口规模依旧处在较高水平。党的十七大提出 2020 年基本消除绝对贫困现象，全面建成小康社会这一总体目标，湖北省政府加大资金投入、加强扶持力度、加快脱贫进程，不断减少贫困人口。

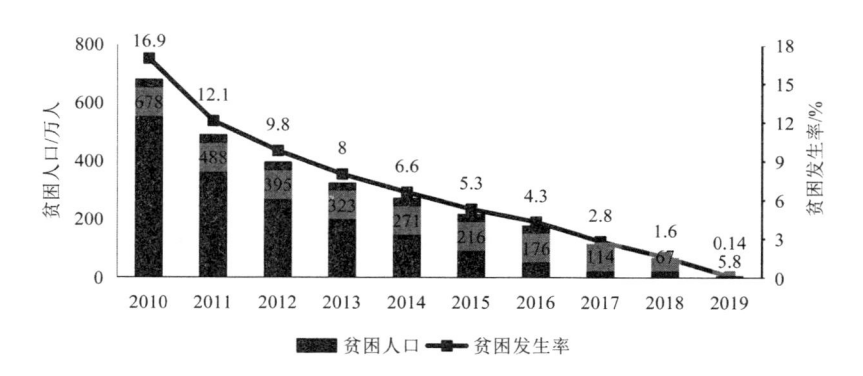

图 1-14　2010—2021 年湖北省贫困人口及贫困发生率

数据来源：《中国农村贫困监测报告》。

---

[1] 崔万田，何春. 城镇化的农村减贫效应：理论机制与实证检验 [J]. 经济科学，2018（04）：89-102.

在2010年以后，贫困人口规模大幅度减少，如图1-14，在2010年就减少了190万贫困人口，贫困发生率降低了4.8%，此后保持贫困人口不断下降的趋势。在2010—2019年间，贫困规模人口从678万下降到5.8万，下降到2010年的1/116，贫困发生率也从16.9%降低到0.14%，贫困人口和贫困发生率的大幅度降低无疑是湖北省扶贫行动取得成功的具体表现，也是湖北省城市不断发展的结果。减贫成效的显著提升同时也促进了湖北省经济的不断提升，湖北省就在这样的良性循环中不断发展。2020年，湖北省以实施乡村振兴战略为总抓手，对标全面建成小康社会目标，坚决打赢脱贫攻坚战，高质量打赢脱贫攻坚战，巩固提升脱贫成果。①

第三节 湖北省三大城市群的形成及其对经济社会发展的承载形态

城镇化在进入快速发展阶段后，会呈现出城市群化发展特征。以武汉、宜昌、襄阳为中心，湖北省形成了武汉城市圈、宜荆荆恩城市群、襄十随神城市群。三大城市群覆盖全省，成为湖北省承载发展要素的空间形态。三大城市群的形成和发展有效整合了城市资源，促进劳动要素合理流动，提高了技术、资本和劳动要素的利用水平，实现了城镇化发展从量变到质变的过程。

一、湖北省三大城市群发展现状

城镇化作为我国经济发展的重要载体和经济增长的主要动力，不仅是经济结构调整的关键引擎，也是促进产业和区域协调发展的重要支撑。② 城市群作为新兴城镇化的主体形态，已经成为城镇化快速发展的关键驱动单元。近年来湖北省坚持协调发展，致力在全省形成中心带动、多极发展、协同并进的局面。③

---

① 佚名. 中共湖北省委湖北省人民政府关于加快补上"三农"领域短板决胜全面建成小康社会的实施意见［N］. 湖北日报, 2020-04-11（005）.
② 卢瑜, 向平安. 城镇化和生态环境的协同耦合研究——以长株潭城市群为例［J］. 城市发展研究, 2020, 27（01）: 1-6.
③ 蒋超良. 高举旗帜牢记嘱托全面建成小康社会开启湖北"建成支点、走在前列"新征程——在中国共产党湖北省第十一次代表大会上的报告［N］. 湖北日报, 2017-07-03（001）.

在三大城市群发展格局下，城市群下的各市的城镇化水平、经济发展形态有了显著提高和优化。其中武汉城市圈以湖北省会武汉为中心，武汉带动圈内城市发展取得巨大成就，但也面临着经济社会资源过于集中的资源环境压力。在产业分工等因素驱动下形成的宜荆荆恩城市群、襄十随神城市群发展相对均衡，其中宜昌和襄阳为中心，带动其他城市共同发展。

1. 武汉城市圈

武汉和武汉城市圈发挥引领作用是中央明确的要求，省委实施"一主引领"布局是落实中央战略意图的责任担当。[1] 2007年12月14日，国家发改委批准武汉城市圈为全国资源节约型和环境友好型社会建设综合配套改革试验区，武汉城市圈的概念应运而生。2010年3月，武汉城市圈被列为国家"十二五"重点发展区域。武汉城市圈，又称"1+8"城市圈，是指以武汉为核心，加上黄石、鄂州、黄冈、孝感、咸宁、仙桃、天门、潜江等8个大中小型城市，所形成的区域经济联合体。武汉是武汉城市圈的中心城市，2016年12月14日被国家发改委正式复函，明确支持武汉建设成为国家中心城市，立足长江中游、引领中部地区发展，带领武汉城市圈成为湖北经济发展的核心区域和中部崛起的重要战略支点。黄石、鄂州、黄冈、孝感和咸宁组成武汉城市圈的核心层，"黄鄂黄"三市是全省冶金—建材工业走廊和农副产品加工基地、鄂东地区水陆交通枢纽，同时也是沿江高技术产业带和长江中游航运中心的重要组成部分，其中黄石是武汉城市圈的副中心城市；孝感和咸宁是武汉的产业配套基地、农副产品加工供应基地。省直管市仙桃、潜江和天门则是武汉城市圈先进制造业协作配套基地。2021年，武汉城市圈国土总面积为5.78万平方公里，占湖北省国土面积的31.1%；生产总值为30101.41亿元，占湖北省地区生产总值的60.19%；常住人口为3299.94万人，占湖北省常住总人口数的56.60%。武汉城市圈占全省不到三分之一的面积，却承载着超过六成的生产总值和超过五成的常住人口，是湖北经济发展的核心区域和中部崛起的重要战略支点。

重视城市群内部的经济发展差距，有利于推动经济一体化水平迈向提升的新阶段。在武汉城市圈内部，各市州的经济发展稍显不均衡。如图1-15所示，2021年在武汉城市圈中，武汉的地区生产总值总量遥遥领先于其他市州，实现了17723.2亿元的生产总值，占城市圈整体生产总值的59.3%，将近6成。其后的是孝感和黄冈，分别实现了2562亿元和2541.3亿元的生产总值，均超过了2000亿元，占圈内九市生产总值之和的8.57%和8.50%。三个省直管市仙桃、

---

[1] 秦尊文."一主"重在塑造"引领型发展"[N].湖北日报，2020-12-10（006）.

潜江和天门的生产总值相对较低，分别占城市圈的 2.77%、2.56% 和 2.12%。总体看来，武汉在城市圈中发挥了龙头作用，引领了武汉城市圈成为湖北经济发展的核心区域和中部崛起的重要战略支点；但在城市圈内，各市州的经济发展仍不太均衡，武汉的经济发展远远超过后面各梯队城市。

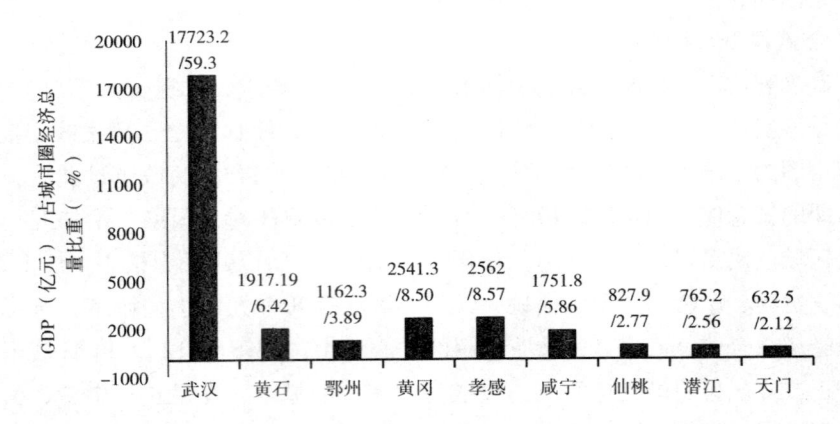

图 1-15　2021 年武汉城市圈各市州的 GDP 总量及所占比重图

数据来源：2021 年《湖北统计年鉴》各市统计年鉴。

在人口集聚方面，武汉城市圈各市州的人口吸引能力也不甚均衡，同时具有与经济发展情况相呼应的特点。如图 1-16 所示，在武汉城市圈中，武汉的常住人口数遥遥领先于其他市州，2021 年共有常住人口 1364.9 万人，占城市圈整体生产总值的 41.41%。其后的是黄冈和孝感，占城市圈总常住人口的 17.56% 和 12.72%。咸宁和黄石的常住人口数处于城市圈的第三梯队，均占全省的 8% 左右。三个省直管市仙桃、潜江和天门以及鄂州的常住人口数则在城市圈内较为稀疏，占城市圈总常住人口比重仅为 3% 或 4% 左右。总体看来，在武汉城市圈内，各市州的人口吸引能力不太平衡，武汉的人口集聚能力远远超过后面各梯队城市，比第二梯队的黄冈和孝感分别多了 1.36 倍和 2.26 倍，城市圈中的仙桃、潜江、天门和鄂州的人口集聚能力整体较为落后。

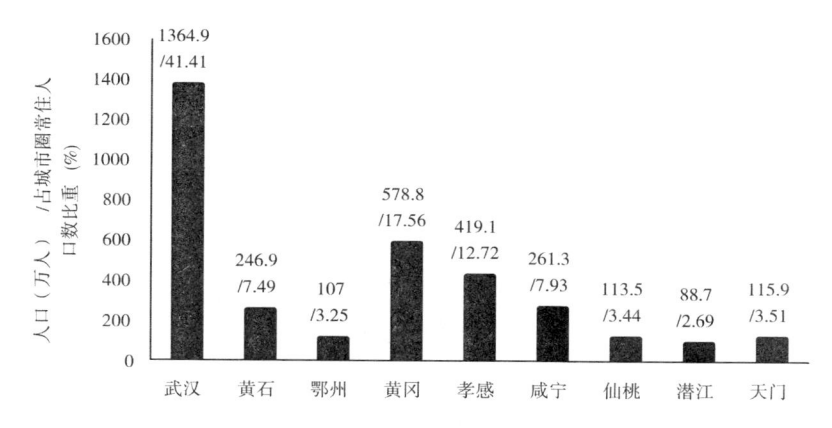

图 1-16　2021 年武汉城市圈各市州的常住人口数及所占比重图
数据来源：2021 年《湖北统计年鉴》各市统计年鉴

武汉城市圈是湖北省乃至中部地区区位市场优势最明显、要素资源配置最齐全的地区，[1] 要加快落实区域发展战略，完善区域政策和空间布局，构建成为湖北省高质量发展的强劲动力源。对于武汉而言，国家发改委提出的"形成都市圈引领城市群、城市群带动区域高质量发展的空间动力系统"，给武汉城市发展指明了发展路径。秦尊文表示，武汉大有文章可做，"在基础设施一体化建设、产业协同方面，以及武汉的北斗、光电子等优势产业，都应积极向周边城市群扩散，真正体现国家中心城市的辐射带动作用"。[2] 在推进武汉城市圈内区域协调发展方面，则要以打造武汉城市圈同城化核心区为重要抓手，加快基础设施互联互通，推动产业发展互促互补，推进生态环境共保联治，实现公共服务共建共享等。[3]

2. 宜荆荆恩城市群

2010 年 1 月 26 日，宜荆荆城市群概念在湖北省政府工作报告中正式提出；随后，在"十四五"中该概念进行了重大调整，将恩施州加入了宜荆荆城市群，形成了宜荆荆恩城市群。宜荆荆恩城市群指的是宜昌、荆州、荆门和恩施州，城市群总体的产业定位为生物医药、精细化工、航空航天、食品饮料和生态农

---

[1] 佚名. 武汉城市圈政协主席论坛在咸宁举行依托城市圈培育和打造中部强大市场[N]. 湖北日报, 2019-12-30 (020).
[2] 吴瞳, 马振华. 武汉要主动做大做强引领推动长江中游城市群发展[N]. 长江日报, 2021-04-14 (004).
[3] 本报评论员. 推进区域协调发展打造武汉城市圈同城化核心区——论贯彻市委七届十一次全会精神[N]. 鄂州日报, 2020-12-22 (001).

业。宜昌位于湖北省西南部，地处长江上游和中游的结合处，是湖北省域副中心城市，是中部地区的重要枢纽城市；荆州是湖北省区域性中心城市之一，是我国中南地区重要的工业生产基地和轻纺织基地；恩施州是全省重要的绿色产业基地、民俗文化生态旅游基地。《中共湖北省委关于制定全省国民经济和社会发展第十四个五年规划和二〇三五年远景目标的建议》中指出，要推动襄十随神城市群、宜荆荆恩城市群由点轴式向扇面式发展，打造支撑全省高质量发展的南北"两翼"。湖北省党代会报告中明确提出深入实施"一主两副多极"区域发展战略的重大举措。实施"一主两副多极"发展战略，旨在拓展湖北经济发展空间，促进武汉城市圈、襄十随神城市群、宜荆荆恩城市群的发展。① 在湖北"一主引领、两翼驱动、全域协同"区域发展布局中，宜荆荆恩城市群肩负的使命是：打造南向、西向开放门户，成为联结武汉城市圈与成渝双城经济圈的重要纽带，形成以绿色经济和战略性新兴产业为特色的高质量发展经济带，构建全省高质量发展的重要支撑。②

区域发展失衡是社会主要矛盾的空间维度反映，严重影响着中国经济发展的平衡性、协调性与可持续性，包括落后地区成为建设现代化经济体系的短板、经济动力发展不足，降低社会资源配置的总体效率。③ 相较于武汉城市圈而言，宜荆荆恩城市群内各市州经济发展除了恩施州以外，都比较均衡。如图1-17所示，在宜荆荆恩城市群内，宜昌作为全省的副中心城市，经济发展状况略高一筹，2021年宜昌的地区生产总值为5022.7亿元，占宜荆荆恩城市群的45%。荆门和荆州的经济发展水平则较为平衡，2021年经济总量均超过了2000亿元，占宜荆荆恩城市群的19%和24.33%。恩施州的地区生产总值则较为落后，2021年仅占整个城市群的11.67%。总体看来，宜昌较好地发挥了全省副中心城市的地位作用，带领宜荆荆恩城市群逐渐建设成为全省经济社会发展的重要一翼；但城市群内的恩施州经济发展仍需要逐步向其他市靠拢。

---

① 王才忠. 全面建成小康社会湖北应该怎样作为——专访省委党校副校长、教授张继久[N]. 湖北日报，2017-07-11（011）.
② 李墨. 宜荆荆恩城市群：在1万亿元平台上起跳[N]. 湖北日报，2022-04-28.
③ 李兰冰，刘秉镰. "十四五"时期中国区域经济发展的重大问题展望[J]. 管理世界，2020，36（05）：36-518.

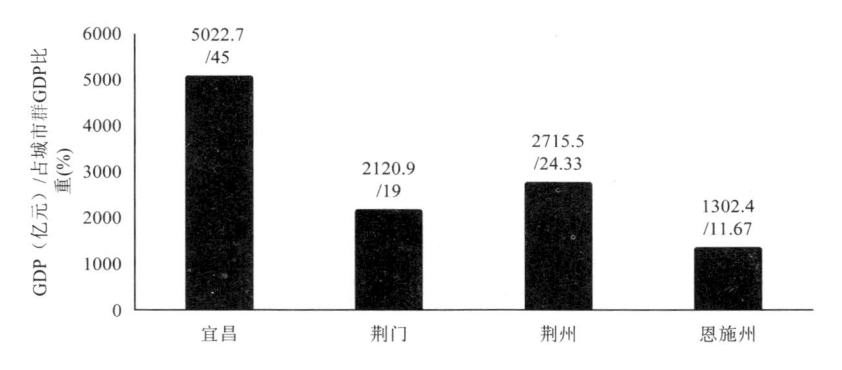

<<< 第一章 湖北省经济社会建设的巨大成就及城市圈承载形态

图 1-17　2021 年宜荆荆恩城市群各市州的 GDP 及所占比重图

数据来源：2021 年《湖北统计年鉴》各市统计年鉴。

宜荆荆恩城市群内的人口集聚能力也较为均衡，但与经济发展情况不太相应，荆州的常住人口数更高于经济总量排名第一的宜昌，经济总量排名最后的恩施州的常住人口数更高于经济总量排名第三的荆门。在宜荆荆恩城市群内，荆州的常住人口为 513.7 万人，占宜荆荆恩城市群的 34.13%。人口集聚能力排名第二的宜昌的常住人口数为 391 万人，占整个城市群的 25.98%。恩施州和荆门的人口集聚能力分列城市群内的 3、4 名，常住人口数分别为 345.6 万人和 254.7 万人，分别占城市群的 22.96% 和 16.92%。总体看来，宜荆荆恩城市群各市州的人口集聚能力较为均衡，城市群初显协调发展特性，与经济发展情况不甚吻合的地方也表明荆州和恩施州的发展潜力巨大。

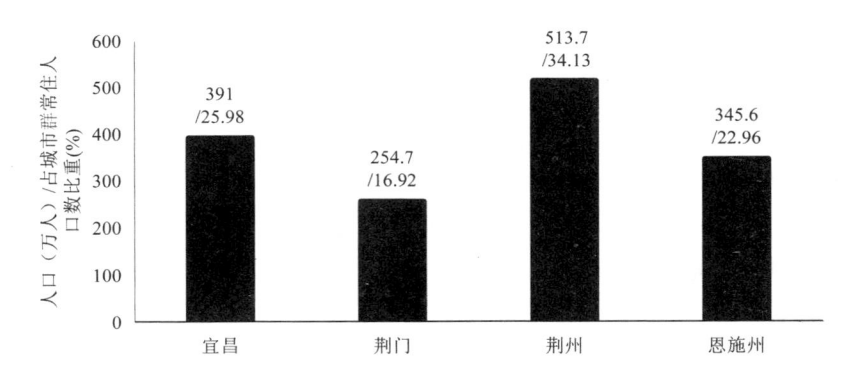

图 1-18　2021 年宜荆荆恩城市群各市州的常住人口数及所占比重图

数据来源：2021 年《湖北统计年鉴》各市统计年鉴。

3. 襄十随神城市群

《中共湖北省委关于制定全省国民经济和社会发展第十四个五年规划和二〇三五年远景目标的建议》提出，支持襄十随神城市群落实汉江生态经济带发展战略，打造以产业转型升级和先进制造业为重点的高质量发展经济带。襄十随神城市群指的是襄阳、十堰、随州和神农架林区，整体处于连接长江经济带和新丝绸之路经济带的战略地位，自然资源丰富，生态条件优越，经济基础雄厚，城市群总体的产业定位为汽车及零部件、装备制造和农产品深加工。襄阳位于湖北省西北部，地处汉江中游，是湖北省域副中心城市，是国务院批复确定的湖北省新型工业基地和鄂西北中心城市。十堰是鄂、豫、陕、渝毗邻地区唯一的区域性中心城市，也是湖北鄂西生态文化旅游圈的核心城市，秦巴山区三大中心城市之一。随州地处长江流域和淮河流域的交汇地带，是承接国家实施西部大开发战略由东向西的关键城市。神农架林区是中国首个获得联合国教科文组织人与生物圈自然保护区、世界地质公园、世界遗产三大保护制度共同录入的"三冠王"名录遗产地。①襄十随神城市群布局在湖北省的西北部，是湖北省经济社会发展的重要一翼。襄十随神城市群着力打造北向、西向开放门户和联结武汉城市圈与中原城市群、关中平原城市群的重要纽带，经济总量力争达到1万亿元，纵深推进协同发展成势见效，城市群实力进一步增强，成为全国非省会城市群的重要增长极。②

相较于宜荆荆恩城市群而言，襄十随神城市群的经济发展较为不平衡。如图1-19所示，在襄十随神城市群内，襄阳作为省域副中心城市，得到的要素支持和倾斜较多，经济发展也远高于城市群内其他城市，2021年襄阳的地区生产总值为5309.4亿元，占襄十随神城市群的60.77%，远高于排名第二的24.77%。同年十堰的生产总值为2164亿元，在城市群内排名第二。紧随其后的是随州，地区生产总值为1241.4亿元，占城市群的14.21%。而神农架的经济发展状况靠后，2021年的地区生产总值仅为22.5亿元，在襄十随神城市群内占比也不到1%。总体而言，襄十随神城市群各市州的经济发展相对宜荆荆恩城市群而言较为不平衡，且域内的神农架的经济发展远低于全省其他市州的发展水平，不过对于神农架而言，更重要的是生态效益而非经济效益。在新型城镇化背景下，各城市之间应加强联系与合作，通过区域内较为发达城市辐射带动边

---

① 阙政, 刘绮黎. 52颗明珠"入遗"年表[J]. 新民周刊, 2017 (29): 20-29.
② 佚名. 龙头引领四地一心天地宽——襄阳带动襄十随神城市群一体化发展回眸[N]. 湖北日报, 2022-04-24.

缘相对落后城市,[①] 小城市则要利用自身优势,吸引相关人才并发展特色产业,不断提升经济实力,[②] 比如发挥十堰及神农架林区自然资源禀赋和生态产品价值实现机制基础优势,支持南水北调中线重点水源区纳入国家级生态产品价值实现机制试点。[③] 以实现襄十随神城市群内部的经济协调发展。

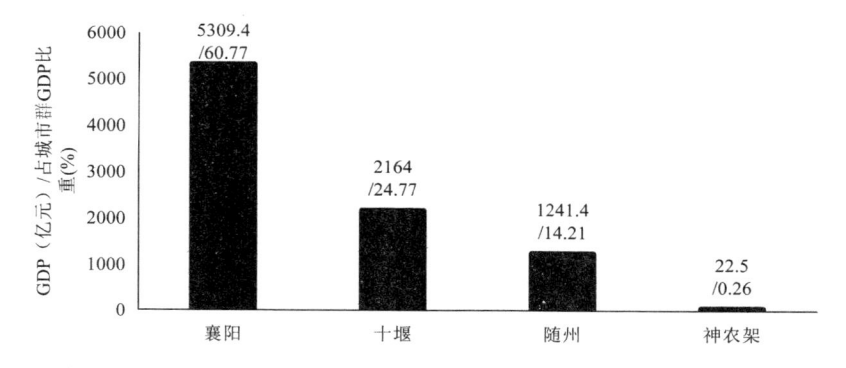

图 1-19　2021 年襄十随神城市群各市州的 GDP 及所占比重图

数据来源:2021 年《湖北统计年鉴》各市统计年鉴。

襄十随神城市群的人口集聚能力与其经济发展状况较为吻合。如图 1-20 所示,2021 年,在襄十随神城市群内,襄阳的常住人口为 527 万人,占襄十随神城市群的 50.14%。十堰和随州的常住人口数分别为 315.8 万人和 201.6 万人,分别占城市群的 30.04% 和 19.18%。神农架的常住人口为 6.7 万人,在城市群内的占比不到 1%。总体看来,襄十随神城市群的人口集聚能力与各市经济发展状况比较吻合,除了神农架由于自然条件限制以外,随州应适当提升经济社会发展情况,逐步向襄阳和十堰靠拢。

[①] 郭政,姚士谋,陈爽,等.长三角城市群城市宜居水平时空演化及影响因素[J].经济地理,2020,40(02):79-88.
[②] 刘修岩,梁昌一.中国城市群一体化水平综合评价与时空演化特征分析——兼论城市群规模的影响[J],兰州大学学报(社会科学版).2021,49(02):49-61.
[③] 佚名.龙头引领四地一心天地宽——襄阳带动襄十随神城市群一体化发展回眸[N].湖北日报,2022-04-24.

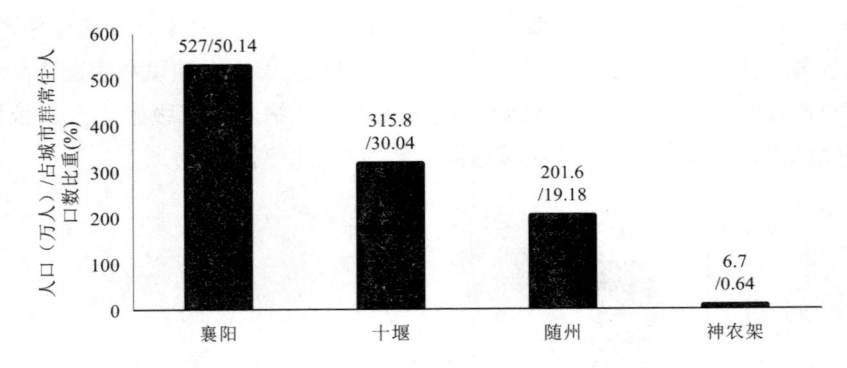

图 1-20　2021 年襄十随神城市群各市州的常住人口数及所占比重图
数据来源：2021 年《湖北统计年鉴》各市统计年鉴。

二、湖北省三大城市群对经济发展的承载形态

湖北省的三大城市群规划是城镇化的高级形式，是全省经济发展要素的主要承载形态，也是引导各市城镇化水平由高速度增长向高质量增长转变的重要方式。武汉城市圈以湖北省会武汉为中心，对经济发展的各项要素承载能力都较强；布局于湖北省西北部和西南部的襄十随神城市群和宜荆荆恩城市群经济发展相对均衡，城市间协调性略胜一筹。

1. 对经济总产出的承载形态

城市群是城镇化发展进程的最高级形态，当前，城市群已成为地区经济发展要素的最主要承载空间形态。如表 1-5 所示，2021 年在湖北省的三大城市群中，布局湖北省东部的武汉城市圈承载了全省近六成的地区生产总值总量，西北部的襄十随神城市群和西南部的宜荆荆恩城市群则承载了余下 4 成的经济总量。三大城市群内均分布着不同经济水平梯队的城市，首先，作为中心城市的武汉、宜昌和襄阳分别承载了三大城市群内大部分的经济产出，是全省经济发展的主要引领者；其次，武汉城市圈内的黄冈、咸宁、孝感和黄石，宜荆荆恩城市群内的荆门和荆州，襄十随神城市群内的十堰分别构成三大城市群第二梯队城市，是湖北省经济发展推动的潜力者；最后，三大城市群内均分布着经济发展较为落后的城市，包括武汉城市圈的仙潜天地区，宜荆荆恩城市群的恩施州，襄十随神城市群的随州和神农架，这些城市的经济发展步伐仍相对缓慢。

表 1-5　2021 年三大城市群 GDP

地区	城市	GDP（亿元）	合计（亿元）	占全省比重
武汉城市圈	武汉	17716.76	30101.41	56.63%
	黄石	1865.68		
	鄂州	1162.3		
	孝感	2562.01		
	黄冈	2541.31		
	咸宁	1751.82		
	仙桃	929.9		
	天门	718.89		
	潜江	852.74		
襄十随神城市群	襄阳	5309.43	11895.55	22.38%
	十堰	5309.43		
	随州	1241.45		
	神农架林区	35.24		
宜荆荆恩城市群	宜昌	5022.69	11161.43	21.00%
	荆门	2120.86		
	荆州	2715.52		
	恩施	1302.36		

数据来源：2021 年《湖北省统计年鉴》。

2. 对全社会消费的承载形态

湖北省三大城市群也已成为湖北省全社会消费的最主要承载形态，且与经济要素的承载相呼应。如表 1-6 所示，2021 年在湖北省的三大城市群中，武汉城市圈承载了全省近六成的消费量，襄十随神城市群和宜荆荆恩城市群则承载了余下 4 成的消费量。武汉、宜昌和襄阳作为三大城市群的中心城市，承载的全社会消费量最多，远高于其他城市；其次，武汉城市圈内的黄冈、咸宁、孝感和黄石，宜荆荆恩城市群内的荆门和荆州、恩施州，襄十随神城市群内的十堰和随州是全省消费力第二梯队城市；最后，神农架、仙潜天地区和鄂州的消费量最少，是全省消费力第三梯队城市。总体看来，武汉城市圈对全社会消费的承载能力最强，但各市承载能力明显不平衡；宜荆荆恩城市群各市对全社会消费的承载能力比较均衡。

31

表1-6 2021年三大城市群社会消费品零售总额

城市群	城市	社会消费品零售总额（亿元）	合计（亿元）	占全省比重
武汉城市圈	武汉	6795.04	12654.36	58.69%
	黄石	966.96		
	鄂州	352.85		
	孝感	1197.60		
	黄冈	1403.73		
	咸宁	781.93		
	仙桃	482.02		
	天门	368.01		
	潜江	306.22		
襄十随神城市群	襄阳	1966.13	3858.28	17.89%
	十堰	1256.00		
	随州	618.50		
	神农架林区	17.65		
宜荆荆恩城市群	宜昌	1800.81	5048.71	23.42%
	荆门	1611.45		
	荆州	950.37		
	恩施	686.08		

数据来源：2021年《湖北省统计年鉴》。

3. 对高科技产业承载形态

作为城镇化发展的最高级形态，城市群也是地区高科技创新要素的主要承载形态。如表1-7所示，2021年在湖北省的三大城市群中，高科技产业布局仍以东部的武汉城市圈最多，西北部的襄十随神城市群和西南部的宜荆荆恩城市群较少。从各市州的角度上看，高新技术产业主要布局在作为中心城市的武汉、宜昌和襄阳，其承载的高新技术产业要素远多于城市群内的其他城市，在全省内也是主要的高新技术产业引领力量。在三大城市群以外，各市州的高新技术产业分布较少，与中心城市仍有一定距离，其中十堰、黄石、荆门和孝感2021年的高新技术产业增加值在300亿元以上，构成了湖北省高新技术产业发展的中坚力量。总体而言，武汉城市圈的高新技术产业集聚能力较强，在武汉的引领及辐射下，武汉城市圈的个别城市高新技术也得到发展。国家已经明确提出要支持长江中游城市群协同发展，武汉未来能充分展现它的引领支撑作用成为一个要素集聚的制高点、科技创新的策源地，也成为一个高新产业的引领地，最后将长江中游的三省大大小小的各类城市联合起来，使它形成一个庞大的经济群体；① 而襄十随神城市群和宜荆荆恩城市群的高新技术产业集聚能力相当，与武汉城市圈相比，仍有较大发展潜力。

表 1-7　2021 年三大城市群高新技术产业增加值

城市群	城市	高新技术产业增加值（亿元）	合计（亿元）	占全省比重
武汉城市圈	武汉	4852.28	6824.73	66.15%
	黄石	427.11		
	鄂州	223.31		
	孝感	406.38		
	黄冈	255.92		
	咸宁	284.75		
	仙桃	123.39		
	天门	106.75		
	潜江	144.84		
襄十随神城市群	襄阳	1207.43	1837.82	17.81%
	十堰	434.56		
	随州	195.64		
	神农架林区	0.19		
宜荆荆恩城市群	宜昌	874.15	1654.96	16.04%
	荆州	393.77		
	荆门	347.47		
	恩施	39.57		

数据来源：2021 年《湖北省统计年鉴》。

---

① 佚名．加快武汉都市圈建设打造全国重要增长极［N］．湖北日报，2022-03-23.

三、湖北省三大城市群对社会发展要素的承载形态

在城市群的发展格局下，城市群下的各市州经济发展协调有序推进，由此也推动了社会发展要素的显著提高和优化。湖北省三大城市群是全省社会发展要素的主要承载形态，其中武汉城市圈对社会发展的各项要素承载能力都较强，在人口集聚能力、医疗水平和教育水平上都略优；襄十随神城市群和宜荆荆恩城市群的社会发展相对均衡，城市间协调性略胜一等。

1. 对城镇常住居民的承载形态

湖北省三大城市群集聚了全省全部人口要素，并随着全省城镇化水平的提高，各城市圈常住人口数值均有所提高，且城镇化率整体显著提高。如表1-8所示，2010年武汉城市圈、宜荆荆恩城市群、襄十随神城市群的常住人口分别为3024.29万、1593.42万、1107.94万，到2021年，该数值增长至3285.46万、1505.02万、1053.41万。三大城市群的常住人口数都有所增加，武汉城市圈的常住人口在全省所占比重从2010年的52.84%上升至2021年的56.35%，上升了3.51个百分点；但是宜荆荆恩城市群、襄十随神城市群2021年常住人口比重比2010年分别降低了2.02、1.3个百分点。

在2010-2021年间，三大城市群的城镇化率也显著提高。2021年，武汉城市圈、宜荆荆恩城市群和襄十随神城市群的城镇化率分别为68.15%、56.90%和61.31%，较2010年的城镇化水平分别提高了18.12%、33.98%和43.07%。可以发现，在三大城市群中，武汉城市圈的城镇化水平推进最快，而襄十随神城市群的城镇化水平变化微乎其微。这是由于社会发展水平的推进需要有坚实的经济基础，武汉城市圈的经济水平遥遥领先，其社会发展程度也更快；这对社会发展水平相对落后的襄十随神城市群有所启发。

表1-8 三大城市圈2010、2021年城镇常住人口及城镇化率一览表

地区	2010 常住人口 数值（万人）	2010 常住人口 占全省比重	2010 城镇化率	2021 常住人口 数值（万人）	2021 常住人口 占全省比重	2021 城镇化率
湖北	5723.77	/	51.80%	5830	/	64.09%
武汉城市圈	3024.29	52.84%	50.03%	3285.46	56.35%	68.15%
武汉	978.54	17.10%	65.10%	1364.89	23.41%	84.56%

续表

地区	2010 常住人口 数值（万人）	2010 常住人口 占全省比重	2010 城镇化率	2021 常住人口 数值（万人）	2021 常住人口 占全省比重	2021 城镇化率
黄石	242.93	4.24%	53.00%	244.43	4.19%	66.30%
鄂州	104.87	1.83%	57.95%	106.97	1.83%	66.72%
黄冈	616.21	10.77%	35.70%	578.82	9.92%	48.65%
孝感	481.45	8.41%	38.00%	419.13	7.19%	61.22%
咸宁	246.26	4.30%	42.70%	261.27	4.48%	57.35%
仙桃	117.51	2.05%	43.20%	110.51	1.90%	60.00%
潜江	94.63	1.65%	48.07%	83.57	1.43%	56.16%
天门	141.89	2.48%	36.93%	115.87	1.99%	43.44%
宜荆荆恩城市群	1593.42	27.84%	22.92%	1505.02	25.82%	56.90%
宜昌	405.97	7.09%	47.00%	391.01	6.71%	63.77%
荆门	287.37	5.02%	46.35%	254.67	4.37%	59.76%
荆州	569.17	9.94%	44.75%	513.73	8.81%	56.52%
恩施州	330.91	5.78%	30.50%	345.61	5.93%	47.60%
襄十随神城市群	1107.94	19.36%	18.24%	1053.14	18.06%	61.31%
襄阳	550.03	9.61%	51.99%	527.1	9.04%	62.46%
十堰	334.08	5.84%	46.30%	315.82	5.42%	62.04%
随州	216.22	3.78%	44.88%	202.56	3.47%	57.73%
神农架	7.61	0.13%	39.80%	7.66	0.13%	46.21%

数据来源：2011、2020年《湖北统计年鉴》、各市统计年鉴。

在2010—2021年间，全省及各市的城镇化率也显著提高。2021年，湖北省城镇化率为64.09%，比2010年提高了10多个百分点。各市的城镇化率也有大幅提高，其中，武汉城市圈的武汉、黄石、鄂州三市的城镇化率均超过了湖北省城镇化率，分别达到了84.56%、66.30%、66.72%。数据表明，武汉城市圈格局下的人口城镇化向高质量水平发展。宜荆荆恩城市群和襄十随神城市群的人口城镇化仍然存在发展空间。

2. 对全社会教育资源的承载形态

丰富优质的教育关乎居民需求能否最大限度地被满足，是人民关心的基础民生，专任教师数一定程度上可以反映地区的教育水平。在教育事业方面，如表1-9所示，2010年武汉城市圈、宜荆荆恩城市群、襄十随神城市群的专任教师数分别为30.8万人、13.04万人、10.83万人，到2021年该数值增长至37.75万人、14.23万人、11.5万人，分别增长了6.95万人、1.19万人、0.67万人。虽然三大城市群的专任教师数都有不同程度的增加，但其中仅武汉城市圈的专任教师数在全省所占比重有所升高，从2010年的54.30%提高至2021年的59.47%，提高了5.17个百分点；宜荆荆恩城市群、襄十随神城市群2021年专任教师数比重较2010年分别降低了0.57、0.97个百分点。总体看来，武汉城市圈的教育资源明显高于其他两大城市群，宜荆荆恩城市群次之，襄十随神城市群的教育资源最差。

在三大城市群中，教育资源的倾斜分布特征也比较明显。其中武汉城市圈内各市的教育资源分布相对比较不平衡，武汉集聚的专任教师数达13.67万人，占全省比重为21.53%，略低于整个宜荆荆恩城市群四市的合计；黄冈的教育水平也相对较强，其专任教师数占全省的12.95%，在省内排名仅次于武汉；但圈内还存在教育资源较差梯队，包括鄂州、仙桃、潜江和天门四市，其专任教师数占全省比重均不超过2%。与2010年相比，武汉城市圈内武汉、黄石、黄冈、咸宁、潜江和天门的专任教师数呈现上升状态，增长量从0.10万人到2.19万人不等，增长最多的是黄冈，增长数达到2.19万人；反之鄂州、孝感和仙桃的专任教师数呈现流失态势，在11年间分别下降了0.06万人、0.76万人和0.06万人。

相对而言，宜荆荆恩城市群的教育资源分布比较均衡，四市的专任教师数均在四市平均值上下波动。2021年，宜昌、荆门、荆州和恩施州的专任教师数分别为3.47万人、2.31万人、4.80万人和3.65万人，其中宜昌、荆州和恩施州比2010年各市的专任教师数分别增加了0.1万人、0.23万人和0.95万人，反之荆门则比2010年的专任教师数下降了0.09万人。同时，2021年宜荆荆恩城市群中，荆门的教育水平最差，专任教师数为2.31万人，低于四市平均值。

襄十随神城市群的教育资源分布具有明显层次特征，2021年，襄阳、十堰、随州和神农架的专任教师数分别为5.17万人、3.83万人、2.48万人和0.02万人，在全省占比分别为8.14%、6.03%、3.93%和0.03%，其中随州和神农架的教育资源略差于其他两市。与2010年相比，襄阳、十堰和随州的专任教师数增加了0.08万人、0.21万人和0.39万人，而神农架的专任教师数则下降了0.01

万人，襄阳吸引教师要素的能力仍然是城市群中最强的。从占全省比重来看，与2010年相比，2021年襄十随神城市群中只有随州的专任教师数占比提高，其他三市均有所下降。

表1-9 三大城市圈2010、2020年专任教师数一览表

地区	2010 专任教师数（万人）	2010 占全省比重	2020 专任教师数（万人）	2020 占全省比重
湖北	56.72	/	63.48	/
武汉城市圈	30.8	54.30%	37.75	59.47%
武汉	11.61	20.47%	13.67	21.53%
黄石	2.59	4.57%	2.69	4.24%
鄂州	1.04	1.83%	0.98	1.54%
黄冈	6.03	10.63%	8.22	12.95%
孝感	4.12	7.26%	3.36	5.29%
咸宁	2.73	4.81%	3.11	4.90%
仙桃	1.1	1.94%	1.04	1.64%
潜江	0.8	1.41%	0.93	1.47%
天门	0.78	1.38%	1.14	1.80%
宜荆荆恩城市群	13.04	22.99%	14.23	22.42%
宜昌	3.37	5.94%	3.47	5.47%
荆门	2.4	4.23%	2.31	3.64%
荆州	4.57	8.06%	4.80	7.56%
恩施州	2.7	4.76%	3.65	5.75%
襄十随神城市群	10.83	19.09%	11.5	18.12%
襄阳	5.09	8.97%	5.17	8.14%
十堰	3.62	6.38%	3.83	6.03%
随州	2.09	3.68%	2.48	3.93%
神农架	0.03	0.05%	0.02	0.03%

数据来源：各年各市州统计年鉴。

3. 对全社会医疗资源的承载形态

医疗质量及保障都关乎居民需求能否最大限度地被满足，是人民关心的基

础民生，医生数量一定程度上可以代表社会医疗资源水平。在医疗普及方面，如表1-10所示，2010年武汉城市圈、宜荆荆恩城市群、襄十随神城市群的执业（助理）医师数分别为5.27万人、2.42万人、1.97万人，到2021年该数值增长至9.18万人、4.81万人、3.01万人，分别增长了3.91万人、2.39万人、1.04万人。虽然三大城市群的执业（助理）医师数都有不同程度的增加，但其中襄十随神城市群的执业（助理）医师数在全省所占比重下降，从2010年的19.80%降低至2021年的17.70%，降低了2.1个百分点；武汉城市圈和宜荆荆恩城市群的比重则分别提高了1.04个和3.97个百分点。总体看来，武汉城市圈对全社会医疗资源的承载明显高于其他两大城市群，宜荆荆恩城市群次之，襄十随神城市群的医疗资源集聚最差。

在三大城市群中，医疗资源的倾斜分布特征也比较明显。其中武汉城市圈内各市的医疗资源分布相对比较不平衡，武汉集聚的执业（助理）医师数达4.19万人，占全省比重为24.65%，比襄十随神城市群各市总量都高；黄冈、孝感、咸宁和黄石的医疗资源分布也相对较多，其执业（助理）医师数分别占全省的8.76%、6.00%、4.47%和4.00%；但群内还存在医疗资源较差梯队，包括鄂州、仙桃、潜江和天门四市，其执业（助理）医师数占全省比重均不超过2%。与2010年相比，武汉城市圈内各市的执业（助理）医师数均呈现上升状态，增长量从0.04万人到3.91万人不等，增长最多的是武汉，达到3.91万人，增长最少的是潜江，仅有0.04万人。

表1-10 三大城市圈2010、2021年执业（助理）医师数一览表

地区	2010 执业（助理）医师数（万人）	2010 占全省比重	2021 执业（助理）医师数（万人）	2021 占全省比重
湖北	9.95	/	17.0	/
武汉城市圈	5.27	52.96%	9.18	54.00%
武汉	2.51	25.23%	4.19	24.65%
黄石	0.42	4.22%	0.68	4.00%
鄂州	0.19	1.91%	0.25	1.47%
黄冈	0.7	7.04%	1.49	8.76%
孝感	0.6	6.03%	1.02	6.00%
咸宁	0.41	4.12%	0.76	4.47%
仙桃	0.1	1.01%	0.28	1.65%

续表

地区	2010 执业（助理）医师数（万人）	2010 占全省比重	2021 执业（助理）医师数（万人）	2021 占全省比重
潜江	0.2	2.01%	0.24	1.41%
天门	0.14	1.41%	0.27	1.59%
宜荆荆恩城市群	2.42	24.32%	4.81	28.29%
宜昌	0.81	8.14%	1.27	7.47%
荆门	0.44	4.42%	0.74	4.35%
荆州	0.71	7.14%	1.62	9.53%
恩施州	0.46	4.62%	0.98	5.76%
襄十随神城市群	1.97	19.80%	3.01	17.70%
襄阳	0.96	9.65%	1.38	8.12%
十堰	0.71	7.14%	1.14	6.71%
随州	0.29	2.91%	0.47	2.76%
神农架	0.01	0.10%	0.02	0.12%

数据来源：各年各市统计年鉴。

宜荆荆恩城市群的医疗资源分布大致呈两方阵营，其中宜昌和荆州的医疗资源占全省比例在7%以上，而荆门和恩施州占全省比例在7%以下。2021年，宜昌、荆门、荆州和恩施州的执业（助理）医师数分别为1.27万人、0.74万人、1.62万人和0.98万人；与2010年相比，宜荆荆恩城市群四市的医疗资源也均呈现上升态势，包括宜昌的执业（助理）医师数增长了0.46万人，荆门增长了0.3万人，荆州增长了0.91万人，恩施州增长了0.52万人，荆州的医疗资源增长最多。同时，2021年宜荆荆恩城市群中，荆门的医疗水平最差，执业（助理）医师数为0.74万人，低于四市平均值，荆门的医疗水平有待提高。

襄十随神城市群的医疗资源分布与宜荆荆恩城市群相似，2021年，襄阳、十堰、随州和神农架的执业（助理）医师数分别为1.38万人、1.14万人、0.47万人和0.02万人，在全省占比分别为8.12%、6.71%、2.76%和0.12%，其中随州和神农架的医疗资源分布明显较差于其他两市。2010年，襄阳、十堰、随州和神农架的执业（助理）医师数分别为0.96万人、0.71万人、0.29万人和0.01万人；与2010年相比，襄阳、十堰、随州和神农架的执业（助理）医师数分别增加了 0.42 万人、0.43 万人、0.18 万人和 0.01 万人。综上可以看出襄阳获取资源要素的能力依旧是城市群内最强的，但同时可以看到十堰不断发展强大，其在各方面的发展潜力明显，逐渐承接襄阳的发展要素。

第二章

湖北省区域发展格局及其协调发展战略的形成与发展

湖北省是我国长江经济带战略和中部崛起的支点，在我国城市建设、优质农产品供给和优质生态产品供给的发展格局中居于重要地位。进入 21 世纪以来，湖北省积极融入长江经济带建设和中部崛起战略中，探索和提出了"两圈一带""一主两副""一元多层次"等区域发展布局。2021 年 4 月 12 日，湖北省人民政府发布的《湖北省国民经济和社会发展第十四个五年规划和二〇三五年远景目标纲要》中提出着力构建"一主引领、两翼驱动、全域协同"的区域发展布局。在本章，将简要阐述湖北省地理区位及区域战略定位，简要介绍湖北省"十一五""十二五""十三五"时期的区域发展战略，重点阐述"十四五"时期着力构建"一主引领、两翼驱动、全域协同"发展布局，加快形成"强核、壮圈、带群、兴县"多点支撑、多极发力格局，以对湖北省区域发展格局及协调发展战略内容有较为全面的理解。

第一节 湖北省地理区位及区域战略定位

湖北省地处中国中部和长江中游，山地平原兼有，土地类型多样，资源禀赋优势突出，是我国"中部崛起"战略的支点、长江经济带中承东启西的重要枢纽和支撑长江经济带发展的"龙腰"。

一、湖北省地理区位

地理位置优越。湖北省地处长江中游，在全国地理和交通格局中承东启西、贯通南北、得中独厚、通江达海。湖北省居洞庭湖以北，东邻安徽，南接江西、湖南，西连重庆、四川，北靠陕西、河南，土地总面积 1859.37 万公顷，占全国总面积的 1.94%。被称为"千湖之省"的湖北，不仅是长江径流里程最长的省份，更是三峡工程库坝区和南水北调中线工程核心水源区，①"九省通衢"的交通便利使其"通江达海贯南北"，省会武汉是中部地区唯一的副省级城市、中部地区龙头城市，处于长江黄金水道与京广铁路大动脉的十字交汇点，是中国四大综合交通枢纽之一，其高铁网络覆盖大半个中国，并拥有华中地区规模最大、功能最齐全的现代化航空港、全国十大机场之一——武汉天河国际机场。

湖北省地势西高东低，西-北-东三面环山、中间低平而向南敞开，地貌山地、丘陵、岗地和平原兼备。从地势来看，湖北省地势高低相差悬殊，西部号称"华中屋脊"的神农架最高峰神农顶，海拔达3105米，而东部平原的监利县谭家渊附近，地面高程为零。具体来看，湖北省的西、北、东三面被武陵山、巫山、大巴山、武当山、大别山、幕阜山等山地环绕，山前丘陵岗地广布，中南部为江汉平原，与湖南的洞庭湖平原相连，地势平坦，除平原边缘岗地外，海拔多在35米以下，整体略呈由西北向东南倾斜的趋势。从地貌来看，山地、丘陵和岗地、平原湖区各占湖北省总面积的56%、24%和20%。

湖北省自然地理环境和经济社会发展对华中地区及全国有着重要影响。中部地区是连接东部沿海发达地区与西部待开发地区的桥梁，无论是就自然地理环境还是经济社会发展而言，湖北在其中的位置尤为重要。湖北省自然禀赋条件良好，被誉为"鱼米之乡"，是全国重要的商品粮棉油生产基地和最大的淡水产品生产基地，江汉平原为全国闻名的粮、棉、油和鱼、肉、蛋生产基地，是全国九大商品粮生产基地之一。湖北水力资源丰富，居全国第4位，是中部地区最富有的水能大省。其中长江葛洲坝水利枢纽是中国最大的水电生产企业。湖北是全国的重工业基地，产业基础条件良好；拥有武汉、宜昌、黄石等国家一类开放口岸。湖北省还是全国高校和科研人员聚集高地，人才资源富集、科技力量雄厚。② 强大的制造能力和高新技术产业集群基本形成，在全国169个国家级高新技术产业开发区中，湖北占12个，其中东湖高新区是我国仅次于北京中关村的第二个国家自主创新示范区。③ 目前，湖北已构建以武汉东湖国家自主创新示范区为龙头，襄阳、宜昌等12个国家级高新区为重点，20个省级高新区

---

① 许伟.以区域协调发展推进湖北"十四五"高质量发展[J].决策与信息，2021（02）：16-22.
② 湖北日报评论员.在"一盘棋"中展现湖北担当作为——同题共答打造全国重要增长极[N].湖北日报，2021-03-25（007）.
③ 邹东山.砥砺奋进七十载跨越发展谱华章——新中国成立70年来湖北发展的历程、成就与启示[N].湖北日报，2019-09-07（014）.

<<< 第二章 湖北省区域发展格局及其协调发展战略的形成与发展

为支撑，沿长江、汉江两线布局的高新技术产业带。①

二、湖北省在中部崛起战略中的定位

中部崛起是在"中部塌陷"的背景下提出的。② 中部地区是全国重要的能源基地和制造业聚集区，在中国整体区域发展格局中有重要的支撑作用。但过去不仅经济发展水平远落后于东部地区，经济增长速度也较西部地区迟滞，被称为中国经济增长的"塌陷区"。③ 鉴于此，2004年第十届全国人民代表大会第四次会议将"促进中部崛起"定为国家战略，促进河南、湖北、湖南、江西、安徽和山西6省共同崛起。如图2-1所示，2006年4月《中共中央国务院关于促进中部地区崛起的若干意见》发布以来，有关部门先后出台了《促进中部地区

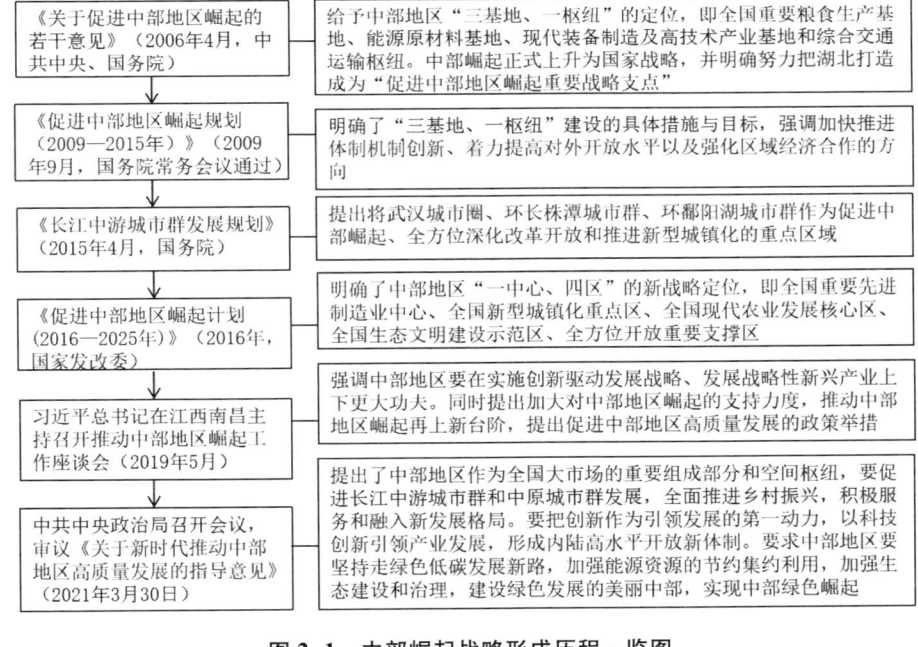

《关于促进中部地区崛起的若干意见》（2006年4月，中共中央、国务院）	给予中部地区"三基地、一枢纽"的定位，即全国重要粮食生产基地、能源原材料基地、现代装备制造及高技术产业基地和综合交通运输枢纽。中部崛起正式上升为国家战略，并明确努力把湖北打造成为"促进中部地区崛起重要战略支点"
《促进中部地区崛起规划（2009—2015年）》（2009年9月，国务院常务会议通过）	明确了"三基地、一枢纽"建设的具体措施与目标，强调加快推进体制机制创新、着力提高对外开放水平以及强化区域经济合作的方向
《长江中游城市群发展规划》（2015年4月，国务院）	提出将武汉城市圈、环长株潭城市群、环鄱阳湖城市群作为促进中部崛起、全方位深化改革开放和推进新型城镇化的重点区域
《促进中部地区崛起计划（2016—2025年）》（2016年，国家发改委）	明确了中部地区"一中心、四区"的新战略定位，即全国重要先进制造业中心、全国新型城镇化重点区、全国现代农业发展核心区、全国生态文明建设示范区、全方位开放重要支撑区
习近平总书记在江西南昌主持召开推动中部地区崛起工作座谈会（2019年5月）	强调中部地区要在实施创新驱动发展战略、发展战略性新兴产业上下更大功夫。同时提出加大对中部地区崛起的支持力度，推动中部崛起再上新台阶，提出促进中部地区高质量发展的政策举措
中共中央政治局召开会议，审议《关于新时代推动中部地区高质量发展的指导意见》（2021年3月30日）	提出了中部地区作为全国大市场的重要组成部分和空间枢纽，要促进长江中游城市群和中原城市群发展，全面推进乡村振兴，积极服务和融入新发展格局。要把创新作为引领发展的第一动力，以科技创新引领产业发展，形成内陆高水平开放新体制。要求中部地区要坚持走绿色低碳发展新路，加强能源资源的节约集约利用，加强生态建设和治理，建设绿色发展的美丽中部，实现中部绿色崛起

图2-1 中部崛起战略形成历程一览图

资料来源：根据中央人民政府门户网站等发布的相关文件整理、绘制。

---

① 柳洁，董庆森. 湖北抢占新经济赛道［N］. 经济日报，2022-06-12（014）.
② 肖金成. 中部崛起的新机遇与新挑战［J］. 区域经济评论，2018（01）：20-21.
③ 卢飞，刘明辉，孙元元. "两个比照"政策是否促进了中部崛起［J］. 财贸经济，2019，40（01）：114-127.

43

崛起规划（2009—2015年）》《长江中游城市群发展规划》《促进中部地区崛起"十三五"规划》等重要文件，为中部地区崛起指明了方向、提供了路线图。2019年5月，习近平总书记在"推动中部地区崛起工作座谈会"上明确提出"推动中部地区崛起再上新台阶"。2021年3月30日召开的中共中央政治局会议提出了"中部地区作为全国大市场的重要组成部分和空间枢纽，实现绿色崛起"这一新定位。

湖北作为中部地区重要省份，肩负着中央赋予的构建促进中部地区崛起重要战略支点的光荣使命。[①] 党的十八大以来，湖北以习近平新时代中国特色社会主义思想为指导，坚持新发展理念，主动作为、奋发有为，加快建成中部地区崛起重要战略支点，奋力谱写新时代湖北高质量发展新篇章。[②] 2006年4月中共中央、国务院发布《关于促进中部地区崛起的若干意见》，明确努力把湖北打造成为"促进中部地区崛起重要战略支点"。2005年8月和2011年6月，胡锦涛先后两次赴湖北视察工作，要求"努力把湖北打造成促进中部地区崛起的重要战略支点"。[③] 2015年，武汉城市圈在《长江中游城市群发展规划》中被明确定位为促进中部崛起、全方位深化改革开放和推进新型城镇化的重点区域。如图2-2所示，近年来，湖北积极响应党中央关于中部崛起战略的决策部署。陆续出台《湖北省构建促进中部地区崛起重要战略支点条例》（2012年）、《湖北省生态建设规划纲要（2014—2030年）》（2014年）、《湖北省促进中部地区崛起"十三五"规划实施方案》（2017年）、《中共湖北省委关于落实促进中部地区崛起战略，推动高质量发展的意见》（2019年）、《湖北省国民经济和社会发展第十四个五年规划和二〇三五年远景目标纲要》（2021年）等规划和政策文本，明确了各阶段湖北省落实促进中部地区崛起战略的目标和重点任务。

[①] 李鸿忠．积极构建中部崛起的战略支点［J］．求是，2013（06）：4-5.
[②] 胡芳华．【奋进新征程建功新时代·非凡十年】奋力描绘湖北高质量发展新画卷［N］．央视网，2022-07-27.
[③] 湖北省促进中部地区崛起工作办公室．再认识再定位再行动——新时期湖北实施中部崛起战略的思考与建议［J］．支点，2017（10）：54-56.

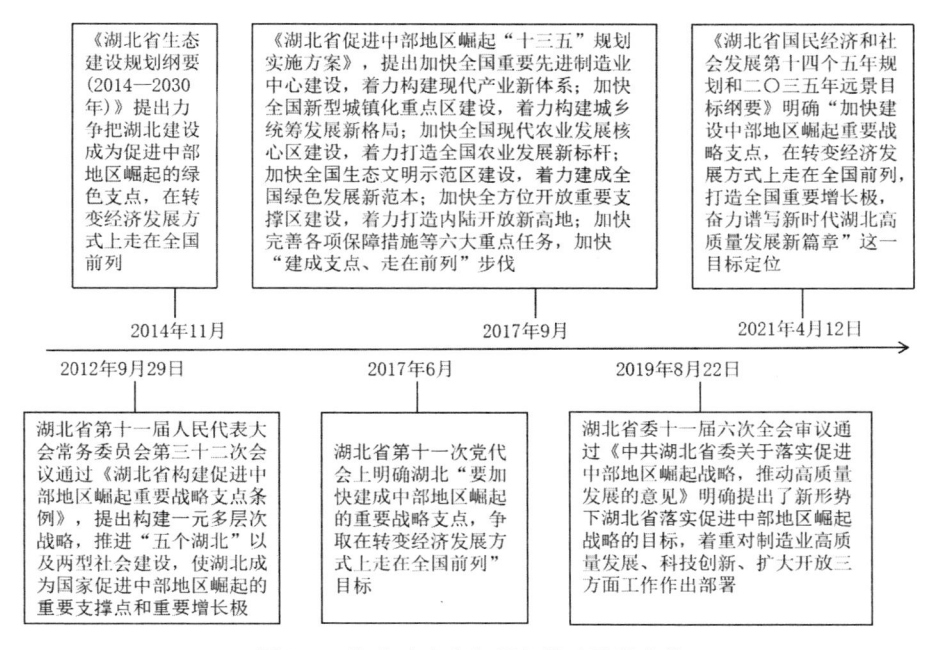

<<< 第二章 湖北省区域发展格局及其协调发展战略的形成与发展

```
┌──────────────┐  ┌──────────────┐  ┌──────────────┐
│《湖北省生态   │  │《湖北省促进中部│  │《湖北省国民经济│
│建设规划纲要   │  │地区崛起"十三五"│  │和社会发展第十四│
│(2014—2030   │  │规划实施方案》,│  │个五年规划和二〇│
│年)》提出力   │  │提出加快全国重 │  │三五年远景目标 │
│争把湖北建设   │  │点先进制造业中 │  │纲要》明确"加快│
│成为促进中部   │  │心建设,着力构 │  │建设中部地区崛 │
│地区崛起的绿   │  │建现代产业新体 │  │起重要战略支点,│
│色支点,在转   │  │系;加快全国新 │  │在转变经济发展 │
│变经济发展方   │  │型城镇化重点区 │  │方式上走在全国 │
│式上走在全国   │  │建设,着力构建 │  │前列,打造全国 │
│前列           │  │城乡统筹发展新 │  │重要增长极,奋 │
│              │  │格局;加快全国 │  │力谱写新时代湖 │
│              │  │现代农业发展核 │  │北高质量发展新 │
│              │  │心区建设,着力 │  │篇章"这一目标 │
│              │  │打造全国农业发 │  │定位           │
│              │  │展新标杆;加快 │  │              │
│              │  │全国生态文明示 │  │              │
│              │  │范区建设,着力 │  │              │
│              │  │建成全国绿色发 │  │              │
│              │  │展新范本;加快 │  │              │
│              │  │全方位开放重要 │  │              │
│              │  │支撑区建设,着 │  │              │
│              │  │力打造内陆开放 │  │              │
│              │  │新高地;加快完 │  │              │
│              │  │善各项保障措施 │  │              │
│              │  │等六大重点任务,│  │              │
│              │  │加快"建成支点、│  │              │
│              │  │走在前列"步伐 │  │              │
└──────────────┘  └──────────────┘  └──────────────┘
    2014年11月          2017年9月          2021年4月12日
──────────────────────────────────────────────────────►
  2012年9月29日         2017年6月          2019年8月22日
┌──────────────┐  ┌──────────────┐  ┌──────────────┐
│湖北省第十一届 │  │湖北省第十一次 │  │湖北省委十一届 │
│人民代表大会常 │  │党代会上明确湖 │  │六次全会审议通 │
│务委员会第三十 │  │北"要加快建成 │  │过《中共湖北省 │
│二次会议通过   │  │中部地区崛起的 │  │委关于落实促进 │
│《湖北省构建促 │  │重要战略支点,│  │中部地区崛起战 │
│进中部地区崛起 │  │争取在转变经济 │  │略,推动高质量 │
│重要战略支点条 │  │发展方式上走在 │  │发展的意见》明 │
│例》,提出构建 │  │全国前列"目标 │  │确提出了新形势 │
│一元多层次战略,│  │              │  │下湖北省落实促 │
│推进"五个湖北"│  │              │  │进中部地区崛起 │
│以及两型社会建 │  │              │  │战略的目标,着 │
│设,使湖北成为 │  │              │  │重对制造业高质 │
│国家促进中部地 │  │              │  │量发展、科技创 │
│区崛起的重要支 │  │              │  │新、扩大开放三 │
│撑点和重要增长 │  │              │  │方面工作作出部 │
│极             │  │              │  │署             │
└──────────────┘  └──────────────┘  └──────────────┘
```

图 2-2　湖北响应中部崛起战略及其定位

资料来源：根据湖北省人民政府等发布的相关文件整理、绘制。

国家实施中部崛起战略后，中部地区发展成效显著，基本上摆脱了"塌陷"的局面。[①]"十一五"以来，湖北省通过发展进位、转型升级实现经济社会持续快速协调发展，在经济发展、改善人民生活、改革创新等方面取得长足进步，中部崛起战略的支点实力不断增强。如图 2-3、表 2-1 所示，从经济总量上来看，湖北省地区生产总值连上台阶，地区生产总值占中部地区的比重从 2010 年的 18.54%增长到 2021 年的 19.99%，在全国省域排名从 2005 年第 11 位上升到 2021 年第 7 位，2008 年、2012 年，湖北地区生产总值先后跨上 1 万亿、2 万亿两个大台阶，在 2021 年成功突破 5 万亿大关。在排除 2020 年由于疫情影响的特殊情况下，2010 年以来湖北省 GDP 稳居中部省份的第 2 位，2021 年湖北省城镇化率居中部第一名。

经济结构不断优化。湖北主动适应经济新常态，加快经济结构调整，加快战略性新兴产业的培育发展。三次产业结构由 2005 年的 16.5∶42.8∶40.7 变为 2021 年的 9.3∶37.9∶52.8。高新技术产业增加值大幅拉升。2010 年后，湖北

---

① 彭智敏，史佳可. 经济新常态下促进中部崛起的任务选择［J］. 湖北社会科学，2017（06）：75-79.

省的高新技术产业迅速壮大，跨入全国第一方阵，2021 年高新技术产业增加值达到 10196.5 亿元，是 2010 年的 5.94 倍，高新技术产业增加值占全省地区生产总值比重达到 20.39%。

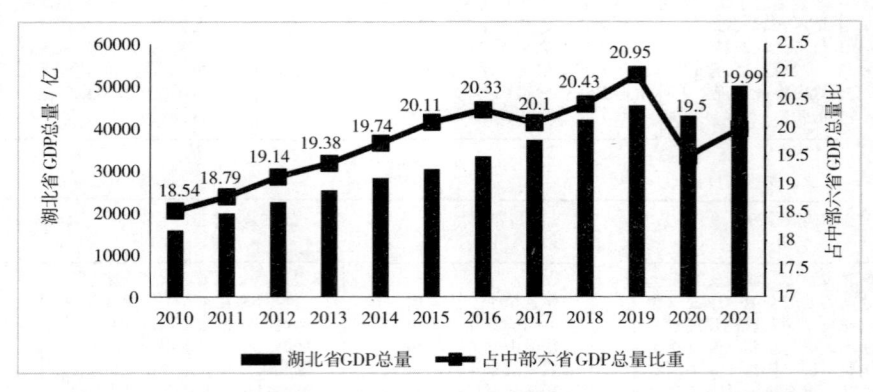

图 2-3　2010—2021 年湖北省 GDP 总量及占中部六省 GDP 总量比重

数据来源：历年中国统计年鉴。

表 2-1　2021 年湖北省部分指标在中部地区比重及排名情况

指标	湖北/占中部地区比重	湖北在中部地区排名
地区生产总值（亿元）	50012.9（19.99%）	2
第一产业（亿元）	4667.67（21.6%）	2
第二产业（亿元）	18952.9（18.3%）	2
第三产业（亿元）	26398.37（21.1%）	2
人均 GDP（元）	864345	1
GDP 增速（%）	12.9	1
城镇化率（%）	64.09	1
居民人均可支配收入（元）	30829	3
社会消费品零售总额（亿元）	21561.37（20.4%）	2
国家高新区数量（家）	12	1

注：括号内为湖北省占中部地区比重。

数据来源：2021 年《中国统计年鉴》《湖北统计年鉴》。

湖北积极保障和改善民生，主要民生保障指标中部靠前。2019 年，湖北省贫困村全部出列，贫困县全部摘帽，减贫 92.5 万人；2019 年湖北省人均 GDP、居民人均可支配收入分别达 77321 元、37601.36 元，居中部地区首位，城、乡居民人均可支配收入较上一年分别增长了 9.1%、9.4%，均跑赢经济增速。①

改革创新取得长足进步。创新平台建设居于中部前列。湖北已有国家高新区 12 家（数量居中部第 1、全国第 4），其中武汉东湖高新区为全国第二家科技创新示范区。在湖北省拥有的 19 个国家级开发区中，湖北自贸区为中部首批自贸区。此外从科技创新主体来看，省内国家重点实验室、国家工程技术研究中心数量均稳居中部第一。2019 年，湖北省"芯屏端网"产业规模突破 3000 亿元，28 项成果获国家科学技术奖，居全国第 3，在中部领先，全国靠前。②

2021 年全省科技创新多项指标实现大幅提升。其中，全社会研发投入首次突破千亿元，由 700.63 亿元增至 1005.3 亿元，增长 43.5%；高新技术产业增加值首次突破万亿元，由 5937.89 亿元增至 10196.5 亿元，增长 71.7%；高新技术企业数量由 5369 家增至 14560 家，增长 171.2%；技术合同成交额由 1066 亿元增至 2111.63 亿元，增长 98.1%。湖北区域科技创新能力由全国第 10 位提高到第 8 位，排名中部第 1 位，进入全国科技创新水平"第一方阵"。③

三、湖北省在长江经济带战略中的定位

改革开放以来，长江经济带已发展成为我国综合实力最强、战略支撑作用最大的区域之一。为了充分发挥这一重要经济区域的作用，2014 年全国政府工作报告明确提出"依托黄金水道，建设长江经济带"，长江经济带战略被正式确定为国家战略。如图 2-4 所示，2014 年以来，国家先后发布了《国务院关于依托黄金水道推动长江经济带发展的指导意见》（2014 年）、《中华人民共和国国民经济和社会发展第十三个五年规划纲要》（2016 年）、《长江经济带发展规划纲要》（2016 年）等规划和政策文本，明确了长江经济带的战略定位，提出各阶段加快推动长江经济带发展的方案和目标。从长江经济带的相关表述中，特别是"生态文明建设的先行示范带"被提到首位，"沿海沿江沿边全面推进的对内对外开放带"转变为"引领全国转型发展的创新驱动带"，可以看出党中央、国务院对于推动长江经济带发展的指导思想、基本原则尤其是"共抓大保护、

---

① 阳小华. 努力在中部地区崛起中走在前列 [N]. 湖北日报，2020-01-19 (006).
② 阳小华. 努力在中部地区崛起中走在前列 [N]. 湖北日报，2020-01-19 (006).
③ 文俊，张智，丘剑山. 科技强省建设成势见效湖北创新能力进入全国"第一方阵" [N]. 湖北日报，2022-05-19.

不搞大开发""坚持生态优先、绿色发展"的理念有了更为明确的要求。①

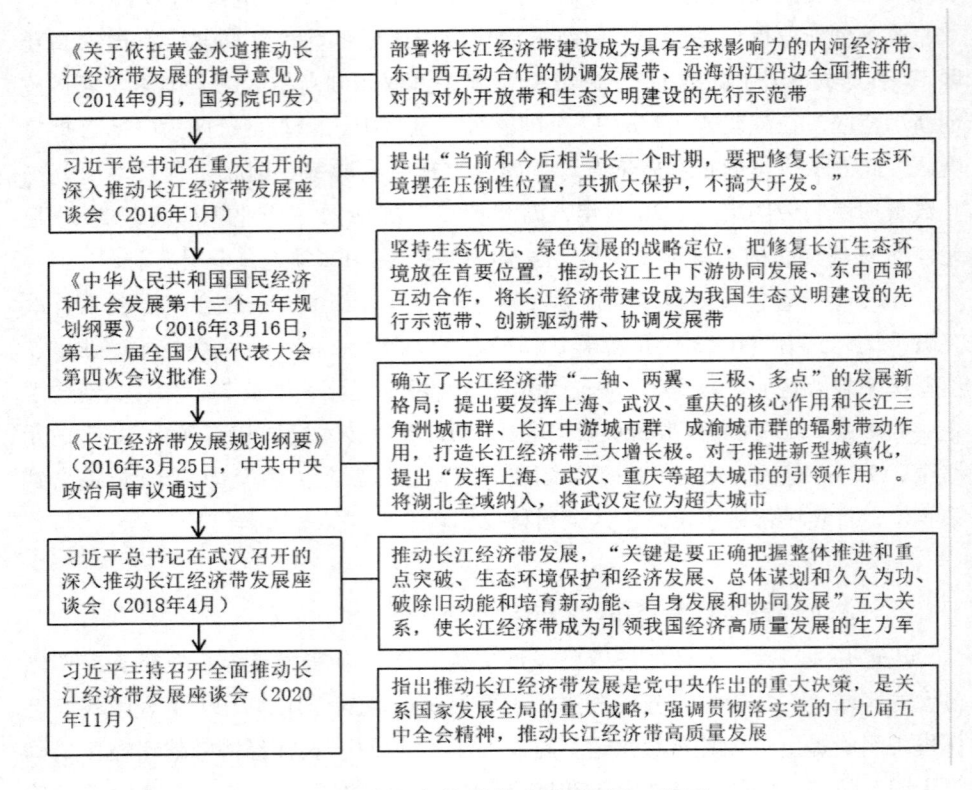

《关于依托黄金水道推动长江经济带发展的指导意见》（2014年9月，国务院印发）	部署将长江经济带建设成为具有全球影响力的内河经济带、东中西互动合作的协调发展带、沿海沿江沿边全面推进的对内对外开放带和生态文明建设的先行示范带
习近平总书记在重庆召开的深入推动长江经济带发展座谈会（2016年1月）	提出"当前和今后相当长一个时期，要把修复长江生态环境摆在压倒性位置，共抓大保护，不搞大开发。"
《中华人民共和国国民经济和社会发展第十三个五年规划纲要》（2016年3月16日，第十二届全国人民代表大会第四次会议批准）	坚持生态优先、绿色发展的战略定位，把修复长江生态环境放在首要位置，推动长江上中下游协同发展、东中西部互动合作，将长江经济带建设成为我国生态文明建设的先行示范带、创新驱动带、协调发展带
《长江经济带发展规划纲要》（2016年3月25日，中共中央政治局审议通过）	确立了长江经济带"一轴、两翼、三极、多点"的发展新格局；提出要发挥上海、武汉、重庆的核心作用和长江三角洲城市群、长江中游城市群、成渝城市群的辐射带动作用，打造长江经济带三大增长极。对于推进新型城镇化，提出"发挥上海、武汉、重庆等超大城市的引领作用"。将湖北全域纳入，将武汉定位为超大城市
习近平总书记在武汉召开的深入推动长江经济带发展座谈会（2018年4月）	推动长江经济带发展，"关键是要正确把握整体推进和重点突破、生态环境保护和经济发展、总体谋划和久久为功、破除旧动能和培育新动能、自身发展和协同发展"五大关系，使长江经济带成为引领我国经济高质量发展的生力军
习近平主持召开全面推动长江经济带发展座谈会（2020年11月）	指出推动长江经济带发展是党中央作出的重大决策，是关系国家发展全局的重大战略，强调贯彻落实党的十九届五中全会精神，推动长江经济带高质量发展

图 2-4　长江经济带战略形成历程一览图

资料来源：根据中央人民政府门户网站等发布的相关文件整理、绘制。

　　湖北承东启西、联南接北，不仅是撬动中部全面崛起板块中的"战略支点"，还是长江经济带支撑经济发展的"龙腰"，担当长江经济带"脊梁"。② 2016年，国务院批准实施的《长江经济带发展规划纲要》将湖北全域纳入规划，将武汉定位为超大城市。如图2-5所示，2010年以来，湖北积极响应国家长江经济带战略部署，先后出台了《湖北长江经济带开放开发总体规划》《湖北长江经济带"十二五"规划》《省政府关于国家长江经济带发展战略的实施意

---

① 李朱．长江经济带发展战略的政策脉络与若干科技支撑问题探究［J］．中国科学院院刊，2020，35（08）：1000-1007．
② 湖北省促进中部地区崛起工作办公室．再认识再定位再行动——新时期湖北实施中部崛起战略的思考与建议［J］．支点，2017（10）：54-56．

见》《湖北省国民经济和社会发展第十四个五年规划和二〇三五年远景目标纲要》等规划或实施意见,明确了长江经济带的定位、目标,并对其目标予以具体化、阶段化。其中为促进长江经济带生态保护与绿色发展,2017 年 11 月,湖北在沿江省市中率先编制实施《湖北长江经济带生态保护和绿色发展总体规划》,配套编制实施生态环境保护、综合立体绿色交通走廊建设、产业绿色发展、文化建设等 5 部专项规划,构建了"1+5+N"的规划体系。

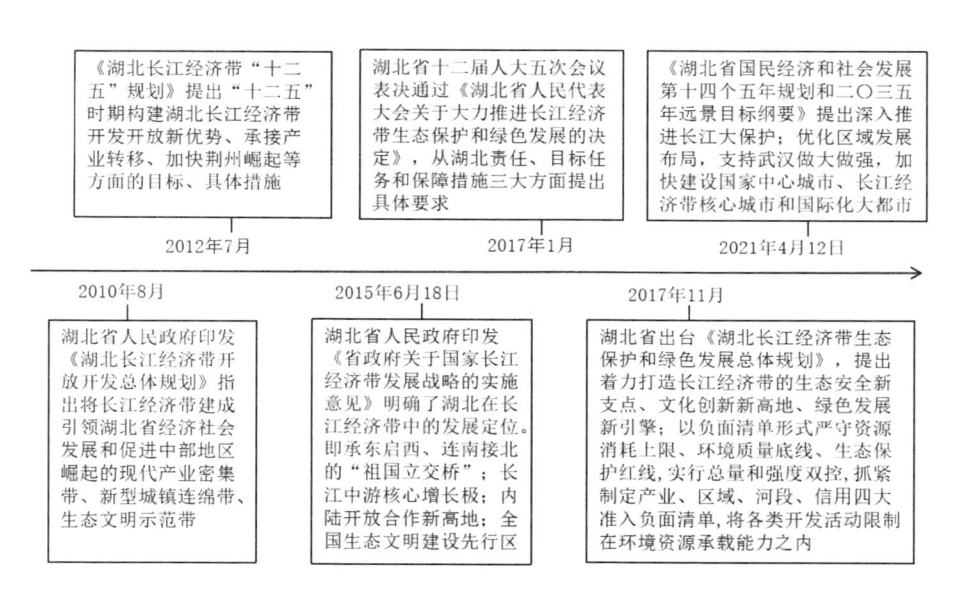

图 2-5 湖北响应长江经济带战略及其战略定位

资料来源:根据湖北省人民政府等发布的相关文件整理、绘制。

2010 年以来,湖北省地区生产总值持续增加,长江经济带战略的实力不断增强,影响力有所上升。如图 2-6,2010—2019 年,湖北省占长江经济带九省二市地区生产总值的比重从 2010 年的 9.02%持续增长到 2019 年的 10.01%,2020 年由于疫情影响比重有所下降,但是 2021 年比重回升,达到 9.43%;在长江经济带 11 省(市)中排名由 2010 年的第 5 位上升至第 4 位。湖北省人均 GDP 由 2010 年的 24627 元增加至 2021 年的 86598.66 元,在长江经济带九省二市中居第 5 位。如表 2-2 所示,2021 年湖北省第一、二、三产业增加值,社会消费品零售总额分别占长江经济带 11 省(市)总量的 13.0%、9.0%、9.3%、9.7%,GDP 增速高于长江经济带平均水平。湖北省社会科学院《长江经济带高质量发展指数报告》显示,湖北每 10 万人在校大学生数、万人拥有规模以上企业研发人员全时当量等科技创新投入接近上海水平,在长江经济带处于领先地位。从万元 GDP 技术市场交易额来看,湖北紧随上海,位列第二,这说明湖北在长江经济带中有很强的科研实力和科研市场潜力。

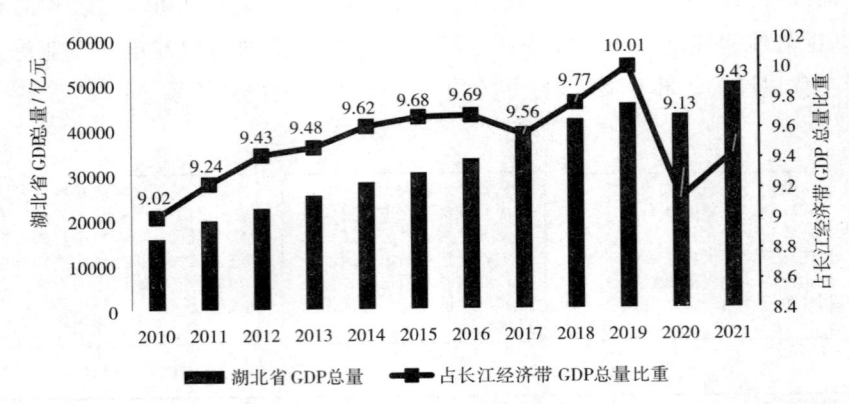

图 2-6　2010—2021 年湖北省 GDP 及占长江经济带 11 省(市)GDP 总量比重

数据来源:历年中国统计年鉴。

表 2-2　2021 年湖北省部分指标及占长江经济带比重情况

指标	湖北	占长江经济带比重	长江经济带
GDP(亿元)	50012.29	9.43%	530227.7
第一产业(亿元)	4661.67	13.0%	35895.86
第二产业(亿元)	18952.9	9.0%	209949.53
第三产业(亿元)	26398.37	9.3%	284382.6
GDP 增速(%)	12.9	/	12.6
社会消费品零售总额(亿元)	21561.37	9.7%	221565.96

数据来源:2021 年《湖北统计年鉴》《中国统计年鉴》。

第二节　湖北省区域战略的形成与发展

新中国成立以来,湖北区域发展战略与国家区域发展战略变化轨迹基本一致，大致经历了从均衡布局到突出重点再到协调发展的过程。[①] 早在"八五"时期，为推动改变省会武汉一城独大的局面，湖北省委、省政府就确立了"一特五大"的城市发展战略，重点发展形成特大城市武汉和荆沙（今荆州）、黄石、襄樊（今襄阳）、宜昌、十堰5座大城市。"十五"时期，湖北省提出了"形成以武汉为中心，以黄石、宜昌、襄樊（今襄阳）为顶点，以江汉平原为腹地的'金三角'经济高地"；积极推进武汉城市圈建设，加快襄樊（今襄阳）、黄石、宜昌、荆州、十堰等区域中心城市的发展，并逐步发展形成鄂东城镇群、三峡城镇群、江汉平原城镇群、鄂北城镇群。

"十一五"时期以来，湖北省在继承历史战略布局的基础上，根据国民经济和社会发展的新趋势和新要求，区域发展战略由重点突破向多点支撑、协调发展转变。省委、省政府先后提出了"武汉城市圈""一主两副""两圈一带""两圈两带""两圈两带一群""一主两副多极"战略，深入实施一元多层次战略体系，最终形成了符合"十四五"时期经济社会高质量发展阶段的"一主两翼，全域协同"的区域协调发展战略布局。

一、"十一五"时期——"两圈一带"区域发展总体战略

"两圈一带"战略是湖北新的历史阶段推进科学发展的总载体、总战略，[②] 发端于2005年8月胡锦涛视察湖北时提出"把湖北建成促进中部地区崛起的重要战略支点"这一科学定位，起始于武汉城市圈"两型社会"综合配套改革试验区的申报获批，完善于2008年、2009年建设鄂西生态文化旅游圈和湖北长江经济带新一轮开放开发的相继启动、实施。[③] 如图2-7所示，2008年12月，中共湖北省委九届五次全会作出"两圈一带"战略决策。直到2009年7月，湖北省委、省政府出台《关于加快湖北长江经济带新一轮开放开发的决定》，湖北长江经济带新一轮开放开发正式启动，"两圈一带"战略全面正式提出。

[①] 袁北星，管志鹏. 新中国成立以来湖北区域发展战略的历史演进与现实启示［J］. 政策，2019（12）：49-51.

[②] 赵凌云. 推进"两圈一带"总体战略引领湖北科学发展［J］. 学习月刊，2009（15）：33-34.

[③] 董慧丽，夏志强. 全面深入推进"两圈一带"总体战略［J］. 学习月刊，2011（15）：36-37.

```
┌─────────────┐         ┌─────────────┐         ┌─────────────┐
│国务院正式批准│         │中共湖北省委九│         │湖北省人民政府│
│武汉城市圈综合│         │届五次全会作出│        │印发《湖北长江│
│配套改革试验总│         │"两圈一带"   │         │经济带开放开发│
│体方案,这标志│         │战略决策,即在│         │总体规划     │
│着,武汉城市圈│         │继续推进武汉城│        │(2009—2020年)│
│的改革发展上升│         │市圈、鄂西生态│        │》,标志着湖北│
│到国家战略层面│         │文化旅游圈建设│        │长江经济带新一│
│             │         │的同时,加快湖│         │轮开放开发进入│
│             │         │北长江经济带新│        │了实施阶段    │
│             │         │一轮开放开发  │        │             │
└─────────────┘         └─────────────┘         └─────────────┘
```

2008年9月10日   2008年12月   2010年8月 →

2007年12月   2008年11月18日   2009年7月

```
┌─────────────┐         ┌─────────────┐         ┌─────────────┐
│国家批准武汉城│         │湖北省委、省政│         │湖北省委、省政│
│市圈为国家"两│         │府在十堰召开鄂│        │府出台《关于加│
│型"社会综合配│         │西生态文化旅游│        │快湖北长江经济│
│套改革试验区  │        │圈工作会议,出│         │带新一轮开放开│
│             │         │台《关于建设鄂│        │发的决定》,湖│
│             │         │西生态文化旅游│        │北长江经济带新│
│             │         │圈的决定》,建│        │一轮开放开发正│
│             │         │设鄂西生态文化│        │式启动,"两圈 │
│             │         │旅游圈战略决策│        │一带"战略全面│
│             │         │开始正式实施  │        │正式提出      │
└─────────────┘         └─────────────┘         └─────────────┘
```

图 2-7　"十一五"时期湖北省"两圈一带"战略推进历程

资料来源：根据湖北省人民政府等发布的相关文件整理、绘制。

"十一五"时期"两圈一带"战略的推进，使得湖北发展区域格局由"重点突破"向"多点支撑、协调共进"推进，所形成的"点、线"向"圈、面"多层次的发展构建出湖北跨越式发展的新格局，为湖北省"两型"社会建设全面改良了湖北省基础设施状态，加快了圈域经济发展速度，提升了人民群众的受益水平和获得感，使"十一五"时期成为湖北省改革开放以来最有成效、综合实力提升最明显的时期之一。

从全省来看，"十一五"期间，湖北省生产总值在全国的排序由12位上升至第10位，地区生产总值在2008年突破万亿元大关后，2010年达到15806.09亿元，是改革开放以来首次明显高于全国平均水平，这五年湖北省地方财政收入、规模以上工业增加值、社会消费品零售总额均翻一番；居民生活水平明显提高，2010年人均生产总值超过4000美元，从中等收入偏下阶段进入中等收入偏上阶段；三次产业结构趋向合理，二、三产业比重由83.4%提高到86.4%。从两圈来看，"两圈一带"战略的推进加快了圈域经济发展速度。2010年，武汉城市圈、鄂西生态文化旅游圈生产总值分别达9635.76亿元、6154.6亿元，均是"十五"末的2.4倍。"十一五"的后两年，鄂西生态文化旅游圈生产总值年均增速达到15.08%，高于前三年平均增速28%，与全省平均发展水平差距进一步缩小。2008年，圈域生产总值增速首次超过全省，2010年比全省平均增速高出 0.9 个百分点。

二、"十二五"时期——"一主两副"区域发展总体战略

在实施"两圈一带"战略的基础上,"十二五"时期湖北省委、省政府在明确发展需要和根据各地探索实践的基础上,确立并推进"一主两副"中心城市带动战略和"两圈两带"战略。① 如图 2-8 所示,2010 年湖北省政府工作报告中正式确立"一主两副"战略。《湖北省经济和社会发展第十二个五年规划纲要》(2011 年)、《湖北省城镇化与城镇发展战略规划(2012—2030)》(2012年)、《湖北省主体功能区规划》(2012 年)等文件提出"一线串珠、两轮驱动"的区域发展格局以及以"一主两副、两纵两横"为主体的城市化战略格局,

```
                                            2012年9月                    2014年1月
《湖北省城镇化与城镇发展战略规划(2012—    《湖北省人民政府2014年工作报告》
2030)》提出建设以"一主两副、两纵两横、三    提出加快实施"两圈两带""一主
群联动、多点支撑"为主体的城镇体系。其中    两副"发展战略。在"两圈一带"
"一主"指武汉为全省的主中心城市,规划成为   的基础上,提出加快制定汉江生
全国的重要增长极之一;"两副"指襄阳、宜昌    态经济带综合开发规划,推动湖北长
两市为省域副中心城市,分别培育成为全省的重    江经济带和汉江生态经济带协同发
要增长极;"两纵"指京广铁路暨京港澳高速公    展。支持"一主两副"中心城市率
路城镇发展复合轴和焦柳铁路暨荆宜高速公路     先发展。充分发挥武汉龙头作用,
城镇发展复合轴;"两横"指长江暨沪汉渝高速    全力支持复兴大武汉。充分发挥襄
公路城镇发展复合轴和汉十高速公路暨汉渝铁路    阳、宜昌在鄂北、鄂西地区城市融
城镇发展复合轴;"三群"即产业群、港口群、   合发展中的牵引和支撑作用,做大
城市群;"多点"即主城区、区域性中心城市、   做强两个省域副中心,增强辐射带
区县城和特色中心镇                         动能力

        2011年2月                        2012年12月
《湖北省国民经济和社会发         《湖北省主体功能区规划》提出以"一主两副、两纵
展第十二个五年规划纲要》        两横"为主体的城市化战略格局。按"点—线
提出充分发挥武汉、襄阳、         (轴)—面"布局湖北省城镇空间结构。武汉、襄阳、
宜昌"一主两副"中心城市          宜昌构成空间结构中的三"点",长江暨沪汉渝高速
的辐射带动作用,在全省形          公路城镇发展复合轴、汉十高速公路暨汉渝铁路城镇
成以武汉为龙头、湖北长江          发展复合轴构成空间结构中的"两横"轴,京广铁路
经济带为主轴,武汉城市圈          暨京港澳高速公路城镇发展复合轴、焦柳铁路暨襄荆
和鄂西生态文化旅游圈为两          宜高速公路城镇发展复合轴构成空间结构中的"两纵"
轮的"一线串珠、双轮驱动"         轴。在点轴基础上,推进"面"上城市圈、城市群建
区域发展新格局                  设
```

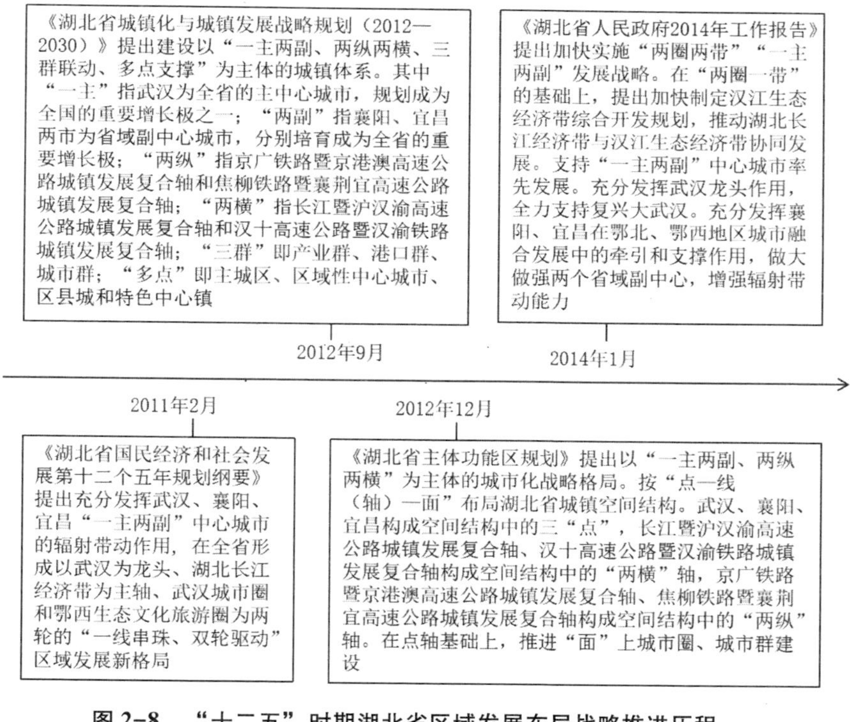

图 2-8 "十二五"时期湖北省区域发展布局战略推进历程

资料来源:根据湖北省人民政府等发布的相关文件整理、绘制。

---

① 湖北省委政策研究室. 省第十次党代会报告深度解读系列文章 [J]. 政策,2012(09):22-40.

明确了"武汉责任"和两个省域副中心城市的地位。2014年1月,《2014年湖北省政府工作报告》提出加快实施"两圈两带""一主两副"发展战略。2015年6月,湖北省人民政府印发《湖北汉江生态经济带开放开发总体规划(2014—2025年)》,明确汉江生态经济带的战略定位,最终形成"两圈两带"战略新格局。

湖北省"十二五"时期"一主两副"战略的推进,使湖北充分发挥中心城市的带动作用,加强了城市之间的分工协作,提高了集群效率,武汉、宜昌、襄阳成为湖北经济继续平稳较快增长的强力引擎。"十二五"期间,"一主两副"3座城市加速快跑,共同构成一个大三角——鄂三角,已成为撬动湖北发展全局的增长极,带动湖北的整体发展,成为中部崛起重要战略支点的有力支撑。[1] 2015年三市地区生产总值占全省比重达60%,其中武汉经济总量重返全国前十,襄阳、宜昌两市地区生产总值占全省的比重由2010年的19.5%上升到2015年的23%;2015年武汉、襄阳、宜昌地区生产总值占武汉城市圈、襄十随神城市群、宜荆荆恩城市群的比重分别达到59%、61.6%、48.1%。湖北在全国GDP排名由第10位上升到第7位,全省生产总值达到2.96万亿元,人均生产总值突破8000美元。五年里,全省城镇居民人均可支配收入、农民人均可支配收入年均增长率分别为11.5%、14.2%,连续5年跑赢GDP。经济结构调整深入推进,二、三产业比重均明显上升,三次产业结构由2011年的16.5∶42.8∶40.7调整为2015年的11.2∶45.7∶43.1。新型城镇化稳步推进,2015年全省常住人口城镇化率达到56.9%,年均提高1.4个百分点。总体来看,"十二五"时期,全省形成了"一主"带"两副"、"三极"建"三群"、"三群"带全省、全省建支点的区域协调发展格局,已成为湖北区域发展的长远导向。

三、"十三五"时期——深入实施一元多层次战略体系

如图2-9所示,2012年7月,湖北省委在九届十次党代会上对全省战略目标和发展路径进行了全面梳理、高度概括,确立了一元多层次战略体系,其中,"构建中部战略支点"是湖北最高战略和目标。[2] 2012年9月29日,湖北省第十一届人民代表大会常务委员会第三十二次会议通过的《湖北省构建促进中部地区崛起重要战略支点条例》以条例形式明确提出构建一元多层次战略。"两圈

---

[1] 赵霞.建设"一主两副"鄂三角构筑中部崛起的重要战略支点[J].党政干部论坛,2012(10):35-36.

[2] 秦尊文.一元多层次战略体系的科学内涵[N].湖北日报,2012-04-18(015).

一带"战略形成以来,一元多层次战略体系进入整合与完善阶段。① 2016年2月,中共湖北省委制定的《湖北省国民经济和社会发展第十三个五年规划纲要》提出深入实施一元多层次战略体系,对"一元多层次"作了提升和深化。区域发展战略方面,"两圈两带"升级成"两圈两带一群";城市带动战略方面,"一主两副"变成了"一主两副多极"。②

```
┌─────────────────┐   ┌────────────────────────────────────────────┐
│湖北省委九届      │   │提出"把构建战略支点作为湖北经济社会发展的总目标、│
│第十次党代会      │──▶│总任务,以构建战略支点为旗帜统领各项发展战略",全│
│(2012年7月)    │   │面实施"两圈一带"总体战略、"四基地一枢纽"产业│
└────────┬────────┘   │发展战略和"一主两副"中心城市带动战略,积极打造东│
         ▼            │湖国家自主创新示范区、大别山革命老区和武陵山少数民族│
┌─────────────────┐   │地区经济社会发展试验区等一系列重要载体,将各市州关│
│《湖北省构建      │   │系全局的发展战略纳入省级战略体系,形成区域全覆盖、│
│促进中部地区      │   │各级全统筹、多载体支撑、多平台推进的战略体系      │
│崛起重要战略      │   └────────────────────────────────────────────┘
│支点条例》        │   ┌────────────────────────────────────────────┐
│(2012年9月29   │──▶│提出构建一元多层次战略,即总体发展战略、中心城市带│
│日,湖北省第      │   │动战略、产业发展战略、区域合作发展战略等多层次的有│
│十一届人民代      │   │机统一的战略体系                                │
│表大会常务委      │   └────────────────────────────────────────────┘
│员会第三十二      │   ┌────────────────────────────────────────────┐
│次会议通过)      │   │深入实施一元多层次战略体系,深化"中三角"城市群合│
└────────┬────────┘   │作。即以一元多层次战略体系为引领,深入实施"两圈两│
         ▼            │带一群"和"一主两副多极"城市带动等战略,两圈两带│
┌─────────────────┐   │一群是指武汉城市圈和鄂西生态文化旅游圈,长江经济带和│
│《湖北省国民      │   │汉江生态经济带,以及长江中游城市群;"一主两副多极"│
│经济和社会发      │──▶│战略就是在"一主两副"战略的基础上,进一步壮大城市│
│展第十三个五      │   │规模,提升城市综合实力,增强区域辐射带动能力和竞争│
│年规划纲要》      │   │力,带动武汉城市圈、襄十随城市群、宜荆荆城市群加快│
│(2016年4月,   │   │发展;推动3至5个经济基础好、带动能力强的地级市,建│
│湖北省人民政      │   │设区域性中心城市,成为新兴增长极;支持20至30个发展│
│府)              │   │潜力大、承载能力强的县市建设成为新的增长节点      │
└─────────────────┘   └────────────────────────────────────────────┘
```

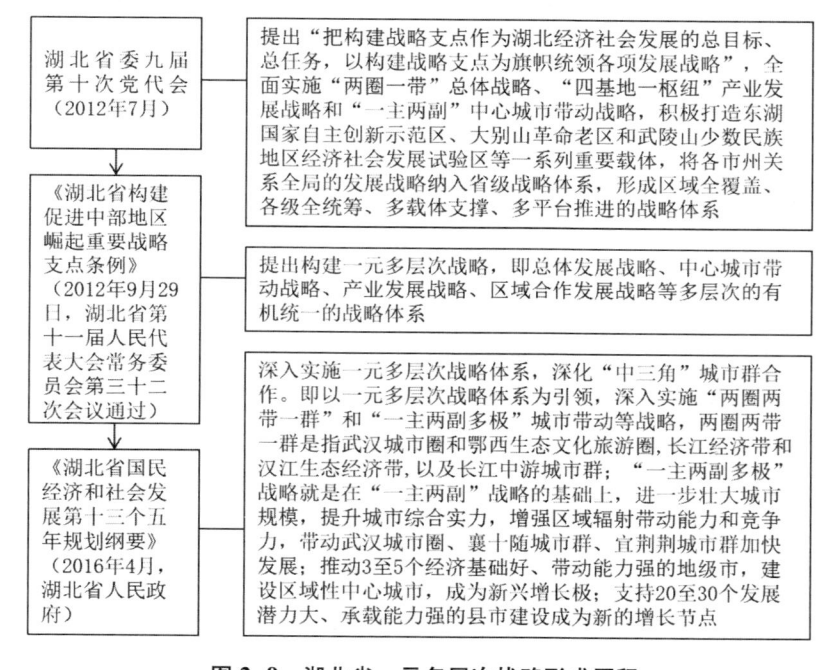

图2-9 湖北省一元多层次战略形成历程

资料来源:根据湖北省人民政府等发布的相关文件整理、绘制。

湖北省"十三五"时期"一元多层次战略"的深入实施,强化城市辐射带动功能,使中型城市对周边城市的辐射大于虹吸作用,促进了县域经济、镇域经济和村级经济发展,促进湖北从"一城独大、东强西弱"到多点支撑、协调发展的发展格局。"十三五"期间,从全省来看,湖北省地区生产总值迈上4万亿元大台阶,人均GDP超过1万美元。全国文明城市增至10个。发展质效大提升,服务业增加值占比超过50%。科技创新成就斐然,"光芯屏端网"产业集群

---

① 中共湖北省委政策研究室.论"一元多层次战略体系"[N].湖北日报,2012-07-16(001).
② 陈会君.一元多层次,协调发展的荆楚攻略[N].湖北日报,2016-01-09(003).

加速崛起。"多极"竞相发展,2019年荆州、黄冈、孝感、荆门和十堰经济总量均已突破2000亿大关。从县域经济发展来看,2015年,湖北省县域生产总值达到1.78万亿,首次超过全省经济总量的二分之一,达到51.9%,仅两县上榜全国县域经济百强;2020年县域实现地区生产总值2.55万亿元,占全省地区生产总值比重约58%,全国百强县增至7个。使得湖北的核心竞争力、对内凝聚力和对外影响力显著提升,推动湖北培育经济充满活力、生活品质优良、生态环境优美、文化魅力彰显的新型城市群和经济带,塑造区域协调发展新格局,从而有效推进了中部地区崛起重要战略支点的构建。

第三节 湖北省"一主引领、两翼驱动、全域协同"的区域发展布局

立足湖北省情及着眼"十四五"时期区域协调高质量发展的主题,并适应国家区域政策调整变化,2021年4月12日,《湖北省国民经济和社会发展第十四个五年规划和二〇三五年远景目标纲要》提出着力构建"一主引领、两翼驱动、全域协同"的区域发展布局,突出"一主引领",强化"两翼驱动",促进"全域协同",充分发挥武汉城市圈同城化发展及对湖北全域的辐射带动作用,推动襄十随神城市群、宜荆荆恩城市群由点轴式向扇面式发展,打造多点发力、"有血有肉"的增长极系统,做大做强县域经济。[①] 这是对"十三五"时期的"一主两副多极"城市带动战略在空间和功能上的拓展延伸,也与国家发展和改革委员会提出的形成都市圈引领城市群、城市群带动区域高质量发展的空间动力系统一脉相承。[②]

一、"一主引领"——武汉城市圈"十四五"新使命

1. "一主引领"战略布局的必要性

"一主引领"强调坚持双向互动、融通发展,充分发挥武汉作为国家中心城市、长江经济带核心城市的龙头引领和辐射带动作用,发挥武汉城市圈同城化

---

① 湖北日报评论员.加快建成中部地区崛起重要战略支点[N].湖北日报,2021-03-15(001).

② 吴瞳,马振华.武汉要主动做大做强,引领推动长江中游城市群发展[N].长江日报,2021-04-14.

发展对全省的辐射带动作用。① 站在"十四五"时期这一重要交汇点上，经济高质量发展主题对区域协调发展提出了新的要求，经济发展的空间结构正在发生深刻变化，中心城市和城市群正在成为经济社会发展的主要承载形式。② 针对区域发展问题，习近平总书记在论述区域协调发展的辩证法时明确指出"不能简单要求各地区在经济发展上达到同一水平，而是要根据各地区的条件，走合理分工、优化发展的路子"。③

从武汉城市圈的角度来看，当前湖北省区域发展的主要问题，仍旧是地区发展的不平衡不充分，其与"一主引领"目标仍有较大的差距，主要体现在武汉作为中心城市的功能不强，以及武汉城市圈尚未形成"同城化"区域协调发展的良好态势。

武汉作为中心城市的功能不强。纵观世界级城市群的发展历程，中心城市与其他区域之间的关系表现为集聚与辐射并存的良性互动过程，中心城市担负着资源集聚后形成增长极、成为辐射带动城市群的动力源的重要任务。④ 但在过往的区域发展过程中，武汉虽然实现了一定程度上资源的集聚，但与我国其他城市群的中心城市相比，其资源集聚能力相对较差，功能服务能力和辐射带动引领能力发挥也有限。湖北省委书记应勇在中共湖北省委十一届八次全体会议上指出，"武汉最大的问题不是'一城独大'，而是'大而不强'"。从综合实力来看，2021年武汉GDP达1.77万亿元，是上海的40.97%，深圳的57.65%，广州、重庆的63.21%。从产业来看，2019年中国500强企业中，武汉仅入围7家，在全国城市中排名第17位，不仅落后于北上广深，数量上也少于杭州、苏州、成都、无锡、宁波等城市。从创新力来看，2017年，合肥获批全国第2个综合性国家科学中心，拥有8个国家大科学装置，而武汉仅有2个，仍在争创综合性国家科学中心。⑤

武汉城市圈尚未形成"同城化"区域协调发展良好态势。武汉城市圈是湖北经济发展的核心区域，以武汉为中心城市，着力打造在湖北省三大城市圈中承担领头作用，同时成为中部崛起的重要战略支点的"8+1"城市圈布局。但

---

① 李保林，周呈思. 建成支点走在前列谱写新篇为全面建设社会主义现代化开好局起好步[N]. 湖北日报，2020-12-03（001）.
② 廖志慧. 新理念的湖北实践[N]. 湖北日报，2021-05-23（003）.
③ 习近平. 推动形成优势互补高质量发展的区域经济布局[J]. 奋斗，2019（24）：4-8.
④ 王鹏，张秀生. 国外城市群的发展及其对我国的启示[J]. 国外社会科学，2016（04）：115-122.
⑤ 谢慧敏，王忠林. 突出"一主引领"更快"做大做强"[N]. 湖北日报，2020-12-04（002）.

尚未形成"同城化"区域协调发展良好态势，如图2-10、图2-11所示，与2010年相比，2021年的武汉是湖北省内唯一一座常住人口和国民生产总值比重上升的城市，占武汉城市圈的比重高达41%和59%，比2010年分别上升了9%、1%。由图2-10可以清晰看出，武汉城市圈中呈现武汉"一城独大"局面，其余八市在人口集聚能力、经济发展程度等各方面上远不及武汉一城。其本质原因不仅在于武汉作为中心城市的辐射带动引领能力不足，还在于其他各城的发展存在内部要素流动壁垒、各地区本位主义、同质化产业供应争夺等问题。因此发挥武汉城市圈的引领作用，关键在于形成圈域内差异化定位、有序化协作、同城化发展的思路，加快武汉城市圈内9个城市协同、联动发展。①

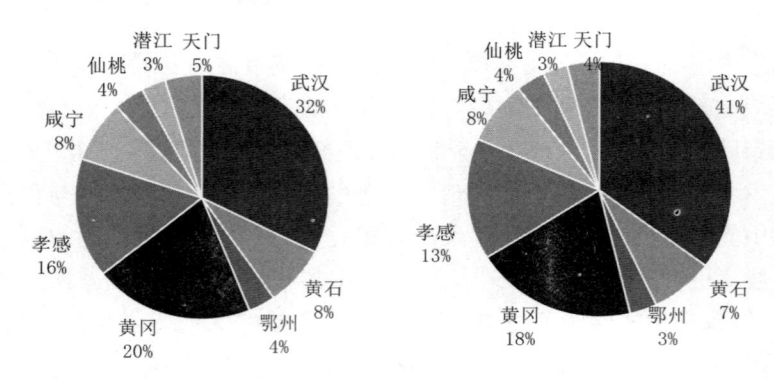

图2-10　2010年（左图）、2021年（右图）武汉城市圈各市常住人口比重
数据来源：2010、2021年湖北统计年鉴、各市统计年鉴。

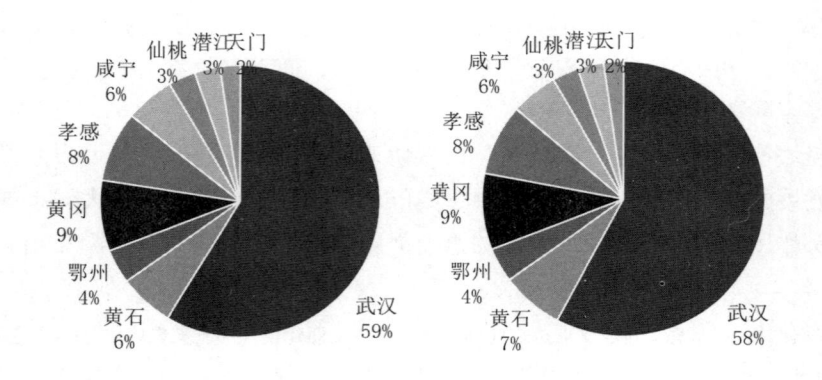

图2-11　2010年（左图）、2021年（右图）武汉城市圈各市GDP比重
数据来源：2010、2021年湖北统计年鉴、各市统计年鉴。

---

① 湖北日报评论员．一主引领两翼驱动全域协同——论科学优化区域发展布局［N］．湖北日报，2020-12-03（007）．

2. "十四五"时期"一主引领"的战略规划

《湖北省国民经济和社会发展第十四个五年规划和二〇三五年远景目标纲要》在"优化区域发展布局，推进区域协调发展"中明确指出，要"突出'一主引领'。坚持双向互动、融通发展，提升武汉城市发展能级，发挥武汉龙头引领作用，加快武汉城市圈同城化发展，辐射带动全省高质量发展。"。这说明"一主引领"不仅在于对武汉一家"领唱领舞"的支持，还赋予了武汉城市圈九家"合唱共舞"的全新历史使命。[1] 武汉城市圈犹如一朵怒放的花朵，"龙头"武汉是花蕊，在半径100km范围内，黄石、鄂州、孝感、黄冈、咸宁、仙桃、天门、潜江是八片花瓣，紧紧地和武汉抱在一起。[2]

（1）支持武汉做大做强

武汉强则湖北强，武汉加快高质量发展不仅对湖北全省而言具有关键意义，发挥武汉中心城市资源集聚和辐射带动作用，也是建成中部崛起重要战略支点的关键。[3] 在承担"建成支点"的担当中，武汉应发挥龙头引领作用，首要加强自身城市的功能，全面优化产业结构体系、提高科技创新能力、有效提升扩大开放和国际化水平等方面的能力，进而提升城市能级和竞争力。在湖北省委的全局部署和支持下，2020年12月18日，武汉市委十三届十次全会明确了武汉发展路径：建设"一城、一圈、一群、一带"，引领武汉城市圈同城化发展、带动长江中游城市群一体化发展、推动长江经济带高质量发展。[4]

（2）发挥武汉城市圈的辐射引领作用

2020年12月1日召开的中共湖北省委十一届八次全体会议明确指出，武汉城市圈是全省高质量发展的重要增长极，要打造武汉城市圈升级版，让"1+8"协同协作、一体发展。[5] 针对目前武汉城市圈内各市存在的内部要素流动壁垒、同质化产业体系等问题，《湖北省国民经济和社会发展第十四个五年规划和二〇三五年远景目标纲要》明确提出"要建立完善协同联动推进机制，制定同城化发展规划"，推动形成城市功能互补、要素优化配置、产业分工协作、交通便捷顺畅、公共服务均衡、环境和谐宜居的现代化大武汉都市圈，加快武汉城市圈

---

[1] 长江日报评论员．九城就是一城：武汉市委书记市长赴黄冈黄石孝感调研同城化［N］．长江日报，2022-03-26（007）．
[2] 湖北日报评论员．一主引领两翼驱动全域协同——论科学优化区域发展布局［N］．湖北日报，2020-12-03（007）．
[3] 谢慧敏．"一主引领"共舞荆楚未来［N］．湖北日报，2020-12-05（005）．
[4] 马振华，李佳，李金友，等．加快打造全国经济中心推动"大武汉"向"强武汉"迈进［N］．长江日报，2020-12-21（004）．
[5] 谢慧敏．"一主引领"共舞荆楚未来［N］．湖北日报，2020-12-05（005）．

同城化发展。同时，武汉市委十三届十次全会明确提出"一圈"策略，积极发挥武汉辐射引领作用，带动武汉城市圈升级发展。湖北省社科院经济研究所所长叶学平指出，发挥武汉"一主引领"作用，不但要做强武汉龙头地位，加快"五个中心"建设，更要发挥武汉辐射引领作用，带动全省产业发展、科技创新、对外开放等方面整体提升。[1]

二、"两翼驱动"——"扇面式"发展模式的演进

1. "两翼驱动"战略布局的必要性

改革开放以来，湖北省委及省政府提出多项区域发展战略，有效推进了全省各市城镇化水平的逐步提高，并逐渐从高速发展阶段向高质量发展阶段转变。"十二五"时期，湖北省委强调了武汉城市圈、襄十随神城市群、宜荆荆恩城市群组团式的发展模式，有效整合了城市资源，促进劳动要素合理流动，提高了技术、资本和劳动要素的利用水平，实现了城镇化发展从量变到质变的过程。

在"一主两副"的发展格局下，以武汉为主中心，宜昌、襄阳为副中心的"一主两副"空间结构鲜明，尽管三大城市群发展取得不俗成绩，对湖北省的整体发展以及各城市的发展均有推动，但是这种点轴式的发展模式不可避免地将更多资源倾斜于中心城市，在宜昌和襄阳尚未形成辐射带动区域动力源基础前，其对城市群内的其他城市辐射能力较弱，流向这些城市的资源也相当有限，容易形成城市群内的马太效应。以人均GDP为例，如图2-12所示，排除2020年疫情的不利影响，2010—2021年，宜荆荆恩城市群内各市州的人均产出水平均持续上升，但作为省域副中心的宜昌在与其他三市开展合作的同时，又比其他三市更高效地集聚人才及资金，人均GDP差距有所扩大，宜昌的人均GDP约为荆门的1.5倍、荆州及恩施州的3倍；数值上，2021年宜昌人均GDP较恩施州高出87301元，2010年这一差额为73789元。

从区域协调发展的角度看，湖北与我国经济实力较强省份相比，差距主要表现在缺乏多级多中心以及以省域副中心城市为代表的两个城市群实力较弱，对全省贡献相对有限。如表2-3所示，尽管两个省域副中心城市宜昌和襄阳占全省GDP比重处于全省第二梯队，但两市与武汉的经济规模和能级仍不能比拟。2021年，武汉对全省GDP贡献比重达到35.42%，同期宜昌和襄阳对全省地区生产总值贡献比重为10.04%和10.62%，大约是武汉的三分之一。从城市

---

[1] 黄璐."金凤凰"将展翅高飞[N].湖北日报，2020-12-03 (004).

群来看，武汉城市圈对全省地区生产总值的贡献分别是襄十随神城市群、宜荆荆恩城市群对全省地区生产总值贡献的三倍，2010年和2021年武汉城市圈二、三产业占比明显高于另外两个城市群。在缺乏更高级经济规模和能级的城市共同支撑下，愈显武汉"一城独大"的区域不协调格局。因此，改善"一主两副"的点轴式发展模式，布局"一主引领、两翼驱动"的全省空间格局发展骨架已刻不容缓。

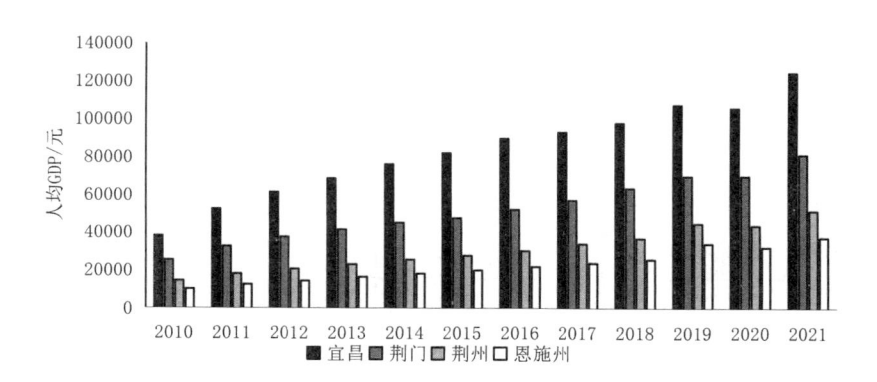

图2-12　2010—2021年宜荆荆恩城市群各市人均GDP

数据来源：《湖北统计年鉴》、宜荆荆恩城市群内各市州统计年鉴。

表2-3　2010、2021年湖北省各市州GDP及二、三产业比重一览表

地区	2010年 GDP/亿元	2010年 二、三产业占比	2021年 GDP/亿元	2021年 二、三产业占比
湖北	16114.59	86.55%	50012.94	90.70%
武汉城市圈	9635.7（61.02%）	90.12%	30101.41（60.19）	93.92%
武汉	5565.9（35.25%）	96.94%	17716.76（35.42%）	97.49%
黄石	690.12（4.37%）	92.23%	1865.68（3.73%）	94.17%
鄂州	395.29（2.50%）	86.98%	1162.3（2.32%）	90.12%
黄冈	862.3（5.46%）	71.36%	2541.31（5.08%）	80.29%
孝感	800.67（5.07%）	78.62%	2562.01（5.12%）	85.09%
咸宁	520.33（3.30%）	80.59%	1751.82（3.50%）	86.49%
仙桃	290.97（1.84%）	81.40%	929.90（1.86%）	87.24%
潜江	290.67（1.84%）	83.42%	852.74（1.71%）	88.40%

续表

地区	2010年 GDP/亿元	2010年 二、三产业占比	2021年 GDP/亿元	2021年 二、三产业占比
天门	219.48（1.39%）	74.64%	718.89（1.44%）	85.37%
宜荆荆恩城市群	3468.53（21.52%）	80.95%	11161.43（22.32%）	85.86%
宜昌	1547.32（9.80%）	88.59%	5022.69（10.04%）	89.07%
荆门	730.07（4.62%）	80.13%	2120.86（4.24%）	86.92%
荆州	837.1（5.30%）	72.40%	2715.52（5.43%）	80.57%
恩施州	354.13（2.20%）	84.4%	1302.36（2.60%）	82.76%
襄十随神城市群	2689（16.69%）	85.11%	8750.1（17.50%）	89.12%
襄阳	1538.3（9.74%）	84.74%	5309.43（10.62%）	89.56%
十堰	736.78（4.67%）	89.44%	2163.98（4.33%）	90.36%
随州	401.66（2.54%）	78.45%	1241.45（2.48%）	85.00%
神农架	12.3（0.08%）	88.62%	35.24（0.07%）	91.94%

数据来源：2010年、2021年湖北统计年鉴、湖北省各地市州统计年鉴、湖北省各地市州国民经济和社会发展统计公报。括号内为该地区GDP占全省比重。

2. "十四五"时期"两翼驱动"的战略规划

（1）坚持块状组团、扇面发展

"一主两翼"与之前的"一主两副"仅一字之差，实际上却是襄十随神城市群、宜荆荆恩城市群发展模式截然不同的体现。"两副"指的是襄阳和宜昌的两大发力点构成发力轴，而"两翼"指的是形成襄十随神、宜荆荆恩两大城市群，进而构成扇面；同时，"两副"着眼稳定性，"两翼"着眼协调性。《湖北省国民经济和社会发展第十四个五年规划和二〇三五年远景目标纲要》明确提出，要坚持块状组团、扇面发展，推动襄十随神城市群、宜荆荆恩城市群由点轴式向扇面式发展。从全省角度来看，"两翼"直接促进了城市点轴式发展模式的优化提升，使全省区域空间形成城市群块状组团的扇面布局，是区域空间布局的科学优化，使区域内各地联系更加紧密，加快协调发展步伐。

（2）打造支撑全省高质量发展的南北"两翼"

"两翼"是支撑全省高质量发展的南北列阵，推动全省发展模式由点轴式向扇面形演进,① 形成"由点及面、连线成片、两翼齐飞"的格局。"强化两翼"突出做大和畅通。要加强襄阳、宜昌省域副中心城市建设,在发挥襄阳、宜昌积累优势的基础上,进一步支持襄阳加快建设汉江流域中心城市,支持宜昌加快建设长江中上游区域性中心城市,增强综合实力;加快襄十随神城市群集聚协同发展;加快宜荆荆恩城市群绿色联动发展。加强"两翼"联动发展,包括推动基础设施互联互通、产业发展互促互补、生态环境共保联治、公共服务共建共享、开放合作携手共赢。

在打造襄十随神城市群、宜荆荆恩城市群形成"两翼"格局过程中,不仅要推进两大城市群与武汉城市圈的规划衔接、优势互补和布局优化,实现联动发展;还应该重点积极对接国家"两纵两横"经济带和"四大城市群",同时立足于城市群自身区位和优势进行产业布局,一南一北构成支撑全省高质量发展的南北列阵。湖北省委十一届九次全会提出,推动"一主两翼"成势见效,加快建设武汉国家中心城市、长江经济带核心城市,发挥武汉城市圈支撑引领和辐射带动作用;支持襄阳、宜昌提升省域副中心城市能级,引领推动襄十随神城市群、宜荆荆恩城市群协同发展,打造支撑全省高质量发展的南北列阵。②

三、"全域协同"——构建多点发力的增长极系统

1. "全域协同"战略布局的必要性

"全域协同"突出补齐县域经济短板,抬高全域高质量发展底板。③ 县域经济作为国民经济最基本的组成单元,在国民经济的发展中发挥着越来越重要的作用。正所谓县域强则省域强,④ 县域经济不强,全域高质量发展就缺乏块状集群和点面支撑。2000 年以前,全省无一县(市)地区生产总值过百亿元,2007 年,县域经济首次超过全省经济总量的二分之一,达到 51.9%,2018 年,全省县域平均 GDP 规模达到 300.5 亿元,县域经济总量占全省经济总量份额跃升至 60.3%,同年,5 个县(市)入围全国县域经济百强。但与县域经济较为发达的

---

① 谢高波. 凝心聚力推动形成"一主引领、两翼驱动、全域协同"区域发展布局[N]. 湖北日报,2021-04-15(004).

② 湖北日报评论员. 开启中心城市引擎促进中部加速崛起[N]. 湖北日报,2021-11-12(007).

③ 谢高波. 凝心聚力推动形成"一主引领、两翼驱动、全域协同"区域发展布局[N]. 湖北日报,2021-04-15(004).

④ 刘天纵,肖丽琼,张儒越. 政策先行描绘县域经济突破路线图[N]. 湖北日报,2021-04-03(010).

浙江对比，湖北省的县域发展仍较为落后。在"2020年全国县域经济百强"名单中，浙江有18个县上榜，而湖北仅有8个且位次靠后；GDP过千亿的县，浙江有8个，湖北的县均未上榜。[①] 这体现了我省在县域方面仍存在经济强县不多、强县不强、强县不优的问题，缺乏基层单元的增长点，全省空间布局中就无法形成网络状的发展格局，就无法进一步形成全省高质量一体化的增长极系统。

值得注意的是，尽管近年来湖北县域经济的总量得到了较快的发展，但其发展模式大部分还属于资源消耗性发展，产业结构升级速度缓慢，早期积累的资源环境问题成为后期高质量发展的制约因素，县域经济发展愈发重要的同时，瓶颈压力也逐渐迫近。

"千钧将一羽，轻重在平衡。"区域协调发展战略是解决发展不平衡的一把金钥匙。进入新发展阶段、贯彻新发展理念、构建新发展格局，推进区域协调发展和新型城镇化也迈入了新的发展征程。[②] 因此，探索构建点面支撑、多点发力的增长极系统，大力推进以县城为重要载体的城镇化建设，着力打造"全域协同"布局，丰满"一主两翼"的块状经济上层，是实现在"十四五"时期引领湖北省经济社会高质量发展的重要路径。

2. "十四五"时期"全域协同"的战略规划

（1）坚持点面支撑、多点发力

《湖北省国民经济和社会发展第十四个五年规划和二〇三五年远景目标纲要》中明确指出，促进"全域协同"，首先要坚持点面支撑、多点发力，支持全省各地立足资源环境承载能力，发挥比较优势竞相发展，打造更多高质量发展增长极增长点。[③] 多点发力是全省高质量发展的需要，是对"一主两翼"骨架的"血肉"丰满，也是加速湖北县域经济对主要城市经济的追赶，推进城乡协调发展的重要布局思路。续写英雄答卷，需要紧扣一体化、高质量，加快形成"强核、壮圈、带群"多点支撑、多极发力格局。武汉之于武汉城市圈，襄阳、宜昌之于襄十随神城市群、宜荆荆恩城市群的"南北列阵"，担当着"领唱领

[①] 湖北日报评论员. 一主引领两翼驱动全域协同——论科学优化区域发展布局［N］. 湖北日报，2020-12-03（007）.

[②] 湖北日报评论员. 推进区域协调发展和新型城镇化——五论学习贯彻省第十二次党代会精神［N］. 湖北日报，2022-06-27（007）.

[③] 湖北日报评论员. 一主引领两翼驱动全域协同——论科学优化区域发展布局［N］. 湖北日报，2020-12-03（007）.

舞"的角色。①

在省域国土空间治理方面，县域作为空间最基本的组成单元，在"十四五"时期要持续完善相关体制机制在县域的"按实"，具体应细化落实主体功能区战略，优化重大基础设施、重大生产力和公共资源布局，逐步形成城市化地区、农产品主产区、生态功能区三大空间格局。

（2）推进以县城为重要载体的城镇化建设

"十四五"时期提出的"全域协同"，是整体推动县域经济发展，以做大做强块状经济为抓手，着力打造以内生发展为主、融入国内国际双循环的县域经济生力军。《湖北省国民经济和社会发展第十四个五年规划和二〇三五年远景目标纲要》明确指出，大力发展县域经济；推进以县城为重要载体的城镇化建设，推动人口集中、产业集聚、功能集成、要素集约。2022年2月7日湖北省省政府常务会议中王忠林指出：要坚定不移深化扩权强县改革，大力推进经济社会管理权限下放，赋能县域经济发展。

改革开放以来，湖北省的城镇化水平逐步提高，并逐渐从高速发展阶段向高质量发展阶段转变。根据城镇化阶段标准划分，湖北省整体处于城镇化后期阶段，除了恩施州和神农架处于城镇化中期阶段，湖北省下辖各市城镇化率均超过50%，处于城镇化后期阶段；但县域层面的城镇化程度普遍不高，有待推进。"十四五"时期，湖北省应以县城为载体，补齐短板弱项，优化产业结构并提高产业水平；完善全省空间的城镇体系，加快城乡协调发展步调；大力推进以人为核心的新型城镇化，在宜居宜业绿色等城镇化方面有所提高。

在"全域布局"的发展格局中，县域单元具有小城镇联结城乡的重要作用。因此在推进城镇化建设过程中，完善县域基础设施，构建网络支撑，将有利于推动县域单元融入武汉城市圈、襄十随神城市群和宜荆荆恩城市群，逐步实现区域发展协调平衡的目标。同时，除了在全省的县域单元中因地制宜打造"一县一品""一业一品"，还可充分利用联结城乡优势，利用经济开发区、高新区、工业园区等机遇，实现城乡产业链的对接。

---

① 湖北日报评论员."领唱领舞"激发澎湃动力［N］.湖北日报，2022-01-23（007）.

第三章

湖北省优化绿色发展布局，推动绿色协调发展的体制架构和任务

"十四五"时期，湖北省按照着力构建"一主引领、两翼驱动、全域协同"发展布局，加快形成"强核、壮圈、带群、兴县"多点支撑、多极发力格局来优化绿色发展格局，构建绿色协调发展体系。本章将梳理湖北省优化绿色发展布局、推动绿色协调发展的体制架构，解析湖北省以"一主引领、两翼驱动、全域协同"布局绿色发展的现实原因，探索"十四五"湖北省着力构建"一主引领、两翼驱动、全域协同"发展布局，加快形成"强核、壮圈、带群、兴县"多点支撑、多极发力格局的绿色发展的原则，以为湖北省推进布局"一主引领、两翼驱动、全域协同"绿色发展提供理论依据。

第一节 湖北省以城市群为主体承载形态的绿色发展布局，推动绿色协调发展的体制架构

贯彻长江经济带"共抓大保护、不搞大开发"理念是湖北省优化绿色发展布局、推动绿色协调发展的总遵循。湖北省委和省政府是湖北省优化全省绿色发展布局、推动绿色协调发展的决策主体；生态环境和自然资源部门是湖北省优化全省绿色发展布局、推进绿色协调发展的执行部门。湖北省已形成以武汉、宜昌、襄阳等中心城市引领湖北省绿色发展的格局体系，市县政府因地制宜推进绿色发展的体制架构。

一、坚定长江经济带"共抓大保护、不搞大开发"绿色发展理念总遵循

长江经济带（含上海、江苏、浙江、安徽、江西、湖北、湖南、四川、重庆、云南、贵州11省市）人口稠密、经济较为发达，在占全国21.4%的国土面

积上,集聚了全国42.7%的人口、41.2%的国内生产总值①。推动长江经济带发展是党中央作出的重大决策,是关系国家发展全局的重大战略,对实现"两个一百年"奋斗目标、实现中华民族伟大复兴的中国梦具有重要意义②。自长江经济带被批准成为重大国家战略以来,长江经济带发展贯彻习近平总书记重要讲话精神,实施长江保护修复攻坚战行动,全面保护长江流域生态系统,并把长江资源保护、污染防治、山水林田湖一体化管理等囊括于法律中,逐渐形成了长江经济带"共抓大保护、不搞大开发"的绿色发展理念。

1. 长江经济带"共抓大保护、不搞大开发"绿色发展理念的形成

长江经济带"共抓大保护、不搞大开发"绿色发展理念的形成发展如图3-1所示。2014年9月国务院印发的《关于依托黄金水道推动长江经济带发展的指导意见》首次以国家政策形式部署长江经济带建设。2016年3月中共中央政治局审议通过的《长江经济带发展规划纲要》是推动长江经济带发展的纲领性文件。2016年、2018年、2020年,习近平总书记分别在重庆、武汉、南京召开推动长江经济带发展座谈会并发表重要讲话,强调要"把修复长江生态环境摆在压倒性位置","共抓大保护,不搞大开发"。③ 2019年1月生态环境部、发展改革委印发的《长江保护修复攻坚战行动计划》和2020年12月中华人民共和国第十三届全国人民代表大会常务委员会第二十四次会议通过的《中华人民共和国长江保护法》深入贯彻长江经济带"共抓大保护、不搞大开发"精神,强调长江保护修复和绿色发展。《中华人民共和国国民经济和社会发展第十四个五年规划和二〇三五年远景目标纲要》进一步提出了"十四五"时期要全面推动长江经济带发展。这些共同形成了长江经济带"共抓大保护、不搞大开发"绿色发展战略的基础。

---

① 杨桂山,徐昔保,李平星.长江经济带绿色生态廊道建设研究[J].地理科学进展,2015,34(11):1356-1367.
② 习近平.在深入推动长江经济带发展座谈会上的讲话[N].人民日报,2018-06-14(002).
③ 习近平.在深入推动长江经济带发展座谈会上的讲话[N].人民日报,2018-06-14(002).

《关于依托黄金水道推动长江经济带发展的指导意见》（2014年9月，国务院印发）	部署将长江经济带建设成为具有全球影响力的内河经济带、东中西互动合作的协调发展带、沿海沿江沿边全面推进的对内对外开放带和生态文明建设的先行示范带
习近平总书记在重庆召开的深入推动长江经济带发展座谈会（2016年1月）	提出"当前和今后相当长一个时期，要把修复长江生态环境摆在压倒性位置，共抓大保护，不搞大开发。"
《长江经济带发展规划纲要》（2016年3月，中共中央政治局审议通过）	确立了长江经济带"一轴、两翼、三极、多点"的发展新格局；要发挥上海、武汉、重庆的核心作用和长江三角洲城市群、长江中游城市群、成渝城市群的辐射带动作用，打造长江经济带三大增长极
习近平总书记在武汉召开的深入推动长江经济带发展座谈会（2018年4月）	系统阐述了共抓大保护、不搞大开发和生态优先、绿色发展的丰富内涵："共抓大保护和生态优先讲的是生态环境保护问题，是前提；不搞大开发和绿色发展讲的是经济发展问题，是结果；共抓大保护、不搞大开发侧重当前和策略方法；生态优先、绿色发展强调未来和方向路径，彼此是辩证统一的。"
《长江保护修复攻坚战行动计划》（2018年12月，生态环境部、发展改革委联合印发）	长江保护修复攻坚战行动计划的主要任务包括：强化生态环境空间管控，严守生态保护红线；排查整治排污口，推进水陆统一治理；加强工业污染治理，有效防范生态环境风险；加强工业污染治理，有效防范生态环境风险；补齐环境基础设施短板，保障饮用水水源水质安全；加强航运污染防治，防范船舶港口环境风险；优化水资源配置，有效保障生态用水需求；强化生态系统管护，严厉打击生态破坏行为
习近平主持召开全面推动长江经济带发展座谈会（2020年11月）	指出推动长江经济带发展是党中央作出的重大决策，是关系国家发展全局的重大战略，强调贯彻落实党的十九届五中全会精神，推动长江经济带高质量发展
《中华人民共和国长江保护法》（2020年12月26日，中华人民共和国第十三届全国人民代表大会常务委员会第二十四次会议通过）	规定长江流域经济社会发展，应当坚持生态优先、绿色发展，共抓大保护、不搞大开发；长江保护应当坚持统筹协调、科学规划、创新驱动、系统治理；国家建立长江流域协调机制，统一指导、统筹协调长江保护工作，审议长江保护重大政策、重大规划，协调跨地区跨部门重大事项，督促检查长江保护重要工作的落实情况；加大对长江流域的水污染防治、监管力度等
《中华人民共和国国民经济和社会发展第十四个五年规划和二〇三五年远景目标纲要》（2021年3月，中共中央 国务院发布）	"十四五"时期要"深入实施区域重大战略"，其中包括"全面推动长江经济带发展"，具体要求"坚持生态优先、绿色发展和共抓大保护、不搞大开发，协同推动生态环境保护和经济发展，打造人与自然和谐共生的美丽中国样板

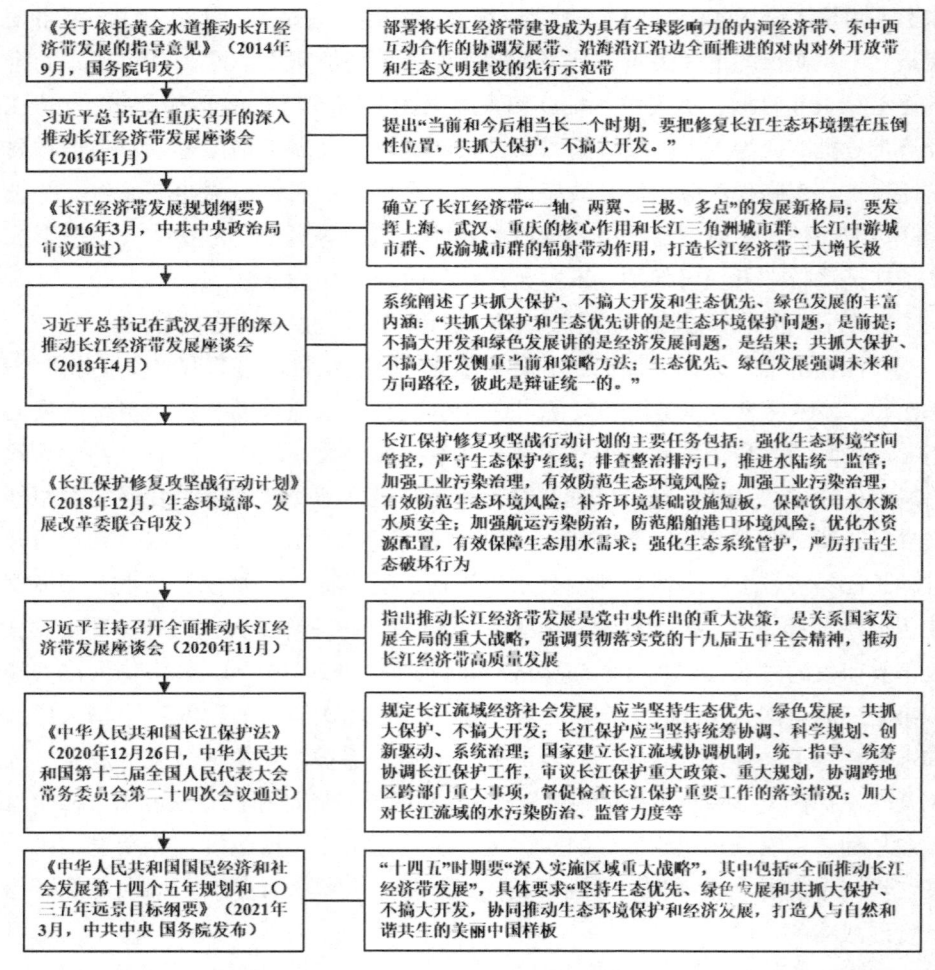

图 3-1 长江经济带"共抓大保护、不搞大开发"绿色发展理念的形成一览图

资料来源：根据中华人民共和国中央人民政府网站等发布的文件整理所得。

2. 长江经济带"共抓大保护、不搞大开发"绿色发展的主要内容

长江经济带"共抓大保护、不搞大开发"绿色发展的主要内容形成于以下两个文件（见图3-2），并在各个省份通过办法和条例等得到贯彻。一是在《长江经济带发展规划纲要》中就将绿色发展作为长江经济带发展的基本理念，从规划背景、总体要求、大力保护长江生态环境、加快构建综合立体交通走廊、创新驱动产业转型升级、积极推进新型城镇化、努力构建全方位开放新格局、创新区域协调发展体制机制、保障措施等方面指导当前和今后一个时期长江经

济带绿色发展的主要工作①。二是《中华人民共和国长江保护法》对在长江流域开展生态环境保护和修复以及长江流域各类生产生活、开发建设活动作出规定和要求，首次将"共抓大保护、不搞大开发"写入法律，并作出具体要求。

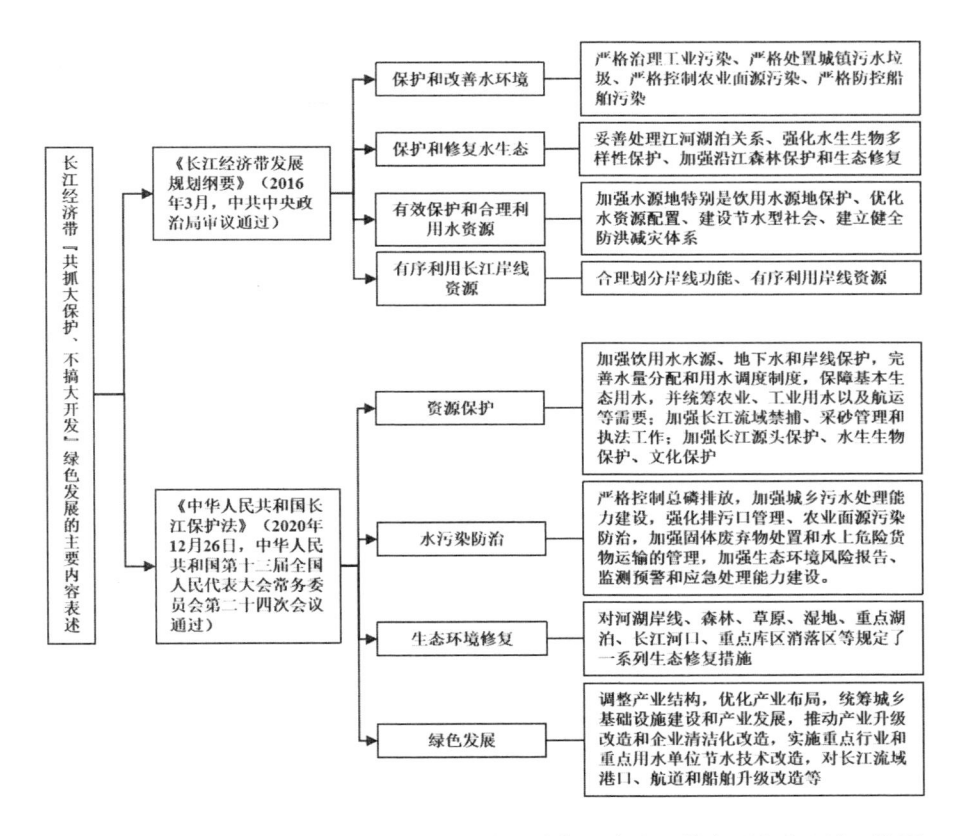

图 3-2 长江经济带"共抓大保护、不搞大开发"绿色发展的主要内容表述一览图

长江大保护的核心是统筹山水林田湖草，最为关键的是落实"共抓"。综合以上两个文件关于长江经济带"共抓大保护、不搞大开发"绿色发展的主要内容表述，长江大保护的主要内容包含对资源环境的保护、修复和利用，最终实现绿色发展。长江大保护的核心是统筹山水林田湖草，这是基于长江经济带发展工作存在的认识不足问题以及生态环境形势依然严峻、生态环境协同保护体制机制亟待建立健全等问题现状得出的研究结论。② 贯彻习总书记的"共抓大

---

① 佚名.《长江经济带发展规划纲要》正式印发[EB/OL]. 新华网，2016-09-12.
② 蔡庆华. 长江大保护与流域生态学[J]. 人民长江，2020，51（01）：70-74.

保护，不搞大开发"重要指示，最为关键的是落实"共抓"，将"共抓大保护，不搞大开发"作为各地区与各部门领导的政治责任。[①]

二、以湖北省政府为主导的优化绿色发展布局决策架构

湖北省政府积极贯彻落实党中央关于长江经济带高质量发展"共抓大保护，不搞大开发"的战略部署，在生态环境保护、国土空间开发布局、生态保护红线管理、资源协同治理等方面积极推进湖北省绿色发展，取得巨大成效。这些部署及所形成的体制机制，共同构成了湖北省优化绿色发展布局，形成推动绿色协同发展的政策与机制体系（见图3-3）。

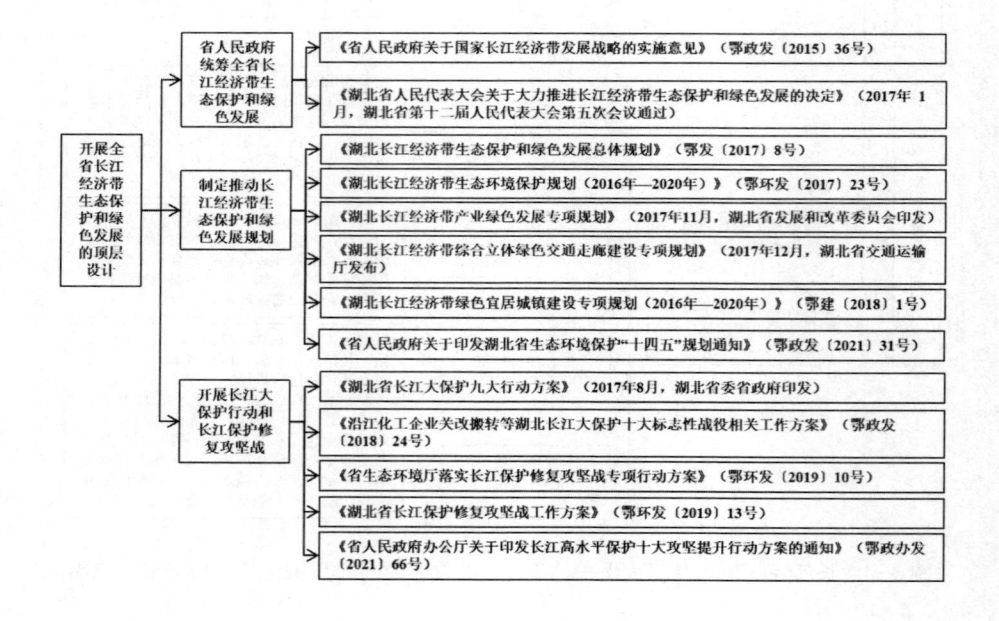

开展全省长江经济带生态保护和绿色发展的顶层设计	省人民政府统筹全省长江经济带生态保护和绿色发展	《省人民政府关于国家长江经济带发展战略的实施意见》（鄂政发〔2015〕36号）
		《湖北省人民代表大会关于大力推进长江经济带生态保护和绿色发展的决定》（2017年1月，湖北省第十二届人民代表大会第五次会议通过）
	制定推动长江经济带生态保护和绿色发展规划	《湖北长江经济带生态保护和绿色发展总体规划》（鄂发〔2017〕8号）
		《湖北长江经济带生态环境保护规划（2016年—2020年）》（鄂环发〔2017〕23号）
		《湖北长江经济带产业绿色发展专项规划》（2017年11月，湖北省发展和改革委员会印发）
		《湖北长江经济带综合立体绿色交通走廊建设专项规划》（2017年12月，湖北省交通运输厅发布）
		《湖北长江经济带绿色宜居城镇建设专项规划（2016年—2020年）》（鄂建〔2018〕1号）
		《省人民政府关于印发湖北省生态环境保护"十四五"规划通知》（鄂政发〔2021〕31号）
	开展长江大保护行动和长江保护修复攻坚战	《湖北省长江大保护九大行动方案》（2017年8月，湖北省委省政府印发）
		《沿江化工企业关改搬转等湖北长江大保护十大标志性战役相关工作方案》（鄂政发〔2018〕24号）
		《省生态环境厅落实长江保护修复攻坚战专项行动方案》（鄂环发〔2019〕10号）
		《湖北省长江保护修复攻坚战工作方案》（鄂环发〔2019〕13号）
		《省人民政府办公厅关于印发长江高水平保护十大攻坚提升行动方案的通知》（鄂政办发〔2021〕66号）

---

① 陆大道. 长江大保护与长江经济带的可持续发展——关于落实习近平总书记重要指示，实现长江经济带可持续发展的认识与建议［J］. 地理学报，2018，73（10）：1829-1836.

<<< 第三章 湖北省优化绿色发展布局,推动绿色协调发展的体制架构和任务

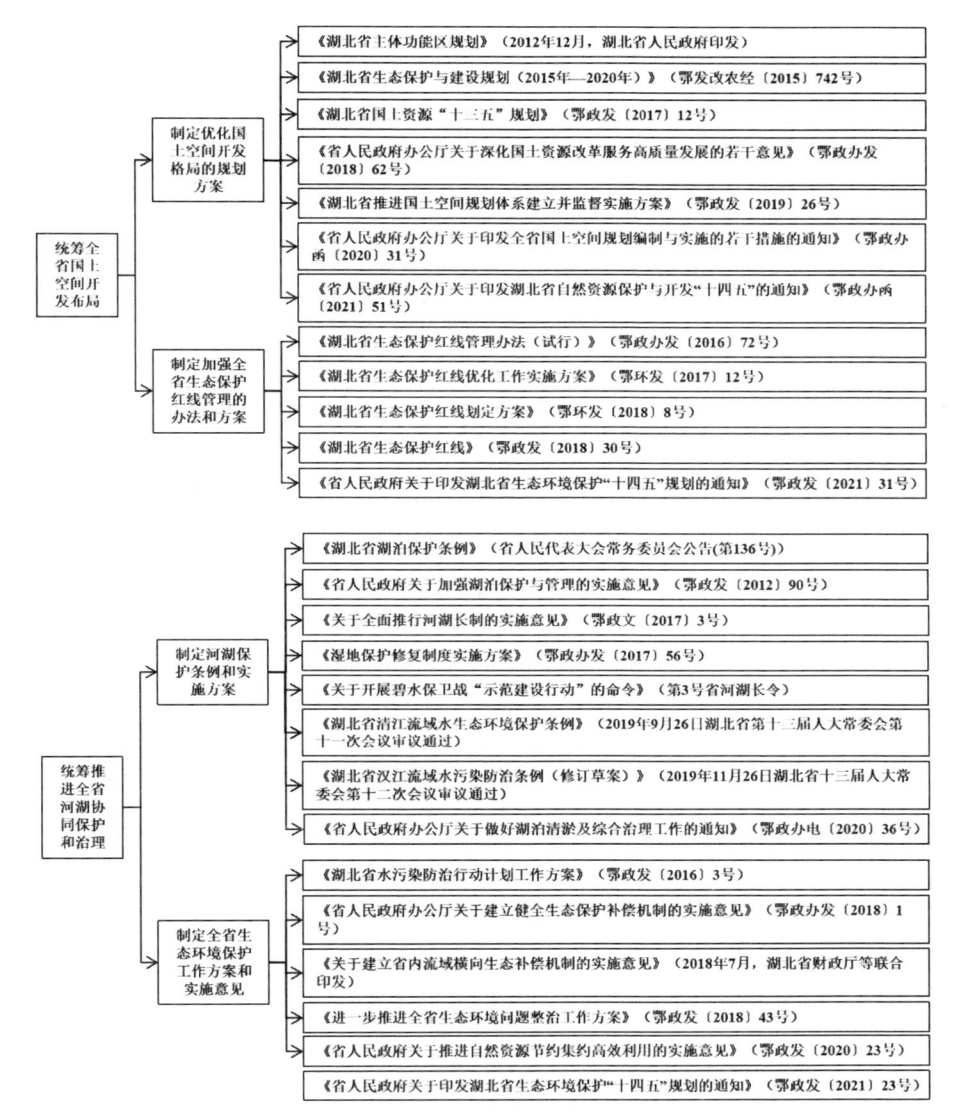

```
                    ┌─《湖北省主体功能区规划》(2012年12月,湖北省人民政府印发)
                    ├─《湖北省生态保护与建设规划(2015年—2020年)》(鄂发改农经〔2015〕742号)
          制定优化国 ├─《湖北省国土资源"十三五"规划》(鄂政发〔2017〕12号)
          土空间开发 ├─《省人民政府办公厅关于深化国土资源改革服务高质量发展的若干意见》(鄂政办发
          格局的规划 │  〔2018〕62号)
          方案       ├─《湖北省推进国土空间规划体系建立并监督实施方案》(鄂政发〔2019〕26号)
                    ├─《省人民政府办公厅关于印发全省国土空间规划编制与实施的若干措施的通知》(鄂政办
                    │  函〔2020〕31号)
统筹全         ─────┤
省国土                └─《省人民政府办公厅关于印发湖北省自然资源保护与开发"十四五"的通知》(鄂政办函
空间开                   〔2021〕51号)
发布局
                    ┌─《湖北省生态保护红线管理办法(试行)》(鄂办发〔2016〕72号)
          制定加强全 ├─《湖北省生态保护红线优化工作实施方案》(鄂环发〔2017〕12号)
          省生态保护 ├─《湖北省生态保护红线划定方案》(鄂环发〔2018〕8号)
          红线管理的 ├─《湖北省生态保护红线》(鄂政发〔2018〕30号)
          办法和方案 └─《省人民政府关于印发湖北省生态环境保护"十四五"规划的通知》(鄂政发〔2021〕31号)


                    ┌─《湖北省湖泊保护条例》(省人民代表大会常务委员会公告(第136号))
                    ├─《省人民政府关于加强湖泊保护与管理的实施意见》(鄂政发〔2012〕90号)
                    ├─《关于全面推行河湖长制的实施意见》(鄂政文〔2017〕3号)
          制定河湖保 ├─《湿地保护修复制度实施方案》(鄂政办发〔2017〕56号)
          护条例和实 ├─《关于开展碧水保卫战"示范建设行动"的命令》(第3号省河湖长令)
          施方案     ├─《湖北省清江流域水生态环境保护条例》(2019年9月26日湖北省第十三届人大常委第
                    │  十一次会议审议通过)
                    ├─《湖北省汉江流域水污染防治条例(修订草案)》(2019年11月26日湖北省十三届人大常
                    │  委会第十二次会议审议通过)
统筹推    ─────────┤
进全省                └─《省人民政府办公厅关于做好湖泊清淤及综合治理工作的通知》(鄂政办电〔2020〕36号)
河湖协
同保护              ┌─《湖北省水污染防治行动计划工作方案》(鄂政发〔2016〕3号)
和治理              ├─《省人民政府办公厅关于建立健全生态保护补偿机制的实施意见》(鄂政办发〔2018〕1
                    │  号)
          制定全省生 ├─《关于建立省内流域横向生态补偿机制的实施意见》(2018年7月,湖北省财政厅等联合
          态环境保护 │  印发)
          工作方案和 ├─《进一步推进全省生态环境问题整治工作方案》(鄂政发〔2018〕43号)
          实施意见   ├─《省人民政府关于推进自然资源节约集约高效利用的实施意见》(鄂政发〔2020〕23号)
                    └─《省人民政府关于印发湖北省生态环境保护"十四五"规划的通知》(鄂政发〔2021〕23号)
```

图 3-3　湖北省政府关于生态文明建设和绿色发展的主要决策一览图

资料来源:根据湖北省人民政府、湖北省生态环境厅等发布的文件整理所得。

1. 开展全省长江经济带生态保护和绿色发展的顶层设计

湖北省人民政府统筹推进全省长江经济带生态保护和绿色发展,制定了一系列相关规划,并开展长江大保护行动和长江保护修复攻坚战。根据《2021年湖北省生态环境状况公报》,2021年湖北省完成长江入河排污溯源12480个、立行立改5146个。完成30家沿江化工企业关改搬转。全省城市新建污水收集管网

约774km，改造老旧管网约425km。

2. 统筹全省空间开发布局

湖北省制定优化国土空间开发格局的规划方案和加强全省生态保护红线管理的办法和方案，全面提升国土空间治理体系和治理能力，促进全省高质量发展。① 2018年湖北省划定的生态保护红线总面积约 $4.15×10^4 km^2$，占全省面积的22.30%，总体呈现"四屏三江一区"生态格局。② 2021年湖北省生态环境保护"十四五"规划提出需总体把控"三江四屏千湖一平原"生态格局，同时需调整并坚定落实"三线一单"的管控要求。

3. 统筹推进全省河湖协同保护和治理

湖北省制定河湖保护条例、实施方案以及全省生态环境保护工作方案和实施意见。根据《2021年湖北省生态环境状况公报》，2021年，在湖北省的190个国控考核断面中，Ⅰ-Ⅲ类水质断面占93.7%，无劣Ⅴ类断面；2021年全省生态环境状况指数（EI）为73.92，生态环境状况为良好。

三、以行政职能部门为担当的优化全省绿色发展布局执行架构

2018年3月，第十三届全国人民代表大会第一次会议批准的《国务院机构改革方案》，将多部门职责整合，组建中华人民共和国自然资源部、中华人民共和国生态环境部，将环境污染的统一监管权授予新组建的生态环境部，将自然资源资产所有者权利和管理者权力集中于自然资源部[③]。自然资源部统一行使全民所有自然资源资产管理者的职责，而生态环境部统一行使生态环境监测和执法职能。以自然资源和生态环境部门为主导的我国生态环境管理权限和级别不断增强和提高，对于我国生态环境的保护发挥着重要的积极作用。我国环境保护也从点源保护走向大区域、大生态的环境监管，实现区域协同管理体制发展。

1. 以生态环境部门为主导，自然资源、水利、住建、发改委等多部门协同治理的生态环境管理体制

湖北省的生态环境保护部门包括生态环境厅、自然资源厅、水利厅、林业局、住建厅等，共同构成了湖北省生态环境保护的主体框架。近年来湖北省各

---

① 湖北省人民政府关于印发湖北省推进国土空间规划体系建立并监督实施方案的通知［J］．湖北省人民政府公报，2020（01）：3-13.

② 湖北省环境保护厅．《湖北省生态保护红线划定方案》解读［N］．湖北日报，2018-09-20（020）．

③ 常纪文．国有自然资源资产管理体制改革的建议与思考［J］．中国环境管理，2019，11（01）：11-22.

厅局积极推进生态文明建设和绿色发展，并进一步明确、落实各部门推进绿色发展工作职责，构建内容完善、边界清晰的生态环境保护责任体系，加快构建现代环境治理体系。

如图3-4所示，湖北省生态环境厅内设机构包括办公室、研究室等22个机构，协同其5个派出机构和23个直属单位共同构成了湖北省生态环境厅的职能框架。其中生态处、水处、流域处、大气处、气候处、土处、固体处等机构，负责湖北省水生态环境、大气环境、土壤环境等各项重大生态环境问题的统筹协调和监督管理，是湖北省打赢污染防治攻坚战的重要落实机构。

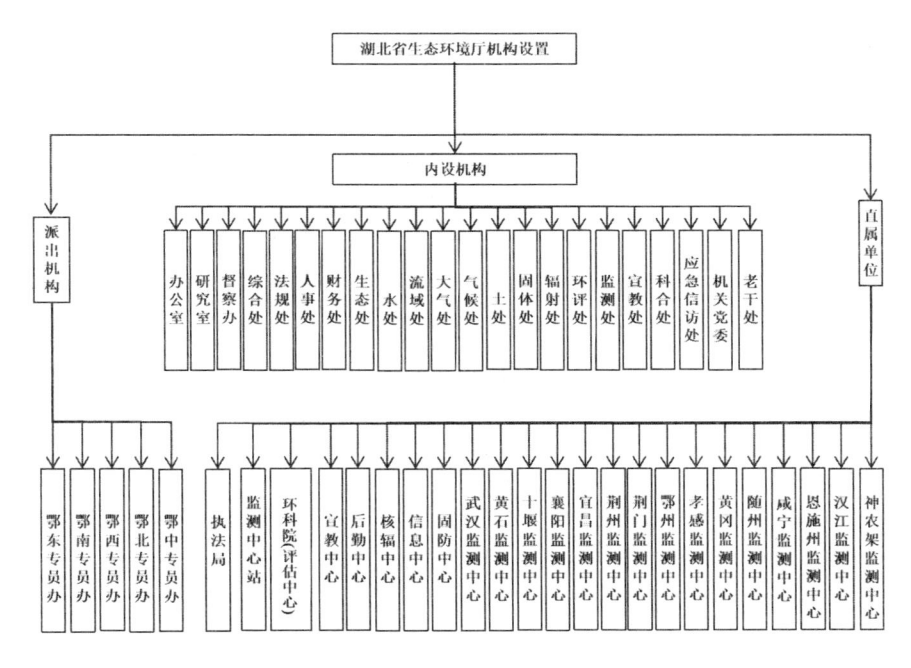

图3-4 湖北省生态环境厅机构设置

资料来源：湖北省生态环境厅官网。

2. 以自然资源部门为主导，生态环境、水利、住建、发改委等多部门协同治理的自然资源管理体制

湖北省的自然资源管理部门包括自然资源厅、生态环境厅、水利厅、林业局、住建厅等，共同构成了湖北省自然资源管理的主体框架。近年来湖北省各厅局积极推进自然资源协同治理和绿色发展，并进一步明确、落实各部门推进绿色发展工作职责，构建内容完善、边界清晰的自然资源管理责任体系，完善

国土空间治理体系。

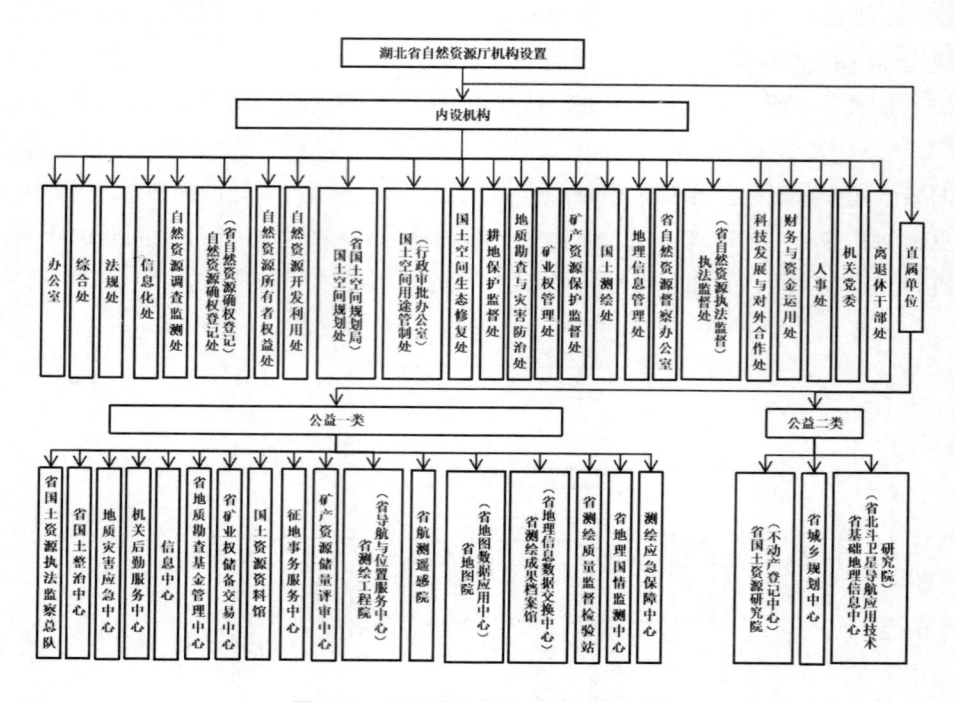

图 3-5 湖北省自然资源厅机构设置

资料来源：湖北省自然资源厅官网。

如图3-5所示，湖北省自然资源厅内设机构包括办公室、综合处等24个机构，协同其各直属单位（包括17个公益一类单位和3个公益二类单位）共同构成了湖北省自然资源厅的职能机构。其中自然资源开发利用处、国土空间规划处、耕地保护监督处、矿业权管理处等机构，负责国土空间、耕地、矿业权等各项自然资源的统筹协调和监督管理，是湖北省自然资源要素保障的重要执行机构。

四、以武汉市和武汉城市圈为主导的优化全省绿色发展布局区域引领架构

武汉是湖北省经济社会建设的中心，宜昌、襄阳是湖北省经济社会发展的重点城市。这些中心城市和重点城市在取得集聚发展和工业化、城镇化成就的同时，探索如何进一步提高经济发展质量和建设宜居环境，已成为其广泛参与国内城市竞争和分工、带动湖北省完成社会主义现代化建设的关键内容。

1. 武汉引领并形成绿色发展新格局

长期以来，武汉市委、市政府坚持绿色富市、绿色惠民，把生态文明建设作为贯彻落实高质量发展的重要抓手，引领并形成生态保护和修复一体化、生态环境治理体系和治理能力现代化的绿色发展新格局。武汉发挥中心城市的辐射带头作用，积极建设低碳城市，切实加强水污染防治工作，加快推进城市绿色低碳发展和城市建设绿色发展。2020年，武汉国考断面水质优良率达90.9%，空气质量优良率达84.4%，完成65个黑臭水体整治工程，河湖水质、空气质量持续改善。

2. 宜昌着力建设全方位区域经济社会绿色发展格局

宜昌贯彻习近平总书记长江经济带发展座谈会精神，发挥示范引领作用，积极打造长江经济带绿色发展示范城市。宜昌统筹协调、扎实推进宜昌长江大保护十大标志性战役，发挥区域中心城市的带动作用，保障区域经济社会绿色发展的全方面、可持续。2020年宜昌基本完成沿江化工企业"关改搬转"任务和长江干支流岸线复绿，实现城区环境空气质量优良天数达308天，国考、省考断面水质优良率稳定达到100%，森林覆盖率达到66%，绿色发展指数居全省首位。[①]

3. 襄阳着力打造长江经济带重要绿色增长极

襄阳围绕建设"长江经济带重要绿色增长极"的目标定位，着力探索"以减促增、以质取胜"的绿色发展、高质量发展新路。襄阳创建国土资源节约集约示范市，积极推进绿色襄阳示范区建设，着力打造长江经济带重要绿色增长极。2020年襄阳在全省率先实施深化排污权交易改革，沿江化工企业关改搬转积累大量经验，汉江襄阳段全水域实现禁捕退捕，空气质量优良天数达到274天，地表水国考断面水质优良率达100%。

---

① 张家胜. 政府工作报告——2021年1月14日在宜昌市第六届人民代表大会第六次会议上[J]. 宜昌市人民政府公报，2021（01）：2-14.

武汉市	《武汉市低碳城市试点工作实施方案》（武政〔2013〕81号）	提出八大主要任务和十大重点行动，打造低碳发展的武汉模式
	《武汉市水污染防治行动计划工作方案（2016年—2020年）》（武政〔2016〕28号）	针对武汉市水污染防治提出切实加强水环境管理、强化城镇生活污染治理等十项主要任务
	《武汉市碳排放达峰行动计划（2017年—2022年）》（武政〔2017〕36号）	针对加快推进城市绿色低碳发展，提出了实施低碳工程等八大主要任务
	《武汉市城市建设绿色发展实施方案（2018年—2020年）》（武政〔2018〕53号）	提出统筹推进城市水环境治理、着力加强废弃物处置处理等十大城市建设绿色发展任务
	《武汉市推动降碳及发展低碳产业工作方案》（武政办〔2021〕95号）	提出推动重点领域、重点行业率先实现"3060"目标；探索建立武汉市碳普惠机制，形成"碳中和"名片；构建绿色金融多层次多元化支持体系
	《市人民政府关于印发武汉市生态环境保护"十四五"规划的通知》（武政〔2022〕1号）	提出创新驱动绿色发展，建设绿色技术创新体系；发挥"一主引领"作用，推动区域绿色低碳发展，共筑区域生态安全格局
	《武汉长江高水平保护十大攻坚提升行动实施方案》（武政〔2022〕67号）	为巩固提升长江大保护十大标志性战役成果，提出了六大污染治理攻坚提升行动、四大生态保护修复攻坚提升行动
宜昌市	《宜昌长江大保护十大标志性战役相关工作方案》（宜府发〔2018〕17号）	坚持以长江经济带"生态优先、绿色发展"为引领，严格按照省、市工作任务清单统筹协调，扎实推进宜昌市长江大保护十大标志性战役
	《宜昌长江经济带绿色发展十大战略性举措分工方案》（宜府发〔2018〕22号）	提出加强组织领导、细化分工方案，压实工作责任、强化检查督办，实施宜昌长江经济带绿色发展十大战略性举措
	《宜昌城区城市建设绿色发展三年行动方案》（宜府发〔2018〕20号）	提出统筹推进城区水环境改善、不断提升园林绿地建设水平等七大重点任务，统筹推进城市建设绿色发展
	《长江宜昌段共抓大保护实施意见》宜办发〔2019〕20号	提出构建长江大保护综合信息平台、创新执法监管方式等二十四项主要任务，到2020年底，"共商、共管、共治、共建、共享、共赢"的长江大保护长效机制基本建立，长江宜昌段突出生态环境问题治理成果得到巩固，生态环境质量持续改善
	《市人民政府关于印发宜昌市生态环境保护"十四五"规划的通知》宜府发〔2021〕13号	提出将结构调整摆到更加突出的位置，着力构建绿色循环低碳的产业体系，形成节约资源和保护环境的空间格局、产业结构、生产方式和生活方式，推进减污降碳协同增效，打造"宜荆荆恩"城市群绿色发展引擎，促进"宜荆荆恩"城市群绿色低碳发展水平整体提升，筑牢"两脉青山、一江五水"生态安全格局
襄阳市	《襄阳市国土资源节约集约示范市创建工作实施方案》（襄政发〔2017〕14号）	通过襄阳市国土资源节约集约示范市创建活动，促进经济发展方式转变和产业结构转型升级，走出一条耕地保护严、建设用地少、用地效率高、生态环境好的科学发展道路
	《中共襄阳市委关于深入学习贯彻落实党的十九大精神打造长江经济带重要绿色增长极的决定》（中共襄阳市委十三届五次全体<扩大>会议审议通过）	加快建设长江经济带重要绿色增长极，切实担当好省域副中心城市和汉江流域中心城市的重大政治责任、光荣时代使命，真正让"一极两中心"成为引领汉江生态经济带转型跨越的"火车头"、湖北长江经济带绿色发展的排头兵
	《襄阳市生态环境保护"十四五"规划》（襄政发〔2021〕17号）	加快打造汉江生态经济带重要绿色增长极；着力实现"一降、一减、两改善、三创建、四提升"的目标，共建"襄十随神"绿色城市群

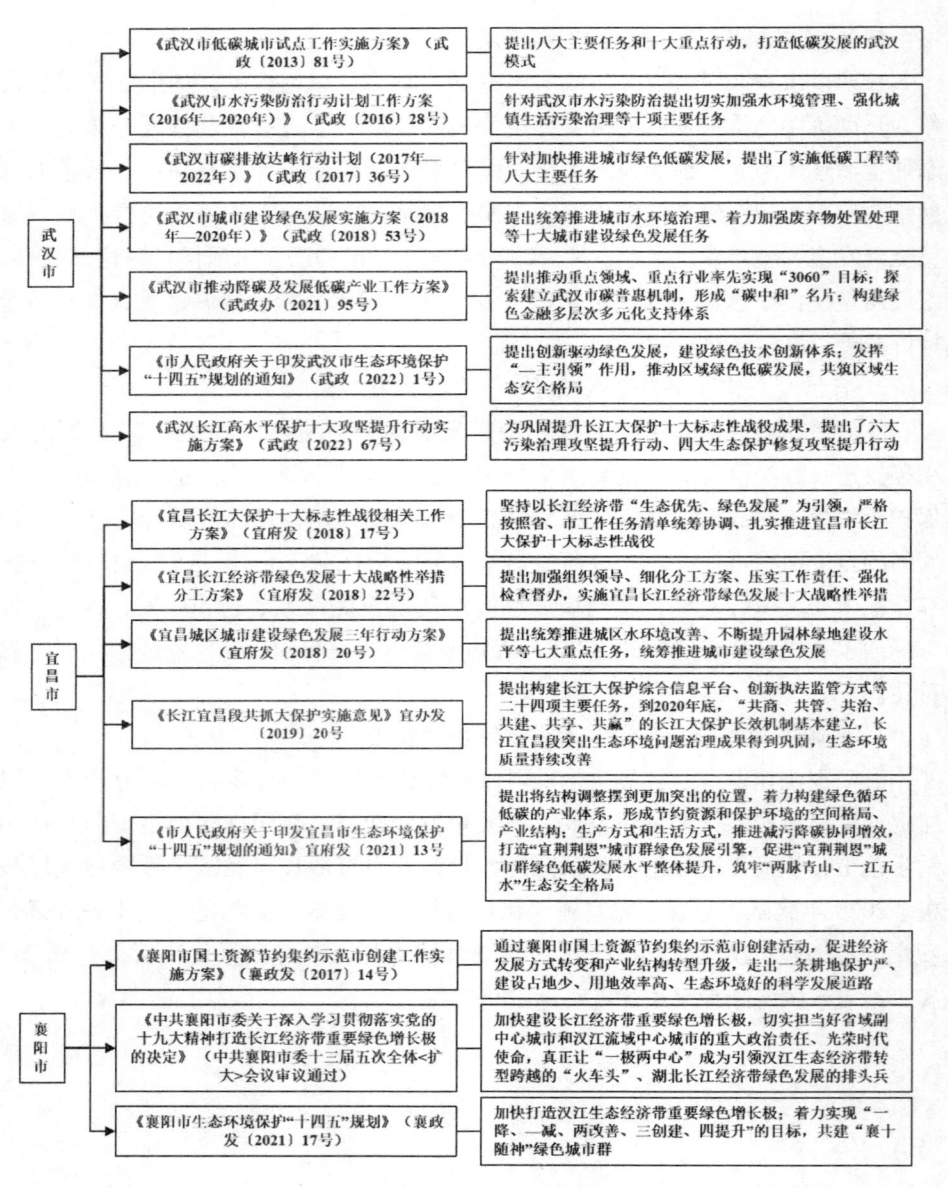

图 3-6　武汉、宜昌、襄阳引领湖北省绿色发展的格局体系探索

资料来源：各市人民政府等发布的文件整理所得。

五、各市县因地制宜优化绿色发展布局，推进绿色发展的全域协同架构

近年来，湖北省强化县（市、区）的主体地位，积极践行县域合作，统筹省市县三级联动，加强跨省区域合作，积极探索合作共享的绿色发展新模式，

推进市县绿色发展迈上新台阶。

1. 践行县域合作，打造生态绿色发展区

2018年5月，中共宜昌市委六届七次全体（扩大）会议提出，实施"双核驱动、多点支撑、协同发展"战略；远安、兴山、秭归、长阳、五峰"山区五县"因地制宜、突出特色，构建现代生态经济体系。① 2018年10月，湖北长江三峡地区山水林田湖草生态保护修复工程获批成为第三批国家生态修复重大工程试点，全省已有85个县区初步建立流域上下游横向生态保护补偿机制，共同推进长江生态保护。2018年11月，襄阳在市内流域上下游所涉及枣阳、宜城、南漳、老河口、襄州、樊城、高新等7个县市区，探索实施自主协商与上下游建立横向生态保护补偿机制，签订流域横向生态补偿协议。2019年6月，襄阳的宜城、鱼梁洲、东津等8个县市区成立了"水上绿色警务室"，公共维护水上治安秩序，保护汉江水环境。

2. 统筹省市县三级联动，贯彻绿色发展方针政策

2020年8月，湖北出台《跨界河湖"四联"（联席联巡联防联控）机制》，通过顶层制度设计，强化跨界河湖管理保护，实行流域统筹、团结治水护水。2020年9月，湖北省人民政府印发《湖北省"擦亮小城镇"建设美丽城镇三年行动实施方案（2020—2022年）》（鄂政办发〔2020〕54号），强调以市（州）统筹、县（市、区）为主体，从规划、公共环境、公共服务、基础设施、城镇风貌、产业发展和治理水平等七个方面入手，组织推进擦亮小城镇行动，打造美丽城镇。2021年1月，湖北省推动长江经济带发展和生态保护领导小组召开会议，明确指出各市县要落实主体责任，强化协同联动，形成工作合力；要健全完善共抓大保护长效机制，以河湖长制、协作治理为抓手，强化生态环保硬约束。

3. 加强跨省区域合作，促进绿色发展迈上新台阶

2010年4月，湖北襄阳、河南南阳唐白河流域水质监管联防联控机制正式启动，建立联防联控及定期交流机制；2016年6月，湖北咸宁加强与江西九江、湖南岳阳协作，推动通城与江西修水、湖南平江共建"通修平"次区域合作示范区，把黄龙山列入"禁止开发区域"，实施长江中游"最严"生态保护；2020年7月，湖北十堰郧阳区、陕西商南县、河南淅川县丹江流域联席会议在郧阳区召开，三县区共同签署协同治理管护工作方案，建立丹江流域联席会议机制；2020年10月，恩施州咸丰县、重庆市黔江区两地共同召开武陵山区、唐崖河阿

---

① 佚名.双核驱动多点支撑协同发展——宜昌以更大力度更实举措推进区域协同发展[N].湖北日报，2019-08-26（006）.

蓬江流域跨区域生态环境保护协作经验交流会，着力解决跨区域办案瓶颈，依法严厉打击该河段生态环境污染、非法捕捞等问题，共筑长江上游生态环境保护司法屏障。

第二节 湖北省以"一主引领、两翼驱动、全域协同"布局绿色发展的任务和原则

"十四五"时期，湖北省以"一主两翼、全域协同"布局绿色发展，需要全域协同完成"十四五"绿色发展的各项任务，将绿色发展参与湖北省"一主引领、两翼驱动、全域协同"发展布局调控，并遵循循序渐进、协调均衡发展、共享共建发展的原则，实现新阶段高质量建成湖北省绿色发展格局。

一、全域协同完成"十四五"绿色发展的各项任务

《湖北省国民经济和社会发展第十四个五年规划和二〇三五年远景目标纲要》指明，"十四五"时期湖北省要落实"坚持生态优先、绿色发展，建设美丽湖北"的任务，主要表现在"深入推进长江大保护""全面提升生态环境治理水平""大力推进绿色低碳发展"三个方面，其具体内容见图3-7。

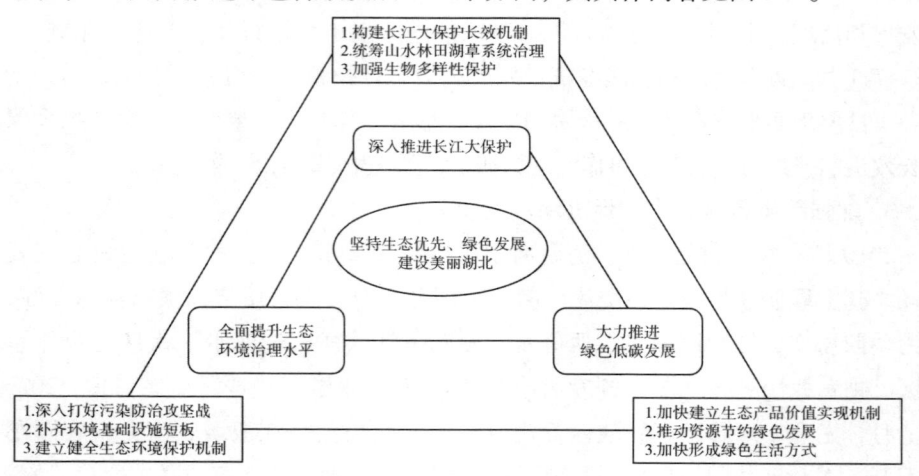

图3-7 "十四五"时期湖北省"坚持生态优先、绿色发展，建设美丽湖北"的任务一览图

资料来源：摘录自《湖北省国民经济和社会发展第十四个五年规划和二〇三五年远景目标纲要》。

"坚持生态优先、绿色发展,建设美丽湖北"这一重大任务的提出深入贯彻习近平生态文明思想,完整准确全面贯彻新发展理念,以生态优先、绿色发展为导向,更加注重生态修复、环境保护、绿色发展之间的系统性、整体性和协同性,因此需要全域协同以完成"十四五"绿色发展的各项任务。

二、绿色发展参与湖北省"一主引领、两翼驱动、全域协同"发展布局调控

"绿色发展"是生态文明建设的核心理念,而绿色发展参与湖北省"一主引领、两翼驱动、全域协同"发展布局调控则是"绿色发展"在区域协调发展中的生动具体实践,也是湖北省推进"一主引领、两翼驱动、全域协同"发展布局的立足点和发展方向。以"一主引领、两翼驱动、全域协同"布局绿色发展是湖北省经济社会高质量发展的大趋势,有利于解决区域环境污染负外部性问题。

1. "绿色发展"是"五位一体"的总体布局中生态文明建设的核心理念

党的十九大明确以"五位一体"的总体布局推进中国特色社会主义事业,从经济、政治、文化、社会、生态文明五个方面,制定了新时代统筹推进"五位一体"总体布局的战略目标。统筹推进新时代"五位一体"总体布局,在生态文明建设方面,坚持人与自然和谐共生,形成节约资源和保护环境的空间格局、产业结构、生产方式、生活方式,还自然以宁静、和谐、美丽。[①] 2018年5月,习近平总书记在全国生态环境保护大会上明确提出"到本世纪中叶,物质文明、政治文明、精神文明、社会文明、生态文明全面提升,绿色发展方式和生活方式全面形成,人与自然和谐共生,生态环境领域国家治理体系和治理能力现代化全面实现,建成美丽中国"[②]。绿色发展作为化解自然环境约束、破解经济转型难题、支撑和实现全球可持续发展目标的关键,正逐渐成为中国生态文明建设、美丽中国建设和全球经济转型与重构的重要指导理念。[③]

---

① 人民日报评论员:统筹推进新时代"五位一体"总体布局——六论学习贯彻党的十九大精神 [EB/OL]. (2017-11-02) http://www.gov.cn/zhuanti/2017-11/02/content_5236665.htm.
② 习近平. 推动我国生态文明建设迈上新台阶 [J]. 奋斗, 2019 (03): 1-16.
③ 周亮, 车磊, 周成虎. 中国城市绿色发展效率时空演变特征及影响因素 [J]. 地理学报, 2019, 74 (10): 2027-2044.

2. 以"一主引领、两翼驱动、全域协同"布局绿色发展是湖北省经济社会高质量发展的大趋势

进入城镇化发展中后期阶段，较长时间以来，伴随着全省经济和人口的大规模增长，湖北省长期以来粗放式发展积累形成的以重化工为主的产业结构、以煤为主的能源结构，以及重化工产业的工业排污量巨大、农业面源污染构成复杂、生活污水排放不规范，造成了雾霾蔽天、各种污染物超标等环境污染现象。尽管湖北近年来开展"蓝天保卫战""碧水保卫战"取得了一定成效，但环境污染防治问题仍是实现高质量绿色发展的短板，全域推进湖北省大气、水及土壤环境污染跨区域联防联控联治迫在眉睫。

进入 21 世纪以来，湖北省在环境污染、交通、能源资源、城市建设等方面研究制定了一系列绿色发展的工作方案和规划措施，将绿色发展参与到经济社会发展的全过程，逐渐探索出了绿色发展参与湖北省"一主引领、两翼驱动、全域协同"发展布局调控的发展路径：湖北省制定低碳发展总体规划，协调推进各领域绿色低碳发展；积极推进节能减排，积极探索近零碳排放发展模式；加快推进交通运输绿色循环低碳发展，转变交通运输行业发展方式；深入推进能源领域供给侧结构性改革，实施能源提升工程；深入推进湖北生态省建设，促进生态空间合理布局；推进水生态资源协同治理，打造湖北"千湖之省"生态品牌；加强生活垃圾和城市污水处理，推进城市建设绿色发展……在湖北省政府的精心部署、强力推动和各地市州人民政府的上下联动、积极配合下，湖北省把绿色发展作为推进生态文明的有力抓手和突破口，全面融入"一主引领、两翼驱动、全域协同"区域发展布局形成中。

三、全域推进、多级发力原则

绿色是生命的颜色，更是当代中国发展最鲜明的底色。随着经济社会的发展和资源环境的演变，绿色发展的内容和要求在各个时期有着不同的侧重点和内涵。党的十八大将"生态文明建设"纳入"五位一体"总体布局，党的十九大指出我国已进入高质量发展阶段。进入新发展阶段，绿色发展成为我国生态文明建设的治本之策和高质量发展的鲜明底色，需持续遵循全域推进、多级发力的原则推进绿色发展布局，实现高质量发展。

1. 绿色发展的内容和要求随着经济社会的发展而逐渐深入

生态文明建设是中国特色社会主义事业的重要内容，关系人民福祉，关乎

民族未来，事关"两个一百年"奋斗目标和中华民族伟大复兴中国梦的实现。[1] 加快推进生态文明建设，要遵循"坚持把重点突破和整体推进作为工作方式"的基本原则，既立足当前，又着眼长远，持之以恒全面推进生态文明建设。[2] 绿色发展的理念一以贯之，但是绿色发展的内容和要求也随着经济社会发展阶段的跃迁而有所不同。进入新发展阶段，作为"五位一体"的总体布局中生态文明建设的核心理念，绿色发展在我国现代化建设全局中的战略地位再次被强调。《中华人民共和国国民经济和社会发展第十四个五年规划和二〇三五年远景目标纲要》提出"到2025年，生态文明建设实现新进步，生态环境持续改善；到2035年，生态环境根本好转，美丽中国建设目标基本实现"[3]。这表明了绿色发展的内容和要求随着我国经济社会的发展而逐渐深入，随着生态文明水平的提高和美丽中国建设进程的加快而被赋予新的时代内涵。

2. 绿色发展布局遵循经济社会发展规律和资源环境演变规律分步实施

推动高质量发展的内涵是切实提升发展质量、效率和动力，努力实现质量变革、效率变革、动力变革[4]，这是"十四五"时期实现高质量发展的内在要求。"十四五"时期我国要把生产方式生活方式绿色化这项工作推向一个大的台阶，实现经济社会全面绿色转型。这一阶段的绿色发展要遵循经济社会发展规律、资源环境演变规律和高质量发展要求，区域协同发展是现代经济发展的必然趋势，依托城市尤其是依托中心城市和城市群的引领、辐射、带动，这是推动区域协同发展的普遍规律。[5]

湖北省现如今正全域推进布局绿色发展，尤其是党的十八大以来，在习近平生态文明思想的指引下，在"十二五"至"十三五"期间湖北省大力推进美丽湖北建设，生态环境加快改善，长江大保护"双十工程"和"四个三"重大生态工程扎实推进，污染防治攻坚战取得明显成效。在"十四五"新时期湖北省"一主引领、两翼驱动、全域协同"发展布局下，推进绿色发展更需要通过多方合作，从生态保护和绿色发展方面更好促进形成"强核、壮圈、带群、兴

---

[1] 习近平. 推动我国生态文明建设迈上新台阶［J］. 奋斗，2019（03）：1-16.
[2] 中共中央国务院关于加快推进生态文明建设的意见［EB/OL］.（2015-05-05）http://www.gov.cn/xinwen/2015-05/05/content_ 2857363.htm.
[3] 中华人民共和国国民经济和社会发展第十四个五年规划和2035年远景目标纲要［EB/OL］.（2021-03-13）http://www.gov.cn/xinwen/2021-03/13/content_ 5592681.htm.
[4] 习近平. 推动我国生态文明建设迈上新台阶［J］. 奋斗，2019（03）：1-16.
[5] 佚名. 深刻把握区域发展的本质和重要特征［N］. 湖北日报，2022-02-09.

县"多点支撑、多极发力的区域发展格局①。以将"十四五"时期绿色发展主要目标和2035年远景目标细化到各年政府工作目标,充分发挥各部门职责,建立绿色发展协调机制。湖北省要落实"十四五"时期全国经济社会发展主要指标中"绿色生态"部分的指标(见表3-1),把约束性指标作为考核的重点,各项指标落实情况不能低于全国数值(见表3-2)。

湖北省各地市州要落实"十四五"时期全国及湖北省经济社会发展主要指标中"绿色生态"部分的指标,把约束性指标作为考核的重点,各项指标落实情况不能低于湖北省数值(见表3-2、表3-3)。

表3-1 "十四五"时期全国绿色生态主要指标表

	指标	2020年	2025年	年均增速[累计]	属性
主要指标	1. 单位GDP能耗降低(%)	—	—	[13.5]	约束性
	2. 单位GDP二氧化碳排放降低(%)	—	—	[18]	约束性
	3. 地级及以上城市空气质量优良天数比率(%)	87	87.5	—	约束性
	4. 地表水达到或好于Ⅲ类水体比例(%)	83.4	85	—	约束性
	5. 森林覆盖率(%)	23.04	24.1	—	约束性
篇章内完成指标	1. 非化石能源占能源消费总量比重(%)	15	(20)	—	约束性
	2. 湿地保护率(%)	50以上	55	—	约束性
	3. 地级及以上城市PM2.5浓度下降(%)	—	—	[10]	约束性
	4. 氮氧化物排放总量下降(%)	—	10以上		预期性
	5. 挥发性有机物排放总量下降(%)	—	10以上		预期性
	6. 化学需氧量下降(%)	—	—	[8]	约束性
	7. 氨氮排放总量下降(%)	—	—	[8]	约束性

---

① 佚名. 加快形成"强核、壮圈、带群、兴县"多点支撑、多极发力格局——二论纵深推进区域发展布局[N]. 湖北日报,2022-02-10.

续表

	指标	2020年	2025年	年均增速[累计]	属性
篇章内完成指标	8. 城市污泥无害化处置率（%）	67	90	—	约束性
	9. 地级及以上缺水城市污水资源化利用率（%）	20	25	—	预期性
	10. 单位GDP用水量下降（%）	28	—	（［16］）	约束性
	11. 劣Ⅴ类国控断面和城市黑臭水体	—	基本消除	—	约束性

注：①本表摘自《中华人民共和国国民经济和社会发展第十四个五年规划和2035年远景目标纲要》专栏一"'十四五'时期经济社会发展主要指标"以及篇章内相关指标内容、《"十四五"节能减排综合工作方案》和。②（）表示为某数值左右。③2020年地级及以上城市空气质量优良天数比率和地表水达到或好于Ⅲ类水体比例指标值受新冠肺炎疫情等因素影响，明显高于正常年份。

表3-2 "十四五"时期湖北省及各地市州绿色生态主要指标表

指标	地区	2020年	2025年	年均增速［累计］	属性
1. 单位GDP能耗降低（%）	湖北	—	—	控制在国家下达指标内	约束性
	武汉	—	—	完成省下达目标	
	黄冈	难以完成省定目标	—	完成省下达目标	
	黄石	—	—	控制在省下达指标内	
	荆门	—	—	控制在省下达指标内	
	荆州	—	—	控制在省下达指标内	

续表

指标	地区	2020年	2025年	年均增速[累计]	属性
2. 单位GDP二氧化碳排放降低（%）	湖北	—	—	控制在国家下达指标内	约束性
	武汉	—	—	完成省下达目标	
	黄冈	完成省定目标	—	完成省定目标	
	黄石	—	—	控制在省下达指标内	
	荆门	—	—	控制在省下达指标内	
	荆州	—	—	完成省定目标	
3. 地级及以上城市空气质量优良天数比率（%）	湖北	达标	控制在国家下达指标内	—	约束性
	武汉	84.4	完成省下达目标	—	
	黄冈	88.5	83以上	—	
	黄石	89.9	完成省定目标	—	
	荆门	80.3	—	控制在省下达指标内	
	荆州	85.7	91.67	—	
4. 地表水达到或好于Ⅲ类水体比例（%）	湖北	达标	控制在国家下达指标内	—	约束性
	武汉	90.9	完成省定目标	—	
	黄冈	100	100	—	
	黄石	100	100	—	
	荆门	88.9	—	控制在省下达指标内	
	荆州	82	85	—	

续表

指标	地区	2020年	2025年	年均增速[累计]	属性
5. 森林覆盖率（%）	湖北	42	42.5	—	约束性
	武汉	14.5	>14.5	—	
	黄冈	43.9	43.89	—	
	黄石	36.68	37.18	[0.5]	
	荆门	31.75	32.05	[0.3]	
	荆州	11.25	11.35	—	
	襄阳	45.4	48	—	

注：本表摘自《湖北省国民经济和社会发展第十四个五年规划和二〇三五年远景目标纲要》、湖北省各地市州已发布的"第十四个五年规划和二〇三五年远景目标纲要"相关指标内容。

表3-3 "十四五"时期湖北省各地市州绿色生态相关指标表

指标	地区	2020年	2025年	年均增速[累计]	属性
1. 城镇生活污水集中处理率（%）	武汉	97	95	—	约束性
	黄冈	—	95	—	
2. 城区生活垃圾无害化处理率（%）	武汉	100	100	—	约束性
	黄石	100	100	—	
	襄阳	100	100	—	
3. 农村生活垃圾无害化处理率（%）	武汉	—	95	—	约束性
	黄石	90	95	—	
	荆州	80	90	—	
	襄阳	90	98.5	—	
4. 非化石能源消费占一次能源比（%）	黄石	15.6	18	—	约束性
	襄阳	13.7	16	—	
5. 单位工业增加值能耗降低（%）	武汉	22.27	—	[3]	约束性
6. 城市自来水出厂水质合格率（%）	武汉	—	99	—	约束性
7. 生活垃圾分类覆盖率（%）	武汉	—	97	—	约束性

续表

指标	地区	2020年	2025年	年均增速[累计]	属性
8. 日生活垃圾无害化处理能力（万吨）	武汉	——	2	——	约束性
9. 建筑垃圾集中消纳和资源化利用率（%）		——	70	——	约束性
10. 达到海绵城市目标要求的建成区面积比例（%）		——	50	——	约束性
11. 城市黑臭水体	黄冈	—	基本消除	—	约束性
12. 万元GDP用水量下降（%）		[38]	——	[15]	约束性
13. 万元工业增加值用水量下降（%）		[33]	——	[15]	约束性
14. 天然气在一次能源消费中占比（%）		——	6.7	——	约束性
15. 清洁能源消费量占能源消费总量比重（%）		——	21.1	——	约束性
16. 城市生活污水集中收集率（%）	黄石	36.24	70	——	约束性
17. 公交出行分担率（%）		——	36	——	约束性
18. 水功能区水质达标率（%）		——	95	——	约束性
19. 长江干流国控断面、长江跨界断面水质达到或好于Ⅲ类的比例（%）		100	100	——	约束性
20. 省考核断面水质达标率（%）		100	100	——	约束性
21. 集中式饮用水源水质达标率（%）		100	100	——	约束性
22. 城市再生水利用率（%）	荆门	——	25	——	约束性

续表

指标	地区	2020年	2025年	年均增速[累计]	属性
23. 工业资源综合利用率（%）	襄阳	——	85	——	约束性
24. 中心城区污水处理率（%）		——	96	——	约束性
25. 县城污水处理率（%）		——	>96	——	约束性
26. 森林蓄积量（万立方米）		4941	5600	——	约束性
27. 重污染天气比率（%）		0.68	≤1.5	——	约束性

注：本表摘自湖北省各地市州已发布的"第十四个五年规划和二〇三五年远景目标纲要"相关指标内容。

四、协调均衡发展原则

资源环境承载力已成为衡量国家或地区人地关系协调发展程度的重要判据和衡量绿色发展水平的重要前提。[1] 布局区域绿色发展需要遵循协调均衡发展原则，在协调经济社会与资源环境承载力的基础上，统筹实现区域经济和社会的协调均衡发展。

1. 协调经济布局与资源环境承载力

当前湖北省经济发展迈入新常态，经济发展正处于由高速增长向高质量发展的转型期。然而湖北省经济发展在地区间的不平衡问题依然突出，具体表现为在经济高速发展阶段，部分重化工产业集中分布地区以牺牲资源环境为代价大力发展重污染行业，率先取得了经济指标上的领先。这种由经济布局带来的经济发展的区域差异也导致了资源环境问题在区域之间的不同体现。在重化工产业分布较为密集的武汉城市圈核心区域以及其他城市圈的中心城市，由工业污染物大规模排放带来的地表水环境质量、饮用水源地水质、环境空气质量下降，进而严重阻碍了区域经济的均衡协调发展。随着突出的资源环境污染问题成为制约湖北省均衡协调发展的瓶颈，"十四五"时期湖北省以"一主两翼、全域协同"布局绿色发展成为推动湖北省均衡协调发展的必由之路。

2. 协调社会要素与资源环境承载力

在湖北省经济发展取得巨大成就的同时，其社会发展不断取得新进展，具体表现为湖北省整体处于城镇化后期阶段，城乡人口不断向大中型城市聚集，

---

[1] 封志明，杨艳昭，闫慧敏，等. 百年来的资源环境承载力研究：从理论到实践 [J]. 资源科学，2017，39（03）：379-395.

大中型城市个数不断增加；整体建成小康社会，城乡居民人均可支配收入及消费水平持续增长，人居环境和生活质量得到了显著的改善和提高。随着人口不断向大中型城市集聚，劳动、资本等生产要素不断涌入区域中心城市武汉、宜昌、襄阳，医疗、教育、交通等公共服务也在中心城市集中布局，在直接促进区域经济社会发展的同时，也对要素富集区的资源环境承载力带来严峻挑战。中心城市相对匮乏的人均资源持有量与日益增长的物质文化需求的不平衡、不协调，加剧了区域社会发展的矛盾和区域间社会发展的差异。以"一主两翼、全域协同"布局绿色发展，准确衡量区域的资源环境承载力，才能对国土空间做出以承载力为约束的科学规划，才能在节约资源、保护环境的基础上，引导社会经济活动的科学发展，实现区域的可持续发展。[1]

3. 统筹实现区域经济和社会的协调均衡发展

进入21世纪以来，一系列区域协调发展战略相继实施，在此过程中，中国区域经济空间格局经历了从非均衡发展向协调均衡发展的转变。坚持区域经济协调发展，逐步缩小地区发展差距成为我国区域经济发展的重要目标。[2] 区域协调发展不仅包括缩小区域间经济发展差距，还包括区域之间按比较优势形成分工协作格局、生产要素跨区域自由有序流动与市场一体化，以及人与自然跨区域和谐共生、生态环境跨区联合防治等。湖北省作为我国中部大省，武汉是全省的增长极和中心城市，宜昌、襄阳是区域的增长极和中心城市，区域经济活动处在由"点—轴系统"集聚发展向多中心、网络化集聚发展转变阶段，区域空间结构形成了多中心、网络化集聚的空间发展模式，即"一主引领、两翼驱动、全域协同"的区域发展布局。在这一区域发展布局下，推进区域协调均衡发展，需要统筹实现区域经济和社会的协调均衡发展。

五、共享共建发展原则

1. 湖北省实现绿色发展需要推进城市群共建共享

湖北省构建"一主引领、两翼驱动、全域协同"区域发展布局，其重要内容是"推进城市群基础设施互联互通、产业发展互促互补、生态环境共保联治、公共服务共建共享、开放合作携手共赢，加快一体化发展"。湖北省推进城市群

---

[1] 廖慧璇，籍永丽，彭少麟. 资源环境承载力与区域可持续发展［J］. 生态环境学报，2016，25（07）：1253-1258.

[2] 肖金成，安树伟. 从区域非均衡发展到区域协调发展——中国区域发展40年［J］. 区域经济评论，2019（01）：13-24.

共建绿色发展模式、共享绿色发展成果,是在"一主两翼、全域协同"区域发展布局下实现绿色发展的重要原则。共建共享原则要求明晰各地区、各部门权责,充分调动各方的积极性、主动性;建立健全国家相关部委、地方人民政府等各利益相关方的参与合作机制;加强监测监管执法协同,实现信息共享。提高资金使用效率,加强生态环境保护和管理等。

2. 推进城市群共建共享的具体路径

形成城市群高质量绿色发展格局,需要立足于不断完善的城镇网络、产业网络、交通网络、生态网络和文化网络,发挥中心城市辐射带动作用,以优化城市分工和创新驱动发展为重点,以整合人流、物流、资金流、信息流和资源环境要素空间规划为主线,通过基础设施相连相通、产业发展互补互促、资源要素对接对流、公共服务共建共享、生态环境联防联控和应急机制建设等措施,协同实施产业接替、产业布局和人口城镇化策略,促进和形成区域绿色发展空间格局。我国各大城市群均将共享共建发展原则作为城市群绿色发展的基本路径,以城市群为主体构建大中小和小城镇协调发展的城镇格局,构筑基础设施相连相通、产业发展互补互促、资源要素对接对流、公共服务共建共享、生态环境联防联控的城市群绿色发展。

第四章

以城市群为主体承载形态优化湖北省低碳控碳布局及其协调发展研究

21世纪以来，湖北省协调经济社会发展与低碳控碳发展稳步推进，能源消费总量和强度"双控"取得显著成效、能源利用低碳化水平显著提高、产业结构低碳化持续升级。"十四五"时期，湖北省进入低碳控碳，促进经济低碳化更高质量、更有效率、更加公平、更可持续、更为安全的关键时期。这一时期，湖北省在调控能源消费总量和强度、加强能源低碳化利用、优化产业结构低碳化发展方面将赋予更多内容。本章将介绍进入21世纪以来湖北省降碳控碳的主要方面及成就，刻画湖北省以城市群为主体承载形态的低碳控碳发展布局及其区域差异，对接"十四五"我国及湖北省的低碳控碳建设的各项目标，分析湖北省低碳控碳发展的主要内容，按照湖北省着力构建"一主引领、两翼驱动、全域协同"发展布局，加快形成"强核、壮圈、带群、兴县"多点支撑、多极发力格局的要求，提出优化湖北省"十四五"及"展望2035年"低碳控碳布局、协调低碳发展的政策建议。

第一节 湖北省低碳控碳的主要方面及成就

2020年9月，习近平总书记在第七十五届联合国大会一般性辩论上向国际社会作出"中国将力争于2030年前达到二氧化碳排放峰值，努力争取2060年前实现碳中和"的郑重承诺[①]。随后，做好碳达峰、碳中和工作被纳入"十四五"规划建议，成为我国推进生态文明建设、践行绿色发展理念的核心内容和内在要求。

在全球应对气候变化形势下，节约能源，提高能源利用效率，发展新能源和可再生能源，优化能源结构，实现产业结构升级，已被广泛认为是低碳控碳

---

① 薛军，莫昌伟. 王建军信长星与王祥喜座谈[N]. 青海日报，2021-02-24（001）.

的主要途径。① 自进入 21 世纪以来，湖北省经济社会发展取得巨大成就的同时，更加注重通过能源的高效率、清洁化利用和产业结构转型，减少碳排放对生态环境的影响。为降低碳排放对生态环境的影响，实现可持续的经济增长，湖北省采取了一系列的低碳发展方式，实现了减碳降碳的发展路径。本节将从能源消费总量和强度的"双控"、能源消费结构的低碳化、产业结构的高端化三个方面阐述湖北省低碳控碳实现的成就。

一、能源消费总量和强度的双控取得成就

在当前快速工业化的发展阶段，面临严重的资源紧缺和环境污染问题，推进能源生产和消费革命，促进经济发展方式向绿色低碳转变，既是我国可持续发展的内在需求，也是应对全球气候变化的战略选择。② 21 世纪以来，湖北省能源消耗总量和工业企业能源消费量整体翻番，但与此同时能源消费量增幅呈减缓趋势，单位 GDP 能耗均有所下降，能源利用效率逐步提升，在能源利用层面呈现出绿色低碳发展的趋势。

1. 规模以上工业企业能源消费量增幅下降，且低于规模以上工业增加值增幅

如图 4-1 所示，2000 年至 2019 年间，湖北省规模以上工业企业能源消费量逐年增高，2000 年湖北省规模以上工业企业能源消费量为 5023.67 万吨标准煤，至 2019 年湖北省规模以上工业企业能源消费量增至 15019.74 万吨标准煤，增长至 2000 年的近 3 倍，年均增幅为 5.93%，远低于湖北省规模以上工业增加值 15.35% 的年均增幅。2020 年由于湖北省突发疫情，因此在当年各项指标均有异常，不加入总体分析。除 2005 年外，湖北省规模以上工业企业能源消费量增幅均低于湖北省规模以上工业增加值增幅，在 2007 年二者的增幅差额达 23.60 个百分点。可以看出湖北省在工业发展的过程中，实现了能源利用投入与产出的高效组合。

---

① 何建坤. 中国能源革命与低碳发展的战略选择［J］. 武汉大学学报（哲学社会科学版），2015，68（01）：5-12.
② 田宜水. 2015 年中国农村能源发展现状与展望［J］. 中国能源，2016，38（07）：25-29.

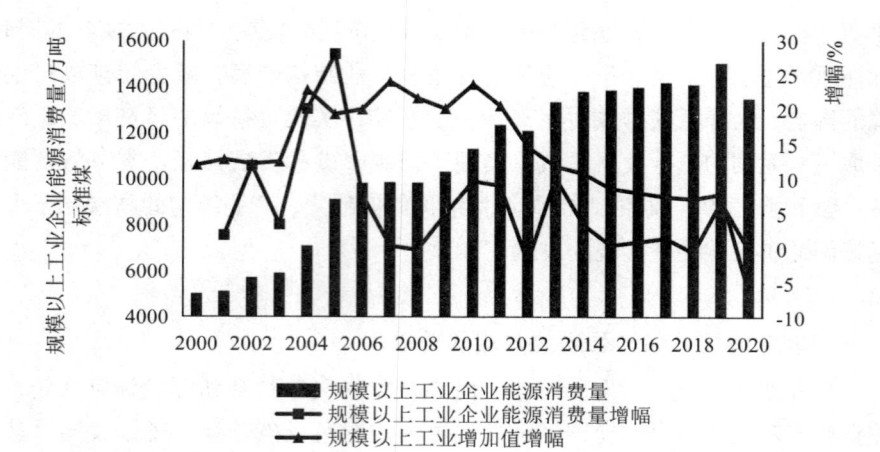

图 4-1　2000 年—2020 年湖北省规模以上工业企业能源消费量及其增幅

注：能源消费量包括加工转换投入量，且为当量值；统计范围为规模以上工业企业。由于 1999 年的能源消费量数据不包括加工转换投入量，故不参与能源消费量增幅的计算。

2. 全省万元 GDP 能耗呈下降趋势，能源利用效率逐步提升

提高能源利用效率，建设低碳经济，是解决经济增长与环境矛盾的重要途径。[①] 由图 4-2 可以看出，自 2011 年起，湖北省万元 GDP 能耗均以 5% 左右的降低幅度逐渐减小。到 2020 年，湖北省万元 GDP 能耗已降低至 0.6 吨标准煤，仅为 2005 年的 40% 和 2010 年的 51%，略高于全国水平。2005 年湖北省万元 GDP 能耗为 1.51 吨标准煤，高于全国 1.40 吨标准煤的水平，到 2010 年湖北省万元 GDP 能耗降低到了 1.18 吨标准煤，2011 年则是降低到了 0.91 吨标准煤，2011 年下降的幅度比前五年每万元 GDP 能耗下降幅度还要高，达到了 22.88%，这表明湖北省在能源利用效率提升方面取得了巨大进步。湖北省整体能源集约节约利用成效显著。

---

① ZHANG Y, WANG W, LIANG L, et al. Spatial-temporal pattern evolution and driving factors of China's energy efficiency under low-carbon economy [J]. Science of the Total Environment, 2020, 739: 12.

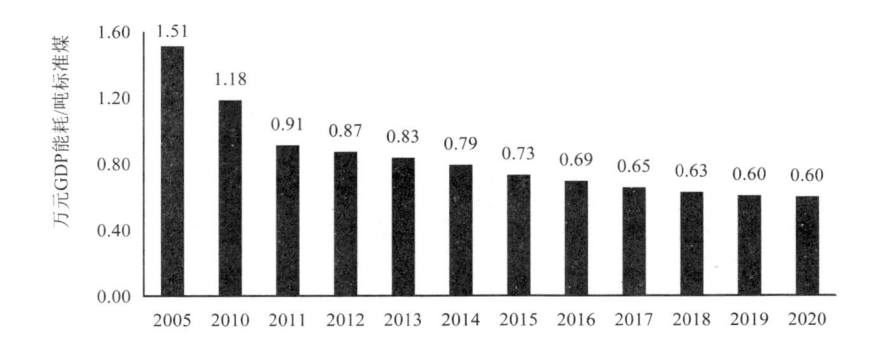

图 4-2 湖北省 2005 年以来万元 GDP 能耗

数据来源：依据《湖北统计年鉴》计算整理。

二、能源利用的低碳控碳水平有所提高

低碳经济实现的重点在于调整能源结构，实现能源结构低碳化。[1] 进入 21 世纪以来，湖北省贯彻落实新能源战略性新兴产业发展理念，大力开发低碳能源，发挥水能资源大省优势、生物质资源优势和地热能资源潜力，大规模利用水能、风能、太阳能、生物质能、地热能等新能源发电，能源的自给率和清洁化利用水平显著提高，能源消费结构显著改变。

1. 近十年来煤炭利用结构持续下降，已低于 50% 比例

由图 4-3 可以看出，2011 年湖北省煤炭消费量为 15805 万吨，其在各种能源产品消费量中的比重为 62.94%。相比于 2010 年，煤炭消费量及其在各种能源产品消费量中的比重均有所上升。2011 年后，湖北省煤炭消费量及其在各种能源产品消费量中的比重逐渐下降。2013 年湖北省煤炭消费量较 2012 年下降了 3632.28 万吨，煤炭消费量比重下降了 8.81 个百分点，直至 2019 年湖北省煤炭消费量降至 11768.33 万吨，低于 2010 年水平，煤炭消费量比重为 45.72%，低于 2000 年水平（59.55%）。虽然化石能源在湖北省能源消耗中仍然占据大部分，但化石能源的比重不断降低表明湖北省能源结构优化成效显著。

---

[1] 石莹，朱永彬，王铮. 成本最优与减排约束下中国能源结构演化路径［J］. 管理科学学报，2015，18（10）：26-37.

图 4-3　湖北省煤炭消费量及占比重

数据来源：煤炭消费量指标来源于国家统计局。

注：煤炭消费量占比的计算：将国家统计局网站中的湖北省近20年主要能源产品（包括煤炭、焦炭、原油、汽油、煤油、柴油、燃料油、天然气、电力）消费量指标，选取所需年份的数据，将各项主要能源产品消费量按照一定折算系数统一换算成以标准煤为计量单位的数据，经汇总后计算煤炭消费量（标准煤）占主要能源产品消费总量（标准煤）的比重。

2. 天然气消费量快速增长，占能源消费量比重持续上升

伴随着经济转型升级，天然气作为低碳、高效的清洁能源，将在相当长时期内是中国推进能源减碳降碳发展的主要选择。[1] 湖北省确定低碳控碳发展的路径以来，积极进行能源结构的优化，不断减少化石能源的使用，推广使用清洁能源，使得湖北省清洁能源消费量在各种能源产品消费量中的比重不断提升。从图 4-4 中可以看出，2010 年湖北省天然气消费量提高至 19.56 亿立方米，在所有能源中消费量占比为 1.50%。到 2019 年，湖北省天然气消费量增加到了 68.46 亿立方米，达到了 2000 年天然气消费量（0.91 亿立方米）的 75.2 倍，天然气消费量所占比重达到了 4.95%，较 2000 年（0.15%）增加了 4.80%。随着天然气等清洁能源消费占比持续提升，湖北省发展正在向低碳控碳高质量发展转型。

---

[1] 潘继平，杨丽丽，王陆新，等. 新形势下中国天然气资源发展战略思考 [J]. 国际石油经济，2017，25（06）：12-18.

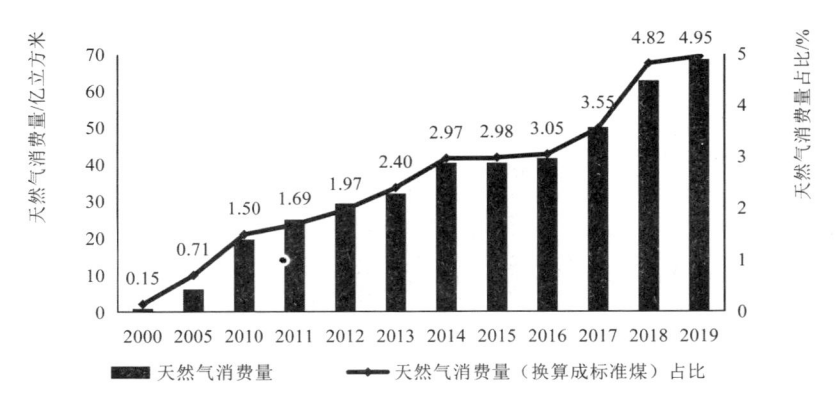

图 4-4 湖北省天然气消费量及占比重

数据来源：天然气消费量指标来源于国家统计局。

注：天然气消费量占比的计算：将国家统计局网站中的湖北省近 20 年主要能源产品（包括煤炭、焦炭、原油、汽油、煤油、柴油、燃料油、天然气、电力）消费量指标，选取所需年份的数据，将各项主要能源产品消费量按照一定折算系数统一换算成以标准煤为计量单位的数据，经汇总后计算天然气消费量（标准煤）占主要能源产品消费总量（标准煤）的比重。

3. 电力消费量快速增长，占能源消费量比重快速提升

实施能源消费端电力替代，是推进终端能源利用低碳化，显著分散和降低地区煤炭、石油、天然气等化石能源集中、大规模利用的基本途径。湖北省加快发展二次能源和可再生能源，大力实施电能替代，促进终端能源消费电气化，使得湖北省电力消费量在各种能源产品消费量中的比重不断提升，促进能源低碳消费。2000 年湖北省电力消费量在所有能源消费量占比仅有 8.51%，电力消费量为 503.02 亿千瓦时。从图 4-5 中可以看出，2010 年，湖北省电力消费量在所有能源消费量中占比增长至 10.30%，电力消费量较 2000 年翻番。2013 年，湖北省电力消费量在所有能源消费量中占比增长至 12.37%，电力消费量增长至 1629.8 亿千瓦时。2013 年至 2019 年，湖北省电力消费量及其占比呈稳步上升趋势。到 2019 年，湖北省电力消费量所占比重达到了 14.80%，较 2000 年增加了 6.29 个百分点；电力消费量为 2214 亿千瓦时，达到了 2000 年电力消费量的 4.40 倍。

图 4-5 湖北省电力消费量及占比重

数据来源：电力消费量指标来源于各年份全国统计年鉴。

注：电力消费量占比的计算：将国家统计局网站中的湖北省近 20 年主要能源产品（包括煤炭、焦炭、原油、汽油、煤油、柴油、燃料油、天然气、电力）消费量指标，选取所需年份的数据，将各项主要能源产品消费量按照一定折算系数统一换算成以标准煤为计量单位的数据，经汇总后计算电力消费量（标准煤）占主要能源产品消费总量（标准煤）的比重。

4. 可再生能源生产量持续增长，其发电量占电力生产量比重过半

近年来随着新能源这一战略性新兴产业的蓬勃发展，各地政府加大对可再生能源的开发投入，加快推动可再生能源发展。水电、核电、风电、太阳能、生物质能发电等低碳能源发电占比对碳减排的贡献不断增大，逐渐成为重要的减排因素。[1]"十三五"以来，湖北省大力推进新能源开发利用，新能源装机规模持续扩大，利用比例不断提升，促进了湖北能源结构调整。如图 4-6 所示，2010 年以来，湖北省水力发电、核发电、其他发电量波动上升，由 2010 年的 1258.10 亿千瓦时上升到 2020 年的 1793.61 亿千瓦时，达到 2000 年（299.05 亿千瓦时）的 6.0 倍。2020 年湖北省水力发电、核发电、其他发电量占电力生产量比重虽较 2010 年有所下降，但仍保持在接近 60% 的水平。

"十三五"时期，湖北省大力推进风能、太阳能、生物质能资源开发利用，积极探索地热能开发利用；促进随州、孝感、恩施州、襄阳等风能资源优势区和黄冈、荆门、黄石、咸宁、宜昌等风能资源较丰富地区的风能资源合理开发利用；根据太阳能资源分布特点，因地制宜地推广分布式和集中式光伏发电以

---

[1] 顾佰和，谭显春，穆泽坤，等. 中国电力行业 CO_2 减排潜力及其贡献因素［J］. 生态学报，2015，35（19）：6405-6413.

及太阳能供热应用，开展太阳能、生物质能利用建设布局。截至2020年，全省风电、光伏发电总装机容量1200万千瓦，其中风电装机502万千瓦，占全省发电总装机容量的6.07%；光伏发电装机698万千瓦，占比8.43%，超过湖北省"十三五"可再生能源规划目标。

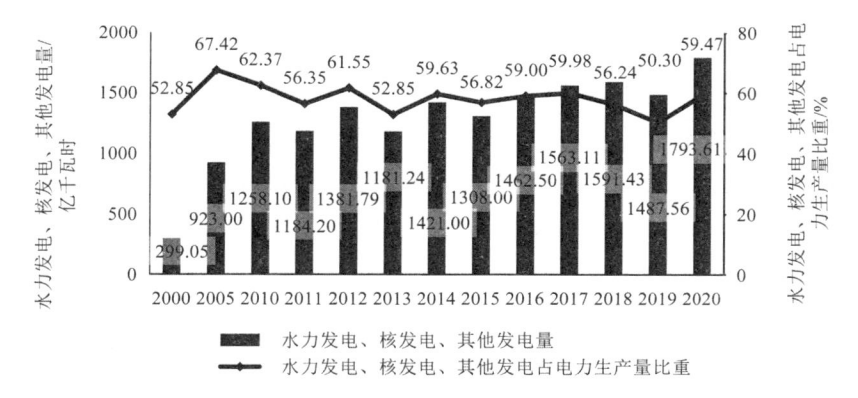

图 4-6　湖北省水力发电、核发电、其他发电量及其占电力生产量比重

数据来源：2021年《湖北统计年鉴》。

三、基本形成低碳化发展的产业结构

推动产业结构的调整和优化升级，逐渐成为低碳控碳发展的基本途径，[1][2]主要体现在产业结构的低碳化发展和高端化升级。产业结构的低碳化发展从宏观上表现为第三产业比重的提升和重化工产业比重的下降，产业结构的高端化升级则从宏观上表现为高新技术产业比重的提高，并从本质上改变湖北省传统的以重化工产业为主的产业结构，以推动产业结构的高端化和高质量发展。进入21世纪以来，湖北省第三产业占比和高新技术产业占比整体提升，形成全省低碳发展的长效趋势。

1. 第三产业比重有所提升，2020年湖北省三产占比达51.3%

2000年以来，湖北省经济的增长主要依赖于第二产业尤其是工业经济的强劲增长持续带动，并且在2012年以前，湖北省第二产业占地区生产总值的比重持续增大。随着党的十八大"大力推进生态文明建设"的提出，湖北省对于绿

---

[1] 张恪渝，廖明球，杨军.绿色低碳背景下中国产业结构调整分析 [J].中国人口·资源与环境，2017, 27 (03)：116-122.

[2] 张宏艳，江悦明，冯婷婷.产业结构调整对北京市碳减排目标的影响 [J].中国人口·资源与环境，2016, 26 (02)：58-67.

色发展的需求日益凸显,迫切需要转变经济发展方式,谋求产业结构的绿色化升级。党的十八大以后,湖北省大力发展第三产业及高新技术产业,第二产业对于经济增长的作用逐渐减弱,第三产业占湖北省地区生产总值比重开始逐渐增加。从图4-7中可以看出,湖北省第三产业产值持续升高,第三产业占比在10年间整体呈现先降低后升高的趋势,湖北省的经济发展在2012年之前主要是以第二产业为主,在2012年以后,湖北省第三产业比重持续增长,2015年湖北省第三产业比重首次超过第二产业比重,并在2020年第三产业比重达到51.3%,较2000年增加了10.4个百分点,但低于54.5%的全国水平,湖北省第三产业仍有很大发展空间。湖北省贯彻落实中央政策进行产业结构改革,并取得积极成效,从而转向低碳控碳的高质量发展。

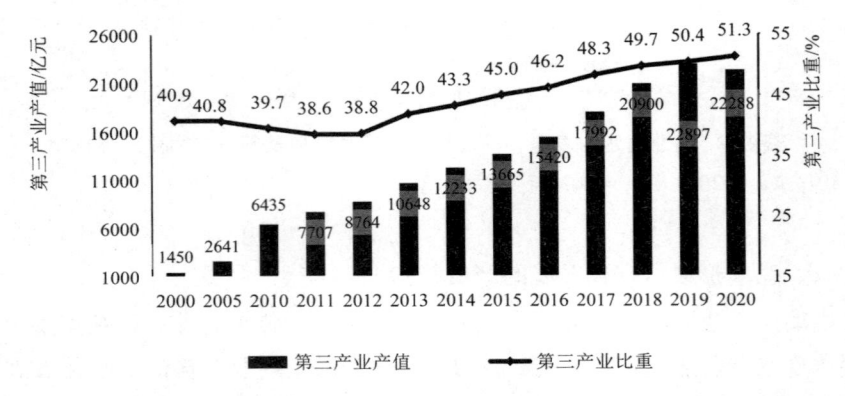

图4-7 近年来湖北省第三产业产值及其比重变化情况

数据来源:2021年《湖北统计年鉴》。

2. 高新技术产业的发展从根本上形成了产业低碳发展的长效趋势

高新技术企业作为促进产业结构升级、优化能源结构的重要因素,充分利用高新技术企业的节能减排效应,是我国发展低碳经济的必由之路。"十三五"时期,湖北省高新技术企业由3317家增至10400家,高新技术企业成为高新技术产业增加的重要载体。2000年,湖北省的高新技术产业增加值仅为237.5亿元,2019年增长至8922.8亿元,在近20年间增长了30多倍,同时湖北省的高新技术产业增加值占规模以上工业增加值比重也由2000年的23.47%增长到2019年的58.45%,在规模以上工业增加值高速增长的同时实现了高新技术产业增加值占比的翻倍增长,表明湖北省经济发展在高速增长的同时注重高质量发展。如图4-8所示,湖北省高新技术产业增加值占规模以上工业增加值比重自

2010 年起呈现持续上升的态势，2019 年的数值较上年提高了 11.47 个百分点，2020 年的数值较上年提高了 2.13 个百分点，表明湖北省积极实施"一芯两带三区"的产业布局在一定程度上极大推进了高新技术产业的飞速发展。

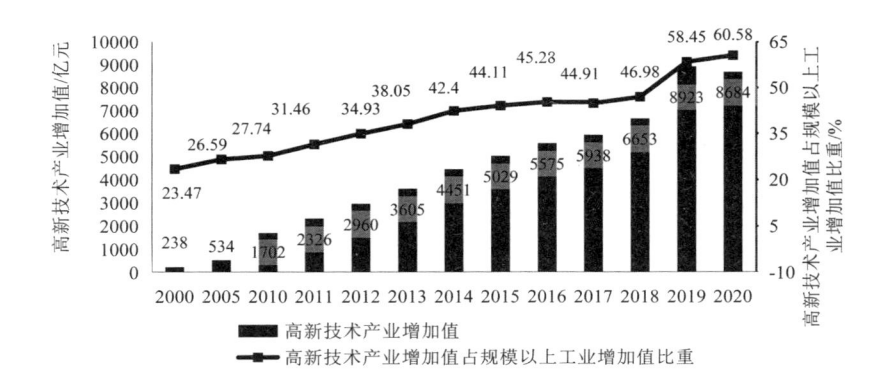

图 4-8　近年来湖北省高新技术产业增加值及其占规模以上工业增加值比重

注：2011 年的规模以上工业增加值采用 2010 年的数值乘以规模以上工业增加值（现价）增长速度得出，往后年份以此类推。数据来源：高新技术产业增加值占规模以上工业增加值数值根据各年湖北统计年鉴相关数据计算得出。

四、湖北省碳市场交易规模保持在全国前列

湖北省为践行"3060"双碳目标，在加快推动碳排放权交易进行的同时，积极促进碳金融及其相关市场的发展，充分发挥出金融作为加快绿色低碳经济发展的重要助推器的作用。

湖北省自 2014 年启动碳排放交易市场以来，截至 2021 年 6 月 30 日，湖北碳市场配额共成交 3.57 亿吨，累计成交总额 83.75 亿元。其中，二级（现货和衍生品交易）市场累计成交 3.48 亿吨，占全国 49.55%；成交额 81.63 亿元，占全国 54.84%。[①] 湖北省在碳市场上发展了多种金融和交易产品，如碳基金、碳资产质押融资、碳债券、碳资产托管、碳金融结构性存款、碳排放配额回购融资、现货远期等，品种和规模都在全国领先。可以看出湖北省一直在着力推动绿色发展，加快健全绿色发展市场机制，在低碳控碳、节能减排方面有着一定的优势与成果。

同时随着 2021 年 7 月 16 日全国碳排放权交易市场启动上线交易，于 2017

---

① 胡弦，张熙，李书颖等．湖北碳市场交易量、成交额占全国半壁江山［N］．湖北日报，2021-07-17（006）．

年 12 月落户湖北武汉的全国碳排放权注册登记结算系统（简称"中碳登"）正式投入运行。湖北省借助"中碳登"将各试点省的碳交易市场关联起来，增强碳交易市场功能，有助于保障全球最大碳市场的正常运作、推动建设全国碳金融中心、加快实现双碳目标的进程。

第二节　以城市群为主体承载形态的湖北省低碳控碳发展空间格局

　　能源利用的总量和强度、能源结构和产业结构，深刻影响着低碳经济及其绿色化水平。在经济发展水平和产业结构水平的不同阶段、不同能源资源消费格局下，其低碳经济的表现及其绿色化程度和路径存在差异。经济发达的武汉城市圈是湖北省低碳经济发展的引领地区，围绕"两型"社会建设，积极打造低碳经济试验示范区，人均碳排放和碳强度均显著下降。[①] 部分经济发展相对滞后的市州虽然在推进低碳经济发展方面也相对滞后，但其逐渐提升和优化的能源利用效率和产业结构也为其推进低碳经济发展作出基础。湖北省"十四五"时期全面推进低碳控碳发展，要考虑到各地区低碳经济发展的空间格局。

一、湖北省能源消费总量和强度双控的空间格局

　　2005 年以来，武汉经济发展水平和能源消费总量显著高于湖北省其他市州，其较高水平的能源利用效率为形成低碳经济发展格局形成较好条件，能源利用效率的提高已成为推进湖北省低碳经济协同发展的关键要素。

1. 湖北省能源消费总量整体呈现"一城独大"的空间格局

　　如图 4-9 展示了 2005、2010、2020 年湖北省能源消耗总量及万元 GDP 能耗的空间格局。2005 年，武汉、宜昌、襄阳的能源消耗总量均在 1000 万吨标准煤以上，显著高于其他城市，其中武汉能源消耗总量呈"一城独大"现象，而其万元 GDP 能耗则相对较低，表明武汉能源利用效率水平较高。2010 年，湖北省各地市州能源消耗总量较 2005 年均有所增加，武汉、宜昌、襄阳的能源消耗总量仍显著高于其他城市，其数值均在 2000 万吨标准煤以上。2020 年，湖北省各地市州能源消耗总量持续增长，武汉、宜昌、襄阳的能源消耗总量仍显著高于

---

　　① 董梅，李存芳. 低碳省区试点政策的净碳减排效应 [J]. 中国人口·资源与环境，2020，30 (11)：63-74.

其他城市，其数值均在 3000 万吨标准煤以上。武汉能源消耗总量则增至 8500 万吨标准煤以上，但其万元 GDP 能耗在全省处于最低水平。

2. 湖北省能源利用效率逐渐提高，整体呈现"全域协同"的空间格局

如表 4-1 所示，2005 年，湖北省各地市州万元 GDP 能耗在 1.00~2.60 吨标准煤之间，其中鄂州万元 GDP 能耗最高（2.57 吨标准煤），随州万元 GDP 能耗最低（1.02 吨标准煤）。万元 GDP 能耗较高的地区多分布在湖北省的东南和西北各地，如位于全省东南部的鄂州、黄石、咸宁，以及西北方向的宜昌、十堰、襄阳、荆门、潜江，这些地区的万元 GDP 能耗均在 1.8 吨标准煤以上。2010 年，湖北省各地市州万元 GDP 能耗在 0.50~2.00 吨标准煤之间，较 2005 年整体能耗水平有所下降，其中依然是鄂州万元 GDP 能耗最高（1.95 吨标准煤），随州万元 GDP 能耗最低（0.82 吨标准煤）。万元 GDP 能耗较高的地区依然大多分布在湖北省的东南和西北各地，如位于武汉以南的鄂州、黄石，以及西北方向的宜昌、十堰、襄阳、荆门、潜江、孝感，均在 1.4 吨标准煤以上。2020 年，湖北省各地市州万元 GDP 能耗较 2010 年整体能耗水平大幅下降，绝大部分城市的能耗水平降至 0.50~1.00 吨标准煤之间。黄石万元 GDP 能耗最高（1.04 吨标准煤），武汉万元 GDP 能耗最低（0.55 吨标准煤）。其他地市州万元 GDP 能耗均降至 1 吨标准煤以下，整体能源利用效率水平差别不大。

表 4-1 2005、2010、2020 年湖北省各市州能源消耗总量及能源消耗强度

地区	城市	能源消耗总量/万吨标准煤			万元 GDP 能耗/吨标准煤		
		2005	2010	2020	2005	2010	2020
武汉城市圈	武汉	3043.68	5899.89	8588.83	1.36	1.06	0.55
	黄石	803.11	1262.92	1706.97	2.34	1.83	1.04
	鄂州	377.71	770.82	924.81	2.57	1.95	0.92
	孝感	701.47	1209.01	1820.65	1.95	1.51	0.83
	黄冈	561.18	1086.5	1540.38	1.61	1.26	0.71
	咸宁	366.89	728.46	1356.96	1.80	1.40	0.89
	仙桃	190.17	308.43	538.14	1.32	1.06	0.65
	天门	129.5	206.31	358.14	1.19	0.94	0.58
	潜江	210.99	453.45	596.88	1.98	1.56	0.78

续表

地区	城市	能源消耗总量/万吨标准煤			万元GDP能耗/吨标准煤		
		2005	2010	2020	2005	2010	2020
襄十随神城市群	襄阳	1108.65	2338.22	3221.38	1.94	1.52	0.70
	十堰	610.19	1171.48	1225.64	1.99	1.59	0.64
	随州	196.93	329.36	669	1.02	0.82	0.61
	神农架林区	8.67	16.53	22.13	1.68	1.34	0.72
宜荆荆恩城市群	宜昌	1441.1	2893.49	3664.82	2.37	1.87	0.86
	荆门	592.65	1095.11	1467.94	1.91	1.50	0.77
	荆州	514.88	845.47	1350.35	1.31	1.01	0.57
	恩施	227.36	368.69	860.63	1.31	1.05	0.77

数据来源：各年湖北统计年鉴、各地市州统计年鉴。

注：年鉴中已知各地市州万元GDP能耗值，能源消耗总量由万元GDP能耗乘以GDP总量计算得出。

二、湖北省能源消费低碳化发展的空间格局

"十二五"时期以来，湖北省煤炭消费量及其在各种能源产品消费量中的比重在逐渐下降，清洁能源和二次能源比重逐渐上升，至2017年湖北省煤炭占总的能源消费比重较2010年下降了11.39个百分点，而天然气和电力的比重分别提升了2.05和3.04个百分点，表明针对大中城市和重点地区逐步推进实施的"双替代"有了一定成效。

"十三五"以来，湖北省遵循习近平总书记"四个革命、一个合作"能源安全新战略，全面落实"六稳""六保"工作任务，聚焦绿色低碳转型，继续深化能源供给侧结构性改革，努力破解资源瓶颈，补齐能源短板。《湖北省国民经济和社会发展第十四个五年规划和二〇三五年远景目标纲要》也提出"提高能源安全保障能力""全面构建清洁低碳、安全高效能源体系"[1]。如今，城市区域的发展与能源结构的调整优化紧密相连，湖北省能源结构进一步优化也逐渐促成了湖北省"一主两翼，全域协同"的区域绿色发展格局的演进，尤其是

---

[1] 湖北省第十四个五年规划和二〇三五年远景目标纲要［EB/OL］.2021-04-12. http://www.hubei.gov.cn/zwgk/hbyw/hbywqb/202104/t20210409_3461316_1.shtml.

集中在城市及其周边的工业企业的能源消耗和污染排放的大力整治，倒逼能源结构加快调整优化。这种能源消费结构的优化升级，使得湖北省能源消费结构也呈现出以中心城市引领带动的空间格局。

武汉引领带动能源消费结构优化。从消费总量上来说，武汉能源消费长期居湖北首位，2020 年武汉规模以上工业能源消费总量占湖北省规模以上工业能源消费总量的 34.02%。可以看出，武汉能源消费结构的变化对于湖北省能源消费结构的变化起到引领带动作用。

如图 4-9、图 4-10，在规模以上工业能源消费量中，从煤炭消费来看，2010 年武汉的煤炭消费比重低于湖北省 10.87 个百分点，说明武汉作为城市圈中心城市和省会城市，对于降低全省煤炭消费比重起着重要作用。2020 年，这种带动作用进一步加大，在全省规模以上工业煤炭消费量比重降至 50% 以下的同时，武汉的规模以上工业煤炭消费比重低于湖北省 13.11 个百分点。

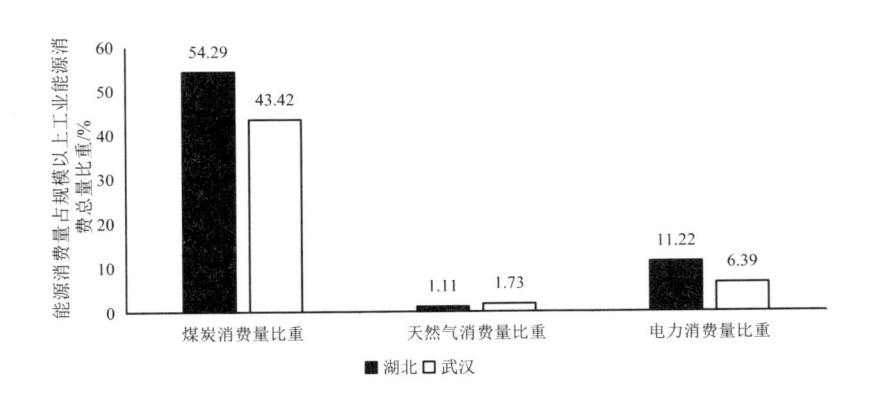

图 4-9　湖北省及武汉 2010 年各类规模以上工业能源消费量占规模以上工业能源消费总量的比重

数据来源：《湖北统计年鉴》《武汉统计年鉴》。

从天然气消费来看，2010 年武汉规模以上工业天然气消费比重为 1.73%，高于全省 0.62 个百分点，而在 2020 年，在全省规模以上工业天然气消费比重整体提高的同时，武汉的规模以上工业天然气消费比重进一步升高，比湖北省高出 2.45 个百分点。

在电力消费方面，湖北省在 2010 年和 2020 年的规模以上工业电力消费量占比没有明显变化，而虽然武汉规模以上工业电力消费量占比低于湖北省，但与这种差距有缩小趋势，2010 年武汉规模以上工业电力消费量占比低于全省 4.83

个百分点，到 2020 年则仅低于湖北省 1.52 个百分点。武汉带头推进"煤改气""煤改电"，在降低煤炭消费比重的同时，提高天然气和电力消费比重，呈现出以中心城市引领带动能源消费结构优化的空间格局。

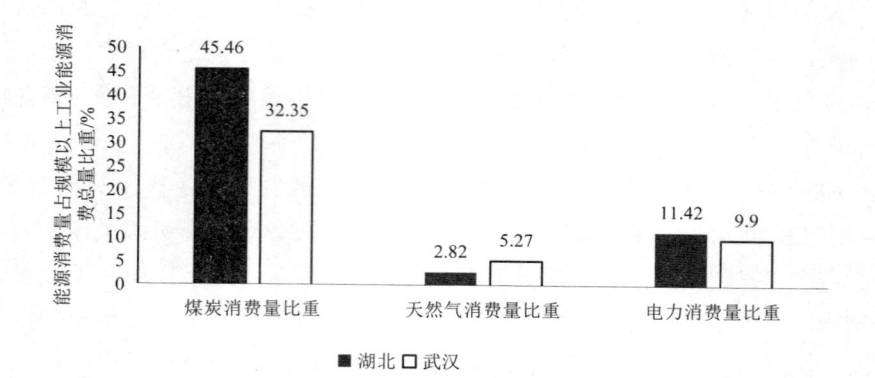

图 4-10　湖北省及武汉 2020 年各类规模以上工业能源消费量
占规模以上工业能源消费总量的比重

数据来源：《湖北统计年鉴》《武汉统计年鉴》。

注：图 4-10 和图 4-11 中①各类规模以上工业能源消费量占比的计算：将统计年鉴中的能源消费量指标按照一定折算系数统一换算成以标准煤为计量单位的数据，再计算该类煤炭消费量（标准煤）占能源消费总量（标准煤）的比重。②湖北省煤炭消费量采用"原煤""洗精煤""其他洗煤""煤制品"消费量汇总得到。③武汉规模以上工业天然气消费量采用城市天然气"销售气量"-"居民家庭"得到。

三、湖北省低碳控碳的产业空间格局

2005 年以来，湖北省逐渐形成了以武汉为引领的低碳控碳发展格局，具体表现在武汉第三产业和高新技术产业占比显著高于湖北省其他市州，其更为高端化、低碳化的产业结构为形成低碳发展长效趋势形成较好条件，产业结构的优化和高新技术产业的发展已成为制约湖北省除武汉外其他城市低碳发展的重要原因。

1. 武汉、神农架、恩施州第三产业占比显著高于其他地区，全域经济结构调整成效显著

进入 21 世纪以来，湖北省积极推进产业转型升级，促进产业低碳发展，逐渐形成了以武汉城市圈、襄十随神城市群、宜荆荆恩城市群等重点开发区域为主体的工业化布局。湖北省大力推进生态文化旅游业和现代化服务业发展，着力将武汉城市圈的核心地区建设成为现代服务业中心、襄十随神地区建设成为

区域性生态文化旅游中心、宜荆荆恩地区建设成为全省重要的旅游目的地。

如表4-2展示了2005、2010、2020年湖北省一二三产业产值比重的空间格局。"十五"时期，湖北省重点发展第二产业，工业产业高速发展，形成了GDP高速增长的强大推力，2005年全省一二三产业比重依次为16.5∶42.7∶40.8，第二产业占据主导地位。同时由表4-2可以看出，黄石、仙桃、潜江、襄阳、十堰、宜昌、荆门等地第二产业占比明显高于第一产业和第三产业占比，其中黄石、襄阳、十堰、宜昌第二产业占比超过百分之五十，是湖北省工业重镇。武汉、孝感、黄冈、天门第三产业发展势头强劲，占比超过一二产业，但均低于百分之五十，第三产业发展仍有很大增长空间。

"十一五"时期，湖北省继续推进二产发展，工业发展进入快车道，于2010年实现了超6000亿元的规模以上工业增加值，规模以上工业增加值增速达23.6%，连续五年实现20%以上的规模以上工业增加值增幅。2010年全省一二三产业比重依次为12.6∶47.7∶39.7，第二产业仍占据主导地位。同时由表4-2可以看出，在2010年，除武汉、神农架、恩施州外，各地市第二产业占比超出甚至远超第一、第三产业，黄石、鄂州、潜江、襄阳、十堰、宜昌第二产业占比过半，大部分地区二产占比较2005年实现不同程度的增加。而武汉、随州、宜昌、恩施州第三产业占比超过第二产业，2010年武汉第三产业占比高达51.44%，较2005年增加1.87%，武汉作为省会城市先行进行现代服务业试点并取得积极成效，而后这种产业低碳发展趋势将在全省范围内逐渐蔓延。

表4-2　2005、2010、2020年湖北省一二三产业产值比重

地区	城市	第一产业			第二产业			第三产业		
		2005	2010	2020	2005	2010	2020	2005	2010	2020
武汉城市圈	武汉	4.90	3.06	2.58	45.53	45.51	35.59	49.57	51.44	61.84
	黄石	8.90	7.77	7.05	51.30	57.22	48.61	39.80	35.01	44.34
	鄂州	16.13	13.02	9.87	47.35	58.53	43.28	36.52	28.46	46.85
	孝感	26.27	21.38	15.64	37.49	45.08	39.24	36.24	33.54	45.12
	黄冈	33.14	28.64	20.20	30.94	38.06	34.56	35.91	33.30	45.24
	咸宁	26.30	19.41	14.26	38.53	45.70	41.24	35.17	34.90	44.50
	仙桃	23.48	18.60	11.66	42.24	47.40	43.24	34.28	34.00	45.10
	天门	20.17	25.36	14.62	46.01	46.14	44.35	33.82	28.50	41.04
	潜江	26.76	16.58	10.91	35.12	52.31	48.07	38.12	31.10	41.03

续表

地区	城市	第一产业 2005	第一产业 2010	第一产业 2020	第二产业 2005	第二产业 2010	第二产业 2020	第三产业 2005	第三产业 2010	第三产业 2020
襄十随神城市群	襄阳	20.85	15.26	11.15	39.98	51.89	45.72	39.17	32.85	43.13
	十堰	11.67	10.56	9.93	47.19	54.57	41.42	41.14	34.87	48.65
	随州	27.02	21.55	15.81	41.81	45.23	43.52	31.18	33.22	40.67
	神农架林区	17.44	11.38	7.84	31.01	39.67	29.71	51.55	48.94	62.45
宜荆荆恩城市群	宜昌	13.98	11.41	10.79	50.98	57.53	42.91	35.04	31.07	46.31
	荆门	25.16	19.87	13.19	36.25	48.37	44.53	38.59	33.53	42.28
	荆州	29.75	27.60	19.12	31.64	38.86	34.03	38.61	31.76	46.85
	恩施	40.84	30.66	18.11	23.72	28.74	22.57	35.45	40.60	59.32

数据来源：《湖北统计年鉴》。

"十二五""十三五"时期，随着湖北省推进生态文明建设和经济社会高质量发展的需要，推动重化工污染产业绿色转型升级成为政府工作重点，促进现代服务业综合改革成为湖北省产业高质量发展的现实选择。2017年，湖北省服务业增加值占比超过第二产业，成为国民经济第一大产业，实现"二三一"向"三二一"的产业结构调整。2020年，全省一二三产业比重依次为9.5：39.2：51.3，第三产业占比持续过半，各地市州第三产业占比均较2010年有较大增长。由表4-2可以看出，在2020年，武汉、孝感、黄冈、十堰、神农架、荆州、恩施州第三产业占比超过第二产业，武汉、神农架第三产业占比超过60%，恩施州第三产业占比超过50%，接近60%，其余各市第三产业占比在40%~50%之间。湖北省迎来了服务业持续向好快速发展的新局面。

2. 武汉、黄石、襄阳、十堰的高新技术产业增加值占其地区生产总值比重居全省前列

湖北省贯彻落实国家高新技术产业化发展计划，积极创办高新技术产业开发区，并实现高新技术产业增加值的全域快速增长。根据2018年2月国家发展改革委、科技部、自然资源部、住房城乡建设部、商务部、海关总署发布的《中国开发区审核公告目录》（2018年版），截至2018年湖北省共有9家高新技术产业开发区纳入本次公告目录，分别为武汉东湖新技术开发区、宜昌高新技术产业开发区、襄阳高新技术产业开发区、荆门高新技术产业开发区、孝感高

新技术产业开发区、黄冈高新技术产业开发区、咸宁高新技术产业开发区、随州高新技术产业开发区和仙桃高新技术产业开发区。高新技术产业开发区已成为高新技术企业和高新技术产业增加的重要载体。

如表4-3展示了2005、2010、2020年湖北省高新技术产业增加值占地区生产总值比重的空间格局。"十五"以来，湖北省委、省政府高度重视高新技术产业发展，提出"逐步把湖北建设成为我国中部重要高新技术发展区"。2005年，湖北省各地市州高新技术产业增加值占其地区生产总值比重最高的为武汉，达12.87%，其次是黄石和襄阳，分别为10.81%和10.38%。其余各地区高新技术产业增加值占其地区生产总值比重均低于10%。随着2005年9月《湖北省人民政府关于加快发展高新技术产业的若干意见》（鄂政发〔2005〕31号）的发布和2006年12月《湖北省高新技术产业发展"十一五"规划》（鄂政发〔2006〕81号）的实施，"十一五"期间湖北省着力加快发展高新技术产业，全省高新技术产业呈现良好的发展态势。到2010年，除天门、荆州、神农架外，各地区高新技术产业增加值占地区生产总值比重均实现不同程度的增长，如仙桃2010年高新技术产业增加值占地区生产总值比重较2005年增加了5.72%的数值，襄阳则增加了5.28%的数值，宜昌增加了4.69%的数值。2010年湖北省各地市州高新技术产业增加值占地区生产总值比重最高的地区为武汉，达15.87%，其次是襄阳、鄂州和黄石，分别为15.66%、12.12%和11.93%。

表4-3　2005、2010、2020年湖北省高新技术产业增加值占地区生产总值比重

地区	城市	高新技术产业增加值占比/%		
		2005	2010	2020
武汉城市圈	武汉	12.87%	15.87%	26.18%
	黄石	10.81%	11.93%	22.56%
	鄂州	8.28%	12.12%	16.52%
	孝感	5.63%	8.50%	14.79%
	黄冈	3.26%	5.87%	11.17%
	咸宁	2.83%	2.90%	16.59%
	仙桃	0.45%	6.17%	15.76%
	潜江	0.30%	2.11%	16.56%
	天门	2.79%	0.80%	15.19%

地区	城市	高新技术产业增加值占比/%		
		2005	2010	2020
襄十随神城市群	襄阳	10.38%	15.66%	21.77%
	十堰	4.32%	5.34%	21.21%
	随州	6.28%	6.52%	15.42%
	神农架林区	-	-	0.52%
宜荆荆恩城市群	宜昌	4.07%	8.76%	15.24%
	荆门	4.65%	5.97%	15.53%
	荆州	5.55%	5.32%	14.18%
	恩施	0.38%	0.40%	2.65%

数据来源：湖北统计年鉴、各地市州统计年鉴。

注：神农架2005、2010年数据缺失。

"十二五"和"十三五"时期，湖北省持续推进高新技术产业发展，湖北省人民政府先后批准设立潜江高新技术产业园区、恩施高新技术产业园区（后与湖北恩施经济开发区整合更名为恩施高新技术产业园区）、十堰郧阳高新技术产业园区（后更名为十堰高新技术产业园区）、枣阳高新技术产业园区、老河口高新技术产业园区等高新技术产业园区。截至2020年，各地区高新技术产业增加值占地区生产总值比重均较2005年有所增长，除仙桃外的大部分地区较2010年有所增长。由表4-3可以看出，在2020年，除恩施州、神农架外，湖北省多数地市州高新技术产业增加值占地区生产总值比重实现10%以上，武汉、黄石、襄阳、十堰高新技术产业增加值占地区生产总值比重增长到20%以上，分别为26.18%、22.56%、21.77%、21.21%。湖北省迎来了高新技术产业蓬勃发展和经济高质量发展的良好局面。

第三节 湖北省低碳控碳的区域差距和"十四五"对标提升策略

湖北省在低碳控碳发展方面经过了长期实践，已经探索出一条"一主两翼、全域协同"低碳发展的道路。由于各地区的经济增长、人口增加、技术进步、能源强度、产业结构等方面存在差异，地区间碳排放强度也存在差异，因此需要建立差异化的区域碳减排政策。① 事实证明，湖北省在实行低碳控碳发展过程中，尽管在指标和地区上存在一些滞后和不平衡，但仍具备向好发展的潜力。

一、湖北省能源利用效率的区域差距和"十四五"对标提升策略

1. 湖北省各地市州能源利用效率水平稳步提升，武汉城市圈能源利用效率水平高于其他城市圈

从表4-4中可以看出，2005年，湖北省万元GDP能耗整体处于一个较高水平。从城市群来看，三个城市群万元GDP能耗均在1.5吨标准煤以上，其中武汉城市圈万元GDP能耗最低，为1.60吨标准煤；宜荆荆恩城市群万元GDP能耗最高，达到了1.87吨标准煤。从单个城市来看，仅有武汉、仙桃、天门、随州、荆州和恩施州万元GDP能耗在1.5吨标准煤以下，其中随州的能耗水平最低，为1.02吨标准煤；能耗最高的城市为鄂州和黄石，均超过了2吨标准煤，分别为2.57吨标准煤和2.34吨标准煤。

2010年，湖北省整体能源利用效率得到了有效提升，每万元能耗降低到了1.18吨标准煤，降低了21.65%。从城市群来看，三大城市群能耗水平也均降到了1.5吨标准煤以内，其中武汉城市圈降低幅度最大，为22.44%。从单个城市来看，天门和随州首先将每万元能耗降低到1吨标准煤以内，武汉万元GDP能耗接近1吨，鄂州万元GDP能耗降低幅度最大，达23.98%，其他城市降低幅度均在20%左右。

到2020年，湖北省整体能源利用效率进一步提升，全省万元GDP能耗降低到0.6吨标准煤，与2010年相比降低了49.15%。从城市群来看，三大城市群均降低到0.7吨标准煤左右，襄十随神城市群降低幅度最大，整体降低了53.00%。从单个城市来看，湖北省除了黄石市，其他城市在2020年能耗水平均降低到了1吨标准煤以下。武汉能耗水平最低，为0.55吨标准煤。荆州能耗水平紧随其后，为0.57吨标准煤。十堰相比于2010年降低幅度最大，为59.75%。其他城市能耗水平均有所降低，随州降低最少，仅降低25.61%。

---

① 张晓梅，庄贵阳. 中国省际区域碳减排差异问题的研究进展［J］. 中国人口·资源与环境，2015，25（02）：135-143.

表 4-4　湖北省各地市州万元 GDP 能耗变化对比　　单位：吨标准煤

地区	2005 万元 GDP 能耗	2010 万元 GDP 能耗	比 2005 年降低幅度	2020 万元 GDP 能耗	比 2010 年降低幅度
湖北	1.51	1.18	21.65%	0.60	49.15%
武汉	1.36	1.06	22.01%	0.55	48.11%
黄石	2.34	1.83	21.73%	1.04	43.17%
鄂州	2.57	1.95	23.98%	0.92	52.82%
孝感	1.95	1.51	22.43%	0.83	45.03%
黄冈	1.61	1.26	22.02%	0.71	43.65%
咸宁	1.80	1.40	22.10%	0.89	36.43%
仙桃	1.32	1.06	19.74%	0.65	38.68%
潜江	1.98	1.56	20.99%	0.78	50.00%
天门	1.19	0.94	20.61%	0.58	38.30%
武汉城市圈	1.60	1.24	22.44%	0.66	46.67%
襄阳	1.94	1.52	21.74%	0.70	53.95%
十堰	1.99	1.59	20.13%	0.64	59.75%
随州	1.02	0.82	20.06%	0.61	25.61%
神农架	1.68	1.34	20.00%	0.72	46.27%
襄十随神城市群	1.79	1.43	19.91%	0.67	53.00%
宜昌	2.37	1.87	21.06%	0.86	54.01%
荆门	1.91	1.50	21.27%	0.77	48.67%
荆州	1.31	1.01	22.59%	0.57	43.56%
恩施州	1.31	1.05	20.14%	0.77	26.67%
宜荆荆恩城市群	1.87	1.50	19.60%	0.76	49.29%

数据来源：依据湖北统计年鉴计算整理得。

值得注意的是，在 2005、2010、2020 年三个时点，天门、随州、武汉的万元 GDP 能耗始终保持相对较低水平，而黄石、宜昌的万元 GDP 能耗始终保持相对较高水平。武汉作为武汉城市圈中心城市，在有效实施城市圈产业分工转移的基础上实现能源消耗总量和强度的双控，而宜昌作为宜荆荆恩城市群的中心城市，始终保持较高的二产比例，工业产业对于经济总量增长的优势逐渐转化为低碳发展的短板，在一定程度上阻碍了该地区经济社会的高质量发展。

2. 湖北省万元 GDP 能耗高于全国数值，能源利用效率低于全国水平

2020 年湖北省万元 GDP 能耗为 0.6 吨标准煤，高于全国 0.55 吨标准煤的万元 GDP 能耗水平，湖北省各地市州万元 GDP 能耗也均高于全国水平。2020 年，在全省范围内，黄石（1.04 吨标准煤）、咸宁（0.89 吨标准煤）、鄂州（0.92 吨标准煤）、宜昌（0.86 吨标准煤）、孝感（0.83 吨标准煤）万元 GDP 能耗水平较高，全省能源利用效率提升空间较大。武汉（0.55 吨标准煤）、天门（0.58 吨标准煤）、荆州（0.57 吨标准煤）万元 GDP 能耗更接近全国水平，但武汉作为 2012 年确立的第二批国家低碳试点城市，仍有巨大能源利用效率提升空间。尤其随着产业结构的高端化布局调整、高新技术产业有序发展，在经济结构持续优化的同时也将带来能源消费总量的持续下降，进而湖北省能源利用效率也将降低至全国水平以下。

3. 提升策略

在《中华人民共和国国民经济和社会发展第十四个五年规划和二〇三五年远景目标纲要》中提出"十四五"时期我国要实现单位 GDP 能耗降低 13.5%。提高能源利用效率也成为湖北省发展规划中的重要内容。"十四五"时期，湖北省整体要努力实现资源能源利用效率大幅提高，作为中心城市的武汉和作为重点城市的宜昌、襄阳要发挥引领示范作用，进一步降低能源消费总量，提高能源利用效率；襄十随神城市群和宜荆荆恩城市群要向武汉城市圈看齐，通过中心城市的引领带动作用降低城市群整体能耗水平；武汉城市圈的黄石、鄂州、孝感、咸宁和宜荆荆恩城市群的宜昌要加快补齐能源利用效率短板，推动区域能源利用效率的提高。

二、湖北省能源消费低碳化的区域差距和"十四五"对标提升策略

1. 湖北省部分地区的新能源开发利用仍处于谋划阶段

湖北省地理位置优越、自然禀赋突出，具备水能、风能、太阳能、生物质能、地热能等可再生能源开发条件，这使得加强湖北省新能源开发利用具备一定的理论依据和现实基础。"十三五"时期，湖北省大力推进风能、太阳能、生物质能资源开发利用，积极探索地热能开发利用；促进随州、孝感、恩施州、襄阳等风能资源优势区和黄冈、荆门、黄石、咸宁、宜昌等风能资源较丰富地区的风能资源合理开发利用；根据太阳能资源分布特点，因地制宜地推广分布式和集中式光伏发电以及太阳能供热应用，开展太阳能、生物质能利用建设布局。但由于开发难度大、开发成本高等问题，部分地区的新能源开发利用仍处

于谋划阶段。

2. 湖北省天然气消费量占能源消费量比重低于全国水平

21世纪以来，湖北省天然气消费量占能源消费量比重始终低于全国水平。根据国家统计局网站数据测算，2000年湖北省天然气消费量在所有能源中消费量占比仅有0.15%，远低于2.2%的全国水平。2010年，湖北省天然气消费量在所有能源中消费量占比提升至1.5%，增加了1.35个百分点，但远低于4%的全国水平。到2019年，湖北省天然气消费量从2000年的0.91亿立方米增加到了2019年的68.46亿立方米，达到了2000年天然气消费量的75.2倍，天然气消费量所占比重达到了4.95%，但仍低于2019年8.0%的全国水平。在全国范围内，湖北省天然气利用结构仍有很大提升空间。

3. 提升策略

《中华人民共和国国民经济和社会发展第十四个五年规划和二〇三五年远景目标纲要》提出2025年我国非化石能源占能源消费总量比重提高到20%左右。《湖北省国民经济和社会发展第十四个五年规划和二〇三五年远景目标纲要》对提高湖北省能源安全保障能力作出了规划，提出"构建多元能源供应格局""完善能源输送网络""增强能源储备能力""提升能源服务效能"，并将实施新能源倍增行动纳入规划内容。①"十四五"时期，为充分发挥湖北省可再生能源资源禀赋和开发利用潜力，湖北省能源局积极开展《湖北省可再生能源发展"十四五"规划》编制工作，提出在规划编制中要系统评估各类可再生能源资源开发条件，各市州要全面梳理可再生能源开发布局与国土空间规划的关系，系统分析和评估各类可再生能源开发潜力及分布，研究提出其可开发空间；认真分析各类可再生能源资源开发条件和特点，综合考虑技术进步、发展经济性、电网消纳和送出、创新发展及系统优化等因素，统筹研究提出"十四五"时期可再生能源发展目标。在此基础上，综合自身可再生能源资源禀赋、生态环境承载力、建设条件等，科学提出"十四五"可再生能源发展的主要任务和重大项目布局；统筹好可再生能源本地消纳等。②另外，各市州在加强余热、余压以及工业副产品、生活垃圾等能源资源回收和综合利用等方面也有很大的发展潜力。

---

① 湖北省人民政府，2021. 湖北省第十四个五年规划和二〇三五年远景目标纲要. http://www.hubei.gov.cn/zwgk/hbyw/hbywqb/202104/t20210409_3461316_1.shtml.

② 国家能源局. 关于做好可再生能源发展"十四五"规划编制工作的通知[J]. 大众用电，2020，35（05）：6-7.

三、湖北省形成低碳控碳产业布局的区域差距和"十四五"对标提升策略

1. 武汉城市圈第三产业比重高于湖北省和其他两大城市群，逐渐趋近全国水平

如表4-5所示，2020年武汉城市圈第三产业比重为54.80%，高于湖北省平均水平，且较2010年增长了11.25个百分点，较2000年增长了14.07个百分点，已然超过54.53%的全国水平。襄十随神城市群第三产业比重为44.24%，较2010年增长了10.71个百分点，较2000年增长了13.55个百分点。宜荆荆恩城市群第三产业比重为47.15%，较2010年增长了14.38个百分点，较2000年增长了16.64个百分点。总体来看，宜荆荆恩城市群与襄十随神城市群的第三产业比重均与武汉城市圈有较大差距，宜荆荆恩城市群第三产业比重增长较快。可以看出，武汉城市圈大力发展现代服务业，取得积极成效。

表4-5 湖北省各地市州2000、2010、2020年第三产业占比及排名

地区	2000	省内排名	2010	省内排名	2020	省内排名
全国	39.79%	—	44.18%	—	54.53%	—
湖北	40.91%	—	39.66%	—	51.30%	—
武汉	49.07%	2	51.44%	1	61.84%	2
黄石	38.80%	3	35.01%	4	44.34%	12
鄂州	31.98%	10	28.46%	17	46.85%	5
孝感	32.65%	9	33.54%	8	45.12%	9
黄冈	28.93%	16	33.30%	10	45.24%	8
咸宁	30.19%	12	34.90%	5	44.50%	11
仙桃	36.78%	4	34.00%	7	45.10%	10
潜江	34.84%	5	31.10%	14	41.03%	16
天门	33.63%	8	28.50%	16	41.04%	15
武汉城市圈	40.73%	—	43.65%	—	54.80%	—
襄阳	29.15%	15	32.85%	12	43.13%	13
十堰	34.61%	6	34.87%	6	48.65%	4
随州	29.75%	13	33.22%	11	40.67%	17
神农架	49.47%	1	48.94%	2	62.45%	1

续表

地区	2000	省内排名	2010	省内排名	2020	省内排名
襄十随神城市群	30.69%	—	33.53%	—	44.24%	—
宜昌	29.23%	14	31.07%	15	46.31%	7
荆门	30.23%	7	33.53%	13	42.28%	14
荆州	34.02%	11	31.76%	9	46.85%	6
恩施州	28.02%	17	40.60%	3	59.32%	3
宜荆荆恩城市群	30.51%	—	32.77%	—	47.15%	—

数据来源：《湖北统计年鉴2021》《中国统计年鉴2021》及各地市州统计年鉴。

2. 武汉城市圈、襄十随神城市群高新技术产业发展情况整体优于宜荆荆恩城市群

如表4-6所示，2020年湖北省高新技术产业增加值占GDP比重为20%，较2005年提高了11.81个百分点，较2010年提高了9.51个百分点。2020年武汉城市圈高新技术产业增加值占GDP比重为22.56%，较2010年提高了10.31个百分点；2020年襄十随神城市群高新技术产业增加值占GDP比重为20.64%，较2005年提高了12.77个百分点，较2010年提高了9.24个百分点。武汉城市圈、襄十随神城市群在2010年和2020年的高新技术产业增加值占GDP比重均高于湖北省。2020年宜荆荆恩城市群高新技术产业增加值占GDP比重为13.58%，较2005年增长了9.43%，较2010年增长了7.15%，但其数值低于其他两个城市群。由此可得，武汉城市圈和襄十随神城市群高新技术产业整体发展情况优于宜荆荆恩城市群，且高于湖北省平均水平。

表4-6　湖北省2005、2010、2020年高新技术产业增加值占GDP比重对比及排名

地区	2005	省内排名	2010	省内排名	2020	省内排名
湖北	8.19%	-	10.49%	-	20.00%	-
武汉	12.87%	1	15.87%	1	26.18%	1
黄石	10.81%	2	11.93%	4	22.56%	2
鄂州	8.28%	4	12.12%	3	16.52%	7
孝感	5.63%	6	8.50%	6	14.79%	13
黄冈	3.26%	11	5.87%	10	11.17%	15

续表

地区	2005	省内排名	2010	省内排名	2020	省内排名
咸宁	2.83%	12	2.90%	13	16.59%	5
仙桃	0.45%	14	6.17%	8	15.76%	8
潜江	0.30%	16	2.11%	14	16.56%	6
天门	2.79%	13	0.80%	15	15.19%	12
武汉城市圈	9.47%	-	11.66%	-	21.98%	-
襄阳	10.38%	3	15.66%	2	21.77%	3
十堰	4.32%	9	5.34%	11	21.21%	4
随州	6.28%	5	6.52%	7	15.42%	10
神农架	-	-	-	-	0.52%	17
襄十随神城市群	7.87%	-	11.40%	-	20.64%	-
宜昌	4.07%	10	8.76%	5	15.24%	11
荆门	4.65%	8	5.97%	9	15.53%	9
荆州	5.55%	7	5.32%	12	14.18%	14
恩施州	0.38%	15	0.40%	16	2.65%	16
宜荆荆恩城市群	4.15%	-	6.43%	-	13.58%	-
湖北	8.19%	-	10.49%	-	20.00%	-
武汉	12.87%	1	15.87%	1	26.18%	1
黄石	10.81%	2	11.93%	4	22.56%	2
鄂州	8.28%	4	12.12%	3	16.52%	7
孝感	5.63%	6	8.50%	6	14.79%	13
黄冈	3.26%	11	5.87%	10	11.17%	15
咸宁	2.83%	12	2.90%	13	16.59%	5
仙桃	0.45%	14	6.17%	8	15.76%	8
潜江	0.30%	16	2.11%	14	16.56%	6
天门	2.79%	13	0.80%	15	15.19%	12
武汉城市圈	9.47%	-	11.66%	-	21.98%	-
襄阳	10.38%	3	15.66%	2	21.77%	3
十堰	4.32%	9	5.34%	11	21.21%	4
随州	6.28%	5	6.52%	7	15.42%	10
神农架	-	-	-	-	0.52%	17

续表

地区	2005	省内排名	2010	省内排名	2020	省内排名
襄十随神城市群	7.87%	-	11.40%	-	20.64%	-
宜昌	4.07%	10	8.76%	5	15.24%	11
荆门	4.65%	8	5.97%	9	15.53%	9
荆州	5.55%	7	5.32%	12	14.18%	14
恩施州	0.38%	15	0.40%	16	2.65%	16
宜荆荆恩城市群	4.15%	-	6.43%	-	13.58%	-

注：神农架2005、2010年高新技术产业增加值数据缺失。数据来源：根据《湖北统计年鉴》相关数据整理计算所得。

3. 提升策略

如表4-3所示，2020年湖北省高新技术产业增加值占地区生产总值比重为20.00%，武汉城市圈高新技术产业增加值占其地区生产总值比重高于全省，但除武汉、黄石外，城市群内其他地区高新技术产业增加值占地区生产总值比重低于全省水平。尤其是黄冈的高新技术产业占比与城市群其他地区有较大差距。襄十随神城市群高新技术产业增加值占其地区生产总值比重略高于湖北省，整体水平较为均衡化，随州的高新技术产业有很大发展空间。而宜荆荆恩城市群和城市群各地区的高新技术产业增加值占其地区生产总值比重均低于全省水平，但内部各地区差距水平不大（除恩施州外）。综上，从城市群角度看，武汉城市圈和宜荆荆恩城市群的高新技术产业增加值占其地区生产总值比重仍有很大提升空间。武汉应充分发挥产业发展的引领带动作用，在城市群构建高新技术产业集群带，带动武汉城市圈高新技术产业均衡化发展。宜昌应加大自身科技投入，积极谋划产业高技术化转型，着力推动高新技术开发区和示范区建设，吸引高技术企业入驻，进而带动宜荆荆恩城市群整体高新技术产业水平提升。

第四节 以"一主引领、两翼驱动、全域协同"布局湖北省低碳控碳格局的对策建议

由于碳排放具有强外部性、地区关联性和空间溢出效应，单个城市实施碳

减排措施难以独善其身，推进碳减排的联防联控联治已成为基本共识。①② "十二五"以来，在湖北省人民政府的主导下，湖北省在低碳发展、节能减排、能源供给侧结构性改革等方面积极开展体制探索，通过制定发展规划、工作方案、指导意见等形式，协调推进湖北省"一主两翼、全域协同"低碳控碳发展。

2021年湖北省《政府工作报告》指出，当前"湖北省正处于战略机遇叠加期、政策红利释放期、发展布局优化期、蓄积势能迸发期、省域治理提升期"。在新的发展形势下，推进湖北省低碳控碳发展，需要湖北省深入贯彻"坚持生态优先、绿色发展，建设美丽湖北"的可持续发展战略和"四个革命、一个合作"能源安全新战略，以推动绿色转型为主要任务，保障能源安全，推进能源体制机制改革，研究制定碳达峰方案，全面构建清洁低碳、安全高效能源体系，为湖北构筑"一主两翼、全域协同"低碳控碳发展体系提供坚实保障。

一、以武汉城市圈引领低碳控碳的建议

武汉城市圈是主要的工业布局地区，同时也是主要的能源消耗地区和碳排放地区。推进武汉城市圈低碳控碳发展，是武汉城市圈区域规划和体制建设的重点内容。2007年，国家发展和改革委员会印发的《关于批准武汉城市圈和长株潭城市群为全国资源节约型和环境友好型社会建设综合配套改革试验区的通知》，提出推进武汉城市圈经济建设绿色化、低碳化发展。自武汉城市圈获批成立以来，武汉城市圈逐步开展低碳经济示范工程建设、"两型产业"建设和生态示范区建设，加快形成推动产业和能源低碳化、清洁化，提高能源利用效率的体制机制，探索城市圈经济社会发展新方式。"十四五"时期，如何发挥武汉城市圈"一主引领"的带动作用，引领布局绿色经济，推进低碳发展，需要立足于武汉城市圈能源消耗和工业布局现状，补齐各市能源利用效率短板，进一步开展产业、能源的清洁化、低碳化探索。

1. 武汉发挥中心城市的辐射带动作用，缩小地区发展差异

武汉作为武汉城市圈中心城市，其能源利用效率显著高于城市圈内部其他城市，且产业结构合理、清洁生产水平较高。为了缩小地区内部发展差异，武汉应发挥城市圈工业的核心增长极与高科技资源优势，辐射带动周围地区发展

---

① 刘佳骏，史丹，汪川.中国碳排放空间相关与空间溢出效应研究［J］.自然资源学报，2015，30（08）：1289-1303.

② 武红.中国省域碳减排：时空格局、演变机理及政策建议——基于空间计量经济学的理论与方法［J］.管理世界，2015（11）：3-10.

先进制造业与高技术产业，优化周围地区产业布局，带动区域形成科学合理的城市分工，深化地区间合作，促进城市间资源、信息共享，提高资源绿色集约利用效率，推动城市圈一体化发展。

2. 鄂州、孝感、咸宁积极推动传统产业转型升级

鄂州、孝感、咸宁的万元GDP能耗相对较高，且第三产业占比、高新技术产业增加值占比在城市群内水平较低，即能源利用效率较低，产业布局以传统制造业为主。基于此，鄂州、孝感、咸宁应该积极转变经济发展方式，推动传统产业转型升级，大力推动冶金、建材等传统产业向高端化、智能化、绿色化发展，支持绿色技术创新，推广清洁生产技术。

3. 黄石应推动工业生产清洁化低碳化

黄石的万元GDP能耗始终保持较高水平，第三产业占比低于城市群和全省水平，但高新技术产业增加值占比高于城市群和全省水平，说明黄石依托资源禀赋大力推动工业发展的同时，高新技术产业发展迅速，但资源利用效率水平及第三产业比重较低，产业结构仍不完善，生产清洁化低碳化尚未实现。因此，黄石应围绕工业高质量发展，推动传统优势产业转型升级，推动现代服务业与制造业融合发展。

4. 黄冈、仙桃大力发展高新技术产业和战略性新兴产业

黄冈、仙桃的万元GDP能耗水平较高，且高新技术产业增加值占比显著低于城市群和全省水平。由此可知，黄冈、仙桃二市应大力推动新兴产业重点突破，培育壮大新能源新材料、新能源汽车、节能环保等战略性新兴产业，以发展高新技术产业和战略性新兴产业为优化低碳降碳布局、推进绿色转型抓手，大力发展循环低碳经济。

5. 武汉城市圈发挥产业优势，加快构建绿色低碳的城市群

武汉城市圈作为全国重要的高新技术产业基地，应围绕"一主引领、两翼驱动、全域协同"区域发展战略布局，充分发挥东湖高新区龙头带动作用，提升省内全国百强高新区的发展能级；推动武汉城市圈及光谷科技创新大走廊、襄十随神城市群、宜荆荆恩城市群科技与产业统筹布局，大力发展战略性新兴产业，加快形成战略性新兴产业引领、先进制造业主导、现代服务业驱动的现代产业体系[①]；大力发展循环经济，促进资源节约利用；打造碳排放交易平台示范基地，加快构建绿色低碳的城市群。

---

① 湖北省人民政府关于印发促进湖北高新技术产业开发区高质量发展若干措施的通知[J]．湖北省人民政府公报，2021（05）：25-29.

二、以襄十随神城市群、宜荆荆恩城市群两翼驱动低碳控碳的建议

襄十随神、宜荆荆恩城市群是湖北省重要的工业基地，同时也是重要的能源消耗地区和碳排放地区。推进襄十随神、宜荆荆恩城市群低碳控碳发展，是"十四五"时期优化区域发展布局、推进区域协调发展的重要内容。如何发挥两大城市群"两翼驱动"的支撑作用，驱动布局绿色经济，推进低碳发展，需要立足两大城市群能源消耗和工业布局现状，打造以产业转型升级和先进制造业为重点、以绿色经济和战略性新兴产业为特色的高质量发展经济带。

1. 支持和引导宜荆荆恩城市群加快高新技术产业发展

由第三节可知，襄十随神城市群高新技术产业占比整体高于宜荆荆恩城市群，其中襄阳引领带动襄十随神城市群高新技术产业发展，2019年襄阳高新技术产业增加值占其地区生产总值比重达21.24%，高于全省水平，仅次于武汉、黄石。而宜昌2019年高新技术产业增加值占其地区生产总值比重为14.45%，低于宜荆荆恩城市群其他城市，对于发展高新技术产业的引领作用较弱。因此，"十四五"时期宜昌要坚持创新驱动，强化发展硬核支撑，培育壮大创新主体，以实现高新技术企业数量有所增加、高新技术产业增加值占生产总值比重不断提高。

2. 宜昌发挥引领作用，带动宜荆荆恩城市群提高能源利用效率

由第三节可知，宜荆荆恩城市群能源利用效率整体低于其他城市群，其中宜昌能源利用强度显著高于宜荆荆恩城市群内其他城市，不能充分发挥对提高宜荆荆恩城市群能源利用效率的带动作用。因此，"十四五"时期宜昌要围绕能源消费总量和强度双控目标，大力推动能源清洁低碳化应用，进一步提高综合利用率；加快优化调整能源结构，发挥能源资源禀赋特征，推广水电、风能、天然气、太阳能等可再生能源清洁高效利用。

3. 支持襄十随神城市群、宜荆荆恩城市群打造高质量发展经济带

"十四五"时期，襄十随神城市群、宜荆荆恩城市群需贯彻落实《湖北省国民经济和社会发展第十四个五年规划和二〇三五年远景目标纲要》，支持襄十随神城市群落实汉江生态经济带发展战略，以产业转型升级和先进制造业为重点，推动汽车、装备、食品等特色产业集聚发展、提档升级，推动生态文明共建，携手打造全省高质量发展北部列阵和汉江绿色保护带；支持宜荆荆恩城市群落实长江经济带发展战略，以绿色经济和战略性新兴产业为特色，协同打造以绿色化工、生物医药、高端装备、食品为特色的产业集群和全省高质量发展南部列阵，加快长江、清江生态廊道建设，统筹生态空间协同保护；推进襄十随神、

宜荆荆恩城市群基础设施互联互通、产业发展互促互补、生态环境共保联治、公共服务共建共享、开放合作携手共赢，加快一体化发展①。

三、湖北省全域协同布局低碳控碳，推进低碳控碳发展的建议

随着"加快推动绿色低碳发展"成为我国国民经济和社会发展新阶段的工作重点，"强化国土空间规划和用途管控""强化绿色发展的法律和政策保障""推动能源清洁低碳安全高效利用""降低碳排放强度"等逐渐成为各地区推动低碳控碳发展的重点内容。2021年《政府工作报告》中指出，要"扎实做好碳达峰、碳中和各项工作"，具体内容包括"优化产业结构和能源结构""推动煤炭清洁高效利用，大力发展新能源，在确保安全的前提下积极有序发展核电""加快建设全国用能权、碳排放权交易市场，完善能源消费双控制度""实施金融支持低碳控碳发展专项政策，设立碳减排支持工具"等。

1. 推动产业结构优化升级，实现新旧动能转换

湖北省的传统支柱产业如汽车、钢铁、化工、建材等产业具有资源消耗和污染排放强度高、效率普遍较低的特点，导致地区二氧化碳排放量较高。② 优化产业结构是低碳转型的重要手段。工业部门是能源消费的主要来源，也是应对气候变化的重点领域之一，需要加快工业领域绿色低碳转型。③ 努力把新产业立起来、旧动能转过来，建设高端化、智能化、绿色化现代产业体系。推动传统制造向高端制造转变，进一步推进绿色制造新体系建设，支持企业开展绿色工厂、绿色产品、绿色园区、绿色供应链认定。④ 大力发展循环经济和节能环保产业，推动化工产业由基础材料向新材料板块延伸，重点引进一批新材料等新兴产业项目，落实支持政策，加快培育新动能，实现绿色发展。提升产业链供应链现代化水平，分行业做好供应链战略设计和精准施策，优化区域产业链布局，推动全产业链优化升级和产业链供应链多元化。推动现代服务业突破发展，推动生产性服务业向专业化和价值链高端延伸，推动现代服务业同先进制造业、

---

① 湖北省国民经济和社会发展第十四个五年规划和二〇三五年远景目标纲要[N].湖北日报，2021-04-12（007）.
② 徐盈之，杨英超，郭进.环境规制对碳减排的作用路径及效应——基于中国省级数据的实证分析[J].科学学与科学技术管理，2015，36（10）：135-146.
③ WANG M，FENG C. The impacts of technological gap and scale economy on the low-carbon development of China's industries: An extended decomposition analysis[J]. Technological Forecasting & Social Change, 2020, 157: 120050.
④ 张家胜.政府工作报告——2021年1月14日在宜昌市第六届人民代表大会第六次会议上[J].宜昌市人民政府公报，2021（01）：2-14.

现代农业深度融合,加快推进服务业数字化及标准化、品牌化建设。

2. 围绕"外引""内增",保障能源供应安全

湖北省是能源资源匮乏省份,能源对外依存度高、消费量大,能源安全问题是湖北全局性、战略性问题。2025年,湖北省要实现能源综合生产能力达到6000万吨标煤的能源安全发展目标。"十四五"时期湖北省要落实能源安全新战略,努力打造全国电网联网枢纽、全国天然气管网枢纽、"两湖一江"煤炭物流枢纽。① 提高能源安全保障能力,一方面要围绕"外引"争取省外优质资源,输送和消纳同步建设。加快实施"两线一点",建成陕北-湖北特高压直流输电工程,推进川藏水电入鄂输电工程,争取提高三峡电能湖北消纳比例,配套优化三峡网架结构,外电输入能力达到千万千瓦以上。打造"四纵三横一通道"油气资源输送体系,推进西气东输三线、川气东送二线等项目实施,加快沿江液化天然气接收、加注设施建设。另一方面围绕"内增"提升省内供应能力,形成多能互补的生产格局。通过实施新能源倍增行动,打造百万千瓦级新能源基地,新增新能源装机千万千瓦以上,风电、光伏发电成为新增电力装机主体。做好水电保护性开发,支持生物质多元化高效利用,积极推进地热能、氢能等开发利用。充分发挥火电基础性保障支撑作用,有序推进负荷中心及浩吉铁路沿线清洁高效电源建设。建设鄂西国家级页岩气勘探开发综合示范区。②

3. 推动能源低碳转型,有序发展可再生能源

当前,湖北省产业结构中第三产业占比已达到50%,具备了能源转型的经济结构基础,是推动能源转型的有利时机。③ 推动湖北省能源低碳转型有以下途径:推动煤炭清洁高效利用,增加天然气和非化石能源在能源消费中的比重,有序发展新能源和可再生能源,提升新能源消纳和存储能力;巩固发展水电,争取风能、氢能、光伏等新能源开发项目落地,推动页岩气商业化开发利用;支持江汉油田接续发展页岩气、页岩油等新能源产业,助力打造"万亿方储量、千万吨油田、百亿方产量"的油气田;推广运用新能源和清洁能源车船,推进生活方式"绿色革命"。其中,清洁能源技术创新是改善能源结构、保障能源安全、推进生态文明建设的重要任务,需要改变政府的新能源发展政策目前的补

---

① 李剑军,吕梦媛. 湖北非化石能源消费占比18%以上[N]. 湖北日报,2021-03-18(007).
② 湖北省国民经济和社会发展第十四个五年规划和二〇三五年远景目标纲要[N]. 湖北日报,2021-04-12(007).
③ 马丽梅,史丹,裴庆冰. 中国能源低碳转型(2015—2050):可再生能源发展与可行路径[J]. 中国人口·资源与环境,2018,28(02):8-18.

贴设计和补贴方式，使其更有利于技术创新。① 此外，能源发展过程中的低碳控碳也不容忽视。在能源消费量不断攀升的趋势下，通过发展循环经济、末端工程治理、源头预防、提高能源产业链效率和加强监管等措施，控制"三废"等污染物排放，从而减少能源开发利用对生态环境的破坏。②

4. 深化能源体制机制改革，推进能源治理现代化

通过促进能源生产和消费改革，加快能源价格机制和能源体制改革，完善能源制度，有利于顺利推进我国低碳清洁转型。③ 同时，中国能源体制改革与能源价格改革密不可分，"放开两头、管住中间"既是能源体制改革的基本思路，同时也与价格改革息息相关。④ 深化能源体制机制改革要加快建设用能权、碳排放权交易市场，推进能源行业改革，提高服务效率，降低收费水平。沿着能源体制机制市场化改革方向，充分发挥市场对能源资源配置的决定性作用，坚持由市场形成能源价格，深化能源价格改革，降低用能成本。

在煤炭体制改革推进过程中，以取消电煤合同价为基础，着手推进煤炭价格完全市场定价；配套实施煤、电、运全产业链综合改革，建立煤炭价格、上网电价和销售电价实时联动机制，彻底解决煤电矛盾。在电力体制改革推进过程中，完善中长期交易，加快现货市场建设，有序放开发用电计划。逐步推动电力交易、调度独立，推进大用户直购电模式，上网电价、销售电价尽量减少由政府制定，逐步形成发电和售电价格由市场决定、输配电价由政府制定的价格机制，即"放开两头、管住中间"。在石油体制改革推进过程中，以新的成品油价格形成机制为基础，进一步完善定价机制，包括调价周期、调价幅度、调价方式等。在天然气体制改革推进过程中，以门站价进行市场净回值定价为基础，建立上下游联动机制，形成真正反映资源稀缺程度、市场供求关系、环境补偿成本的价格，最终实现"天然气出厂价由市场竞争形成，终端销售价格放开，政府只对具有自然垄断性质的输配气价进行管理"。健全可再生能源消纳保障机制、市场化推进机制。⑤

---

① 林伯强. 能源革命促进中国清洁低碳发展的"攻关期"和"窗口期"[J]. 中国工业经济，2018（06）：15-23.
② 岳立，杨帆. 新常态下中国能源供给侧改革的路径探析——基于产能、结构和消费模式的视角[J]. 经济问题，2016（10）：1-6，97.
③ ZHANG J, ZENG W, WANG J, et al. Regional low-carbon economy efficiency in China: analysis based on the Super-SBM model with CO_2 emissions[J]. Journal of Cleaner Production, 2017, 163: 202-211.
④ 林伯强. 完善价格机制推动能源体制改革[N]. 中国证券报，2018-07-25（A04）.
⑤ 刘满平. 以体制机制改革推动能源革命[N]. 中国证券报，2014-10-27（A18）.

5. 发展绿色金融，实施金融支持低碳发展专项政策

随着经济发展进入新常态，发展绿色金融有助于缓解中国产业结构"过重"问题，有助于提高清洁能源在能源一次消费中的比例和交通运输结构中清洁出行的比例，有助于提升经济的技术含量，推动经济结构转型。[1] 绿色金融发展不仅能为经济发展提供新的增长极，还可以为产业结构调整升级提供动力[2]，从而实现经济发展与生态文明建设的双赢。2016 年 8 月，中国人民银行等七部委联合发布《关于构建绿色金融体系的指导意见》（银发〔2016〕228 号），提出"从经济可持续发展全局出发，建立健全绿色金融体系"，发挥资本市场优化资源配置、服务实体经济的功能，支持和促进生态文明建设。[3] 随着绿色金融体系建设上升为国家战略，"大力发展绿色金融"被纳入推进长江经济带绿色发展十大战略性举措，推动湖北省设立绿色金融改革试验区成为推进长江经济带绿色可持续发展的重要抓手。为实现碳达峰、碳中和目标，发展绿色金融要以市场化的方式，引导金融体系为实现碳中和提供所需要的投融资支持，并及时评估、应对气候变化对金融稳定和货币政策产生的影响。[4]

6. 加强环境规制，研究制定碳达峰方案并构建减碳责任考核政策

长远来看，加强环境规制的力度是低碳转型的重要手段和必不可少的法律依据和保障[5]。环境规制不仅会对碳排放产生直接影响，而且会通过能源消费结构、产业结构、技术创新和外国直接投资四条传导渠道间接影响碳排放[6]。"十四五"时期，湖北省要加强环境规制，围绕国家碳达峰和碳中和愿景目标，以降碳减排为总抓手，加大低碳省试点力度，科学制定碳达峰行动方案，构建减碳责任考核政策，实现低碳控碳目标。

湖北省在科学谋划省级碳达峰行动方案过程中，提出湖北省碳排放达峰时间表和路径图。实施产业、能源、生活低碳工程，实施生态降碳工程，推进重

---

[1] 马骏. 论构建中国绿色金融体系［J］. 金融论坛，2015，20（05）：18-27.

[2] TIAN Y，WANG R，LIU L，et al. A spatial effect study on financial agglomeration promoting the green development of urban agglomerations［J］. Sustainable Cities and Society，2021，70：102900.

[3] 雷英杰. 专访中国银监会政策研究局巡视员叶燕斐绿色信贷或将释放更多生态红利［J］. 环境经济，2016（Z6）：18-21.

[4] 易纲，吴秋余. 主动作为，支持绿色低碳高质量发展［N］. 人民日报，2021-04-15（012）.

[5] 林美顺. 中国城市化阶段的碳减排：经济成本与减排策略［J］. 数量经济技术经济研究，2016，33（03）：59-77.

[6] 张华，魏晓平. 绿色悖论抑或倒逼减排——环境规制对碳排放影响的双重效应［J］. 中国人口·资源与环境，2014，24（09）：21-29.

点领域节能减碳,加快淘汰落后产能和落后工艺,重点引导钢铁、水泥等高耗能产业减产降碳,鼓励企业碳排放+智能化、清洁化、循环化发展,鼓励地方、部门和重点行业开展达峰行动;实施低碳发展示范工程,大力开展近零碳排放区示范工程试点;实施低碳基础能力提升工程,制定低碳相关标准;建立健全有利于低碳发展的体制机制,强化项目准入机制,构建绿色金融体系,健全财税激励机制,完善节能监察机制,推进低碳市场化机制建设,深入推进碳排放权交易试点,高质量建成全国碳排放权登记结算系统。①

---

① SPRINGER C, EVANS S, LIN J, et al. Low carbon growth in China: The role of emissions trading in a transitioning economy [J]. Applied Energy, 2019, 235: 1118-1125.

第五章

以城市群为主体承载形态优化湖北省生态修复与保护布局及其协调发展研究

21世纪以来，湖北省协调经济社会发展与生态系统质量改善稳步推进，生态系统质量改善取得显著成效，生态修复与保护发展向好。"十四五"时期，湖北省进入全面提升生态系统质量和稳定性、加速推进生态修复与保护、生态系统功能恢复更为显著的时期。这一时期，湖北省在提升生态系统质量和稳定性、推进生态修复与保护方面将赋予更多内容。本章将介绍进入21世纪以来湖北省提升生态系统质量和稳定性成就的主要方面和存在的不足，刻画湖北省生态系统质量和稳定性的空间格局及差异，对接"十四五"我国及湖北省的生态系统质量和稳定性的各项目标，分析湖北省"十四五"生态修复与保护的主要内容，按照湖北省着力构建"一主引领、两翼驱动、全域协同"发展布局，加快形成"强核、壮圈、带群、兴县"多点支撑、多极发力格局的要求，提出优化湖北省"十四五"及"展望2035年"生态修复与保护布局，持续提升生态系统质量和稳定性的政策建议。

第一节 湖北省提升生态系统质量和稳定性的主要方面及成就

实施主体功能区战略，形成与主体功能相适应的国土空间开发布局是我国生态文明建设提升生态系统质量和稳定性、统筹全国区域发展战略的重要内容[1]。自全国主体功能区战略提出以来，湖北省积极落实该战略，现已经基本建立起全省主体功能区制度，初步建立"三条控制线"空间管控体制，生态恢复发展取得显著成效。但同时，我们也应看到湖北省及各地市州在生态修复与保护方面的不协同问题，比如：潜江、天门两市的生态环境状况指数在60以下，

---

[1] 樊杰. 主体功能区战略与优化国土空间开发格局[J]. 中国科学院院刊, 2013, 28 (02): 193-206.

在全省各地市州中处于较差水平。

一、基本建立全省主体功能区制度

大量研究经验表明：国土空间开发普遍存在的低效浪费和违背空间属性的盲目开发现象是我国生态环境退化的重要原因[1]。2011年6月，国务院发布的《全国主体功能区规划》将国土空间按开发内容分类型进行管控，通过管控国土空间单元的开发强度、保护和整治力度，在优化国土空间开发保护格局中发挥基础性制度作用[2]。同时该规划也基本确立了湖北省在国家开发格局中的定位。2012年12月21日，湖北省人民政府发布的《湖北省主体功能区规划》对湖北省各地区主体功能区定位进行了总体安排。提出构建城市化地区、农产品主产区、生态功能区三大空间格局，形成主体功能明显、优势互补、高质量发展的国土空间开发保护新格局。

1. 城市化地区

湖北省人口集聚度较高、经济发展水平较高的县（市、区）集中在武汉、襄阳、宜昌等市主城区及其周边区域。2011年6月，国务院发布的《全国主体功能区规划》基本确立了湖北省在国家开发格局中的定位，提出武汉城市圈是全国资源节约型和环境友好型社会建设的示范区，全国重要的综合交通枢纽、科技教育以及汽车、钢铁基地，区域性的信息产业、新材料、科技创新基地和物流中心。[3]

湖北省以武汉城市圈、襄十随神城市群、宜荆荆恩城市群为集中的优化开发和重点开发的城市化地区，是全国主体功能构建以"两横三纵"为主体的城市化战略格局的重要支撑。2012年12月21日，湖北省人民政府印发了《湖北省主体功能区规划》。该规划提出构建按"点—线（轴）—面"布局湖北省城镇空间结构，形成"一主两副、两纵两横"为主体的城市化战略格局，对武汉城市圈的核心地区、襄十随地区、宜荆荆地区、恩施州及其他重点开发的城镇分别作出了具体定位（如图5-1）。其中武汉城市圈的核心地区的定位为国家层面重点开发区域，是全国"两型"社会建设综合配套改革示范区，全国重要的

---

[1] 刘纪远，刘文超，匡文慧，等. 基于主体功能区规划的中国城乡建设用地扩张时空特征遥感分析［J］. 地理学报，2016，71（03）：355-369.

[2] 黄成，吴传清. 主体功能区制度与西部地区生态文明建设研究［J］. 中国软科学，2019（11）：166-175.

[3] 孙新雷，孙蕾. 提升中原经济区金融支持力度研究［J］. 区域经济评论，2013（05）：110-114.

先进制造业基地、高技术产业基地和现代服务业中心,全国重要的现代物流基地和综合交通枢纽,区域性信息产业、科技创新基地,限制开发区域与禁止开发区域超载人口的吸纳地,构建促进中部地区崛起的重要战略支点重要支撑[1]。

规划来源	区域	功能定位
《全国主体功能区规划》	武汉城市圈	全国资源节约型和环境友好型社会建设的示范区,全国重要的综合交通枢纽、科技教育以及汽车、钢铁基地,区域性的信息产业、新材料、科技创新基地和物流中心
《全国主体功能区规划》	武汉城市圈的核心地区(9个市共28个县(市、区),以及周边11个县(市、区)中的若干其他重点开发的城镇中心区域)	国家层面重点开发区域。全国"两型"社会建设综合配套改革试验区,全国重要的先进制造业基地、高技术产业基地和现代服务业中心,全国重要的现代物流基地和综合交通枢纽,区域性信息产业、科技创新基地,限制开发区域与禁止开发区域超载人口的吸纳地,构建促进中部地区崛起的重要战略支点的重要支撑
	襄十随地区(襄阳市的襄城区、樊城区、襄州区,十堰市的张湾区、茅箭区,随州市的曾都区)	省级层面重点开发区域。全国重要的汽车生产基地,中部地区重要的交通枢纽,区域性物流中心和生态文化旅游中心,鄂西北地区经济发展的重要增长极
	宜荆荆地区(宜昌市的西陵区、伍家岗区、点军区、猇亭区、枝江市,荆门市的东宝区、掇刀区,荆州市的荆州区、沙市区)	省级层面重点开发区域。长江中游地区重要的综合性交通枢纽,全省重要的石油化工、建材、纺织服装、家电、农产品加工基地,全省重要的旅游目的地
	恩施州	省级层面重点开发区域。武陵山区重要的经济增长极、综合交通枢纽和人口集居区,全省重要的绿色产业基地、民俗文化生态旅游基地,中国"硒都"
	其他重点开发的城镇	省级层面重点开发区域。中心城市产业辐射和转移的重要承接区,县域经济发展的核心区,周边区域农业人口转移的集散区

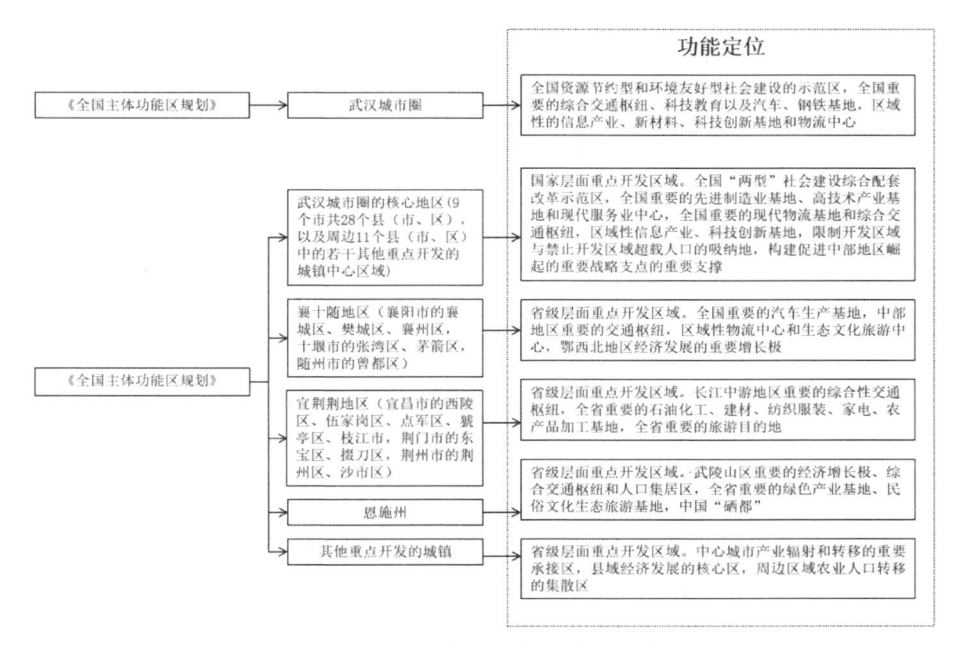

图 5-1　湖北省城市化地区定位一览图

资料来源:根据《国务院关于印发全国主体功能区规划的通知》(国发〔2010〕46号)、《省人民政府关于印发湖北省主体功能区规划的通知》(鄂政发〔2012〕106号)整理。

2. 农产品主产区

伴随着工业化、城镇化进程的不断加快,湖北省在经济社会快速发展的同时,国土空间开发逐渐显现出土地利用粗放、耕地面积不断减少等迫切问题,为保障农产品供给安全,防止过度占用耕地,对农产品主产区也要限制大规模、高强度的工业化城市化开发,使之成为主要提供农产品、保障国家农产品安全的农业空间[2]。湖北省农产品主产区犹如"米袋子""菜篮子",是国家重要的

---

[1] 廖志慧. 湖北省主体功能区规划解读:为每一块土地科学定位[N]. 湖北日报,2013-03-01(006).

[2] 杨伟民,袁喜禄,张耕田,等. 实施主体功能区战略,构建高效、协调、可持续的美好家园——主体功能区战略研究总报告[J]. 管理世界,2012(10):1-17,30.

粮棉油产区和粮食安全保障区，国家重要的粮棉油鱼肉禽等商品生产基地，全省特色农产品基地。全国主体功能区中的"七区二十三带"农业战略格局，是在考虑我国粮食主产区和重要粮基地、地区优势农产品产业带的良好基础上提出的，旨在保障我国的粮食安全，确保农产品供给安全得到切实保障。① 2011年6月，国务院发布的《全国主体功能区规划》对包括湖北在内的长江流域农产品主产区进行了具体定位，明确该地区是构建"七区二十三带"为主体的农业战略格局，重点是建设优质水稻、优质专用小麦、优质棉花、油菜、畜产品和水产品产业带。②

2012年12月21日，湖北省人民政府发布的《湖北省主体功能区规划》对黄（石）鄂（州）黄（冈）、孝（感）荆（门）、襄（阳）随（州）、宜（昌）荆（州）和咸宁的相关地区进行了具体定位，提出构建"三区七带"的农业战略格局（如图5-2）。于湖北省而言，黄鄂黄国家层面农产品主产区，重点发展优质水稻、油料生产等；积极发展河蟹、青虾等名特水产养殖；进一步扩大生猪养殖规模；积极发展循环农业，转变农业生产方式。孝荆国家层面农产品主产区，农业发展以优质稻、"双低"优质油菜、禽蛋、水产等为主体。襄随国家层面农产品主产区，农业发展以粮食、油料生产和生猪养殖为主体，重点发展专用小麦、玉米、"双低"优质油菜、优质水稻、生猪等。宜荆国家层面农产品主产区，重点发展水稻、小麦、玉米、棉花、"双低"优质油菜、生猪、水产、柑橘、茶叶等，建成以粮、棉、油、水产、生猪、林特、家禽等为重点的综合农业发展区，使之成为全国重要的农业生产基地和商品粮基地③。咸宁国家层面农产品主产区，重点发展优质水稻、油料、水产及茶叶等优势特色农产品。

---

① 盛科荣，樊杰. 主体功能区作为国土开发的基础制度作用［J］. 中国科学院院刊，2016，31（01）：44-50.
② 廖志慧. 湖北省主体功能区规划解读：为每一块土地科学定位［N］. 湖北日报，2013-03-01（006）.
③ 刘习平. 基于资源环境承载力的湖北沿长江干流经济带产业布局优化［J］. 湖北经济学院学报，2018，16（03）：46-53，126.

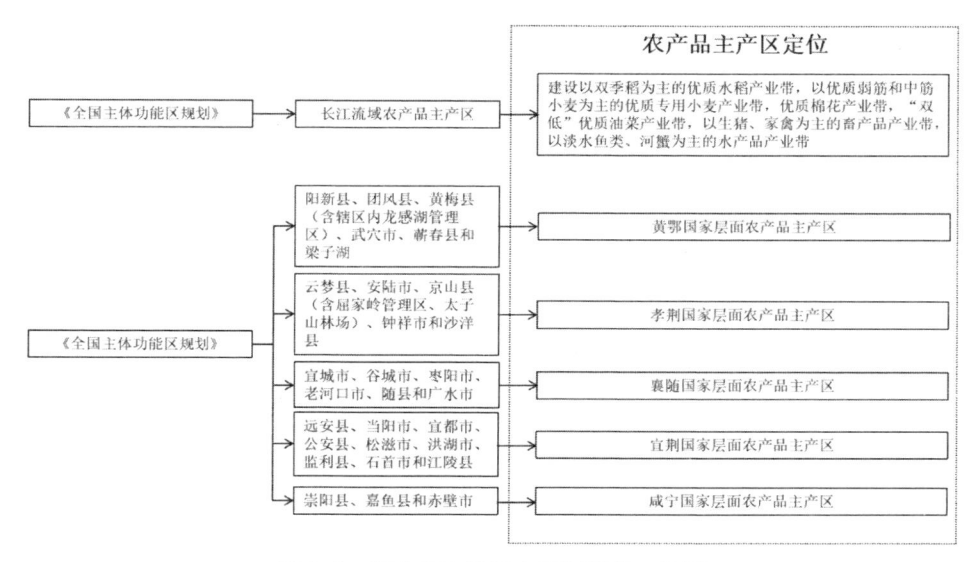

<<< 第五章 以城市群为主体承载形态优化湖北省生态修复与保护布局及其协调发展研究

图 5-2 湖北省农产品主产区定位一览图

资料来源：根据《国务院关于印发全国主体功能区规划的通知》（国发〔2010〕46号）、《省人民政府关于印发湖北省主体功能区规划的通知》（鄂政发〔2012〕106号）整理。

3. 生态功能区

湖北省生态系统类型丰富，森林、湿地和湖泊构成了其主要类型内容，其总体状况较为稳定。《全国主体功能区规划》将大别山、三峡库区、秦巴、武陵山区中湖北的相关地区分别定位为大别山水土保持生态功能区、三峡库区水土保持生态功能区、秦巴生物多样性生态功能区、武陵山区生物多样性及水土保持生态功能区。全国功能区构建"两屏三带"为主体的生态安全战略格局[1]，全面考虑了全国范围内的生态禀赋，把国家生态安全作为国土空间开发的重要战略任务和发展的内涵，充分体现了尊重自然、顺应自然的开发理念[2]。

2012年12月21日，湖北省人民政府发布的《湖北省主体功能区规划》提出构建"四屏两带一区"的生态安全战略格局（如图5-3）。于湖北而言，鄂东北大别山区是国家重要的土壤侵蚀防治生态功能区，全省土壤侵蚀防治主体示范区，也是全省东北重要的生态屏障。鄂西北秦巴山区生物多样性生态功能

---

[1] 廖志慧. 湖北省主体功能区规划解读：为每一块土地科学定位[N]. 湖北日报，2013-03-01（006）.
[2] 杨伟民，袁喜禄，张耕田，等. 实施主体功能区战略，构建高效、协调、可持续的美好家园——主体功能区战略研究总报告[J]. 管理世界，2012，（10）：1-17，30.

区是国家重要的生物多样性保护区,南水北调中线工程水源区,濒危珍稀动植物保护示范区,中部地区重要的生态安全屏障。鄂西南武陵山区是国家重要的生态屏障建设区,全省重要的生物多样性维护区和森林生态保护区。三峡库区是我国最大的水利枢纽工程库区,长江中下游地区重要的防洪库容区。幕阜山是省级重点生态功能区,鄂东南重要的生态屏障,全省重要的水源涵养地与水土保持区。

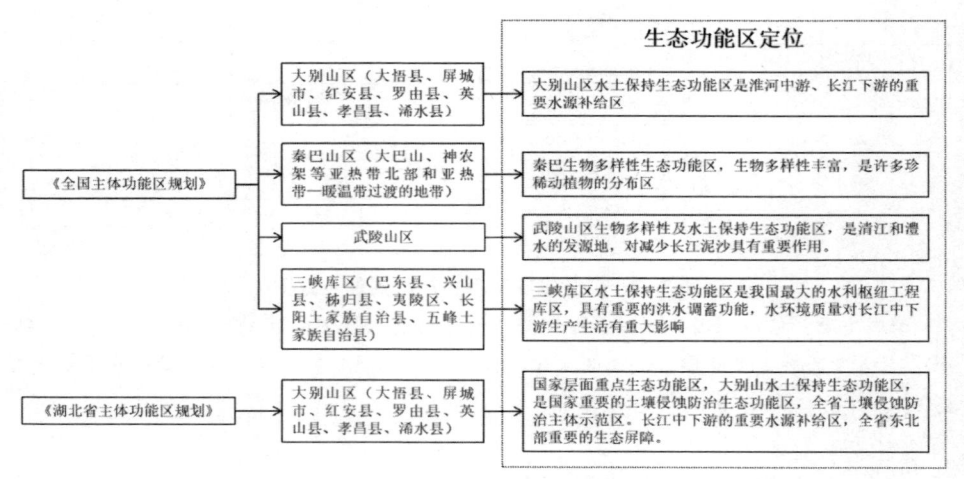

图 5-3 湖北省生态功能区定位一览图

资料来源:根据《国务院关于印发全国主体功能区规划的通知》(国发〔2010〕46号)、《省人民政府关于印发湖北省主体功能区规划的通知》(鄂政发〔2012〕106号)整理。

二、湖北省"三条控制线"空间管控初步建立

三条控制线指的是生态保护红线、永久基本农田、城镇开发边界。它是调整经济结构、规划产业发展、推进城镇化不可逾越的红线,也是协调生产、生活、生态空间布局的管制界限。2019年11月中共中央办公厅、国务院办公厅印发《关于在国土空间规划中统筹划定落实三条控制线的指导意见》,提出要按照生态功能划定生态保护红线,按照保质保量要求划定永久基本农田,按照集约适度、绿色发展要求划定城镇开发边界。

1. 生态保护红线

在经历快速城市扩张过程的区域,由于人类活动强干扰的介入,常常打破

整个自然生态系统的空间格局构成,影响区域空间生态安全。[①] 生态红线是为了保护重要生态功能区,在主体功能区划基础上,经政府批准公布的生态保护范围界限,红线范围内的区域将被限制开发,并严格执行生态休养生息政策[②]。2018年8月湖北省环境保护厅、发展和改革委员会发布的《湖北省生态保护红线划定方案》明确了全省共划定 $4.15×10^4$ 平方千米的生态保护红线总面积,占全省面积的22.30%,划定的生态保护红线整体呈现"四屏三江一区"基本格局。其中,"四屏"指鄂西南武陵山区、鄂西北秦巴山区、鄂东南幕阜山区、鄂东北大别山区四个生态屏障;"三江"指长江、汉江和清江干流的重要水域及岸线;"一区"指以江汉平原为主的重要湖泊湿地;[③] 还有鄂北岗地水土保持生态保护红线。湖北省生态保护红线是对生态功能区的进一步深化,有利于推动绿色发展,维护湖北生态安全。

2. 永久基本农田线

当前,国土空间的开发利用要求以"底线思维"为基础,优先进行永久基本农田红线的划定以强化其对各类建设布局的约束[④]。永久基本农田主要指永久性保护的耕地,用于保证粮食安全和农产品供应。2019年1月自然资源部和农业农村部联合发布的《关于加强和改进永久基本农田保护工作的通知》(自然资规[2019]1号),对守住耕地红线和永久基本农田控制线提出了更高要求,划定和管护永久基本农田线是进一步筑牢国家粮食安全的基石。当前,湖北省对永久基本农田线的空间管控初步确立。湖北省的永久基本农田划定工作于2017年全面完成,并根据第三次土地调查和生态保护红线评估结果进行了局部调整,截至2017年6月30日,全省共划定5888万亩永久基本农田,实际永久基本农田保护率为80.79%,永久基本农田包括了5748万亩耕地(97.63%)、101万亩可调整地(1.71%)以及39万亩其他非耕农用地(0.66%)。湖北省各市州永久基本农田实际划定规模如表5-1所示。

---

① 彭佳捷,周国华,唐承丽,等. 基于生态安全的快速城市化地区空间冲突测度——以长株潭城市群为例[J]. 自然资源学报,2012,27(09):1507-1519.
② 白佳玉,程静. 论海洋生态安全屏障建设:理论起源与制度创新[J]. 中国海洋大学学报(社会科学版),2016(06):19-25.
③ 廖志慧. 湖北省主体功能区规划解读:为每一块土地科学定位[N]. 湖北日报,2013-03-01(006).
④ 胡飞,柯新利,柴明,等. 权衡城市扩张与永久基本农田保护的城市增长边界划定——以武汉市为例[J]. 地理与地理信息科学,2019,35(03):72-77.

表 5-1 湖北省各市州永久基本农田实际划定规模　　　　单位：万亩

序号	行政区	实际划定	其中 耕地	其中 可调整地类	其中 其他非耕农用地
1	武汉	365.54	345.67	16.15	3.72
2	黄石	131.58	125.96	4.53	1.09
3	十堰	245.15	245.04	0.11	0.00
4	荆州	801.43	751.26	41.27	8.90
5	宜昌	397.25	354.77	28.92	13.57
6	襄阳	807.14	807.02	0.12	0.00
7	鄂州	64.58	63.63	0.00	0.95
8	荆门	548.40	548.22	0.00	0.18
9	黄冈	570.94	566.55	0.00	4.39
10	孝感	502.16	502.16	0.00	0.00
11	咸宁	230.14	230.09	0.05	0.00
12	恩施州	439.17	431.81	1.91	5.46
13	随州	294.29	294.29	0.00	0.00
14	仙桃	143.81	135.32	7.89	0.60
15	潜江	143.63	143.63	0.00	0.00
16	天门	196.27	196.27	0.00	0.00
17	神农架	6.60	6.60	0.00	0.00
合计		5888.08	5748.29	100.95	38.86

数据来源：《湖北省永久基本农田划定工作报告（2017年7月19日）》。

作为永久基本农田的重要组成部分，湖北省耕地面积的变化大致可以分成三个阶段，如图 5-5 所示，2004—2008 年，湖北省耕地面积略有下降但变动不大，2008—2010 年湖北省耕地面积出现较大幅度增长，从 2008 年的 466.41 万亩，增加到 2010 年的 531.23 万亩，2010—2020 年，湖北省耕地面积出现下降趋势，2020 年的降幅最大。

3. 城镇开发边界

城镇建设用地的急速扩张是我国城镇化进程中的显著特征，给自然资源的合理利用及生态保护带来了巨大压力，在保障经济社会高质量发展的前提下，城市开发边界是控制城市空间蔓延、提高土地集约利用水平、保护资源生态环境、引导城市合理有序发展的公共政策工具，是城市建设与非建设的重要控制性界线[1]。自然资源部于 2019 年 6 月发布的《城镇开发边界划定指南（试行）》明确了城镇开发边界是在国土空间规划中划定的，并在一定时期内指导和约束城镇发展，在其区域内可以进行城镇集中开发建设。[2] 城镇开发边界的划定是科学引导国土空间结构调整、实现空间高质量发展转型的重要举措，有利于践行生态文明理念，加强生态环境保育和建设，防止大中小城市的无序蔓延，合理配置空间资源。当前，湖北省各市州、县城镇开发边界划定工作正通过各级国土空间规划编制落实。

建成区面积是城镇建设用地的直观表现。如表 5-2 所示，在 2010—2020 年间，湖北省及各市州的建成区面积均有不同程度的增加。从全省看，2020 年的建成区面积为 2756.81 平方千米，比 2010 年增加了 1055.78 平方千米，建成区占市区面积比提高了 0.85%。从各市州看，2020 年的建成区面积比 2010 年增加了 2.99 到 401.1 平方千米不等，其中增加最多的是武汉，增加了 401.1 平方千米，建成区占市区面积比提高了 4.63 个百分点；增加最少的是黄冈，增加了 2.99 平方千米，建成区占市区面积比提高了 1.02 个百分点。各市州中十堰、鄂州的建成区占市区面积比呈下降趋势，原因在于 2010—2018 年间十堰的市辖区面积增加了 3832 平方千米，是 2010 年十堰市区面积的 3.2 倍；其余各市州的该面积占比数值均呈上升趋势，其中黄石的比重上升最多，2020 年该数值达到 36.54%，上升幅度为 8.69%。

表 5-2 湖北省 2010、2020 年建成区、市区面积及建成区占市区面积比

地区	2010 建成区面积	2010 市区面积	2010 建成区占市区面积比	2020 建成区面积	2020 市区面积	2020 建成区占市区面积比
武汉	484.01	8494.00	5.70%	885.11	8569.15	10.33%
黄石	66.00	237.00	27.85%	85.42	233.80	36.54%
十堰	62.14	1193.00	5.21%	116.52	8916.00	1.31%
宜昌	92.23	4232.00	2.18%	181.07	4234.26	4.28%

---

[1] 林坚, 乔治洋, 叶子君. 城市开发边界的"划"与"用"——我国 14 个大城市开发边界划定试点进展分析与思考 [J]. 城市规划学刊, 2017 (02): 37-43.
[2] 张小东, 韩昊英, 张云璐, 等. 国土空间规划重要控制线体系构建 [J]. 城市发展研究, 2020, 27 (02): 30-37.

续表

地区	2010 建成区面积	2010 市区面积	2010 建成区占市区面积比	2020 建成区面积	2020 市区面积	2020 建成区占市区面积比
襄阳	107.00	3672.00	2.91%	206.00	3672.87	5.61%
鄂州	52.30	1594.00	3.28%	36.18	1596.46	2.27%
荆门	50.50	2391.00	2.11%	67.65	2251.94	3.00%
孝感	32.70	1020.00	3.21%	56.50	1018.32	5.55%
荆州	66.40	1576.00	4.21%	96.07	1576.00	6.10%
黄冈	30.03	376.20	7.98%	33.02	367.05	9.00%
咸宁	62.60	1510.00	4.15%	76.18	1241.69	6.14%
随州	43.00	1322.00	3.25%	81.55	1425.41	5.72%
仙桃	40.00	2538.00	1.58%	63.23	2519.06	2.51%
潜江	45.75	2004.00	2.28%	58.21	2004.00	2.90%
天门	26.00	2622.00	0.99%	46.13	2612.42	1.77%
恩施州	25.00	4033.00	0.62%	41.5	3967.30	1.05%
神农架	/	3253.00	/	/	/	/
全省	1701.03	86371.44	1.97%	2756.81	97661.89	2.82%

数据来源：2010、2020年中国城市建设统计年鉴。

注：表中面积单位均为"平方千米"。

三、湖北省生态资源得到恢复和发展，提高了生态宜居水平

中共湖北省委十一届八次全体会议明确指出，要"切实把生态修复保护摆在压倒性位置"。"压倒性位置"指明了生态修复保护的阶段重要性。[1] 2010年以来，湖北省生态系统质量和稳定性逐渐提高，生态环境指数波动上升，生态恢复持续；退耕还林、还湖行动扎实推进，森林湿地覆盖率都有不同程度的提升；城市绿化生态空间持续增加，提升了城市生态宜居水平。

1. 湖北省生态环境状况指数波动上升，生态恢复持续

"十三五"期间，湖北省在生态文明建设上成就显著。全省生态环境加快改善，长江大保护"双十工程"和"四个三"重大生态工程扎实推进，13个国考

---

[1] 湖北日报评论员.让绿水青山成为最大财富最大优势最大品牌——四论贯彻落实省委十一届八次全会精神[N].湖北日报，2020-12-09（001）.

城市细颗粒物平均浓度比2015年下降40.3%。2019年12月中共中央、国务院印发《长江三角洲区域一体化发展规划纲要》，提出了"着力强化生态环境共保联治"的指导思想、"坚持绿色共保"的基本原则和"生态环境共保联治能力显著提升"的发展目标，明确提出坚持生态保护优先，合力保护重要生态空间和共同保护重要生态系统，确保生态空间面积不减少、生态系统功能有提升[①]。湖北省是长江经济带的重要部分。也因此，坚持生态优先原则、加强生态空间和生态系统保护、协调生态系统与环境系统和经济系统的关系是实现湖北省生态管理的基础和前提。如表5-3所示，2010—2019年湖北省生态环境状况指数整体上呈波动上升趋势；根据《生态环境状况评价技术规范》（HJ192—2015），全省生态环境状况在2010—2019年十年间均为良好（EI≥75为优，55≤EI<75为良）。湖北省2010年的生态环境状况指数为70，2015年该数值上升至71.24，上升了1.24，生态环境状况转好；然而2019年，全省的生态环境状况指数下降至70.5，下降了0.74，不过相对于2010年而言，仍是整体向好趋势。2021年，全省的生态环境状况指数上升至73.92，上升了3.42。

从湖北省各市州角度来看。2015年，大部分市州的生态环境状况指数有所好转，部分城市指数情况略微下降，包括黄石、咸宁、仙桃、宜昌、荆州、恩施州和神农架；与2010年相比，2019年的黄石、咸宁、仙桃、宜昌、荆州、十堰、恩施州、神农架的生态环境状况指数表现略微下降，其中咸宁的指数下降幅度最大，下降了4.09；武汉、鄂州、孝感、黄冈、潜江、天门、荆门、襄阳、随州的生态环境状况指数表现有所提高，其中孝感上升的幅度最大，指数值增加了5.79；与2019年相比，2021年各市州的生态环境状况指数均有所提高。从表5-3可以明显看出，在2010—2021年间，神农架、恩施州、宜昌、十堰、咸宁各年的生态环境状况指数基本集中在75以上，生态环境状况评价为优；潜江、天门两市的生态环境状况指数在60以下，在全省各地市州中处于较差水平。但总体而言，无论是从全省整体抑或是各市地区角度评价，湖北省的生态恢复持续进行。

---

① 杨荣金，孙美莹，傅伯杰，等．长江流域生态系统可持续管理策略［J］．环境科学研究，2020，33（05）：1091-1099．

表 5-3 2010、2015、2019、2021 年湖北省及各市州生态环境状况指数变化表

地区	2010 数值	2015 数值	基于2010年的变动幅度	2019 数值	基于2015年的增减变动	2021 数值	基于2019年的增减变动
湖北	70	71.24	1.24	70.5	-0.74	73.92	3.42
武汉	57.98	60.52	2.54	60.26	-0.26	64.27	4.01
黄石	71.73	70.83	-0.9	68.65	-2.18	70.2	1.55
鄂州	58.86	62.72	3.86	62.77	0.05	63.87	1.1
孝感	54.04	60.21	6.17	59.83	-0.38	64.47	4.64
黄冈	68.08	70.13	2.05	68.98	-1.15	71.75	2.77
咸宁	79.53	76.28	-3.25	75.44	-0.84	77.72	2.28
仙桃	60.42	57.24	-3.18	57.2	-0.04	62.75	5.55
潜江	55.43	57.08	1.65	57.35	0.27	59.29	1.94
天门	54.42	56.62	2.2	56.7	0.08	58.60	1.9
宜昌	79.79	78.08	-1.71	77.97	-0.11	78.73	0.76
荆州	62.12	61.93	-0.19	61.71	-0.22	62.41	0.7
荆门	64.17	65.96	1.79	66.43	0.47	68.84	2.41
十堰	76.73	77.84	1.11	76.32	-1.52	82.20	5.88
襄阳	67.44	69.05	1.61	67.77	-1.28	70.55	2.78
随州	65.33	69.42	4.09	68.89	-0.53	74.45	5.56
恩施州	80.07	79.5	-0.57	78.54	-0.96	79.85	1.31
神农架	81.82	81.61	-0.21	80.62	-0.99	88.91	8.29

数据来源：2010、2015、2019、2021 年湖北省环境质量状况公报。

2. 退耕还林、还湖扎实进行，森林湿地覆盖率有所提升

系列行动扎实进行，森林覆盖率有所提升。2013 年 8 月，湖北省启动"绿满荆楚行动"，通过开展"绿满荆楚三年全覆盖"行动，美丽湖北建设取得巨大成就。湖北省林业厅的统计显示，湖北实施"绿满荆楚"行动三年来，共完成造林 997.2 万亩，超计划任务 16.96%，宜林地及无木林地造林、通道绿化、村庄绿化面积均超额完成计划任务。党的十八大以来，在省委、省政府的部署下，我省开展绿满荆楚、精准灭荒、长江两岸造林绿化等林业生态工程，大规模推

进国土绿化,提升森林资源质量,森林生态防护体系逐步优化,森林生态服务功能显著提升。湖北省全省的森林覆盖率有了明显的提升,从2005年的26.80%提高至2020年的41.84%,提高了15.04个百分点。截至2020年,湖北省有11个城市荣获"国家森林城市"称号,有8个城市正在创建国家森林城市;有36个城市被授予"湖北省森林城市"称号。

湖北省及各13个市州2005—2020年的森林覆盖率情况如表5-4所示。从全省角度看,湖北省全省的森林覆盖率从2005年的26.80%上升至2020年的41.84%,上升了15.04个百分点。从各市州情况看,2005、2010、2013、2020年,十堰森林覆盖率进步明显,从2005年的52.00%上升至2020年的73.5%;恩施州的森林覆盖率始终保持在70%左右;其次是宜昌,森林覆盖率从2005年的55.20%上升至2020年的63.78%,在13个城市中排名第三。相比于2005年,2013年除黄石、襄阳、孝感的森林覆盖率分别下降5.10个百分点、0.07个百分点、3.40个百分点以外,其他市州的森林覆盖率均有着不同程度的上升,其中上升最多的宜昌,达10.50个百分点。相比于2013年,2020年除宜昌、咸宁的森林覆盖率分别下降1.92个百分点、1.99个百分点以外,其他市州的森林覆盖率有着不同程度的上升,其中上升最多的十堰,达20.50个百分点;黄冈的森林覆盖率未发生明显变化,2005、2010、2013年均为43.00%,2020年上升为43.12%。

表5-4 2005、2010、2013、2020年湖北省及13个市州森林覆盖率变化表

地区	2005 数值	2010 数值	基于2005年的变动幅度	2013 数值	基于2010年的变动幅度	2020 数值	基于2010年的变动幅度
湖北	26.80	38.40	11.60	38.40	0.00	41.84	3.44
武汉	21.70	26.63	4.93	27.41	0.78		
黄石	38.10	38.10	0.00	33.00	-5.10	37.3	4.3
十堰	52.00	53.00	1.00	53.00		73.5	20.5
荆州	14.85	15.20	0.35	15.20	0.00	25.88	10.68
宜昌	55.20	55.30	0.10	65.70	10.40	63.78	-1.92
襄阳	42.62	42.62	0.00	42.55	-0.07	45.96*	3.41
鄂州	14.00	19.80	5.80	20.25	0.45		
荆门	34.00	35.70	1.70	37.01	1.31	45.15	8.14

续表

地区	2005 数值	2010 数值	基于2005年的变动幅度	2013 数值	基于2010年的变动幅度	2020 数值	基于2010年的变动幅度
孝感	24.00	24.00	0.00	20.60	-3.40		
黄冈	43.00	43.00	0.00	43.00	0.00	43.12	0.12
咸宁	52.30	54.20	1.90	55.00	0.80	53.01	-1.99
随州	48.90	50.42	1.52	50.42	0.00	52.92	2.5
恩施州	63.00	67.00	4.00	67.00	0.00	70.14	3.14

数据来源：历年统计年鉴。

注：神农架、仙桃、潜江、天门数据无统计。2020年恩施州、咸宁、黄冈、十堰、宜昌数据来源于各市国民经济与社会发展公报，随州、荆门、襄阳、荆州、黄石数据来源于有关政府文件。襄阳2020年森林覆盖率数据加*是因为2020年数据缺失，用的是2019年数据。

系列行动扎实进行，湿地覆盖率有所提升。长江流域湿地面积约25×10⁴平方千米，占全国湿地总面积的20%左右，自然湿地面积为8.50×10⁴平方千米，其中有17处国际重要湿地，168处国家级或省级湿地自然保护区，但湿地保护率低，远低于全国平均水平。城镇化快速发展及围湖造田侵占导致天然湿地面积减少，污染物输入使得湿地水质污染严重，一些不合理开发利用行为造成湿地生物多样性下降，湿地严重退化且生态功能减弱①。以"长江大保护"为契机，湖北省全面贯彻落实"共抓大保护、不搞大开发"的决策部署，采取多项专项集中整治工作，开展流域生态补偿合作，聚焦"长江大保护"、推进"汉江大保护"，大力实施还湖整治工程，并取得了显著成效。至2022年2月，湖北省已建成国际重要湿地4处、国家重要湿地8处、省级重要湿地54处，建立湿地保护小区72个、国家湿地公园66个、省级湿地公园38个。

如表5-5所示，相比于2005年，2013年湖北省湿地覆盖率明显提高，2005年、2010年保持在5.00%。经过对河湖保护的稳步推进，2013年全省湿地覆盖率达到8.00%，较2010年提高了3个百分点。从各市州情况看，在2005—2013

---

① 刘录三，黄国鲜，王璠，等. 长江流域水生态环境安全主要问题、形势与对策[J]. 环境科学研究，2020，33（05）：1081-1090.

年间,鄂州的湿地覆盖率始终居 13 个城市首位,2013 年达到 47.50%;其次是荆州,其湿地覆盖率在 13 个城市中居于第二,为 42.54%;2005、2010、2013 年随州的湿地覆盖率持平,均为 30.65%,在全省 13 个城市排名第三。与 2005 年相比,2013 年武汉、黄石和鄂州的湿地覆盖率有了不同程度的提高,其中鄂州提高幅度最大,为 2.72 个百分点;武汉和黄石分别提高了 0.02 和 0.22 个百分点。其余各市州的湿地覆盖率在 2005、2010、2013 年持平。

表 5-5　2005、2010、2013 年湖北省及各市州湿地覆盖率变化表

地区	2005 数值	2010 数值	基于 2005 年的变动幅度	2013 数值	基于 2010 年的变动幅度
湖北	5.00	5.00	0.00	8.00	3.00
武汉	4.47	4.47	0.00	4.49	0.02
黄石	12.00	12.00	0.00	12.22	0.22
十堰	3.91	3.91	0.00	3.91	0.00
荆州	42.54	42.54	0.00	42.54	0.00
宜昌	8.85	8.85	0.00	8.85	0.00
襄阳	7.93	7.93	0.00	7.93	0.00
鄂州	44.78	47.50	2.72	47.50	0.00
荆门	4.20	4.20	0.00	4.20	0.00
孝感	5.25	5.25	0.00	5.25	0.00
黄冈	21.28	21.28	0.00	21.28	0.00
咸宁	6.07	6.07	0.00	6.07	0.00
随州	30.65	30.65	0.00	30.65	0.00
恩施州	0.20	0.20	0.00	0.20	0.00

数据来源:历年统计年鉴。
注:神农架、仙桃、潜江、天门数据无统计。

3. 城市绿化持续进行,提升了城市生态宜居水平

作为土地利用类型重要组成部分的生态用地是区域生态系统健康和区域生

态承载能力的重要保障与载体。① 在城市区域内，城市的可持续发展涉及自然、经济、社会等多个相互依存甚至竞争的系统。当前，环境问题日渐转为全球危机，国土生态修复的迫切性已经显现，"绿水青山就是金山银山"的发展理念开始以口袋花园、绿色屋顶等形式践行在城市建设中②，生态用地则集中体现在城市中的绿地系统建设及绿化带、绿道等具体内容。完善的城市绿地系统建设是绿色宜居城镇的必要条件，建成区绿化覆盖率一定程度体现了城市绿色环境质量。进入21世纪以来，湖北省整体的建成区绿化覆盖率有所增加。根据表5-6，相比于2005年，2010年湖北省建成区绿化覆盖率从34.75%提升至37.74%，提升幅度为2.99个百分点；2015年湖北建成区绿化覆盖率降为37.47%，低于2010年；2020年提高至41.07%，全省建成区绿化率进一步提高。整体呈现波动上升的趋势。

表5-6 2005、2010、2015、2020年湖北省及各市州建成区绿化覆盖率变化表

地区	2005 数值	2010 数值	基于2005年的变动幅度	2015 数值	基于2010年的变动幅度	2020 数值	基于2015年的变动幅度
湖北	34.75	37.74	2.99	37.47	-0.27	41.07	3.6
武汉	37.60	37.17	-0.43	39.65	2.48	42.07	2.42
黄石	38.44	39.88	1.44	38.41	-1.47	40.42	2.01
十堰	42.22	45.32	3.10	33.83	-11.49	42.24	8.41
荆州	27.55	39.79	12.24	36.21	-3.58	37.01	0.8
宜昌	40.42	40.88	0.46	41.38	0.50	41.13	-0.25
襄阳	38.86	36.38	-2.48	38.03	1.65	44.27	6.24
鄂州	31.13	37.00	5.87	32.37	-4.63	43.23	10.86
荆门	44.53	39.92	-4.61	39.66	-0.26	41.12	1.46
孝感	37.93	40.21	2.28	36.08	-4.13	41.25	5.17
黄冈	31.52	32.97	1.45	33.55	0.58	42.49	8.94

① WANG Y, LI X, ZHANG F, et al. Effects of rapid urbanization on ecological functional vulnerability of the land system in Wuhan, China：A flow and stock perspective [J]. Journal of Cleaner Production, 2020, 248 (Mar. 1)：119284.1-119284.13.

② 吴大放，胡悦，刘艳艳，等. 城市开发强度与资源环境承载力协调分析——以珠三角为例 [J]. 自然资源学报, 2020, 35 (01)：82-94.

续表

地区	2005 数值	2010 数值	基于2005年的变动幅度	2015 数值	基于2010年的变动幅度	2020 数值	基于2015年的变动幅度
咸宁	27.01	37.60	10.59	38.94	1.34	39.76	0.82
随州	22.72	31.98	9.26	37.28	5.30	42.63	5.35
恩施州	24.83	33.68	8.85	37.56	3.88	43.32	5.76
仙桃	40.00	41.40	1.40	36.61	-4.79	38.78	2.17
潜江	40.01	40.02	0.01	37.87	-2.15	36.23	-1.64
天门	19.94	35.38	15.44	37.60	2.22	39.99	2.39

数据来源：历年中国城市建设统计年鉴。

注：神农架数据无统计。

从各市州的角度看，建成区绿化覆盖率也呈波动趋势。其中，荆门、仙桃和潜江呈波动下降趋势，2005—2020年期间，潜江的建成区绿化覆盖率从40.01%下降至36.23%，下降幅度最大，为3.78个百分点；荆门的建成区绿化覆盖率从44.53%下降至41.12%，下降幅度3.41个百分点；仙桃的建成区绿化覆盖率从40.00%下降至38.78%，下降幅度最小，仅有1.22个百分点。其余城市呈波动上升趋势，黄冈、咸宁、随州、恩施州和天门的建成区绿化覆盖率在2005—2020年间上升的幅度均大于10%，分别为10.97%、12.75%、19.91%、18.49%和20.05%。总体看来，湖北省各市州的建成区绿化覆盖率有所波动，近几年在生态文明建设的不断推进下，呈现向好恢复局面。

湖北省内各市州的建成区绿化覆盖率呈现较不均衡状态。2020年，高于湖北省整体建成区绿化覆盖率的城市有10个，分别是武汉、十堰、宜昌、襄阳、鄂州、荆门、孝感、黄冈、随州和恩施州，绿化覆盖率排名前五的城市分别是襄阳（44.27%）、恩施州（43.32%）、鄂州（43.23%）、随州（42.63%）和黄冈（42.49%）。综合2005、2010、2015、2020年的表现而言，宜昌、荆门各年的建成区绿化率均高于全省整体水平，且各年的建成区绿化覆盖率均超过39%，在全省内排名靠前；其次，武汉、黄石、襄阳、孝感均只有一年差于全省整体水平，各年的建成区绿化覆盖率均在40%上下波动。

第二节 以城市群为主体承载形态的湖北省生态保护与恢复空间格局

经济发展水平和自然禀赋深刻影响着生态系统质量和稳定性。在经济发展水平的不同阶段、不同资源环境压力格局下，生态系统质量与稳定性以及生态保护与恢复的程度存在差异。湖北省"十四五"时期全面提升生态系统质量与稳定性，要考虑到各地区生态保护与恢复的空间格局。本节揭示了湖北省主体功能区、生态环境质量分布以及生态资源保护恢复的空间分布格局。

一、湖北省主体功能区的空间格局

主体功能区空间格局的确立是湖北省生态保护与恢复的重要内容。当前，湖北省主体功能区的空间格局基本形成了包含"中心城市向四周递减"的城市空间格局、"依江湖及平原呈鄂中鄂东连贯分布"的农业空间格局和"西部丰富，东部次之，中部最为稀疏"的生态空间格局。

1. "中心城市向四周递减"的城市空间格局

城市空间资源的合理配置依靠"城市开发边界"的划定有效运作，城市空间资源中的建成区一定程度上代表了一个城市的城市化区域，是城市建设发展在地域分布上的集中客观反映。如表5-7所示，2021年湖北省各市州建成区面积最大的城市均为三大城市群中心城市或重点城市，包括武汉城市圈的武汉，襄十随神城市群的襄阳、十堰，宜荆荆恩城市群的宜昌，其中武汉的建成区面积最大，远高于其他各市州，达到 885.11km^2，是襄阳的 4.30 倍，是宜昌的 4.89 倍。湖北省建成区的建设以三大城市群的中心城市为代表，这说明了湖北省"一主两翼"的城市化发展格局成效明显，襄阳、十堰、宜昌的建成区面积也高于其他市州。综上，湖北省的城市化水平呈现"中心城市向四周递减"的空间格局。

表 5-7　2021 年湖北省各市州建成区情况

城市群	城市	建成区面积（平方公里）	合计（平方公里）	占全省比重
武汉城市圈	武汉	885.11	1339.98	62.90%
	黄石	85.42		
	鄂州	36.18		
	孝感	56.5		
	黄冈	33.02		
	咸宁	76.18		
	仙桃	63.23		
	天门	46.13		
	潜江	58.21		
襄十随神城市群	襄阳	206	404.07	18.97%
	十堰	116.52		
	随州	81.55		
宜荆荆恩城市群	宜昌	181.07	386.29	18.13%
	荆州	96.07		
	荆门	67.65		
	恩施	41.5		

数据来源：《2021 年中国城市建设统计年鉴》。

2. "依江湖及平原呈鄂中鄂东连贯分布"的农业空间格局

湖北省素有"鱼米之乡"的美称，这主要是因为湖北省是全国粮食主产区之一，省内的江汉平原、鄂东平原土地肥沃，历来都是水稻、棉花的主产区。湖北省的水稻种植面积将近 3000 万亩，稻米生产不仅可以自给自足，每年还可以销往外省 500 多万吨，因此自古便有"湖广熟、天下足"的说法。由此，湖北省对于我国的粮食生产稳定及粮食安全保障至关重要，全省各市州必须坚定不移稳定粮食种植面积。如表 5-8 所示，湖北省北部的襄阳及南部的荆州分别被汉江及长江贯穿，水资源丰富，实际划定的永久基本农田最多，分别达到807.14 万亩及 801.43 万亩，是全省重要的粮食生产基地；随着长江自西而东贯穿全省，江汉平原、鄂东平原土地肥沃，被长江贯穿的恩施州、荆门、孝感及黄冈的永久基本农田数仅次于襄阳和荆州，均在 400 万亩以上，共同保障了全省的粮食生产；黄石、鄂州及神农架的永久基本农田数最少，其中神农架由于其生态系统特性所限，永久基本农田数仅为 6.6 万亩。综上，湖北省的永久基本农田控制线呈现"依江湖及平原呈鄂中鄂东连贯分布"的空间格局。

表 5-8　湖北省各市州永久基本农田实际划定面积

城市群	城市	基本农田面积（万亩）	合计（万亩）	占全省比重
武汉城市圈	武汉	365.54	2268.07	39.05%
	黄石	131.58		
	鄂州	64.58		
	孝感	502.16		
	黄冈	570.94		
	咸宁	230.14		
	仙桃	63.23		
	天门	196.27		
	潜江	143.63		
襄十随神城市群	襄阳	807.14	1353.18	23.30%
	十堰	245.15		
	随州	294.29		
	神农架林区	6.6		
宜荆荆恩城市群	宜昌	397.25	2186.25	37.65%
	荆州	801.43		
	荆门	548.4		
	恩施	439.17		

数据来源：《湖北省永久基本农田划定工作报告（2017 年 7 月 19 日）》。

3. "西部丰富，东部次之，中部最为稀疏"的生态空间格局

划定生态保护红线的目的在于建立最为严格的生态保护制度，对生态功能保障、环境质量安全和自然资源利用方面提出更高的监管要求。湖北省整体呈现"三江四屏千湖一平原"的空间格局，东西两部的自然生态较为集中。如图 5-4 所示，湖北省的生态保护红线分布整体呈现"三江四屏千湖一平原"的空间格局，其中东西两部的生态保护红线区域较为集中，构成全省四面的生态屏

障；中部则较为稀疏。自然保护地作为生态保护红线区域重要组成部分，同样是我国生态文明体制建设的重要内容。随着湖北省对生态文明建设的落实，湖北省的自然保护区数量及面积也在上升，并整体与生态保护红线分布相呼应，各市州的自然保护区数量呈现东西多、中部少的空间格局。如表5-9所示，自然保护区数量最多的襄阳、十堰和恩施州坐落在湖北省的西部，自然保护区数量分别为15、13、12个，均在10个以上；第二梯队是荆州和宜昌，自然保护区数量均为8个，分布在湖北省的西部及南部；东部的武汉、咸宁、黄冈的自然保护区分别为5、5、4个，较高于中部的随州、荆门、孝感等市。综上，湖北省的自然生态呈现"西部丰富，东部次之，中部最为稀疏"的空间格局。

表5-9 湖北省2018年各市州自然保护区分布

自然保护区数量范围	n≤3	3<n≤5	5<n≤10	n>10
城市	黄石（1）、鄂州（1）、荆门（2）、孝感（2）、随州（3）、仙桃（0）、潜江（0）、天门（1）、神农架（2）	武汉（5）、咸宁（5）、黄冈（4）	荆州（8）、宜昌（8）、	襄阳（15）、十堰（13）、恩施州（12）

数据来源：根据《湖北省自然保护区名录》公布统计所得。
注：括号内为自然保护区数量。

二、湖北省生态环境的空间格局

湖北省生态保护与恢复的成效直接体现在生态环境质量向好和城市生态空间增多上。当前，湖北省基本形成了"西优东良"的生态环境质量空间格局、"东西丰富中部稀疏"的森林生态空间格局、"鄂西匮乏，鄂东反C状分布"的湿地生态空间格局和"北高南低"的城市生态空间格局。

1. "西优东良"的生态环境质量空间格局

随着生态文明意识的逐渐加强，生态环境状况有所恢复和发展，区域的生态环境质量状况常用生态环境指数（简称EI）反映。如表5-10所示，在2010—2021年间，湖北省的生态环境状况指数有所好转，天门和孝感的生态环境状况指数明显提高，天门和孝感生态环境质量评级由"良好"以下上升至良好直接促进了全省的生态环境状况达到良好。湖北省西部各市及咸宁的生态环境状况明显好于其他各市州，神农架、恩施州、宜昌、十堰、咸宁各年的生态环境状况指数均在 75 以上，生态环境质量评级为"优秀"；相较之下，鄂中及鄂东地区的各市州生态环境指数较低，2021 年处于鄂中的荆州、潜江、天门、仙桃四市的生态环境状况指数略高于良好线 55，在全省各地市州中处于较差水平。整体而言，当前湖北省的生态环境状况呈现"西优东良"的空间格局。

表 5-10　湖北省各市州 2010、2019、2021 年生态环境状况指数（EI）

城市群	城市	2010	2019	2021
武汉城市圈	武汉	57.98	60.26	64.27
	黄石	71.73	68.65	70.2
	鄂州	58.86	62.77	63.87
	孝感	54.04	59.83	64.47
	黄冈	68.08	68.98	71.75
	咸宁	79.53	75.44	77.72
	仙桃	60.42	57.2	62.75
	天门	54.42	56.7	58.6
	潜江	55.43	57.35	59.29
襄十随神城市群	襄阳	67.44	67.77	70.55
	十堰	76.73	76.32	82.2
	随州	65.33	68.98	74.45
	神农架林区	81.82	80.62	88.91
宜荆荆恩城市群	宜昌	79.79	77.97	78.73
	荆州	62.12	61.71	62.41
	荆门	64.17	66.43	68.84
	恩施	80.07	78.54	79.85

数据来源：2010、2019、2021 年湖北省环境质量状况公报。

2."东西丰富中部稀疏"的森林生态空间格局

随着城镇化、工业化的不断推进，追求经济高速发展所带来的森林资源锐减直接削弱了湖北省的生态禀赋，建立生态友好型的和谐社会极为迫切。湖北省的林木资源丰富，当前已建成国家级森林城市 11 个、省级森林城市 36 个，但各市州水平分异明显，森林生态系统在全省空间内分布不均。如表 5-11 所示，2013 年湖北省林木资源最丰富的城市恩施州（67%）及宜昌（65.7%）的森林覆盖率高达 65%以上，是全省林木资源相对匮乏的荆州（15.20%）的 4.41 及 4.32 倍；恩施州与宜昌坐落于湖北省的西南部，同时相对于鄂中的孝感和荆州而言，鄂西北及鄂东各市州的森林资源较为丰富，森林生态在全省空间内分布十分不均，整体上形成东西高中部低的"洼地状"。2020 年，黄石、襄阳、十堰、荆门的森林覆盖率明显提高，其中，十堰的森林覆盖率增幅最大，较 2013 年增加了 38.68 个百分点。综上，湖北省的森林生态呈现"东西丰富中部稀疏"的空间格局。

表 5-11　2013 年、2020 年湖北省各市州森林覆盖率

城市群	城市	2013	2020
武汉城市圈	武汉	27.41%	-
	黄石	33.00%	37.30%
	鄂州	20.25%	-
	孝感	20.60%	-
	黄冈	43.00%	43.12%
	咸宁	55.00%	53.01%
襄十随神城市群	襄阳	42.55%	45.96%
	十堰	53.00%	73.50%
	随州	50.42%	52.92%
宜荆荆恩城市群	宜昌	65.70%	63.78%
	荆州	15.20%	25.88%
	荆门	37.01%	45.15%
	恩施	67.00%	70.14%

数据来源：历年统计年鉴。

注：神农架、仙桃、潜江、天门数据未统计。2020 年武汉、鄂州、孝感数据缺失。

3. "鄂西匮乏，鄂东反 C 状分布"的湿地生态空间格局

湖北省是"湿地大省"，自 2013 年开展河湖保护行动以来，湖北省在保护湿地生态系统方面取得卓越成效，湿地保护面积不断扩大，湿地保护率也有效

提高。但湖北各市州的湿地覆盖率水平分异明显，湿地生态系统在全省空间内分布不均。如表 5-12 所示，湖北省湿地资源最丰富的城市鄂州（47.5%）及荆州（42.54%）的湿地覆盖率高达 40% 以上，是全省湿地最匮乏恩施州（0.20%）的 237.5 倍及 212.7 倍；鄂州现有湖泊面积 31.46 万亩，其中万亩以上大湖 6 个，而四湖流域位于荆州境内，两市的湖区生态系统都相当丰富；相对于鄂西而言，鄂东的随州、黄冈、黄石的湿地资源更为丰富；湿地资源在全省空间内分布十分不均，整体上形成西低东高的波浪状。综上，湖北省的湿地生态呈现"鄂西匮乏，鄂东反 C 状分布"的空间格局。

表 5-12 湖北省各市州 2013 年湿地覆盖率

城市群	城市	2013
武汉城市圈	武汉	4.49
	黄石	12.22
	鄂州	47.50
	孝感	5.25
	黄冈	21.28
	咸宁	6.07
襄十随神城市群	襄阳	7.93
	十堰	3.91
	随州	30.65
宜荆荆恩城市群	宜昌	8.85
	荆州	42.54
	荆门	4.20
	恩施	0.20

数据来源：历年统计年鉴。

注：神农架、仙桃、潜江、天门无数据。

4. "北高南低"的城市生态空间格局

在快速城镇化过程中，往往伴随着大气、水、土壤重金属污染以及生态环境恶化等问题，给资源环境承载力带来巨大压力。[1] 在此背景下，城镇化与生态环境的交互耦合及协调发展，成为全球性的战略问题和科学难题，也成为地球系统科学与可持续性科学研究的热点与前沿[2]。随着社会进步与发展、生态文明建设不断推进，人民对于自然环境和社会环境的要求也越来越高，城市空间的绿色生态化呼声逐渐强烈。建成区绿化覆盖率集中体现了城市绿化水平，指在城市建成区的绿化覆盖面积占建成区的百分比。如表5-13所示，相比于2005年，2021年湖北省整体的建成区绿化覆盖率明显提高，部分城市达到较高水平，但少数城市也呈恶化趋势，该变化演进体现在空间格局上尤为明显。恩施州、随州的建成区绿化覆盖率提高明显，使得鄂西各市州水平较为均衡，其中恩施州从24.83%上升至43.32%，提高了18.49个百分点，是进步最明显的城市；荆门、仙桃和潜江的建成区绿化覆盖率呈下降趋势，其中潜江下降的幅度最大，高达3.78%，导致鄂东地区的城市绿化水平下降；经过15年的城市绿化建设，湖北省城市空间的绿化水平分布出现更为明显的空间格局，呈现北高南低的趋势，且相邻城市具有一定的溢出效应，城市绿化水平在区域内更为均匀。整体而言，当前湖北省的城市绿化呈现"北高南低"的空间格局。

表5-13　2005、2021年湖北省各市州建成区绿化覆盖率

城市群	城市	2005	2021
武汉城市圈	黄石	38.44	40.42
	鄂州	31.13	43.23
	孝感	37.93	41.25
	咸宁	27.01	39.76
	仙桃	40.00	38.78
	天门	19.94	39.99
	潜江	40.01	36.23
襄十随神城市群	襄阳	38.86	44.27
	十堰	42.22	42.24
	随州	22.72	42.63

---

[1] 赵建吉，刘岩，朱亚坤，等. 黄河流域新型城镇化与生态环境耦合的时空格局及影响因素［J］. 资源科学，2020，42（01）：159-171.

[2] 方创琳，崔学刚，梁龙武. 城镇化与生态环境耦合圈理论及耦合器调控［J］. 地理学报，2019，74（12）：2529-2546.

续表

城市群	城市	2005	2021
宜荆荆恩城市群	宜昌	40.42	41.13
	荆州	27.55	37.01
	荆门	44.53	41.12
	恩施	24.83	43.32

数据来源：2005年、2020年《中国城市建设统计年鉴》。

注：神农架数据未统计。

第三节 湖北省提升生态系统质量和稳定性的区域差距与和"十四五"对标提升策略

城市圈是我国城市快速化发展的新特征，城市圈内生态用地对于改善居民居住环境质量、提升城市综合竞争力等具有正向作用，但快速的城市化进程使城市圈内生态用地的数量、格局都发生了很大变化[1]。21世纪以来，湖北省基本建立全省主体功能区制度、初步建立"三条控制线"空间管控，并分别形成了特点鲜明的空间格局，极大地提升了生态系统质量和稳定性。但同时，我们也应看到与其他省份相比，湖北省的森林湿地保护、城市绿化丰满度具有进一步提升潜力，以及湖北省各地市州在森林湿地保护、生态环境状况、城市绿化水平的不协同不均衡问题。

一、湖北省森林湿地保护的区域差距和"十四五"因地制宜提升策略

森林湿地生态系统是湖北省重要的生态系统内容。湖北省森林与湿地生态系统的修复保护整体呈现向好趋势，但与全国相比，仍具有进一步修复提升潜力；与全省整体水平相比，湖北省各市州也有较大分化，具有进一步协同提升的潜力。

1. 与全国相比，湖北省的森林及湿地生态系统具有进一步修复提升潜力

《中华人民共和国国民经济和社会发展第十四个五年规划和二〇三五年远景目标纲要》中明确提出2035年的远景目标要实现"生态环境根本好转，美丽中国建设目标基本实现"，并基于此确定了"十四五"时期相关生态文明建设目

---

[1] 刘彦文，刘成武，何宗宜，等. 基于地理加权回归模型的武汉城市圈生态用地时空演变及影响因素[J]. 应用生态学报，2020，31（03）：987-998.

标。该《规划》明确提出"全国的森林覆盖率提高到24.1%"的约束性目标，这说明了森林等生态要素对提升生态系统质量和稳定性具有重要意义。在此背景下，湖北省的森林生态系统理应得到进一步的提升。

湖北是我国中部地区重要生态屏障，拥有生态宝库神农架和天下粮仓江汉平原，担负着保证"一江清水东流""一库净水北送"的重大任务。因此，更要保持加强生态文明建设的战略定力，要持续做好生态修复、环境保护、绿色发展三篇文章[①]。与全国水平相比，湖北省自然生态修复与保护具有提升的潜力，主要体现在森林与湿地生态系统的修复保护呈现向好趋势，并具有进一步优化提升的潜力。湖北省的森林生态系统修复保护情况整体呈现向好趋势，如表5-8所示，湖北省2003年的森林覆盖率为25.98%，高出同年全国的森林覆盖率（16.55%）9.43个百分点，在全国排名13位，居于全国各地区的中上水平。经过十几年的保护修复，湖北省2020年的森林覆盖率为39.61%，提升了13.63个百分点，比同年全国的森林覆盖率（22.96%）高16.65个百分点，湖北省对森林资源的保护修复成效明显，然而在全国各地区的排名中降低了2名。同时，与全国森林保护居于前列的省（市）相比，湖北省具有进一步优化提升的潜力。如表5-14所示，2003年和2020年福建的森林覆盖率均位居全国第一，并远远高于湖北省，其中福建2003年的森林覆盖率高于湖北省34.54%，2020年高于湖北省27.19%。综上，湖北省的森林生态修复与保护仍具有较大的提升潜力。

表5-14 湖北省2003、2017年森林覆盖率、湿地覆盖率与全国水平对比一览

指标	森林覆盖率			湿地覆盖率	
	2003	2017	2020	2003	2017
湖北	25.98%	38.40%	39.61%	4.99%	7.77%
全国水平	16.55%	21.63%	22.96%	4.01%	5.58%
湖北排名	13/31	12/31	15/31	14/31	11/31
全国最优省/市	福建	福建	福建	上海	上海
全国最优水平	60.52%	65.95%	66.80%	53.68%	73.27%

数据来源：2003、2017、2020年中国环境统计年鉴。2020年数据用的是全国第九次森林资源清查（2014—2018）资料。

注：排名一行中的行政区不包括台湾地区、香港和澳门特别行政区。

---

① 湖北日报评论员.保持加强生态文明建设的战略定力——三论学习贯彻全国两会精神[N].湖北日报，2019-03-20（001）.

湖北省的湿地生态系统修复保护情况整体呈现向好趋势，如表5-8所示，湖北省2003年的湿地覆盖率为4.99%，高于同年全国的湿地覆盖率（4.01%）0.98个百分点，在全国排名14位，居于全国各地区的中等水平。经过15年的河湖保护措施实施，湖北省2017年的湿地覆盖率为7.77%，提升了2.78个百分点，比同年全国的湿地覆盖率（5.58%）高2.19个百分点，在全国各地区的排名中上升至第11名，湖北省的河湖保护修复成效明显。同时，与全国湿地保护居于前列的省（市）相比，湖北省具有进一步优化提升的潜力。如表5-8所示，2003年和2017年上海的湿地覆盖率均位居全国第一，并远远高于湖北省，其中上海2003年的湿地覆盖率高出湖北省48.69个百分点，2017年时高出湖北省65.50个百分点。综上，湖北省的湿地生态修复与保护仍具有较大的提升潜力。

2. 与全省相比，各市州的森林及湿地生态系统具有进一步修复提升潜力

钟灵毓秀的湖北，是江河大省、湿地大省、山林大省，地处长江中游，生态地位特殊。中共湖北省委十一届八次全体会议强调，要深入贯彻习近平生态文明思想，深入践行绿水青山就是金山银山的理念，坚持生态优先、绿色发展，建设人与自然和谐共生的现代化①。与全省水平相比，湖北省各市州自然生态修复与保护具有不同程度提升的潜力。在森林生态系统方面，在2004—2013年间，湖北省整体的森林覆盖率提高明显，各市州森林生态系统的修复保护也呈现向好趋势；但地区水平差异较大，各市州与全省水平差距均有所拉大，具有进一步修复提升的潜力。如表5-15所示，与全省的森林覆盖率水平相比，地区分化明显，且差距逐渐扩大。湖北省森林覆盖率的地区分化较大，与全省整体水平相比，2004年最优水平城市（恩施州）高出全省36.20个百分点，而最差水平城市（鄂州）低于全省12.90个百分点；2013年最优水平城市（恩施州）高于全省28.60个百分点，而最差水平城市（荆州）低于全省23.20个百分点；2020年最优水平城市（十堰）高于全省31.66个百分点，而最差水平城市（荆州）低于全省15.96个百分点。因此，湖北省各市州的森林生态具有进一步修复提升的潜力。

---

① 湖北日报评论员. 让绿水青山成为最大财富最大优势最大品牌——四论贯彻落实省委十一届八次全会精神［N］. 湖北日报，2020-12-09（001）.

表 5-15　湖北省各市州 2004、2013、2020 年森林覆盖率与全省水平对比一览

地区	2004 数值	与全省水平差距	2013 数值	与全省水平差距	2020 数值	与全省水平差距
全省	26.80%	/	38.40%	/	41.84%	/
武汉	21.60%	-5.20%	27.41%	-10.99%		
黄石	38.10%	11.30%	33.00%	-5.40%	37.30%	-4.54%
十堰	52.00%	25.20%	53.00%	14.60%	73.50%	31.66%
荆州	14.85%	-11.95%	15.20%	-23.20%	25.88%	-15.96%
宜昌	55.20%	28.40%	65.70%	27.30%	63.78%	21.94%
襄阳	42.62%	15.82%	42.55%	4.15%	45.96%*	4.12%
鄂州	13.90%	-12.90%	20.25%	-18.15%		
荆门	34.00%	7.20%	37.01%	-1.39%	45.15%	3.31%
孝感	24.00%	-2.80%	20.60%	-17.80%		
黄冈	43.00%	16.20%	43.00%	4.60%	43.12%	1.28%
咸宁	52.30%	25.50%	55.00%	16.60%	53.01%	11.17%
随州	48.90%	22.10%	50.42%	12.02%	52.92%	11.08%
恩施州	63.00%	36.20%	67.00%	28.60%	70.14%	28.30%

数据来源：历年统计年鉴。

注："差距列"中的"-"表示各市州的森林覆盖率小于当年全省森林覆盖率的比率部分；仙桃、天门、潜江、神农架数据无统计。鄂州、孝感 2020 年数据缺失。

在湿地生态系统方面，在 2004—2013 年间，湖北省整体的湿地覆盖率略有提高，各市州湿地生态系统的修复保护也呈现向好趋势；但地区水平差异较大，各市州与全省水平差距均有所缩小，具有进一步修复提升的潜力。如表 5-16 所示，湖北省的河湖湿地保护效果明显，全省的湿地覆盖率从 2004 年的 5.00% 上升至 8.00%，提高了 3.00 个百分点，同时在各市州河湖湿地保护也呈现稳定或向好趋势。2004 年和 2013 年湿地覆盖率均为全省前五的城市依次是鄂州、荆州、随州、黄冈和黄石。与全省水平相比，地区分化明显，且差距逐渐缩小。湖北省湿地覆盖率的地区分化较大，与全省整体水平相比，2004 年最优水平城市（鄂州）高于全省 39.78 个百分点，而最差水平城市（恩施州）低于全省 4.80 个百分点，2013 年最优水平城市（鄂州）高于全省 39.50 个百分点，而最差水平城市（恩施州）低于全省达 7.80 个百分点。因此，湖北省各市州的湿地

生态系统具有进一步修复提升的潜力。

表 5-16　湖北省各市州 2004、2013 年湿地覆盖率与全省水平对比一览

地区	2004 数值	与全省水平差距	2013 数值	与全省水平差距
湖北	5.00%	/	8.00%	/
武汉	4.00%	-1.00%	4.49%	-3.51%
黄石	12.00%	7.00%	12.22%	4.22%
十堰	3.90%	-1.10%	3.91%	-4.09%
荆州	42.54%	37.54%	42.54%	34.54%
宜昌	8.85%	3.85%	8.85%	0.85%
襄阳	7.93%	2.93%	7.93%	-0.07%
鄂州	44.78%	39.78%	47.50%	39.50%
荆门	4.20%	-0.80%	4.20%	-3.80%
孝感	5.25%	0.25%	5.25%	-2.75%
黄冈	21.28%	16.28%	21.28%	13.28%
咸宁	6.07%	1.07%	6.07%	-1.93%
随州	30.65%	25.65%	30.65%	22.65%
恩施州	0.20%	-4.80%	0.20%	-7.80%

数据来源：历年统计年鉴。

注："差距列"中的"-"表示各市州的湿地覆盖率小于当年全省湿地覆盖率的比率部分；仙桃、天门、潜江、神农架数据无统计。

3. 湖北省森林湿地保护"十四五"因地制宜提升策略

（1）森林保护

与全国其他省份相比，湖北省整体的森林覆盖率处于全国中上水平，但与全国森林覆盖率最高的福建相比，仍有很大差距。湖北省是个森林资源丰富的地区，当前的森林覆盖率水平只能作为森林资源修复与保护的小成就，仍有很大的提升空间。

在各市州的森林覆盖率分析中可以看出，多座城市低于全省的平均水平，包括武汉、黄石、荆州、鄂州、荆门和孝感六市，这六座城市应该加紧制定森林修复保护相关政策，以及落实措施加以保障。将落后于全省平均水平的各市的森林覆盖率提高，将直接促进全省森林覆盖率的提升。森林保护的重要性已

经在有可恢复发展潜力的地区的"十四五"规划和远景目标中有所体现。"十四五"时期，黄石市委提出要"全面推行林长制"以持续改善生态环境质量；荆州监利市委和孝感市委明确提出"建成国家森林城市"的远景目标；荆门钟祥市委在"强化生态保护"中明确提出"加快扩绿提质步伐，扎实推进封山育林、天然林保护、森林抚育工作，实现宜林荒山全部绿化，提高森林覆盖率、林地绿化率和森林生态质量，创建省级森林城市"。

此外，要进一步落实《湖北省国民经济和社会发展第十四个五年规划和二〇三五年远景目标纲要》明确提到的"推进襄十随神城市群、宜荆荆恩城市群生态环境共保联治"，针对以上分析的湖北省各市州森林覆盖率的地区分化明显的突出问题，除了应着力提高较为落后地区的森林覆盖率，还应该由省生态环境职能部门牵头，增强表现优秀城市和落后城市的交流，实现森林生态系统的共保，以缩小各市州森林覆盖率的差距。

（2）湿地保护

与全国其他省份相比，湖北省整体的湿地覆盖率处于全国中上水平，但与全国湿地覆盖率处于最优水平的各省市相比，仍有很大差距。湖北省是个河湖资源丰富的地区，当前的湿地覆盖率水平仍不理想，总体而言仍有很大的提升空间。

在各市州的湿地覆盖率分析中可以看出，多座城市低于全省的平均水平，包括武汉、十堰、襄阳、荆门、孝感、咸宁、恩施州七个市州，这七座城市应该加紧制定湿地河湖保护的相关政策，以及落实措施加以保障。将落后于全省平均水平的各市的湿地覆盖率提高，将直接促进全省湿地覆盖率的提升。湿地保护的重要性已经在有可恢复发展潜力的地区的"十四五"规划和远景目标中有所体现。"十四五"时期，武汉市委提出要"实施长江水环境修复行动，保护修复江河湖库湿地生态系统""创建国际湿地城市，建设具有'湿地花城'特色的公园城市"以及"建设全域生态水网，提升湖泊公园绿化景观水平，加强沉湖、东湖等湿地保护与修复，建设安山、杜公湖等湿地公园"等多项湿地水环境保护重要内容。针对以上分析的湖北省各市州湿地覆盖率的地区分化明显的突出问题，除了应着力提高较为落后地区的湿地覆盖率，还应该由省生态环境职能部门牵头，学习河长制湖长制的有效治理经验，并结合湿地保护实际加以改善落实。

二、湖北省生态环境状况的区域差距和"十四五"因地制宜提升策略

生态环境质量是生态系统质量和稳定性的重要体现。湖北省整体的生态环

境质量有着明显改善,相较之下,三大城市群的状况具有进一步修复提升潜力;与全省及城市群水平相比,各市州生态系统质量参差不齐,具有进一步协同优化提升潜力。

1. 与全省相比,三大城市群的生态环境质量具有进一步修复提升潜力

湖北省三大城市群的生态环境状况指数具有提升的潜力,主要体现为在2010—2021年间,三大城市群的生态环境状况指数稳定向好,同时与全省水平相比,襄十随神城市群、宜荆荆恩城市群较高于全省水平,武汉城市圈落后于全省水平的差距也逐渐缩小,三大城市群的生态环境质量仍有不断修复提升的潜力。如表5-17所示,湖北省三大城市群的生态环境状况指数稳定向好,在2010—2019年间,武汉城市圈的EI指数由62.28提高至63.02,提高了0.74;宜荆荆恩城市群由71.54下降至71.16,下降了0.38,下降幅度较小,仍处于良好划分标准内;襄十随神城市群由72.83提高到73.40,提高了0.57。同时与湖北省的EI指数相比,2010年和2019年,宜荆荆恩城市群和襄十随神城市群水平均高于全省水平,2019年两大城市群分别超过全省水平0.66和2.90;武汉城市圈虽均低于全省水平,但差距逐渐缩小,由2015年的7.72缩小到7.48,三大城市群的生态环境质量均呈现向好趋势,具有修复提升潜力。到2021年,襄十随神城市群水平远高于全省水平,超过全省水平5.11,武汉城市圈、襄十随神城市群与其差距变大。三大城市群的生态环境质量均呈现向好趋势,但是城市群之间发展不均衡,具有修复提升潜力。

表5-17 湖北省各市州2010、2021年EI指数与全省、城市群水平对比一览

地区	2010 数值	与全省水平差距	与城市群差距	2019 数值	与全省水平差距	与城市群差距	2021 数值	与全省水平差距	与城市群差距
全省	70.00	\	\	70.50	\	\	73.92	\	\
武汉城市圈	62.28	-7.72	\	63.02	-7.48	\	65.88	-8.04	\
武汉	57.98	-12.02	-4.30	60.26	-10.24	-2.76	64.27	-9.65	-1.61
黄石	71.73	1.73	9.45	68.65	-1.85	5.63	70.20	-3.72	4.32
鄂州	58.86	-11.14	-3.42	62.77	-7.73	-0.25	63.87	-10.05	-2.01
孝感	54.04	-15.96	-8.24	59.83	-10.67	-3.19	64.47	-9.45	-1.41
黄冈	68.08	-1.92	5.80	68.98	-1.52	5.96	71.75	-2.17	5.87

续表

地区	2010 数值	与全省水平差距	与城市群差距	2019 数值	与全省水平差距	与城市群差距	2021 数值	与全省水平差距	与城市群差距
咸宁	79.53	9.53	17.25	75.44	4.94	12.42	77.72	3.8	11.84
仙桃	60.42	-9.58	-1.86	57.20	-13.30	-5.82	62.75	-11.17	-3.13
潜江	55.43	-14.57	-6.85	57.35	-13.15	-5.67	59.29	-14.63	-6.59
天门	54.42	-15.58	-7.86	56.70	-13.80	-6.32	58.60	-15.32	-7.28
宜荆荆恩城市群	71.54	1.54	\	71.16	0.66	\	72.46	-1.46	\
宜昌	79.79	9.79	8.25	77.97	7.47	6.81	78.73	4.81	6.27
荆门	62.12	-7.88	-9.42	61.71	-8.79	-9.45	68.84	-5.08	-3.62
荆州	64.17	-5.83	-7.37	66.43	-4.07	-4.73	62.41	-11.51	-10.05
恩施州	80.07	10.07	8.53	78.54	8.04	7.38	79.85	5.93	7.39
襄十随神城市群	72.83	2.83	\	73.40	2.90	\	79.03	5.11	\
襄阳	67.44	-2.56	-5.39	67.77	-2.73	-5.63	70.55	-3.37	-8.48
十堰	76.73	6.73	3.90	76.32	5.82	2.92	82.20	8.28	3.17
随州	65.33	-4.67	-7.50	68.89	-1.61	-4.51	74.45	0.53	-4.58
神农架	81.82	11.82	8.99	80.62	10.12	7.22	88.91	14.99	9.88

注:"差距列"中的"-"表示各市州的EI指数比全省或所属城市圈低的分值。

2. 与全省及城市群水平相比,各市州生态环境质量具有进一步优化提升潜力

优美生态环境是高质量发展的结果,是衡量经济发展转型成功与否的重要标准。将生态环境保护内生于经济发展,既是落实"两山"理论、实现可持续发展的内在要求,也是推进现代化建设的重大原则。[①] 随着社会变迁的不断推进,湖北省的经济社会发展取得巨大成就,这为生态环境保护打下了坚实的经济基础。除此之外,湖北省各市州的生态环境质量具有修复提升的潜力,主要

---

① 秦尊文. 以生态优先绿色发展为导向积极探索高质量发展新路 [N]. 湖北日报, 2019-03-19 (010).

体现在各市州的生态环境质量逐渐提高，全省评级均稳定在"良"以上，地区分化程度较大，各市州与湖北省、所在城市群的差距参差不齐，整体具有进一步修复提升的潜力。与全省水平相比，如表5-11所示，2010年有11个市州的生态环境状况指数低于全省水平，其中孝感、天门的生态环境状况指数远低于全省的70，评级在良好以下，分别为54.04和54.42；到2019年，各市州的生态环境质量全部稳定在"良好"评级，整体生态环境质量有所提高，低于全省水平的市州数量上涨为12个，其中武汉城市圈的仙桃、潜江及天门远低于全省水平，差距达到13，神农架、恩施州及宜昌则远高于全省水平，差距在7以上。到2021年，各市州的生态环境质量仍全部稳定在"良好"评级，低于全省水平的市州数量恢复为11个，其中武汉城市圈的潜江及天门远低于全省水平，差距达到14以上，神农架、恩施州及十堰则远高于全省水平，差距在5以上。

如表5-11所示，在2010—2021年间，各市州生态环境状况指数保持稳定向好趋势。在武汉城市圈内，2010年低于城市圈生态环境状况指数的市州数量超过一半，其中与城市圈差距最大的达到了8.24，2021年缩小至7.28，说明武汉城市圈整体生态环境状况逐渐好转且和谐。在宜荆荆恩城市群内，2010年，低于城市圈水平的有荆州和荆门，差距分别为7.37和9.42，2021年荆州与城市群的差距缩小到仅为3.62，荆门与城市群的差距缩小为10.05；在襄十随神城市群内，低于城市群水平的有襄阳和随州，差距分别为5.39和7.50，2021年随州与城市群的差距缩小到仅为4.58，襄阳与城市群的差距为8.48；可见宜荆荆恩、襄十随神城市群的生态环境状况较为稳定。

3. 湖北省生态环境质量"十四五"因地制宜提升策略

持续改善生态环境质量已成为湖北省"十四五"时期经济社会发展的重要内容之一。锚定二〇三五年远景目标，湖北省委提出"十四五"时期生态文明建设取得新成效目标，具体包括长江经济带生态保护和绿色发展取得显著成效，"三江四屏千湖一平原"生态格局更加稳固，生态环境持续改善等。

由以上分析可知，湖北省三大城市群的生态环境质量状况为：襄十随神城市群>宜荆荆恩城市群>武汉城市圈，宜荆荆恩城市群在全省水平附近波动。武汉城市圈作为全省经济社会发展和工业化城市化发展的重要引领，其生态环境矛盾相对于其余两个城市群而言更加突出，并且相对于襄十随神城市群的差距也越来越大，这一定程度上反映了武汉城市圈的生态环境质量有待提高。结合各市州的生态环境质量指数进行研究，可以发现武汉城市圈内除了咸宁的生态环境指数高于全省生态环境指数以外，其余8市均低于全省水平，包括武汉、黄石、鄂州、孝感、黄冈、仙桃、潜江和天门，这说明了这8市的生态环境指数有待提高,应采取进一步的修复保护措施。武汉城市圈应加强城市圈内的地域合作,共同推进落实提高相关方面生态环境质量的政策措施。生态环境质量的提升早已是武汉引领武汉城市圈"同城化"发展的重要领域,《中共武汉市委关于制定全市国民经济和社会发展第十四个五年规划和二〇三五年远景目标的建议》中明确提出"提升武汉辐射带动能力,推进生态环保联动,共同打造武汉城市圈升级版"。

在各市州的生态环境质量指数对比分析中可以看出,除了武汉城市圈低于全省指数水平的 8 座城市以外,宜荆荆恩城市群的荆门、荆州,襄十随神城市群的襄阳,也低于全省指数水平。要进一步落实《湖北省国民经济和社会发展第十四个五年规划和二〇三五年远景目标纲要》明确提到的"推进襄十随神城市群、宜荆荆恩城市群生态环境共保联治","十四五"时期,应对该三市做进一步的研究并采取相对应的修复保护措施;同时,两大城市群也应在城市群内加强各市州的地域合作,从生态环境指数反映的地区生态环境本质上加以突破。

三、湖北省城市绿化的区域差距和"十四五"对标先进提升策略

城市绿化水平是衡量地区及城市是否绿色宜居的重要指标。与全国水平相比,湖北省的城市绿化水平明显落后,仍具有较大的发展努力空间;与全省水平相比,三大城市群仍落后于全省平均水平,还需要进一步增加城市生态空间;各市州的城市绿化程度差异较大,存在不均衡现象,仍需要推进城市间的绿色协同。

1. 与全国相比,湖北省的城市绿化水平具有进一步修复提升潜力

城市生态系统是指以城市居民为主导的社会-经济-自然复合生态系统,探究城市生态系统中社会和生态过程的共存机制,有利于提高居民福祉、实现城市可持续发展。[1] 湖北省城市绿化水平具有提升的潜力,主要体现在随着生态文明建设的推进,湖北省的建成区绿化覆盖率波动提高,但与全国水平相比逐渐落后,城市绿化建设具有进一步修复提升的潜力。

随着生态文明建设在全国的推进,城市绿色空间需求逐渐强烈,湖北省的建成区绿化覆盖率也呈现波动提高趋势,如表 5-18 所示,湖北省 2005 年的建成区绿化覆盖率为 34.75%,高于同年全国的建成区绿化覆盖率(32.54%)2.21 个百分点,在全国排名第 7 位,水平属全国前列;在 2005—2019 年 14 年

---

[1] 陈力原,黄甘霖. 全球长期城市生态研究中的社会经济要素:指标、数据与应用前景[J]. 生态学报,2020,40(18):6678-6686.

间，湖北省的建成区绿化覆盖率先从 34.75%上升至 2010 年的 37.74%，随后在 2010—2015 年间又略微下降，在 2019 年又上升至 38.88%；期间全省建成区绿化覆盖率逐步低于全国水平，在全国内的排名也从全国前列下降至第 26 名，处于全国中后水平。尽管湖北省的建成区绿化覆盖率在近 15 年内呈波动上升趋势，但在全国内的排名连年下降，并在 2019 年排名下降到了第 26 名。2020 年，湖北省的建成区绿化覆盖率和全国排名上升，与全国水平的差距也大幅缩小。与全国城市绿化建设居于前列的省（市）相比，湖北省具有进一步修复提升的潜力。如下表所示，2005 至 2020 年间，全国城市绿化建设最优水平逐渐提高，在近五年间则较为稳定，最优省（市）的变动较大，但相较起来，湖北省的建成区绿化覆盖率仍有较大的提高空间，城市绿化建设具有较大的修复提升潜力。

表 5-18　湖北省 2005—2020 年建成区绿化覆盖率与全国水平对比一览

指标	2005 年	2010 年	2015 年	2019 年	2020 年
湖北	34.75%	37.74%	37.47%	38.88%	41.07%
全国水平	32.54%	38.62%	40.12%	41.51%	42.06%
湖北排名	7/31	17/31	24/31	26/31	19/31
全国最优省（市）	江苏	江西	北京	北京	北京
全国最优水平	39.85%	46.62%	48.40%	48.46%	48.96%

数据来源：2005、2010、2015、2019、2020 年中国城市建设统计年鉴。
注：排名一行中的行政区不包括台湾地区、香港和澳门特别行政区。

2. 与全省相比，三大城市群的城市绿化水平具有进一步修复提升潜力

湖北省三大城市群的城市绿化水平具有修复提升的潜力，主要体现为在 2005—2021 年间，三大城市群的城市绿化建设持续向好，建成区绿化覆盖率有了明显的提高，同时与全省水平相比，三大城市群仍有不断修复提升的潜力。如表 5-13 所示，湖北省三大城市群的建成区绿化覆盖率均有了较大提高，在 2005—2021 年间，武汉城市圈由 33.73%提高至 40.47%，提高了 6.74 个百分点；宜荆荆恩城市群由 34.33%提高至 40.65%，提高了 6.32 个百分点；襄十随神城市群由 34.60%提高到 43.05%，提高了 8.45 个百分点。2005 年，全省的建成区绿化覆盖率为 34.75%，与湖北省的建成区绿化覆盖率相比，三大城市群均低于全省水平；到 2021 年，全省的建成区绿化覆盖率为 41.07%，三大城市群中以襄十随神城市群在 2005—2021 年间的城市绿化建设成效更为明显，建成区绿化覆盖率高于全省水平，居三大城市群之最。因此，湖北省三大城市群的城

市绿化水平具有进一步修复提升潜力。

3. 与全省及城市群水平相比，各市州城市绿化水平具有进一步修复提升潜力

城市的生态功能是一个城市宜居程度的重要反映，也是城市居民生活幸福感的重要源泉。生态系统服务与人类福祉休戚相关。[①] 城市生态空间是为城市提供生态系统服务的空间，是城市空间的重要组成部分，对保障城市生态安全、提升居民生活质量等具有重要意义。[②] 湖北省各市州的城市绿化水平具有提升的潜力，主要体现在随着生态文明建设的推进，各市州的建成区绿化覆盖率波动提高，地区分化程度较大，各市州与湖北省、所在城市群的差距参差不齐，整体具有进一步修复提升的潜力。与全省水平相比，如表5-19所示，2005年有8个市州的建成区绿化覆盖率低于全省水平，其中天门、随州的建成区绿化覆盖率远低于全省的34.75%，分别为19.94%和22.72%；到2021年，各市州的建成区绿化覆盖率有了不同程度的提高，低于全省水平的市州数量降低为6个，其中潜江（36.23%）和荆州（37.01%）远低于全省水平的41.07%。

表5-19　湖北省各市州2005、2021年建成区绿化覆盖率与全省、城市圈水平对比一览

地区	2005 数值	与全省水平差距	与城市群差距	2021 数值	与全省水平差距	与城市群差距
全省	34.75%	\	\	41.07%	\	\
武汉城市圈	33.73%	-1.02%	\	40.47%	-0.60%	\
武汉	37.60%	2.85%	3.87%	42.07%	1.00%	1.60%
黄石	38.44%	3.69%	4.71%	40.42%	-0.65%	-0.05%
鄂州	31.13%	-3.62%	-2.60%	43.23%	2.16%	2.76%
黄冈	31.52%	-3.23%	-2.21%	42.49%	1.42%	2.02%
孝感	37.93%	3.18%	4.20%	41.25%	0.18%	0.78%
咸宁	27.01%	-7.74%	-6.72%	39.76%	-1.31%	-0.71%
仙桃	40.00%	5.25%	6.27%	38.78%	-2.29%	-1.69%

[①] GUERRY A D, POLASKY S, LUBCHENCO J, et al. Natural capital and ecosystem services informing decisions: From promise to practice [J]. Proceedings of the National Academy of Sciences, 2015, 112 (24): 7348-7355.

[②] 赵文力，谢宜章，向平安. 城市生态空间评价及量化标准分析——以长株潭城市群为例 [J]. 中南林业科技大学学报, 2020, 40 (04): 72-79.

续表

地区	2005 数值	与全省水平差距	与城市群差距	2021 数值	与全省水平差距	与城市群差距
潜江	40.01%	5.26%	6.28%	36.23%	-4.84%	-4.24%
天门	19.94%	-14.81%	-13.79%	39.99%	-1.08%	-0.48%
宜荆荆恩城市群	34.33%	-0.42%	\	40.65%	-0.43%	\
宜昌	40.42%	5.67%	6.09%	41.13%	0.06%	0.49%
荆门	44.53%	9.78%	10.20%	41.12%	0.05%	0.48%
荆州	27.55%	-7.20%	-6.78%	37.01%	-4.06%	-3.64%
恩施州	24.83%	-9.92%	-9.50%	43.32%	2.25%	2.68%
襄十随神城市群	34.60%	-0.15%	\	43.05%	1.98%	\
襄阳	38.86%	4.11%	4.26%	44.27%	3.20%	1.22%
十堰	42.22%	7.47%	7.62%	42.24%	1.17%	-0.81%
随州	22.72%	-12.03%	-11.88%	42.63%	1.56%	-0.42%

数据来源：2005、2021年中国城市建设统计年鉴。

注：神农架数据无统计。

如表5-13所示，相比于2005年，2021年各市州建成区绿化覆盖率均有不同程度的提高，比城市群整体建成区绿化覆盖率高的市州数量明显增多。建成区绿化覆盖率提升最多的城市是天门，建成区绿化覆盖率增长了20.05%，从低于城市群平均水平13.79%至低于城市群平均水平0.48%。在武汉城市圈内，各市州与城市群差距显著降低，整体实现均衡发展。2021年，潜江和仙桃的建成区绿化覆盖率均有所下降，其中潜江远低于城市群水平，差距达到了4.24%。在宜荆荆恩城市群内，2005年，低于城市群水平的有荆州和恩施州，差距分别为6.78%和9.5%，2021年，仅荆州低于城市群水平，差距缩小到3.64%。在襄十随神城市群内，低于城市群水平的为随州，但随着城市绿化建设意识的提高，随州的建成区绿化覆盖率有所提高，虽低于城市群水平，但差距很小。综上，湖北省各市州的城市绿化水平具有进一步修复提升潜力。

3. 湖北省城市绿化"十四五"因地制宜提升策略

与全国其他省份相比，湖北省整体的建成区绿化覆盖率处于全国较差水平，连续多年的全省建成区绿化覆盖率均低于全省平均水平，且2021年，该数值仅排到全国第 19 位,这说明湖北省的城市生态空间建设仍有很大进步空间,全省的建成区绿化覆盖率整体仍需提高。城市绿化是宜居城市、绿色城市的重要内容,其重要性在《中共湖北省委关于制定全省国民经济和社会发展第十四个五年规划和二〇三五年远景目标的建议》中已有所体现。"十四五"时期,湖北省提出要"加快建设宜居城市、韧性城市、智慧城市、绿色城市、人文城市"。

从各市州的建成区绿化覆盖率的分析中可以看出,2021 年多座城市低于全省的平均水平,包括黄石、咸宁、仙桃、潜江、天门、荆州 6 个市州,其中潜江和荆州的建成区绿化覆盖率远低于全省平均水平。综合看来,湖北省各市的建成区绿化覆盖率均处于全国较差水平,同时湖北省部分的城市绿化建设严重落后于全省及全国水平。针对全省各市绿化覆盖率普遍较低的实际情况,湖北省生态环境部门应加强该方面的政策指导和措施发布并落实。城市绿化生态空间的充足是城市宜居的象征之一,只有从全省角度加以重视、规范并落实,同时落后各市州高度重视该方面的不足,加紧制定保障城市绿化空间的相关政策,以及落实措施加以保障,才能逐步提高各落后市州及全省的城市绿化生态空间水平。

第四节 以"一主引领、两翼驱动、全域协同"布局生态修复与保护的建议

湖北省三大城市群生态系统空间格局各异,区域生态系统质量与稳定性提升潜力的布局特点显著,结合湖北省十四五时期"一主两翼、全域协同"的高质量发展布局,为提升全省生态系统质量和稳定性,湖北省应因地制宜针对武汉城市圈、宜荆荆恩城市群和襄十随神城市群提出不同的对策建议。本节针对上述内容提出了"一主"和"两翼"提升生态系统质量和稳定性的针对性建议。

一、以武汉城市圈引领生态修复与保护的建议

武汉城市圈以占全省不到三分之一的面积承载着全省超过六成的生产总值和超过五成的常住人口,面临着巨大的资源环境压力。针对此,武汉城市圈提升生态系统质量和稳定性应构建多中心空间结构,以纾解中心城市武汉的巨大资源环境压力,加快武汉城市圈同城化进程;建立完善城市圈内生态系统保护

修复的协同联动推进机制，深入推进跨区域协同治理、联动整治。武汉城市圈各市要因地制宜制定生态系统保护修复策略，从生态环境质量、生态要素丰富度、城市绿化方面着力，提升武汉城市圈生态系统质量和稳定性。

1. 支持武汉做大做强，担当城市圈生态建设引领者

武汉城市圈的城市空间格局呈现严重不均衡状态，其中武汉的城市化水平远高于城市圈内的其他城市，其对经济社会发展要素的集聚能力也更强于城市圈内其他城市。在马太效应的推动下，这种地区城镇化水平不均衡局面会促使武汉进一步获取经济社会发展所需的资源，周边城市所需的经济社会发展要素得到制约，严重影响了经济社会发展速度；要素集聚过程中也给武汉带来了严重的资源环境压力，影响了武汉城市圈整体的生态环境状况，拉低武汉经济社会发展质量。规划建设都市圈的出发点是提高都市的辐射力和带动力，消除行政壁垒，促进交通一体化、市场一体化、公共服务一体化，而不是单独增强都市的吸引力和集聚力。在都市的引领和带动下，周边的中小城市和小城镇将获得发展机遇，周边的农村也将获得发展机遇，大中小城市协调发展的城镇体系逐步形成。当然，规模不太大的都市由于打破了行政壁垒，腹地扩大，经济要素将继续集聚，其规模也将不断扩大。① 因此对于武汉城市圈而言，首先应支持武汉做大做强，大力发展头部经济、枢纽经济，增强高端要素的集聚能力和先进功能的布局，逐渐有转移集聚性产业到城市圈内周边城市。在生态环境压力相较于其他城市而言更加严峻的情况下，武汉应加快构建以产业生态化和生态产业化为主体的生态经济体系，全面提高资源利用效率，② 发挥其在武汉城市圈以及全省中的引领地位。

2. 构建多中心城市圈空间结构纾解武汉资源环境巨大压力，加快武汉城市圈同城化进程

多中心结构作为谋求空间均衡发展的重要政策工具和手段③，对武汉城市圈提升生态系统质量和稳定性有一定的指导意义。由城市系统理论可知，城市群内的城市并非孤立存在，而是与其他城市相互联系，且整个城市群的人口规模以及空间发展结构都会受城市之间的协作关系影响。中心地区、外围地区分别

---

① 肖金成．"十四五"时期区域经济高质量发展的若干建议［J］．区域经济评论，2019（06）：13-17．
② 湖北省国民经济和社会发展第十四个五年规划和二〇三五年远景目标纲要［N］．湖北日报，2021-04-12（001）．
③ 姚常成，吴康．多中心空间结构促进了城市群协调发展吗？——基于形态与知识多中心视角的再审视［J］．经济地理，2020，40（03）：63-74．

聚集管理、研发职能，生产、制造职能，且这种分工协作关系会通过"选择效应"强化城市产业的差异化发展，提高城市群多中心化水平。除此之外，在分工明晰的城市圈内部，还容易发生"借用规模"行为，即中小城市可以通过与大城市发生的功能联系实现集聚经济，从而发展多中心空间结构。[1] 构建中心城市总部经济、次中心城市生产性经济协同的格局，加强城际之间的经济联系与分工协作，更有利于形成多中心空间结构。因此要推动资金、技术、劳动密集型产业在城市圈内有序转移，以推进产业布局方式加快构建次中心城市；在中心城市和次中心城市的分工明晰基础上，建立完善协同联动推进机制，加快同城化发展进程，从而产生更频繁的大中小城市功能联系，形成成熟的集聚经济，构建起武汉城市圈的多中心空间结构。城市生态系统是城市群化过程中重要的生态系统，只有处理好城市生态系统中突出的资源环境矛盾，才能破解经济增长、城市规模壮大与环境保护两难困境，以更好地整体提升生态系统质量和稳定性。

3. 因地制宜制定武汉城市圈各市生态系统保护修复策略

高速城镇化进程给生态环境带来了一定的负面影响，生态环境对城镇化的反向响应又反过来影响着城镇化的进程和方向，这种矛盾现象在城镇化水平高度发达的武汉城市圈尤为显著。[2] 城镇化发展是绿色化发展水平的天然基础，城镇化基础较好的地区可以为其绿色化发展提供得天独厚的基础条件；经济实力是绿色化发展水平的直接动力，区域绿色化发展水平高低直接与该区域经济实力有很大的关联。省会城市经济实力较强，地理位置较为优越，资源和信息等比较多，人才、资金和技术的引进也比较便利，对绿色化发展水平提升有较大的支撑作用。[3] 因此武汉城市圈的绿色发展有较坚实的恢复发展基础。生态环境状况指数是地区生态系统质量和稳定性的重要直观反映。针对此，武汉城市圈整体应加强整治修复生态系统，健全生态保护的生态补偿机制，利用定量测算结果用经济手段量化生态补偿标准，分区发展，促进武汉城市圈区域整体生态

---

[1] 姚常成，李迎成. 中国城市群多中心空间结构的演进：市场驱动与政策引导［J］. 社会科学战线，2021（02）：78-88.
[2] 郭庆宾，刘静，王涛. 武汉城市圈城镇化生态环境响应的时空演变研究［J］. 中国人口资源环境，2016，26（02）：137-143.
[3] 熊曦，张陶，段宜嘉，等. 长江中游城市群绿色化发展水平测度及其差异［J］. 经济地理，2019，39（12）：96-102.

修复治理落实和保护。① 针对城市圈内生态系统质量有待提高的孝感、仙潜天地区，要加强相关生态建设政策的制定，同时制定针对性的生态保护目标进行定向改善，促进该区域可持续发展，以此为抓手逐渐提升城市圈整体的生态系统质量和稳定性。在城市绿化方面，武汉城市圈应整体推进绿色城市建设，严格控制城市建设用地规模无序扩张，加强对城市"三区四线"规划管理，保证充裕的城市生态用地，平稳扩大城市生态空间；同时应加快落实相关城市生态政策，加快建设海绵城市、森林城市和绿色低碳生态城区②。

二、以襄十随神城市群、宜荆荆恩城市群两翼驱动生态修复与保护的建议

宜荆荆恩城市群和襄十随神城市群作为湖北省高质量发展布局中的"两翼"，是全省经济社会发展的重要引擎，驱动着全省经济社会的高质量发展。提升"两翼"生态系统质量和稳定性首先应推动"两翼"的产业层级分工体系构建，夯实生态建设的经济社会基础，宜昌和襄阳应加快发展向武汉看齐，有序承接武汉拥挤的经济社会发展要素；建立完善城市群内生态系统保护修复的协同联动推进机制，深入推进跨区域协同治理、联动整治，持续提升城市群生态环境质量；因地制宜制定"两翼"内各市生态系统保护修复策略，并以此为抓手提升"两翼"整体的生态环境质量。

1. 推动"两翼"的产业层级分工体系构建，夯实生态建设的经济社会基础

产业是区域经济发展的骨架体系，推进区域产业结构优化与空间布局调整，是"十四五"期间实现区域高质量发展的迫切要求③。区域产业结构与布局问题若不能有效解决，将阻碍总体经济格局的优化进程④。对湖北省"两翼"宜荆荆恩城市群和襄十随神城市群而言，在城市空间格局上的问题不尽相同。首先，对于宜荆荆恩城市群来说，首要的是解决城市群内各市的城市化水平不相协调问题，针对此，宜荆荆恩城市群中的荆门和荆州应通过科学合理优先规划确定自身功能，通过梳理各市的功能优势，打造以宜昌为核心的城市群产业层

---

① 赵育恒，曾晨. 武汉城市圈生态服务价值时空演变分析及影响因素［J］. 生态学报，2019，39（04）：1426-1440.
② 吴传清，黄磊. 演进轨迹、绩效评估与长江中游城市群的绿色发展［J］. 改革，2017（03）：65-77.
③ 张强，肖金成，陶一桃，等. "学习贯彻党的十九届五中全会精神"笔谈（续前）［J］. 河北经贸大学学报，2021，42（02）：1-11.
④ 李兰冰，刘秉镰. "十四五"时期中国区域经济发展的重大问题展望［J］. 管理世界，2020，36（05）：36-51

级分工体系；对于城市群内城市化程度较为落后的恩施州，则需要"等三角"的宜昌、荆州、荆门共同对口扶持，其中中心城市宜昌应更多发挥辐射引领能力以及中心协调功能加以驱动。其次，对于襄十随神城市群来说，随州在城市群内的城市化水平相对较低，一定程度上拉低了城市群的整体发展，因此襄阳应发挥中心城市引领辐射功能，以地区合作、产业转移等方式提高随州的城市化水平。最后，作为宜荆荆恩城市群和襄十随神城市群的中心城市，宜昌和襄阳的城市化水平还远低于武汉，武汉的建成区面积分别是宜昌和襄阳的4.9倍和4.3倍，这说明作为全省重要的三大发展支点，宜昌和襄阳应有序布局转移承接武汉的经济社会发展要素，提升城市群间的协调性。

2. 建立完善城市群内生态系统保护修复的协同联动推进机制

生态环境是城市发展的载体，是综合承载力的基本底色；城市群是较大的地域单元，在生态保护方面的利益协调更加复杂。[1] 城市化与生态环境系统是一个人文与自然相结合的复杂巨系统，包括城市化系统和生态环境系统，其两者间存在复杂的交互耦合胁迫机制，[2] 促进区域内外多维多向联动发展，创建城市群生态协同发展机制，将有利于加强城市化与生态环境的协同效应。推动湖北省绿色协调发展，提升生态系统质量和稳定性要求"两翼"城市群内尽快建立生态环境协调机制，针对城市群内失调失衡局面从系统高位进行治理。具体应从以下方面加快建立完善生态保护修复的协同联动推进机制，一要坚持生态同建，开展环保专项行动，健全生态保护长效机制，着力解决重大生态环境问题，走生态优先、绿色发展的新路子，筑牢可持续发展的坚实基础[3]；二要坚持区域协调机制同创，加快建立城市群内生态环境联席会议机制，由各市生态环境部门组成联合检查队伍进行定期的生态环境风险事件检查，完善环境保护信息交流、共享和发布平台，鼓励统一流域上下游生态保护与受益区之间开展横向生态补偿，持续优化生态空间布局，努力打造生态景观走廊等示范项目；三要坚持环保同治，健全城市群跨界环境污染联合处置机制，加快构建环境突发事件预警监测响应机制，当出现重大跨行政区域大气、水体与土壤污染环境事件时，城市群内应立即采取行动联合处置环境安全突发事件，依托大数据互联网技术

---

[1] 孙久文，易淑昶，傅娟. 提升我国城市群和中心城市承载力与资源配置能力研究[J]. 天津社会科学，2021，2（02）：102-109.

[2] 梁龙武，王振波，方创琳，等. 京津冀城市群城市化与生态环境时空分异及协同发展格局[J]. 生态学报，2019，39（04）：1212-1225.

[3] 王浩，沈正平，李新春. 淮海城市群战略定位与协同发展途径及措施[J]. 经济地理，2017，37（05）：58-65.

保持畅通的环境信息交流传递渠道，紧密联合各地区环保部门，争取在最短时间内高效处理好环境污染事件，控制环境风险扩散①。

3. 因地制宜制定"两翼"内各市生态系统保护修复策略

地区生态系统保护修复策略应根据城市的发展情况进行因地制宜的制定。生态环境状况指数是地区生态系统质量和稳定性的重要直观反映，对于"两翼"中部分城市的生态环境质量偏低问题，应基于因地制宜的绿色发展原则，对自然、经济社会禀赋不同的城市提出相对应的建议对策。襄阳作为襄十随神城市群的中心城市，其经济社会城市化发展程度相对较高，因此该地在快速发展经济的同时，要注意发展的高质量内涵，加大绿色发展布局，以绿色发展推动城市的经济发展；随州的经济社会发展和生态环境质量都相对较差，该地区在加快经济发展的同时应以不破坏生态环境为原则，探索创新的绿色产业发展，以驱动城市的经济社会发展；荆门和荆州与宜昌的产业联结紧密，因此在提高宜荆荆恩城市群整体生态系统质量和稳定性时，宜昌应发挥中心城市中心协调及引领功能，以及其在生态系统保护修复方面的探索领先经验，对荆门和荆州有一定指导，带动城市群生态系统质量和稳定性向好发展。"两翼"中的随州和荆州的建成区绿化覆盖率仍有提升的潜力。随州在推进城市经济社会发展的同时，应严格控制建设用地规模的无序扩张，平稳扩大城市生态空间，修复保护城市生态系统，维护其生态的原真性；荆州的湿地覆盖率在全省排名前列，应加大对城市内河湖系统的修复保护，推进其建设成为海绵城市的进程。以此逐步提升湖北省"两翼"城市生态系统的质量和稳定性。

三、湖北省全域协同生态修复与保护，提升生态系统质量和稳定性的建议

"十四五"时期，湖北省"一主两翼、全域协同"的区域发展布局对提升生态系统质量和稳定性提出了新要求。针对此，湖北省全域协同提升全省生态系统质量和稳定性应健全自然资源产权制度、推进自然资源资产统一确权登记工作；持续开展领导干部自然资源资产离任审计，实行生态环境损害责任终身追究制②；完善生态补偿机制，探索区域协调和绿色融合发展新路径；深化系统性理念，从三个层次纵深推进全省生态保护修复；健全生态修复与保护的监督

---

① 吴传清，黄磊. 演进轨迹、绩效评估与长江中游城市群的绿色发展［J］. 改革，2017，(03)：65-77.
② 湖北省国民经济和社会发展第十四个五年规划和二〇三五年远景目标纲要［N］. 湖北日报，2021-04-12（001）.

检查制度，保障生态系统质量和稳定性。

1. 健全自然资源产权制度，推进自然资源资产统一确权登记工作

湖北省完善生态系统质量和稳定提升支撑体系，应从夯实支撑体系的"地基"入手，即加快推进自然资源资产确权登记工作，健全自然资源产权制度。明晰的自然资源资产产权制度可以产生市场化效应，提升开发利用自然资源的技术水平，更高效地配置和使用自然资源。自然资源产权的市场化交易可以提高自然资源资产的价值和收益，推动自然资源资产资本化，自然资源资产资本化收益反过来又可以推动自然资源生态环境治理，实现自然资源的生态服务价值[1]。湖北省加快健全自然资源资产产权制度，首先应加快推进自然资源统一调查监测和统一确权登记，探索建立生态服务价值核算体系[2]。其次在自然资源资产产权制度推进中要注意客体的界定，强化山水林田湖草生态系统整体性保护和修复。长期以来，我国采取的是以单要素治理为主的治理体系，各类自然资源治理处于各自为政的分割状态；近年来，单要素治理在生态上的负面效应逐渐显现[3]，这反映出目前自然资源资产治理需要向整体性转型。

2. 持续开展领导干部自然资源资产离任审计，实行生态环境损害责任终身追究制

在自然资源资产产权明晰且摸清的基础上，还需要扎实提高环境治理水平，认真落实生态文明建设责任制用好自然资源审计手段，为湖北省全域协同提升生态系统质量和稳定性提供可靠保障。自然资源资产审计，是资源环境审计的重要方面，在我国是极其必要而迫切的。领导干部自然资源资产离任审计，是自然资源资产审计的一种特定形式。[4] 湖北省应严格生态环境保护目标责任考核，全面开展领导干部自然资源资产离任审计，落实完善党政领导干部自然资源资产损害责任追究制度[5]。认真贯彻依法依规、客观公正、科学认定、权责一

---

[1] 卢现祥，李慧. 自然资源资产产权制度改革：理论依据、基本特征与制度效应[J]. 改革，2021（02）：14-28.

[2] 湖北省国民经济和社会发展第十四个五年规划和二〇三五年远景目标纲要[N]. 湖北日报，2021-04-12（001）.

[3] 谭荣. 自然资源资产产权制度改革和体系建设思考[J]. 中国土地科学，2021，35（01）：1-9.

[4] 谷树忠. 自然资源资产及其负债表编制与审计[J]，中国环境管理，2016，8（01）：30-33.

[5] 湖北省国民经济和社会发展第十四个五年规划和二〇三五年远景目标纲要[N]. 湖北日报，2021-04-12（001）.

致、终身追究的原则，明确各级领导干部责任追究情形①。

3. 完善生态补偿机制，探索区域协调和绿色融合发展新路径

湖北省应逐步完善生态补偿机制，探索区域协调和绿色融合发展新路径。生态补偿机制是一项实现自然资源有偿利用、应对主体功能区战略平衡问题的重要政策工具。② 实质上，实行生态补偿制度是从多元化的角度对环保行为进行定价，通过政府的转移支付对环保行为进行补偿，实现收入分配公平。③ 湖北省完善生态补偿机制首先应明确全域内统一的生态补偿标准，针对山水林田湖草等不同生态要素的特点分领域实施自然生态系统保护补偿，健全全省范围内重点生态功能区、自然保护地转移支付制度。其次进一步完善市场化、多元化的生态保护补偿机制，由于自然生态环境属于典型的公共产品，人们往往以牺牲生态环境为代价谋取自身的最大利益，致使市场补偿机制发生失灵状况，最终导致政府需承担生态补偿资金压力。④ 政府在转移支付时应当注重协调作用，增加生态因素的权重。⑤ 同时，在三大城市群内、全域内加快横向生态补偿的建立和实践试点，以此完善区域生态问题治理体系及提高区域的生态问题治理能力。横向补偿制度作为生态补偿的一种重要方式，主要在生态相关性十分密切的地区之间展开。⑥ 这与湖北省"一主两翼"空间格局下的生态修复与保护布局特点不谋而合。

4. 深化对山水林田湖草治理的系统性认知

山水林田湖草是自然资源的构成要素，也是自然生态空间的环境要素。⑦ 在

---

① 秦尊文. 以生态优先绿色发展为导向积极探索高质量发展新路［N］. 湖北日报，2019-03-19（010）.
② PAN Z, HE J, LIU D, et al. Ecosystem health assessment based on ecological integrity and ecosystem services demand in the Middle Reaches of the Yangtze River Economic Belt, China ［J］. Science of The Total Environment, 2021, 774: 144837.
③ 彭伟斌，曹稳键. "十四五"时期我国区域协调与绿色融合发展研究［J］. 企业经济，2021, 40（03）: 142-150.
④ 徐素波，王耀东，耿晓媛. 生态补偿：理论综述与研究展望［J］. 林业经济，2020, 42（03）: 14-26.
⑤ CAO H, QI Y, CHEN J, et al. Incentive and coordination: Ecological fiscal transfers' effects on eco-environmental quality［J］. Environmental Impact Assessment Review, 2021, 87: 106518.
⑥ 国家发展改革委国土开发与地区经济研究所课题组. 地区间建立横向生态补偿制度研究［J］. 宏观经济研究，2015,（03）: 13-23.
⑦ 李红举，宇振荣，梁军，等. 统一山水林田湖草生态保护修复标准体系研究［J］. 生态学报，2019, 39（23）: 8771-8779.

国土生态修复这一系统性工作中，各子系统之间需要协同发展才能推动生态修复研究的深入，① 因此山水林田湖草生态保护修复面向的是全域国土空间，其中系统治理是山水林田湖草生态保护修复的核心理念。湖北省应统筹山水林田湖草系统治理，应从三层面深化系统性认知。首先就是树立各生态要素间的联系紧密思维，从整体性角度去保护修复整个自然生态空间，而非割裂自然生态空间内的各环境要素去考量保护修复。这要求湖北省在落实推进生态保护修复项目过程中，应树立生态治理的大局观、全局观，杜绝生态环境保护领域内各自为政、九龙治水、多头治理等问题，形成不同自然环境要素的系统性治理。其次，山水林田湖草生态保护修复需要重点关注从空间关联视角审视流域内和流域间治理的系统性②，强调全域综合治理思维。地区行政化和条块式的整治修复已不适应时代发展，从政区分界向区域协同转变，从流域分割向流域统筹转变，构建行政区划间联防联治、流域上中下游协同保障等制度，为提升区域可持续发展提供有力支撑。③

5. 强化生态保护监管，建立生态系统定期调查和常规检测制度

生态保护监管是保障生态系统质量与稳定的有力手段，湖北省一直以来都高度重视。当前，湖北省生态环境厅已实现空气质量、水质量、秸秆焚烧等指标的日常监测及数据反馈，但对于生态空间、自然资源等方面的保护监管仍不完善，尚未建立生态系统定期调查和常规检测制度。生态系统定期调查和常规检测制度旨在对自然资源和生态空间的内容情况进行日常监管，具体应包括组织开展全省山水林田湖草等生态空间的检测工作，实行旬度、月度、年度定期检测，发布检测报告，及时提供生产力、综合覆盖率、退化情况、生态修复实施效果等信息，为生产生活和生态环境管理部门制定生态保护政策提供技术支撑；定期开展山水林田湖草生态资源调查，规范建立并实行每5年一清查、每10年一普查制度，及时摸清全省各类生态资源空间的面积、类型、生产力、退化等资源现状。

6. 组织环保督察巡视组，严格检视生态环境突出问题

湖北省应加强开展自发组织的相关环保督察行动，组织环保督察巡视组旨

---

① 易行，白彩全，梁龙武，等. 国土生态修复研究的演进脉络与前沿进展[J]. 自然资源学报，2020，35（01）：37-52.
② 彭建，吕丹娜，张甜，等. 山水林田湖草生态保护修复的系统性认知[J]. 生态学报，2019，38（23）：8755-8762.
③ 王军，应凌霄，钟莉娜. 新时代国土整治与生态修复转型思考[J]. 自然资源学报，2020，35（01）：26-36.

在对群众反映投诉、媒体曝光或审计通报的重大生态环境问题开展专项行动进行巡查、抽查，不仅只限于"绿盾行动"中的自然保护区，还应包括生态保护红线、主体功能区中禁止开发区的其他内容等。组织环保督察巡视组，严格检视生态环境突出问题的地区，有利于强化政府的环保主体责任，调动多方公众参与，在社会上营造保护生态环境的良好氛围。

第六章

以城市群为主体承载形态优化湖北省污染防治布局及其协调发展研究

21世纪以来,湖北省协调经济社会发展与环境质量改善稳步推进,环境质量改善取得显著成效、环境保护事业发展向好、环境治理能力持续提升。"十四五"时期,湖北省进入经济社会发展转型换挡、环境质量改善战略相持、生态环境主要矛盾转化阵痛的时期。[①] 这一时期,湖北省环境治理现代化将加快,污染防治攻坚战更加深入,在优化污染防治空间布局、加强污染联防联控联治、实现环境质量持续协同改善等方面也将赋予更多内容。本章将介绍进入21世纪湖北省环境质量持续改善的主要方面和存在的不足,刻画湖北省环境质量改善的空间格局及差异,对接"十四五"我国及湖北省的环境质量改善的各项目标,分析湖北省环境质量协同治理的主要内容,按照湖北省着力构建"一主引领、两翼驱动、全域协同"发展布局,加快形成"强核、壮圈、带群、兴县"多点支撑、多极发力格局的要求,提出优化湖北省"十四五"及"展望2035年"污染防治布局,持续协调改善环境质量的政策建议。

第一节 湖北省环境质量持续改善的主要方面及成就

2010年以来,湖北省及各地市州在打赢打好污染防治攻坚战方面取得了积极成效,多种空气污染物持续减排,空气污染物含量降低,局部地区空气质量显著改善,工业废气减排成效显著;空气中二氧化硫、PM10和PM2.5年均浓度显著降低,污水处理能力显著提升,水环境质量不断向好。当然,湖北省在绿色高质量发展路径探索方面取得了一定的成就,工业污染物排放强度显著下降,经济增长对环境影响的程度有所减弱。但同时,我们也应该看到,湖北省

---

① 廖琪,胡锐,容誉,等."十四五"时期湖北生态环境保护的阶段特征与战略选择[J].环境与可持续发展,2020,45(05):105-108.

及各地市州在污染防治方面存在不协同问题，比如：部分城市空气优良天数比例、污水处理能力相对较低、工业污染物排放强度相对较高等问题，环境质量稳定好转压力较大。生态环境质量从量变到质变的拐点还没有到来。

一、多种空气污染物持续减排，空气污染物含量降低成效显著

空气环境质量是湖北地区人民生活质量提高和经济社会可持续发展的关键因素。[1] 近年来，湖北省大气环境质量持续改善工作取得突破，资源性、高耗能、高排放产业发展逐渐衰减，多种空气污染物持续减排，空气污染物浓度整体呈向好趋势，局部地区改善幅度居全国前列。与 2015 年相比，2019 年湖北省 PM10、PM2.5、NO_2、SO_2 年均浓度均同比下降，多项数据取得突破。然而，大幅攀升的以煤炭为主的化石能源消耗和急剧增加的机动车保有量，使得 PM2.5 浓度始终未达标，空气优良天数比例有所下降，影响了城市环境和居民身心健康。[2] 在 2020 年和 2021 年，空气污染物含量均出现较大幅度降低。

1. 空气质量显著改善，局部地区仍有改善空间

湖北省空气优良天数比例下降后有所回升。如图 6-1，2010—2015 年全省平均优良天数比例整体呈现下降趋势。与 2010 年相比，2012 年湖北省空气优良天数比例有所提升，由 92.7% 提高到 93.2%，空气质量有一定改善。2012—2015 年全省平均优良天数比例逐年下降至 66.6%。2015 年逐年上升至 2017 年的 79.1% 后，继续下降。一方面是由于 2015 年是全省空气质量评价都执行收严的新空气质量标准《环境空气质量标准》（GB3096-2012）的第一年，平均空气质量优良天数比例有所下降。新空气质量标准一方面增设了 PM2.5 平均浓度限值和臭氧 8 小时平均浓度限值，另一方面收紧了 PM10、NO_2 等污染物的年均浓度限值，PM10 年均浓度二级标准由 100 微克/立方米改为 70 微克/立方米，NO_2 年均浓度二级标准由 80 微克/立方米改为 40 微克/立方米。2020 年和 2021 年空气优良天数比例升高，恢复至 2013 年水平。

---

[1] 董锁成，史丹，李富佳，等. 中部地区资源环境、经济和城镇化形势与绿色崛起战略研究［J］. 资源科学，2019，41（01）：33-42.

[2] XU S, MIAO Y, GAO C, et al. Regional differences in impacts of economic growth and urbanization on air pollutants in China based on provincial panel estimation［J］. Journal of Cleaner Production, 2019, 208：340-352.

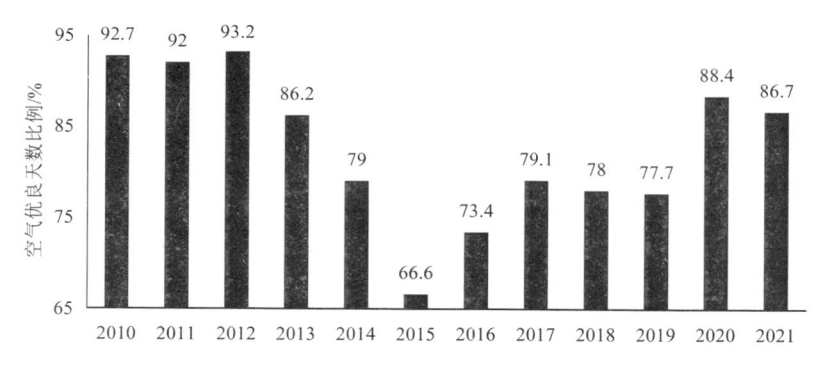

图 6-1 2010—2021 年湖北省空气优良天数比例变化

数据来源：历年湖北省环境质量公报。

大部分城市空气优良天数比例近五年有所上升。如表 6-1。2010—2019 年，在湖北省 13 个城市中，仅恩施州空气质量优良天数比例增长，由 2010 年的 83.3%提高到 2019 年的 94.2%，增长了 13.2 个百分点，较 2005 年（75.6%）增长了 24.6 个百分点。2016—2019 年，纳入国家考核范围的 13 个城市环境空气质量优良天数比例近五年有所增加。除黄石、宜昌以外的 11 个城市的空气优良天数比例均呈现整体上升趋势，其中荆州和恩施州空气质量优良天数比例稳步上升，2019 年达到新空气质量标准评价考核以来的最优水平。比起 2019 年，2020 年和 2021 年各市州的空气优良天数比例都出现较大幅度改善。

表 6-1 湖北省及 13 个市州空气优良天数比例变化

地区	2010 年	2012 年	2014 年	2016 年	2018 年	2019 年	2020 年	2021 年
湖北	92.7	93.2	79	73.4	78	77.7	88.4	86.7
武汉	77.8	87.9	49.9	64.9	68.2	67.1	84.4	79.2
黄石	88.2	94.8	86.3	73.2	75.1	78.4	89.9	85.2
十堰	94.8	95.1	88.2	80.8	83.6	85.5	94.8	92.3
宜昌	95.9	95.3	48.2	67.7	75.1	68.8	84.2	84.1
襄阳	89.0	85.8	77.3	66.0	63.6	62.7	74.9	77.5
鄂州	93.7	97.0	82.5	64.4	74.0	79.2	87.4	85.5
荆门	86.8	91.0	80.0	72.6	67.7	65.2	80.3	81.4
孝感	94.8	87.7	87.2	75.1	69.9	74.5	87.9	84.7
荆州	92.6	91.8	47.7	64.9	74.8	76.4	87.9	88.2

续表

地区	2010年	2012年	2014年	2016年	2018年	2019年	2020年	2021年
黄冈	97.5	96.7	84.7	69.6	72.1	80.0	88.5	86.0
咸宁	98.4	96.4	90.4	75.9	80.8	78.6	94.0	93.7
随州	95.3	91.0	80.0	69.6	78.4	77.0	87.2	86.6
恩施州	83.3	87.7	95.9	84.9	91.5	94.2	96.4	95.9

数据来源：历年湖北省环境质量公报、各市州环境状况公报。

注：部分城市空气优良天数比例由各年湖北省环境质量公报、各市州环境状况公报空气质量优良天数除以365计算得出。

2. 全省工业烟粉尘排放量波动上升后连续下降，空气中颗粒物含量有效降低

2010年以来，湖北省在经济持续发展的同时，积极采取措施实施节能减排行动，并以PM10、PM2.5浓度作为考核指标，建立了考核奖惩和生态补偿机制，大力开展工业、扬尘、机动车、秸秆禁烧等污染治理，削减工业发展带来的烟粉尘等污染物排放量，力推空气质量持续改善，PM10、PM2.5浓度和工业烟粉尘排放量均呈现整体下降趋势。

湖北省工业烟粉尘排放量波动上升后显著下降。如图6-2所示，2010年以来，湖北省工业烟粉尘排放量整体呈下降趋势，2010—2014年整体呈现波动上升趋势，2010为29.16万吨，2014年达到43.83万吨，2014年之后持续下降，2018年降至25.09万吨，是近十年最优水平，2019年达到26.76万吨，较2014年下降了17.07万吨，较2010年下降了2.4万吨。而在2000年，湖北省工业烟粉尘排放量高达73.15万吨，2019年较2000年降低了46.39万吨。2020年工业烟粉尘排放量大幅度下降，达到了个位数。从湖北省各市州来看，2018年湖北省各市州工业烟粉尘排放量较2005年均显著下降，降幅最大的是神农架，下降了90.5%；2018年除武汉、咸宁、宜昌以外的城市较2010年有所下降，荆州降幅最大，下降了89.5%；2020年除荆州、恩施州以外的城市较2018年有所下降，武汉降幅最大，下降了85.0%。可以看出，湖北省整体的工业烟粉尘减排成效显著。

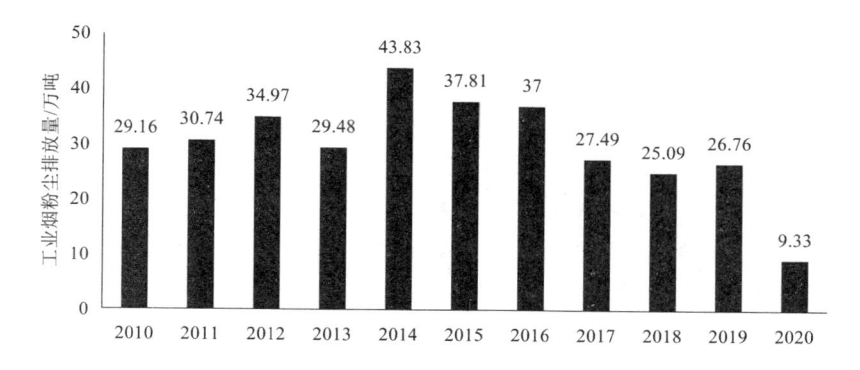

图 6-2　2010—2020 年湖北省工业烟粉尘排放量

数据来源：2011、2012 年数据来源于《湖北统计年鉴》，其余年份数据来源湖于北省环境统计公报。

湖北省可吸入颗粒物（PM10）年均浓度先降后升再降，2019 年首次达标。如图 6-3 所示，2019 年湖北省 PM10 年均浓度为 70 微克/立方米，明显低于 2005 年 99 微克/立方米，满足二级标准 70 微克/立方米，较 2005 年改善了 29.3%。2006—2012 年，湖北省 PM10 年均浓度逐渐降低，从 2005 年 99 微克/立方米，下降为 2012 年 83 微克/立方米，改善了 16.2%；2012—2014 年有所增

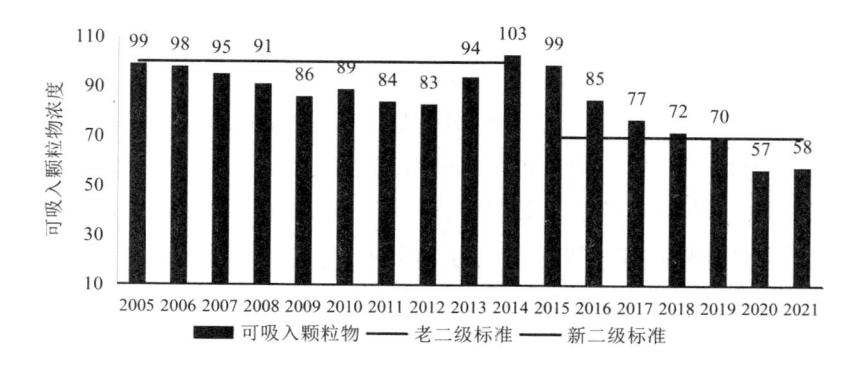

图 6-3　2005—2021 年湖北省可吸入颗粒物（PM10）年均浓度

数据来源：各年湖北省环境质量公报、各市环境状况公报。

注：老二级标准是指《环境空气质量标准》（GB3096-1996）中的国家二级标准，新二级标准是指《环境空气质量标准》（GB3096-2012）中的国家二级标准，2015 年全省开始实行《环境空气质量标准》（GB3096-2012），PM10 年均浓度二级标准值由 100 微克/立方米改为 70 微克/立方米。

加，2014年之后转为下降，由2014年103微克/立方米，逐年降至2019年70微克/立方米。是全省实行《环境空气质量标准》（GB3096-2012）以来PM10年均浓度首次达到年均值二级标准（70微克/立方米）。从湖北省12个地级市来看，2019年较2005年均浓度均有所下降，降幅最大的是黄冈，2019年PM10浓度低于2005年的一半；降幅最小的是咸宁，但2005年和2019年咸宁的PM10浓度为全省12个地级市最优水平。与2019年相比，2020年和2021的PM10年均浓度出现较大幅度降低。

2019年之前，全省PM2.5年均浓度逐年下降但仍未满足二级标准。2020年和2021年均达到二级标准。自2015年湖北省重点城市完成省控空气自动监测点位的升级改造工作，开始全年监测全省17个重点城市PM2.5浓度以来，湖北省及各市州PM2.5年均浓度整体呈现逐年下降趋势。2015—2019年湖北省PM2.5年均浓度分别为64、54、49、44、42微克/立方米，2019年较2015年降低了34.4%。PM2.5年均浓度超标城市个数有所下降，2015年湖北省17个城市PM2.5年均浓度均高于年均值二级标准（35微克/立方米），即存在超标。2019年，湖北省17个市州中恩施州和神农架满足二级标准，分别为32和21微克/立方米。2020年和2021年，除了襄阳、荆门和宜昌距离二级标准差距较大，其他城市PM2.5年均浓度均接近或达到二级标准。

湖北省12个地级市的PM2.5年均浓度都有不同程度的下降，武汉6年下降超三成。如图6-4所示，2016—2019年，各地级市PM2.5年均浓度整体均呈下降趋势。除荆门以外的11个城市，2019年PM2.5年均浓度均达2015年来最优水平。2019年较2015年，PM2.5年均浓度变化幅度最高的前两位是黄石和孝感，降幅均为40%以上，武汉由2015年70微克/立方米降为45微克/立方米，降幅达35.7%。2019年黄石、十堰、黄冈、咸宁均低于全省水平（42微克/立方米），其中咸宁最接近二级标准，为36微克/立方米。2020年和2021年，湖北省12个地级市的PM2.5年均浓度均下降至新的最优水平。

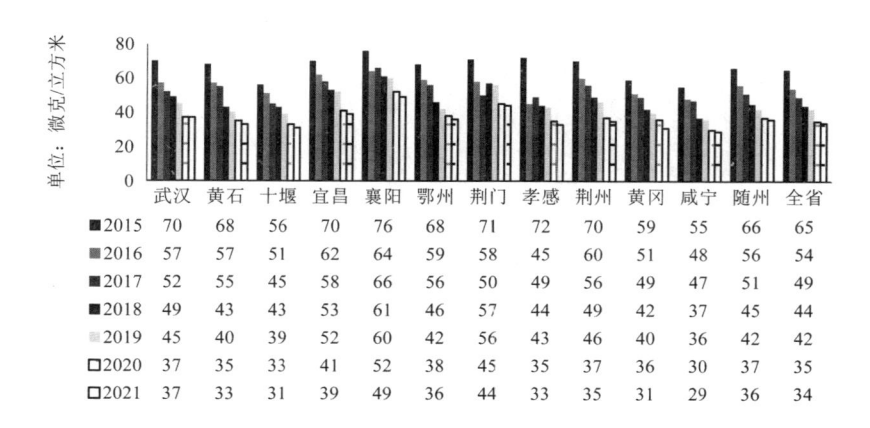

<<< 第六章 以城市群为主体承载形态优化湖北省污染防治布局及其协调发展研究

单位：微克/立方米	武汉	黄石	十堰	宜昌	襄阳	鄂州	荆门	孝感	荆州	黄冈	咸宁	随州	全省
2015	70	68	56	70	76	68	71	72	70	59	55	57	65
2016	57	57	51	62	64	59	58	45	60	51	48	56	54
2017	52	55	45	58	66	56	50	49	56	49	47	51	49
2018	49	43	43	53	61	46	57	44	49	42	37	45	44
2019	45	40	39	52	60	42	56	43	46	40	36	42	42
2020	37	35	33	41	52	38	45	35	37	36	30	37	35
2021	37	33	31	39	49	36	44	33	35	37	29	36	34

图 6-4　2015—2021 年湖北省及 12 个地级城市 PM2.5 年均浓度变化

数据来源：历年湖北省环境质量公报、各市环境状况公报。

3. 全省工业二氧化硫排放量波动上升后连续下降，酸雨频率持续下降

湖北省实施绿色环保升级改造，工业二氧化硫排放量降低，SO_2 年均浓度显著下降，连续六年未出现酸雨城市，2008 年以来酸雨频率持续下降；全省工业氮氧化物排放量显著下降，NO_2 年均浓度虽有波动但始终满足二级标准，大气环境治理成效显著。

湖北省工业二氧化硫排放量整体下降。如图 6-5 所示。2008 年湖北省工业二氧化硫排放量为 56.23 万吨，2019 年降至 9.63 万吨，降幅达 82.9%，比 2005 年降低了 51.72 万吨。2008—2010 年是第一个下降阶段，湖北省工业二氧化硫排放量连续三年下降，降低了 4.63 万吨；2011—2019 年是第二个下降阶段，2011 年上升到 59.5 万吨后，逐年下降；2016 年—2019 年，湖北省工业二氧化硫排放量保持在 20 万吨以下并持续下降，2016 年相比 2015 年降幅最大，同比下降 31.56 万吨，2018 年降至 9.71 万吨，是 2008 年以来首次低于 10 万吨，较 2011 年下降了 49.79 万吨。2020 年湖北省工业二氧化硫排放量降低至 5.51 万吨。2020 年从各市州来看，2020 年除仙桃、神农架以外的 15 个城市工业二氧化硫排放量较 2010 年都有所下降，大部分城市降幅均在 80% 以上。可以看出湖北省工业二氧化硫减排成效显著。

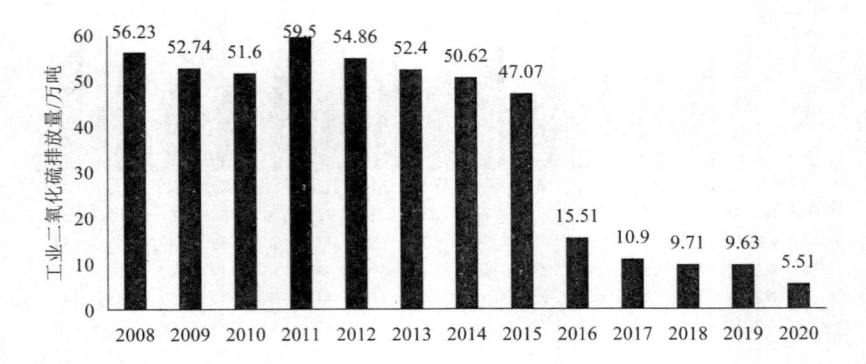

图 6-5　2008—2020 年湖北省工业二氧化硫排放量

数据来源：历年湖北省环境统计公报。

湖北省空气中 SO_2 年均浓度显著下降，降至 10 微克/立方米以下。自 2006 年我国开始实行脱硫政策以来，湖北省空气中 SO_2 年均浓度大体呈现持续下降趋势，如图 6-6 所示。湖北省空气中 SO_2 年均浓度从 2005 年的 59 微克/立方米降为 2019 年的 9 微克/立方米，降幅达 84.7%，在 2005—2019 年的 15 年内始终满足国家二级标准（60 微克/立方米）。2013 年，空气中 SO_2 年浓度虽然稍有上升但紧接着进入下一个下降阶段，由 2013 年的 36 微克/立方米降至 2019 年的 9 微克/立方米。2019 年湖北省 17 个市州 SO_2 年均浓度下降至 15 微克/立方米以下。其中恩施州改善幅度尤其显著，2005 年高达 184 微克/立方米，2010 年降为 80 微克/立方米，但仍未达标，且为 13 个市州中最高，2019 年降为 4 微克/立方米，为全省最优水平。2020 年和 2021 年湖北省空气中 SO_2 年均浓度降至 8 微克/立方米。

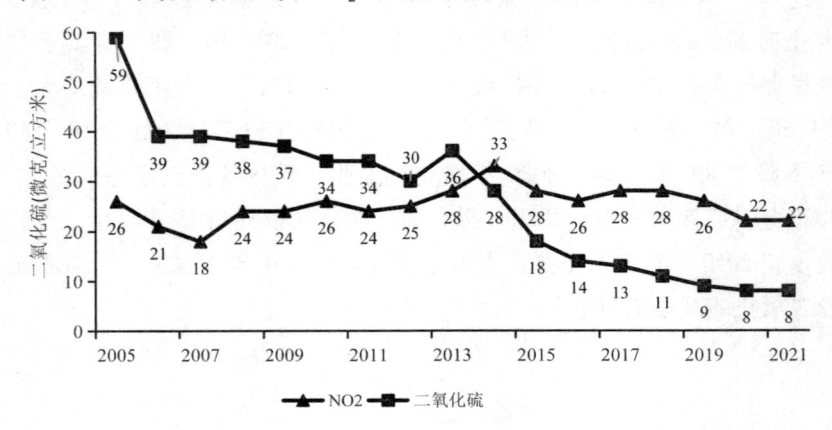

图 6-6　2005—2021 年湖北省二氧化硫和二氧化氮年均浓度变化

数据来源：历年湖北省环境质量公报、各市州环境状况公报。

湖北省连续8年未出现酸雨城市。根据湖北省环境质量状况公报，2014—2021年，全省连续8年未出现酸雨城市（降水pH均值小于5.6的城市），而在2005年，酸雨城市占监测城市的比例高达72%。如图6-7所示，2008年以来，伴随着工业二氧化硫排放量以及空气中SO_2年均浓度的降低，湖北省每年的酸雨频率呈现持续下降的态势，从2008年的28.8%以每年约2%的速度下降到2014年的15%；2015年降至10%以下，2016—2019年湖北省酸雨频率保持低位并继续平稳下降，2019年降至1.5%，较2008年降幅达94.8%。2021年出现轻微反弹。

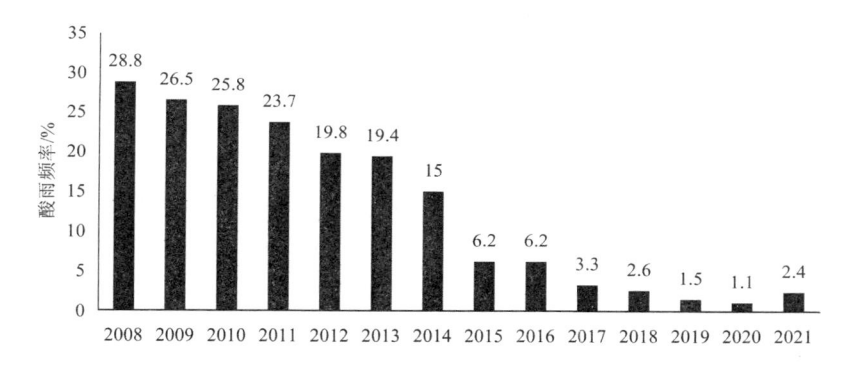

图6-7 2008—2021年湖北省酸雨频率

数据来源：历年湖北省环境质量状况公报。

4. 全省工业氮氧化物排放量显著下降，NO_2年均浓度始终满足二级标准

湖北省工业氮氧化物排放量显著下降。如图6-8所示，2010年湖北省工业废气中氮氧化物排放量为42.72万吨，2019年降至13.99万吨，比2010年减少了28.73万吨，降幅达67.3%。2011年达到近十年排放量高峰，2011年之后持续下降，2014年降至40万吨以下，2016年降至20万吨以下，约为2015年排放量的一半，2019年较2011年下降了33.77万吨。2020年降低至10.33万吨。此外，近年来部分市州工业氮氧化物排放量有不同程度的下降。其中2018年黄石、襄阳、荆门以及随州等典型工业城市的工业氮氧化物排放量分别降至2.32、0.82、1.18、0.02万吨。2018年黄石低于2010年的一半；襄阳2018年较2010年降幅高达85.9%；荆门2018年较2011年降幅达60.3%；随州2018年较2012年降幅高达97%。可以看出，湖北省整体工业氮氧化物减排成效显著。2020年黄石、襄阳、荆门以及随州等典型工业城市的工业氮氧化物排放量进一步降低，

分别降至 1.44、0.74、0.82、0.04 万吨。

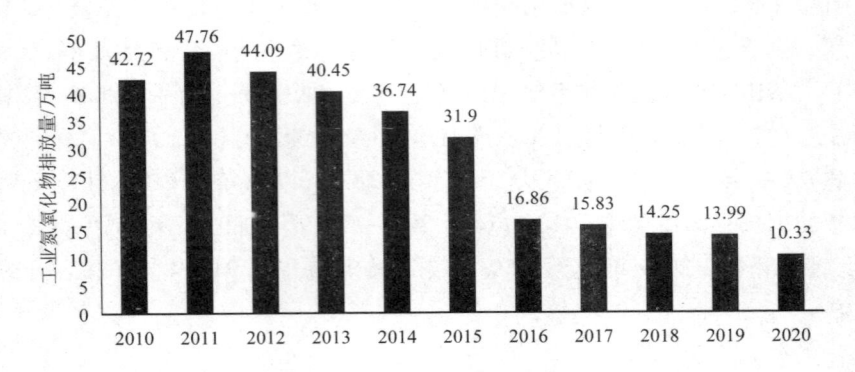

图 6-8　2010—2020 年湖北省工业氮氧化物排放量
数据来源：历年湖北省环境统计公报。

NO₂ 年均浓度始终满足二级标准。如图 6-6 所示。2005—2019 年，湖北省空气中 NO₂ 的年均浓度表现为在 18~33 微克/立方米范围内波动，且始终满足国家二级标准（40 微克/立方米）。2005—2007 年，NO₂ 年均浓度由 26 降为 18 微克/立方米；2007—2014 年，波动上升至 33 微克/立方米；2014 年以来 NO₂ 年浓度稳中有降，由 33 微克/立方米降至 2019 年的 26 微克/立方米，与 2005 年的 NO₂ 年均浓度持平。2019 年，武汉、荆门 NO₂ 年浓度分别较 2010 年下降 26.7%、32.5%。2020 年和 2021 年 NO₂ 年浓度降至 22 微克/立方米。

二、污水处理能力显著提升，水环境质量持续改善

随着全省经济的不断发展，城市环境基础设施也逐步完善，城市环境治理能力不断增强，加上湖北省大力开展重点流域、水域和饮用水源污染防治与保护工作，水环境质量持续改善、集中式饮用水源安全得到保障。工业废水减排成效显著，入河排污量近几年持续下降，污水集中处理率持续提高；2018 年、2019 年、2020 年全省重点城市、县级城镇集中式饮用水源地达标率均为 100%。同时，湖北省大力开展不达标断面整治，水环境质量整体有所好转，全省主要河流水质优良断面比例总体呈上升趋势，2020 年湖北省全面消除劣Ⅴ类国控断面。

1. 水环境质量显著改善

全省主要河流、湖库水质总体水质逐年好转，整体向好，主要河流优良断面超九成。如图 6-9。全省主要河流水质优良（Ⅰ~Ⅲ类）断面比例总体呈上升

趋势，污染严重的劣Ⅴ类断面比例持续下降。全省主要河流水质优良断面比例从 2005 年的 69.8% 升至 2021 年的 94.2%；污染严重的劣Ⅴ类断面比例 2005 年为 13.9%，2020 年已降为 0，2021 年出现一条劣Ⅴ类断面。主要河流水质在 2006—2006 年为轻度污染，2007 年升至良好，其后稳定在良好水平，2018 年由良好提升至优。

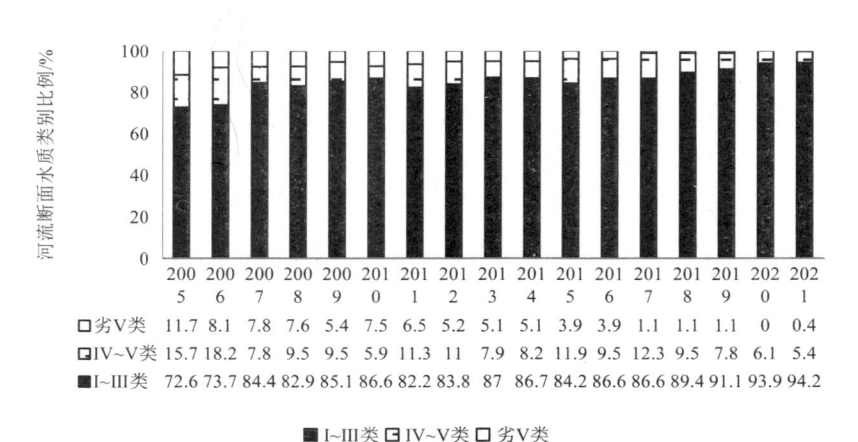

年份	2005	2006	2007	2008	2009	2010	2011	2012	2013	2014	2015	2016	2017	2018	2019	2020	2021
劣Ⅴ类	11.7	8.1	7.8	7.6	5.4	7.5	6.5	5.2	5.1	5.1	3.9	3.9	1.1	1.1	1.1	0	0.4
Ⅳ~Ⅴ类	15.7	18.2	7.8	9.5	9.5	5.9	11.3	11	7.9	8.2	11.9	9.5	12.3	9.5	7.8	6.1	5.4
Ⅰ~Ⅲ类	72.6	73.7	84.4	82.9	85.1	86.6	82.2	83.8	87	86.7	84.2	86.6	86.6	89.4	91.1	93.9	94.2

图 6-9　2005—2021 年湖北省主要河流断面水质类别比例变化

数据来源：历年湖北省环境质量状况公报。

注：水质类别按照《地表水环境质量标准》（GB3838-2002）标准评价。

全省国家考核断面水质持续改善，劣Ⅴ类国控断面全面消除。自 2017 年湖北省进行国家"水十条"断面水质监测以来，纳入国家考核的 114 个考核断面中，水质优良断面比例总体呈上升趋势，污染严重的劣Ⅴ类断面比例持续下降。国控断面水质符合Ⅰ-Ⅲ类的优良断面比例由 2017 年的 84.2% 连续上升至 2020 年的 93.7%，污染严重的劣Ⅴ类断面比例从 2017 年的 4.4% 降至 2020 年的 0，2021 年劣Ⅴ类国控断面比例仍然为 0。"十三五"末，湖北省完成国家"水十条"劣Ⅴ类水质断面消除任务，对建设美丽中国作出了湖北贡献；仙桃、宜昌、神农架等多个市州的国考、省考断面水质优良率稳定达到 100%。

2. 环境基础设施不断完善，污水集中处理率持续提高

污水处理也是水污染防治的关键环节。其中污水集中处理率反映一个城市或地区污水集中收集处理设施的配套程度，是评价一个城市污水处理工作的标

志性指标[①]。污水集中处理率的提高，在一定程度上意味着污水治理效率的提升，是水污染防治工作的重要推手。近年来，随着污水处理厂及污水处理设施的建设、改造升级和标准的提高，管理机制的不断建立和完善，湖北省及12个城市的污水集中率都有不同程度的提升。

湖北省城市和县城污水集中处理率持续提高，均已高于90%。如图6-10所示。2008—2019年城市和县城污水集中处理率均持续提高。2008年湖北省城市、县城污水集中处理率分别为46.3%、5.6%，2019年分别为95.7%、91.4%，较2008年提升2倍余、16倍余，污水处理能力进步显著。2008年以来，湖北省城市污水集中处理率不断突破且始终保持稳定增长的态势，2008年为46.3%，低于全国水平（57.64%）；2019年达到95.7%，高于全国水平（94.81%）。2020年城市污水集中处理率下降，为92.2%，低于全国水平（95.78%）。

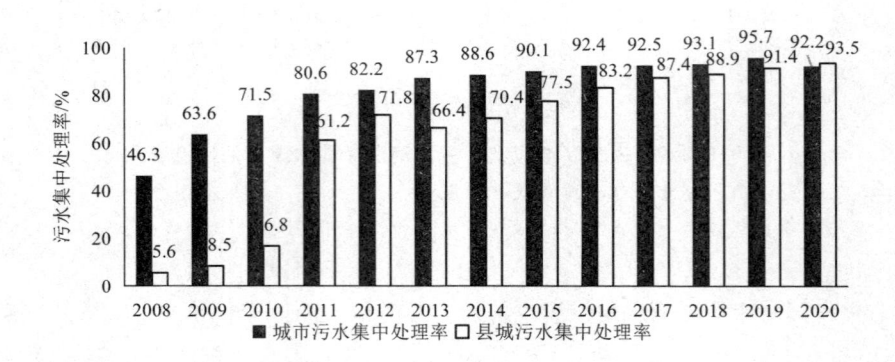

图 6-10　2008—2020 年湖北省城市及县城污水集中处理率变化

数据来源：《湖北统计年鉴》《中国城市统计年鉴》《中国城乡建设统计年鉴》。

2008—2020年，湖北省县城污水集中处理率总体大幅提升，与全国的差距也在不断缩小，污水处理能力显著提升。2008年仅为5.6%，相当于全国水平（25.75%）的五分之一左右，差距明显；2011年较2010年提升幅度最大，2010年仅为16.8%，2011年上升到61.2%，2012年突破70%，2014年突破80%，2019年突破90%，达到91.4%，2020年达到93.5%，与全国水平（94.42%）差距显著缩小。此外，2020年，湖北省建制镇污水集中处理率为41.28%，较

---

① 徐敏，王东，马乐宽，等. 关于城镇污水处理厂进水浓度低及污水处理率修正的相关问题探讨［J］. 环境保护，2020，48（05）：38-42.

2016年（23.25%）增加了18.03个百分点。2019年，湖北省乡镇污水集中处理率为21.43%，高于全国水平（13.43%）。

湖北省12个城市的污水集中处理率都有不同程度的提升。如表6-2所示，2005年除荆门、宜昌、鄂州以外，其余9个城市的污水集中处理率均低于50%；2010年，除咸宁、黄石和恩施州以外，另外9个城市的城市污水集中处理率均已提升至70%以上，武汉、随州的城市污水集中处理率已达到较高水平，分别为92%、90%；2020年，除武汉接近90%外，另外11个城市的城市污水集中处理率均已提升至90%以上，其中十堰最高，达99.85%，鄂州紧随其后，达99.78%，高于全省平均水平。相比于2005年，2010年孝感的城市污水集中处理率增长幅度最大，增长了近六倍；相比于2010年，2020年咸宁的城市污水集中处理率增长幅度最大，增长了103.40%。2005和2010年咸宁的城市污水集中处理率均为最低，分别为10%、47.10%，2020年提高到95.80%。

表6-2 2005、2010、2021年湖北省及主要城市的污水集中处理率变化对比

年份	2005年 当年值	2010年 当年值	与2005年比较变化	2020年 当年值	与2010年比较变化
湖北	25.35%	71.52%	182.1%	92.24%	20.72%
武汉	37.00%	92.00%	148.6%	88.23%	-3.77%
黄石	28.20%	60.50%	114.5%	97.84%	37.34%
十堰	48.60%	80.10%	64.8%	99.85%	19.75%
宜昌	60.60%	89.00%	46.9%	97.17%	8.17%
襄阳	23.60%	82.50%	249.6%	96.00%	13.50%
鄂州	58.60%	78.50%	34.0%	99.78%	21.28%
荆门	67.00%	78.90%	17.8%	98.50%	19.60%
孝感	12.50%	86.00%	588.0%	97.12%	11.12%
荆州	37.00%	80.00%	116.2%	95.26%	15.26%
咸宁	10.00%	47.10%	371.0%	95.80%	48.70%
随州	40.00%	90.00%	125.0%	96.81%	6.81%
恩施州	19.90%	57.00%	186.4%	91.33%	34.33%

数据来源：2005、2010、2020年《湖北统计年鉴》《中国城市建设统计年鉴》。

3. 工业废水排放量显著下降，入河排污量连续三年下降

工业废水排放量先升后降。如图6-11所示。2018年工业废水排放量为4.58亿吨，低于2008年的一半。2008—2011年间湖北省工业废水排放量整体波动上升，2011年工业废水排放量达到了10.44亿吨。从2012年开始，湖北省工业废水排放量逐年下降，尤其是2016年工业废水排放量较2015年同比下降了39%，数值降至4.91亿吨。2018年湖北省工业废水排放量降至4.58亿吨，虽然较2017年稍有增加，但仍显著低于2008年水平；较2011年的工业废水排放量峰值下降了56%，甚至低于2000年的工业废水排放量6.39亿吨的水平。2018年，除武汉、黄石、孝感、襄阳、宜昌五个城市外，其余城市全部降低至2000万吨以下。2018年湖北省各市州（除数据缺失的城市外）工业废水排放量较2005年有所下降；2018年除武汉、咸宁、宜昌以外的13个城市工业废水排放量较2010年有所下降，降幅均在45%以上，其中荆州降幅最大，达89.5%。可以看出湖北省工业废水减排成效显著。2019年工业废水排放量比2018年增长了一亿多吨。

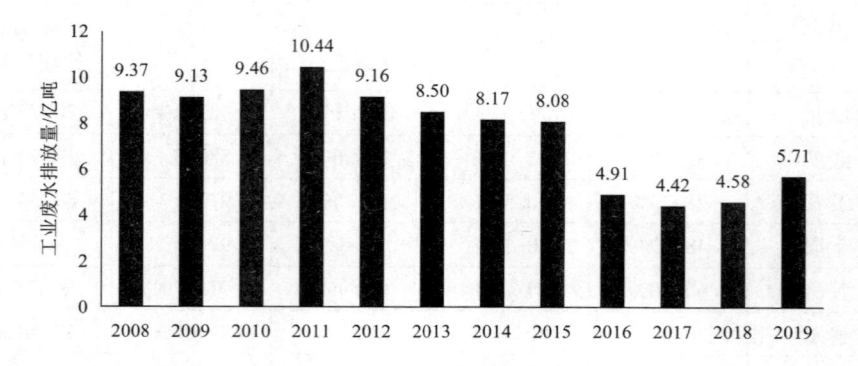

图6-11　2008—2019年湖北省工业废水排放量

数据来源：历年湖北统计年鉴、湖北省环境质量状况公报。

全省入河排污量近三年持续下降，但整体有所上升。2010—2019年，全省入河排污量整体呈上升趋势。如图6-12所示。2019年湖北省入河排污量达到35.82亿吨，较2010年增加1.08亿吨。2010—2012年，湖北省入河排污量有所增加，由2010年的34.74亿吨上升为2012年的37.65亿吨；2013年降低为29.95亿吨，是近十年最低水平，比2012年减少7.7亿吨。2013—2016年期间再次呈上升趋势，但低于2012年的峰值；2016—2020年连续四年下降，从2016年36.32亿吨，降低为2020年30.73亿吨，减少了5.59亿吨，较2012年减少

6.92亿吨，入河排污量控制有所成效。从城市来看，"十三五"以来宜昌入河排污量连续下降，由2016年的3.09亿吨下降至2020年的2.45亿吨，降低了20.71%。作为水源的河流、湖泊等水资源也担负着纳污的责任。如图6-12，2010—2019年的10年间，入河排污量占水资源量的比重保持较低水平，呈现先升后降再上升趋势，整体有所上升。2011年较2010年有所上升，2011—2016年总体呈下降趋势，由4.8%降低为2.42%，达到近十年最低水平；2016年以后，再次上升，2019年达到5.84%，约为2010年的两倍。2020年入河排污量占水资源总量比重骤降，甚至低于前十年的最优水平，原因主要是2020年降水丰沛，比常年偏多。

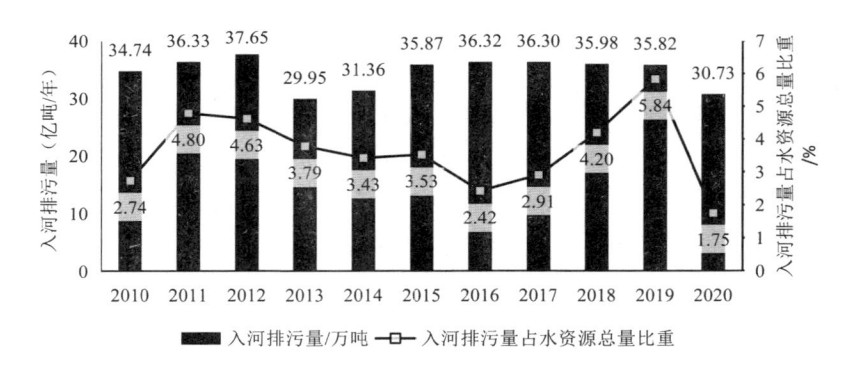

图6-12　2010—2020年湖北省入河排污量及其占水资源总量比重

数据来源：历年湖北省水资源公报。

湖北省废水中化学需氧量和氨氮排放总量持续下降。如图6-13所示，湖北省废水中化学需氧量排放量由2011年110.47万吨，下降为2019年26.76万吨，降幅达75.8%；废水中氨氮排放量由2011年13.12万吨，下降为2019年2.25万吨，降幅达82.9%。2016年，湖北省废水中化学需氧量和氨氮排放总量锐减，废水中化学需氧量排放量、氨氮排放量分别为31.69万吨、2.74万吨，较2015年分别减少了66.92万吨、8.69万吨，2018年废水中化学需氧量降至30万吨以下，2016—2019年，废水中氨氮排放量在较低水平持续下降。废水中化学需氧量和氨氮排放总量持续下降对促进湖北省水环境质量改善具有重要作用。2020年，湖北省废水中化学需氧量排放量和氨氮排放量骤增，其中主要是农业源部分。

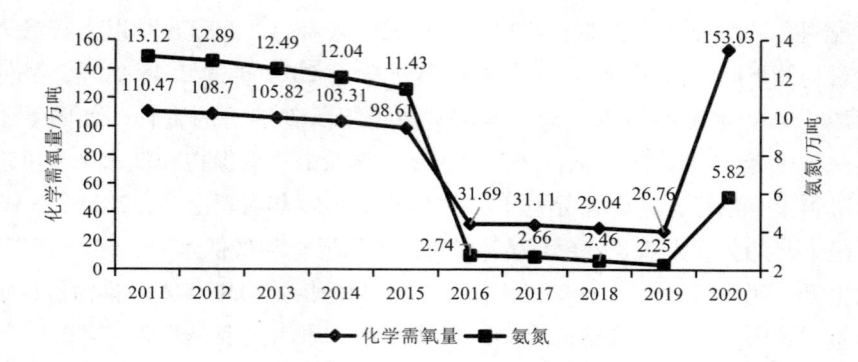

图 6-13　2011—2020 年湖北省废水中化学需氧量排放量和氨氮排放量

数据来源：历年中国环境统计年鉴、湖北省生态环境统计公报。

4. 水污染导致土壤污染，不利于绿色食品的供给，也给居民身体健康带来一定影响

土壤是万物之根，它是农业的根基，也是食品安全的基础，直接影响人民是否"吃得放心，住得安心"，但同时土壤是大气、水、固体等废弃物和各种污染物最终的"宿营地"，所有污染（包括水污染、大气污染）的90%最终都会回归土壤，造成土壤污染，即大气、水污染等是源头，土壤污染是后果，工业"三废"的排放、废水灌溉等空气、水污染最终会造成土壤污染。这些污染一方面影响农业生产，不利于新鲜农产品和绿色农产品的供给，成为农业可持续发展的重大障碍；更为重要的是这些污染物质有的会溶入地下水，有的会通过食物链条进入人体，给人们的健康带来不利影响。

三、工业污染物排放强度下降，经济发展对环境质量的影响减弱

政府的能源控制政策，如减排政策有利于大气污染物排放量的大幅减少。[1]从国家"十一五"规划纲要提出"节能减排"以来，湖北及各地区加强了节能减排工作并取得了积极进展，一方面通过工程减排措施削减污染物排放量，为新上项目腾出环境容量；另一方面，通过淘汰落后产能，从源头上减少污染物产生量，促进产业结构优化，正向推动经济增长[2]，这在一定程度上降低了工业

---

[1] ZENG J, LIU T, FEIOCK R, et al. The impacts of China's provincial energy policies on major air pollutants: A spatial econometric analysis [J]. Energy Policy, 2019, 132: 392-403.

[2] 李海生，傅泽强，孙启宏，等. 关于加强生态环境保护打造绿色发展新动能的几点思考 [J]. 环境保护, 2020, 48 (15): 33-38.

废水、工业二氧化硫、工业烟粉尘等污染物排放量，同时也降低工业污染物排放强度，促进环境质量改善。工业污染物排放强度下降，即万元工业增加值污染物排放量下降，在一定程度上意味着创造相同的工业增加值的同时对环境的负面影响程度有所降低，也意味着多年来采取的环境保护政策行之有效，经济逐渐向着高质量和可持续的方向发展。

1. 湖北省万元工业增加值污染物排放量显著下降

如表6-3所示，2020年湖北省万元工业增加值废水、二氧化硫及烟粉尘排放量均较2005年和2010年有所降低，其中万元工业增加值烟粉尘排放量降幅最大，2020年湖北省万元工业增加值废水、二氧化硫及烟粉尘排放量分别为3.35吨、324克、548克，与2005年相比分别下降了91.29%、98.72%、97.82%，与2010年相比分别下降了74.45%、95.72%、80.64%。

2. 三大城市群万元工业增加值污染物排放量均有所下降，襄十随神城市群降幅最大

如表6-3所示，2020年襄十随神城市群万元工业增加值废水、二氧化硫及烟粉尘排放量分别为1.20吨、190克、237克，不仅在数值上低于武汉城市圈和宜荆荆恩城市群，在减排成效上也十分显著。2020年襄十随神城市群万元工业增加值废水、二氧化硫及烟粉尘排放量与2005年相比分别下降了97.46%、99.42%、98.07%，与2010年相比分别下降了90.62%、96.83%、87.19%。

3. 各市州万元工业增加值污染物排放量均有所下降

从万元工业增加值废水排放量来看，2020年神农架较2010年下降最多。除神农架外，2020年湖北省各地市州万元工业增加值废水排放量均由2005年的20吨以上降至5吨以下，其中恩施州最低，仅为0.13吨。从万元工业增加值二氧化硫排放量来看，除神农架外，2020年湖北省各地市州万元工业增加值二氧化硫排放量均降至1600克以下，黄石、鄂州的万元工业增加值二氧化硫排放量下降的数值最多，2010年黄石的万元工业增加值二氧化硫排放量最高，达20590克，鄂州的万元工业增加值二氧化硫排放量仅次于黄石，达19960克，远超其他地市州及全省水平。从万元工业增加值烟粉尘排放量来看，2020年湖北省大部分城市降至1000克以下。黄石的万元工业增加值烟粉尘排放量较2010年下降的数值最多，2010年黄石的万元工业增加值烟粉尘排放量最高，达16500克，远超其他地市州及全省水平，2020年黄石的万元工业增加值烟粉尘排放量降至916克。

表 6–3 2005 年、2010 年及 2020 年湖北省万元工业增加值废水、烟粉尘及二氧化硫排放量

污染物	万元工业增加值废水排放量（吨）			万元工业增加值二氧化硫排放量（克）			万元工业增加值烟粉尘排放量（克）		
年份	2005	2010	2020	2005	2010	2020	2005	2010	2020
湖北	38.46	13.11	3.35 *	25320	7570	324	25130	2830	548
武汉	30.52	10.80	2.42 *	15660	4200	173	5430	610	114
黄石	55.08	21.42	4.03	49390	20590	1166	58170	16500	916
鄂州	39.97	9.73	3.34 *	57390	19960	799	26860	6180	4415
孝感	60.65	18.73	4.49 *	34460	11460	513	23660	3940	207
黄冈	46.96	14.11	4.29 *	11940	5300	201	6350	2510	454
咸宁	36.21	11.41	2.82 *	38840	6210	379	22800	2500	425
仙桃		11.49	2.11 **		2980	1508 **		1290	217
潜江	233.47	8.54	2.13	174910	5620	591	128130	2590	217
天门		4.77	0.63		2210	6		1710	24
武汉城市圈		12.47	2.84		7400	384		3070	233
襄阳	68.03	15.45	1.38	50200	6390	188	15290	2010	233
十堰	32.86	7.14	0.65 *	21060	6670	83	10500	1550	270
随州	24.25	12.30	0.69 *	13950	2680	139	8150	1770	194
神农架	559.52	91.82	33.32 *	21190	8900	12408 **	100480	4640	438 **
襄十随神城市群	47.27	12.79	1.20	32510	6000	190	12260	1850	237
宜昌	32.75	17.70	6.19	18720	8480	493	12140	1150	428
年份	2005	2010	2020	2005	2010	2020	2005	2010	2020

续表

污染物	万元工业增加值废水排放量（吨）	万元工业增加值	万元工业增加值二氧化硫排放量（克）	万元工业增加值	万元工业增加值烟粉尘排放量（克）
荆州	51.24	20.81	33050	10270	18120	16140	3569
荆门	51.97	21.71	55170	12450	36430	8070	443
恩施	75.51	14.35	26180	7810	47450	4320	1952＊＊
宜荆荆恩城市群	43.32	18.98	29360	9650	20580	5700	1212

数据来源：工业增加值，工业废水排放量，工业二氧化硫排放量，工业烟粉尘排放量数值来源于各年《湖北统计年鉴》，各州环境统计公报，《中国城市统计年鉴》《强省之路——湖北改革开放30年1978～2008》及湖北各市统计局。万元工业增加值废水排放量＝工业废水排放量/工业增加值；万元工业增加值二氧化硫排放量＝工业二氧化硫排放量/工业增加值；万元工业增加值烟粉尘排放量＝工业烟尘排放量（部分年份地区）＋工业粉尘排放量。

注：（1）加＊的数据表示，2018年数据表示，2018年武汉、鄂州、仙桃、武汉、黄冈、咸宁、鄂州、荆州的万元工业增加值二氧化硫排放量数据使用的是2017年的数值，2018年武汉、鄂州的万元工业增加值工业废水排放量中的工业废水排放使用的是2017年的数据。万元工业增加值烟粉尘排放量数据使用的是2019年的数据。

（2）加＊＊的数据表示，2020年仙桃的所有数据，2020年仙桃、天门所有数据缺失，2020年湖北、孝感、黄冈、咸宁、十堰、随州、神农架的万元工业增加值烟粉尘排放量中的工业废水排放量数据使用的是2019年的数值，2020年恩施州万元工业增加值烟粉尘排放量数据使用的是2018年的数据。

（3）2005年仙桃、天门的万元工业增加值二氧化硫排放量数据缺失。

（4）神农架万元工业增加值废水排放量选取的废水排放量指标，选取《神农架领导干部手册》中不区分工业废水和生活废水的废水排放总量。

（5）表6-9，图6-22、6-23、6-24与此表数据来源相同。

第二节 以城市群为主体承载形态的湖北省环境质量持续改善空间格局

经济发展水平和产业结构深刻影响着污染防治布局及环境质量持续改善进程。在经济发展水平和产业结构转型的不同阶段，湖北省环境质量改善的表现及其工业污染物强度存在差异。眼下环境空气质量与群众对清新空气的需求有一定差距，布局性大气污染问题依然突出。经济发展较快的武汉城市圈是湖北省污染防治布局的引领地区，环境质量改善明显。部分产业结构转型相对滞后的市州虽然污染物排放总量较低、空气优良天数比例较高，但其在降低工业污染物强度方面相对滞后。湖北省"十四五"时期持续协调改善环境质量，要考虑到各地区污染防治的空间格局。

一、湖北省空气污染防治及空气环境质量的空间格局

2005 年以来，襄阳、荆门及武汉的空气优良天数比例显著低于湖北省其他市州，PM2.5 和 PM10 的污染主要集中在个别工业污染排放量比较突出的大中型城市，如武汉、鄂州、黄石、襄阳、荆州等城市第二产业占比较高，工业发达，对能源的需求量大，工业废气排放到大气中使其 PM2.5 和 PM10 浓度相对于其他地区较高；[①] 武汉城市圈空气优良天数相对另外两个城市群较低。城市群空气污染防治布局已成为推进湖北省环境持续协调改善的关键要素。

1. 空气优良天数比例呈现西高东低的空间格局

鄂西的神农架、恩施州较高，其余城市相对偏低。表 6-4 展示了 2005、2010、2019、2021 年湖北省空气优良天数比例空间格局。2005 年，鄂南地区相对较高，鄂东的黄冈、武汉、鄂州、鄂西北的十堰、襄阳较低，其城市化水平较高、人口分布相对集中、区域资源消耗量大、大气污染物排放集中，空气污染状况较为严峻；地处江汉平原的仙桃、潜江、天门等城市，经济规模相对较小的地区，因其地面平坦、湖泊密布、空气扩散条件较好，空气质量相对较

[①] 郭雯雯，陈永金，刘阁，等. 2016—2019 年长江中游城市群空气质量时空变化特征及影响因素分析 [J]. 生态环境学报，2020，29（10）：2034-2044.

优,[1] 空气优良天数比例相对较高。2010 年除武汉、恩施州以外，其他城市的空气优良天数比例均高于 85%。对比表 6-4，可以看出 2021 年全省空气优良天数比例相比 2010 年有所上升，鄂西南的恩施州、神农架空气优良天数比例明显高于其他地区。

表 6-4　2005、2010、2019、2021 年湖北省各市州空气优良天数比例

地区	城市	空气优良天数比例/%			
		2005	2010	2019	2021
武汉城市圈	武汉	74.2	77.8	67.1	79.2
	黄石	92.3	88.2	78.4	85.2
	鄂州	80.8	93.7	79.2	85.5
	孝感	94.5	94.8	74.5	84.7
	黄冈	66.0	97.5	80.0	86.0
	咸宁	99.5	98.4	78.6	93.7
	仙桃	96.7	97.8	77.8	84.1
	天门	100.0	92.3	75.6	84.4
	潜江	100.0	96.7	80.8	85.5
襄十随神城市群	襄阳	72.6	89.0	62.7	77.5
	十堰	79.2	94.8	85.5	92.3
	随州	79.5	95.3	77.0	86.6
	神农架林区	100.0	100.0	98.4	99.2
宜荆荆恩城市群	宜昌	93.4	95.9	68.8	84.1
	荆门	95.9	86.8	65.2	81.4
	荆州	95.1	92.6	76.4	88.2
	恩施	75.6	83.3	94.2	95.9

数据来源：2005、2010、2019、2021 年湖北省环境质量公报、各市环境状况公报。

2. 工业烟粉尘排放量及可吸入颗粒物浓度的空间格局

工业烟粉尘排放量较高的城市集中在武汉城市圈。表 6-5 展示了 2005、

---

[1] 丁镭，刘超，黄亚林，等. 湖北省城市环境空气质量时空演化格局及影响因素 [J]. 经济地理，2016，36（03）：170-178.

2010、2018年、2020年湖北省工业烟粉尘排放量的空间格局。2005年除神农架、随州、黄冈、潜江以外的13个城市的工业烟粉尘排放量均为1万吨以上，2010年工业烟粉尘排放量较高的地区以荆州为起点向外以线状延伸分布，包括襄阳、荆门，和以黄石为起点向外以线状延伸分布，包括鄂州、武汉、孝感。对比表6-5可以看出，相比于2005年，2018年全省（除数据缺失的城市外）工业烟粉尘排放整体有所改善，除武汉、鄂州、黄石以外的12个城市，工业烟粉尘排放量均降为1万吨以下，其中鄂中地区改善最为明显。而武汉城市圈的武汉、黄石为全省工业烟粉尘排放量前两位的地区，显著高于神农架。宜昌作为宜荆荆恩城市群的中心城市，排放量居全省第三，较2010年有所上升。对比表6-5可以看出，相比于2018年，2020年全省（除数据缺失的城市外）工业烟粉尘排放整体有所改善，除鄂州、荆州、恩施以外的城市，工业烟粉尘排放量均下降，其中鄂中地区改善最为明显，武汉城市圈的武汉和黄石的工业烟粉尘排放量降为1万吨以下。而宜荆荆恩城市群的荆州的烟粉尘排放量增长至全省第一，情况不容乐观。

表6-5 2005、2010、2018、2020年湖北省各市州工业烟粉尘排放量

地区	城市	工业烟粉尘排放量/万吨			
		2005	2010	2018	2020
武汉城市圈	武汉	4.6273	1.2700	1.2700	0.6357
	黄石	9.3300	5.9700	5.9700	0.7310
	鄂州	1.7115	1.3171	1.3171	1.9207
	孝感	2.6430	1.2481	1.2481	0.1783
	黄冈	0.5300	0.6594	0.6594	0.2800
	咸宁	1.6119	0.5400	0.5400	0.2675
	仙桃	–	0.1644	0.1644	–
	潜江	0.5971	0.3546	0.3546	0.0799
	天门	0.0000	0.1547	0.1547	0.0065
襄十随神城市群	襄阳	2.4760	1.4735	1.4735	0.4910
	十堰	1.4295	0.5850	0.5850	0.2144
	随州	0.5719	0.2904	0.2904	0.0925
	神农架林区	0.0422	0.0156	0.0156	–

续表

地区	城市	工业烟粉尘排放量/万吨			
		2005	2010	2018	2020
宜荆荆恩城市群	宜昌	3.2466	0.9427	0.9427	0.7820
	荆门	3.6266	2.6681	2.6681	0.3759
	荆州	1.9189	4.7320	4.7320	2.8771
	恩施	1.6608	0.3699	0.3699	0.4925

数据来源：2005、2010、2018、2020 年《湖北省统计年鉴》。

武汉城市圈 PM10 浓度显著降低，所有城市均达到二级标准。表 6-6 展示了 2005 年、2010 年、2019、2021 年湖北省 PM10 浓度空间格局。对比表 6-6，可以看出与 2005 年相比，2021 年湖北省 PM10 污染区域明显减少。2005 年不同地区 PM10 浓度情况差异显著，鄂中地区（除数据缺失的城市外）PM10 浓度较高，在空间上已连成一片，鄂东呈块状分布，武汉城市圈除咸宁、孝感以外的 7 个城市存在超标，襄阳、宜昌分别作为襄十随神城市群、宜荆荆恩城市群的中心城市，PM10 浓度均在 100 微克/立方米以上，未达到二级标准。2010 年 PM10 浓度有较大程度降低但空间格局基本没有发生显著变化，黄冈改善最为明显，由 150 微克/立方米降到 70 微克/立方米。2019 年 PM10 浓度最高的城市为襄阳、荆州，但均在 90 微克/立方米以下，其中咸宁、随州及鄂西的神农架、恩施州、十堰低于 70 微克/立方米，达到二级标准。2021 年湖北省所有城市 PM10 浓度均低于 70 微克/立方米，达到二级标准。

表 6-6　2010、2019、2021 年湖北省各市州 PM_{10} 浓度

地区	城市	PM_{10}浓度/（$\mu g/m^3$）		
		2010	2019	2021
武汉城市圈	武汉	108	71	59
	黄石	91	71	64
	鄂州	83	74	67
	孝感	100	73	58
	黄冈	-	73	61
	咸宁	91	56	48
	仙桃	67	75	69
	潜江	-	73	65
	天门	-	72	69

续表

地区	城市	PM$_{10}$浓度/（μg/m³）		
		2010	2019	2021
襄十随神城市群	襄阳	89	84	64
	十堰	80	68	52
	随州	85	69	59
	神农架林区	—	35	30
宜荆荆恩城市群	宜昌	86	73	58
	荆门	—	75	56
	荆州	88	83	64
	恩施	—	58	48

数据来源：2010、2019、2021年湖北省环境质量公报、各市环境状况公报。

湖北省PM2.5浓度值整体呈现"一主引领"的空间格局，表现为中间高、东部次之、西部最低。表6-7展示了2015年、2019年、2021年湖北省PM2.5浓度空间格局。对比表6-7可以看出2015年PM2.5浓度较高的地区主要集中在襄阳、武汉、黄石、荆州、荆门等城市，鄂西的神农架、恩施州、十堰和鄂东的黄冈、咸宁浓度值较低；2019年全省PM2.5污染状况得到了很大改善，其中武汉城市圈9个城市PM2.5浓度由45微克/立方米以上全部降至36~45微克/立方米。其次湖北省PM2.5浓度值空间格局表现为中间高两边低，鄂中和鄂东的部分地区的浓度值较高，主要包括荆门、襄阳等地，达到60~70微克/立方米，鄂西的恩施州、神农架低于35微克/立方米，达到二级标准；2021年全省PM2.5污染持续改善，其中武汉城市圈除了武汉和鄂州都达到二级标准。其次湖北省PM2.5浓度值空间格局依旧表现为中间高两边低，鄂中和鄂东的部分地区的浓度值较高，主要包括荆门、襄阳等地，达到35~50微克/立方米，超过二级标准，鄂西的恩施州、神农架、十堰市均低于35微克/立方米，达到二级标准。

表 6-7　2015、2019、2021 年湖北省各市州 PM$_{2.5}$ 浓度

地区	城市	PM$_{2.5}$浓度/（μg/m³）		
		2015	2019	2021
武汉城市圈	武汉	70	45	37
	黄石	68	40	33
	鄂州	68	42	36
	孝感	72	43	33
	黄冈	59	40	31
	咸宁	55	36	29
	仙桃	63	40	31
	潜江	70	40	32
	天门	70	44	34
襄十随神城市群	襄阳	76	60	49
	十堰	56	39	31
	随州	66	42	36
	神农架林区	40	21	18
宜荆荆恩城市群	宜昌	70	52	39
	荆门	71	56	44
	荆州	70	46	35
	恩施	54	32	24

数据来源：2015、2019、2021 年湖北省环境质量公报、各市环境状况公报。

3. 全省工业二氧化硫排放量显著降低，二氧化硫浓度降低，整体呈现"全域协同"的空间格局

工业二氧化硫排放量显著下降，并且在工业二氧化硫减排态势下，二氧化硫浓度明显下降，全省 SO$_2$ 污染显著改善。表 6-8 展示了 2005、2010、2018、2020 年湖北省工业二氧化硫排放量的空间格局。2020 年较 2005 年全省工业二氧化硫排放量改善显著。2005 年，湖北省工业二氧化硫排放量普遍较高，武汉、襄阳、黄石污染最为严重。对比表 6-8 可以看出 2020 年除武汉工业二氧化硫排放量显著降低以外，工业二氧化硫排放量空间格局并未发生明显改变。2020 年湖北省各市州工业二氧化硫排放量都有所下降，鄂中和鄂东的降低幅度高于鄂

西地区,其中武汉和黄石下降最为显著,均由 6 万吨以上降为 1 万吨以下。

表 6-8　2005、2010、2018、2020 年湖北省各市州工业二氧化硫排放量

地区	城市	工业二氧化硫排放量/万吨			
		2005	2010	2018	2020
武汉城市圈	武汉	13.3442	8.73	1.4	0.96
	黄石	7.9216	7.45	1.2627	0.9302
	鄂州	3.6566	4.2527	0.6057	0.3477
	孝感	3.8491	3.6275	0.9421	0.4419
	黄冈	0.9964	1.3922	0.3314	0.1242
	咸宁	2.7458	1.34	0.4017	0.2382
	仙桃	–	0.38	0.54	–
	潜江	0.8151	0.76838	0.61884	0.217312
	天门	–	0.1996	0.35	0.0016647
襄十随神城市群	襄阳	8.1277	4.6861	0.5672	0.3965
	十堰	2.8668	2.521	1.1028	0.0655
	随州	0.9791	0.44	0.0212	0.0664
	神农架林区	0.0089	0.0299	0.1132	–
宜荆荆恩城市群	宜昌	5.0072	6.9389	1.6377	0.902
	荆门	5.4925	4.1168	0.8478	0.4288
	荆州	3.5002	3.0111	0.4937	0.3436
	恩施	0.9163	0.6681	0.093	0.02847

数据来源:2005、2010、2018、2020 年《湖北统计年鉴》。

二氧化硫浓度全域降低至 15 微克/立方米以下。表 6-9 展示了 2005、2010、2019、2021 年湖北省二氧化硫浓度的空间格局。对比表 6-9 可以看出 2019 年较 2005 年和 2010 年二氧化硫污染情况均有显著改善。2005 年荆门最低,地处鄂西南的恩施州,盛产含硫量较高的劣质煤炭,加上地形、空气扩散条件相对较差,2010 年以前 SO_2 浓度超过二级标准。[①] 随着湖北省对燃煤的控制及区域社会经

---
① 丁镭,刘超,黄亚林,等. 湖北省城市环境空气质量时空演化格局及影响因素 [J]. 经济地理,2016,36 (03):170-178.

济发展的转型，全省 SO_2 的污染状况都在改善。2010 年重污染区域明显减小，仅恩施州一个城市高于 60 微克/立方米，未达到二级标准，荆州由 60 微克/立方米以上降低至 30~45 微克/立方米，襄阳由 60 微克/立方米降至 30 微克/立方米。到 2019 年全省二氧化硫浓度下降到 15 微克/立方米，恩施州改善最为显著。2021 年，湖北省所有城市二氧化硫浓度仍然都在 15 微克/立方米以下。

表 6-9　2005、2010、2019、2021 年湖北省各市州 SO_2 浓度

地区	城市	SO_2 浓度/（μg/m³）			
		2005	2010	2019	2021
武汉城市圈	武汉	50	40	9	8
	黄石	40	38	14	14
	鄂州	40	40	12	9
	孝感	50	20	7	7
	黄冈	40	10	10	12
	咸宁	20	30	7	7
	仙桃	-	-	9	7
	潜江	-	-	10	11
	天门	-	-	10	8
襄十随神城市群	襄阳	60	30	11	10
	十堰	20	20	9	6
	随州	39	20	7	8
	神农架林区	-	-	5	4
宜荆荆恩城市群	宜昌	48	40	7	7
	荆门	10	40	9	5
	荆州	120	40	9	8
	恩施	183	80	4	7

数据来源：2005、2010、2019、2021 年湖北省环境质量公报、各市环境状况公报。

二、湖北省水污染治理及水环境质量的空间格局

2005年以来，武汉经济发展水平和污水处理能力显著高于湖北省其他市州，其较高水平的污水集中处理率为协调水污染防治布局形成较好条件，城市污水处理能力已成为制约湖北省除武汉外其他城市水环境持续改善的重要原因。

1. 湖北省主要河流水系水质呈现向好趋势

如表6-10所示。湖北省内长江支流、汉江支流水质明显改善，其余四条主要河流水系水质保持优良。2021年湖北省主要河流水质在空间上表现为，所有河流水质均为"优"。2005年湖北省长江干流、汉江干流水质整体明显优于支流，2010年长江支流、汉江支流水质均有所改善。2021年较2005年长江、汉江支流改善最明显，汉江支流水质状况由2005年重度污染改善为2021年"优"，水质情况的改善与汉江流域近年来实施的汉江保护行动密不可分，如控源减排，河道内"清澈养殖"等行动以及其他保护治理行动。长江支流水质由2005年"轻度污染"改善为2021年"优"。

表6-10 湖北省主要河流水系水质变化情况

	2005年	2010年	2015年	2019年	2021年
长江干流	优	优	优	优	优
汉江干流	优	优	优	优	优
长江支流	轻度污染	优	良	优	优
汉江支流	重度污染	轻度污染	良	良	优
三峡库区干流及支流	—	优	优	优	优
丹江口库区干流及支流	—	优	良	优	优

数据来源：历年湖北省环境质量状况公报。

2. 城市污水集中处理率显著提升

表6-11展示了2010、2019年、2021年湖北省城市污水集中处理率的空间格局。对比表6-11，可以看出，2019年，湖北省城市污水集中处理率全域显著提高（除数据缺失城市外）。2010年，仅武汉的城市污水集中处理率超过90%。2019年，除武汉为88.23%外，另外15个城市的城市污水集中处理率均已提升至90%以上。

表 6-11 2010、2019、2021 年湖北省各市州污水集中处理率

地区	城市	城市污水集中处理率（%）		
		2010	2019	2020
武汉城市圈	武汉	92.00	96.50	88.23
	黄石	60.50	92.88	97.84
	鄂州	78.50	93.22	99.78
	孝感	86.00	96.03	97.12
	黄冈	78.50	79.15	95.03
	咸宁	47.10	88.78	95.80
	仙桃	-	-	96.31
	潜江			93.76
	天门	-	-	96.63
襄十随神城市群	襄阳	82.50	93.00	96.00
	十堰	80.10	96.00	99.85
	随州	90.00	96.12	96.81
宜荆荆恩城市群	宜昌	89.00	96.30	97.17
	荆门	78.90	95.12	98.50
	荆州	80.00	95.15	95.26
	恩施	57.00	91.54	91.33

数据来源：2010、2019、2021 年《湖北省统计年鉴》《中国城市统计年鉴》。

注：2010、2019 年天门、仙桃、潜江、神农架数据缺失。

3. 武汉、宜昌、襄阳三大重点城市工业废水排放量为全省前三，其中武汉最高

表 6-12 展示了 2005、2010、2018、2020 年湖北省工业废水排放量的空间格局。2005 年以来各市州工业废水排放量明显下降，但武汉、宜昌、襄阳工业废水排放量为全省前三的空间格局一直没有改变。对比表 6-12 可以看出，2010 年除黄石、孝感、十堰、恩施州工业废水排放量显著降低以外，空间格局并未发生明显改变。武汉、襄阳、宜昌作为三大城市群中经济较发达的中心城市，工业废水排放量仍为全省较高。2018 年，除处于鄂西、鄂中、鄂东交界的武汉、黄石、孝感、襄阳、宜昌五个城市外，其余城市全部降低至 2000 万吨以下。武

201

汉城市圈内最高为武汉，达 11931 万吨，最低为天门，仅为 229.07 万吨；宜荆荆恩城市群内最高为宜昌，达 6079 万吨，最低为恩施州，仅为 60.4 万吨；襄十随神城市群内最高为襄阳，达 4070.83 万吨，最低为神农架，仅为 321.2 万吨。2020 年，工业废水排放量格局仍然为三个城市群的中心城市最高。

表 6-12　2005、2010、2018、2020 年湖北省各市州污水工业废水排放量

地区	城市	工业废水排放量/万吨			
		2005	2010	2018	2020
武汉城市圈	武汉	26001	22465	11931	13427
	黄石	8835	7749	3476.8	3213.04
	鄂州	2547	2073	1902	1452
	孝感	6775	5928	3918	3863
	黄冈	3920	3704	1635	2650
	咸宁	2560	2462	1561	1771
	仙桃	-	1462.76	756.65	-
	潜江	1087.95	1167.69	1167.69	782.63
	天门	-	431	229.07	171.59
襄十随神城市群	襄阳	11014	11328	4070.83	2910.2
	十堰	4472	2700	707	519
	随州	1702	2018	325	331
	神农架	235	308.52	321.2	304
宜荆荆恩城市群	宜昌	8761	14484	6079	11319.97
	荆门	5174	7177	1963.69	1962.45
	荆州	5426	6104	1964	3849.08
	恩施	2643	1228.18	60.4	33.7

数据来源：2005、2010、2018、2021 年《湖北省统计年鉴》。
注：2005 年天门、仙桃数据缺失。

三、湖北省工业污染物排放强度的空间格局

1. 万元工业增加值废水排放量全域下降，武汉城市圈内各市州普遍偏低，神农架最高

表 6-13 展示了 2010、2020 年湖北省万元工业增加值废水排放量的空间格

局，各市州工业废水排放强度差异显著，神农架一直最高。2010 年各市州万元工业增加值废水排放量差距明显，武汉城市圈的天门、潜江、鄂州在全省来看都处于较优水平，万元工业增加值废水排放量低于 10 吨，全省最高为神农架，达 91.82 吨，其余城市大部分集中在 10 至 20 吨之间。2020 年，神农架万元工业增加废水排放量为 33.32 吨，远高于其余城市。对比表 6-12 可以看出，2020 年，神农架万元工业增加值废水排放量为全省最高的空间格局仍然没有改变，除神农架以外，其余城市万元工业增加值废水排放量均下降至 6.19 吨以下。武汉城市圈内最高为孝感，达 4.49 吨；最低为天门，仅为 0.63 吨。宜荆荆恩城市群内最高为荆州，达 4.77 吨；最低为恩施州，仅为 0.13 吨。

表 6-13 2010、2020 年湖北省各市州万元工业增加值废水排放量

地区	城市	万元工业增加值废水排放量/吨	
		2010	2020
武汉城市圈	武汉	10.80	2.42
	黄石	21.42	4.03
	鄂州	9.73	3.34
	孝感	18.73	4.49
	黄冈	14.11	4.29
	咸宁	11.41	2.82
	仙桃	11.49	2.11
	潜江	8.54	2.13
	天门	4.77	0.63
襄十随神城市群	襄阳	15.45	1.38
	十堰	7.14	0.65
	随州	12.30	0.69
	神农架	91.82	33.32
宜荆荆恩城市群	宜昌	17.70	6.19
	荆门	21.71	2.31
	荆州	20.81	4.77
	恩施	14.35	0.13

数据来源：同表 6-3。

2. 除神农架万元工业增加值二氧化硫排放量有所增加，其余城市显著降低

表6-14展示了2010、2020年湖北省万元工业增加值二氧化硫排放量的空间格局。2010年，鄂中地区万元工业增加值二氧化硫排放量差异明显，荆门、荆州、孝感高于9000克，随州、天门、仙桃低于3000克，为全省最低，鄂西地区的五个城市在6000克至9000克之间。2020年万元工业增加二氧化硫排放量神农架12408克，为全省最高，其余城市均低于2000克，其中最低为天门，仅为6克。对比表6-14可以看出，相比2010年，2020年湖北省万元工业增加值二氧化硫排放量的改善主要体现在高排放强度城市的明显改善，武汉城市圈的孝感、鄂州、黄石以及襄十随神城市群的荆门、荆州由10000克以上降至2000克以下，仅神农架有所增加，为全省最高。

表6-14　2010、2020年湖北省各市州万元工业增加值二氧化硫排放量

地区	城市	万元工业增加值二氧化硫排放量/吨	
		2010	2020
武汉城市圈	武汉	4200	173
	黄石	20590	1166
	鄂州	19960	799
	孝感	11460	513
	黄冈	5300	201
	咸宁	6210	379
	仙桃	2980	1508
	潜江	5620	591
	天门	2210	6
襄十随神城市群	襄阳	6390	188
	十堰	6670	83
	随州	2680	139
	神农架	8900	12408
宜荆荆恩城市群	宜昌	8480	493
	荆门	12450	505
	荆州	10270	426
	恩施	7810	113

3. 武汉城市圈万元工业增加值烟粉尘排放量高于其他城市群

表6-15展示了2010、2020年湖北省万元工业增加值烟粉尘排放量的空间格局。2010年万元工业增加值烟粉尘排放量的空间格局呈现武汉城市圈的黄石、鄂州及宜荆荆恩城市群的荆门、荆州较高,其中黄石为全省最高,达16500克;2020年空间格局呈现武汉城市圈的鄂州、宜荆荆恩城市群的荆州为全省较高,分别为4415克、3569克,其余城市排放量低于2000克。对比表6-15可以看出,2010—2020年,万元工业增加值烟粉尘排放量高于3000克的市州均明显下降,其中黄石改善最为明显,由2010年的16500克下降至2020年的916克;荆州万元工业增加值烟粉尘排放量也有所下降,但仍处于全省排放量的第一梯度。

表6-15　2010、2020年湖北省万元工业增加值烟粉尘排放量

地区	城市	万元工业增加值烟粉尘排放量/克	
		2010	2020
武汉城市圈	武汉	610	114
	黄石	16500	916
	鄂州	6180	4415
	孝感	3940	207
	黄冈	2510	454
	咸宁	2500	425
	仙桃	1290	—
	潜江	2590	217
	天门	1710	24
襄十随神城市群	襄阳	2010	233
	十堰	1550	270
	随州	1770	194
	神农架林区	4640	438
宜荆荆恩城市群	宜昌	1150	428
	荆门	16140	443
	荆州	8070	3569
	恩施	4320	1952

数据来源:同表6-3。

注:2020年吓她万元工业增加值烟粉尘排放量缺失。

第三节 湖北省环境质量持续改善的区域差距和"十四五"对标提升策略

党的十九届五中全会指出坚持新发展理念、着眼推动高质量发展，强调"推动绿色发展，促进人与自然和谐共生"，对深入实施可持续发展战略、完善生态文明领域统筹协调机制、加快推动绿色低碳发展等都做出重要部署。进入21世纪以来，湖北省空气、水环境质量受减排政策和经济活动影响，都有一定程度的改善，同时也应该看到，省内各市州的环境质量改善的区域差异显著，协调改善环境质量的要求更高范围更广。对标"十四五"我国及湖北省的环境质量改善的各项目标，其空气质量和水环境质量仍具有继续提升的潜力，表现在空气优良天数比例待提高，PM10、PM2.5浓度需进一步下降，污水集中处理率有待进一步提升。

一、湖北省空气污染防治及空气环境质量的区域差距和"十四五"对标提升策略

1. 湖北省空气优良天数进一步协调改善的要求

各市州空气优良天数比例差异显著。如图6-14所示，2021年，湖北省17个市州中，神农架空气优良天数比例为全省最优水平，达99.2%；襄阳空气优良天数比例为74.9%，与神农架相差24.3个百分点，差距最为显著，改善潜力巨大。2021年，武汉城市圈除了咸宁市以外的8个城市，宜荆荆恩城市群的宜昌、荆门，襄十随神城市群的襄阳、随州，空气优良天数比例均低于全省水平（86.7%），改善潜力十足。除恩施州、十堰、神农架、咸宁、荆州以外的12个城市均低于全国水平（87.5%）和2025年全国目标水平（87.5%）。

表6-16 2021年湖北省空气环境质量与全国水平、国家二级标准及2025年目标对比

指标	单位	湖北省平均水平	全国水平	国家二级标准	2025年规划全国目标
空气优良天数比例	%	86.7	87.5	—	87.5

续表

指标	单位	湖北省平均水平	全国水平	国家二级标准	2025年规划全国目标
PM_{10}浓度	微克/立方米	58	54	70	—
$PM_{2.5}$浓度		34	30	35	37.8
SO_2浓度		8	9	60	—
NO_2浓度		22	23	40	—

数据来源：2021年湖北省环境质量公报、中国生态环境状况公报、《中华人民共和国国民经济和社会发展第十四个五年规划和2035年远景目标纲要》。

注：1. 空气优良天数比例"2025年规划全国目标"是依据《中华人民共和国国民经济和社会发展第十四个五年规划和2035年远景目标纲要》中专栏1"地级及以上城市空气质量优良天数比率达到87.5%"。下同。

2. PM2.5浓度"2025年规划全国目标"按照《中华人民共和国国民经济和社会发展第十四个五年规划和2035年远景目标纲要》中"地级及以上城市PM2.5浓度下降10%"，并根据2019年湖北省及各市州数据测算所得。下同。

对标全国水平、2025年全国目标水平，湖北省空气优良天数比例具有进一步提升的空间。湖北省空气优良天数比例近5年来虽有所增长，但2021年湖北省空气优良天数比例为86.7%，与全国水平（87.5%）相比，还有所不足。与"十四五"规划纲要中提出，"到2025年全国地级及以上城市空气质量优良天数比率达到87.5%"的目标，还有一定距离。

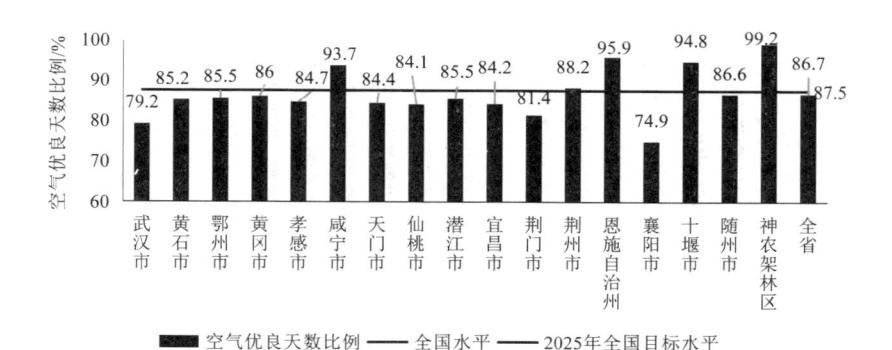

图6-14 2021年湖北省空气优良天数比例与全国水平、2025年规划全国目标对比

注：2021年湖北省环境质量公报、各市环境状况公报，中国生态环境状况公报

2. PM10、PM2.5年均浓度进一步改善的要求

各市州的PM10、PM2.5年均浓度差距较大。如图6-15、图6-16所示，2021年，湖北省17个市州中，神农架PM10、PM2.5浓度分别为30微克/立方米、18微克/立方米，为全省最优水平；而襄阳PM10浓度为神农架的2.1倍，其PM2.5浓度约为神农架的2.7倍，改善潜力巨大。

对标全国二级标准，2021年湖北省PM10浓度远低于二级标准，PM2.5年均浓度刚好达标；所有城市PM10年均浓度均达标，大部分市州PM2.5年均浓度仍未达标。如图6-15、图6-16所示，2021年湖北省PM10浓度远低于国家二级标准（70微克/立方米），PM2.5年均浓度为34微克/立方米，刚好达到二级标准（35微克/立方米）。所有城市PM10年均浓度均低于国家二级标准（70微克/立方米）。17个地市州中武汉市、鄂州市、宜昌市、荆门市、襄阳市、随州市PM2.5年均浓度高于35微克/立方米，存在超标，仍有进一步下降的空间。

对标全国水平，2021年湖北省PM10、PM2.5年均浓度均高于全国水平，大部分市州PM10、PM2.5年均浓度均高于全国水平。如图6-15、图6-16所示，2021年湖北省PM10浓度仍高于全国平均（54微克/立方米）。2021年湖北省PM2.5年均浓度为34微克/立方米，高于全国水平（30微克/立方米）。从各市州来看，除神农架、恩施州、十堰和咸宁以外的13个城市PM10年均浓度高于全国。其中天门和仙桃的PM10浓度下降空间最大，数值上比全国水平高15微克/立方米。除神农架、恩施州以外的15个城市PM2.5年均浓度高于全国。其中襄阳PM2.5浓度下降空间最大，2021年高出全国水平63.3%。

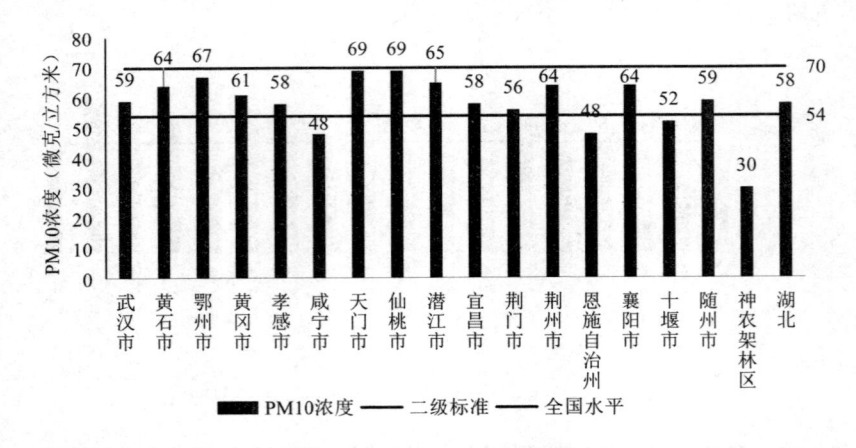

图6-15　2021年湖北省PM10浓度与二级标准、全国水平对比

注：2021年湖北省环境质量公报、各市环境状况公报、中国生态环境状况公报

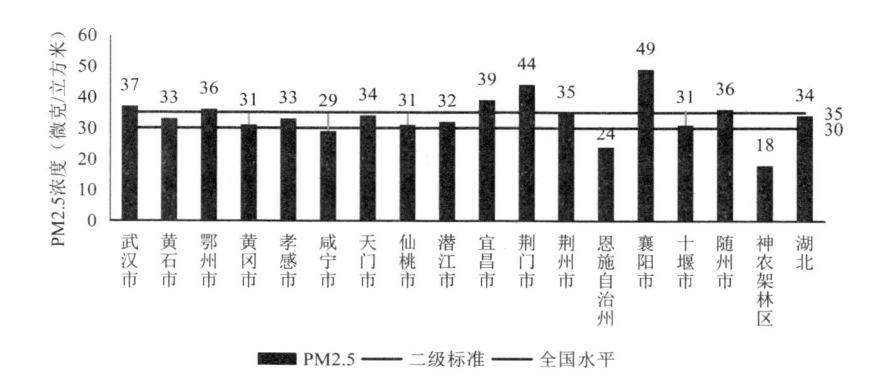

图 6-16　2021 年湖北省 PM2.5 浓度与二级标准、全国水平对比

注：2021 年湖北省环境质量公报、各市环境状况公报，中国生态环境状况公报

2021 年湖北省及各市州 PM2.5 年均浓度均达到 2025 年规划全国目标。《中华人民共和国国民经济和社会发展第十四个五年规划和 2035 年远景目标纲要》指出，"十四五"时期要实现"地级及以上城市 PM2.5 浓度下降 10%"的目标，如表 6-17 所示。2025 年湖北省 PM2.5 年均浓度要降至 37.8 微克/立方米以下，神农架、恩施州、咸宁分别降低至 18.9 微克/立方米、28.8 微克/立方米、32.4 微克/立方米，在国家二级标准范围内，其余城市 2025 年 PM2.5 年均浓度规划目标在 35~54 微克/立方米范围内。

表 6-17　2021 年湖北省 PM2.5 浓度与 2025 年规划全国目标对比

单位：微克/立方米

地区	2021 年	2025 年规划全国目标
湖北	34	37.8
武汉	37	40.5
黄石	33	36.0
十堰	31	35.1
宜昌	39	46.8
襄阳	49	54.0
鄂州	36	37.8
荆门	44	50.4
孝感	33	38.7
荆州	35	41.4

续表

地区	2021年	2025年规划全国目标
黄冈	31	36.0
咸宁	29	32.4
随州	36	37.8
恩施州	24	28.8
仙桃	31	36.0
潜江	32	36.0
天门	34	39.6
神农架	18	18.9

数据来源：2021年《湖北省环境质量公报》。

3. SO_2、NO_2 年均浓度进一步改善的要求

各市州 SO_2、NO_2 年均浓度差异明显。如图 6-17、图 6-18 所示。2021 年全省 17 个市州中黄石、鄂州、黄冈、潜江、荆州、襄阳的 SO_2 浓度高于全国水平，其中黄石最高，达 14 微克/立方米是神农架（4 微克/立方米）的 3.5 倍，下降空间最大。2021 年，全省 17 个市州中武汉、黄石、鄂州、宜昌、荆门、荆州、襄阳 NO_2 浓度高于全国水平，其中武汉 NO_2 浓度最高，为 40 微克/立方米，是神农架 NO_2 年均浓度（7 微克/立方米）的近 6 倍，下降空间最大。

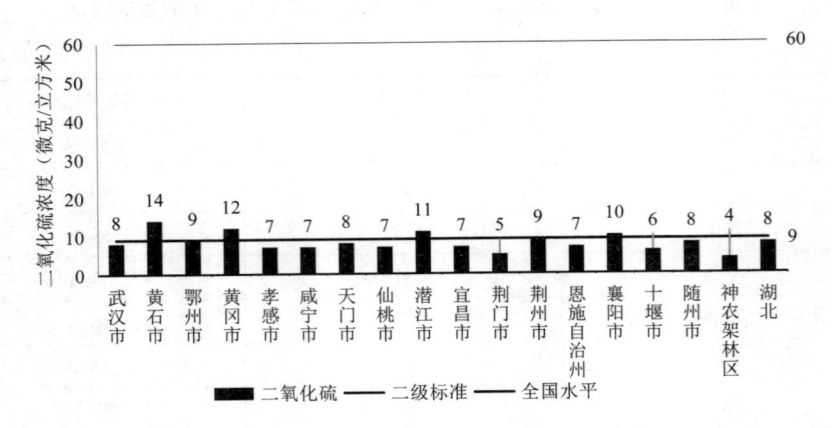

图 6-17 2021 年湖北省 SO_2 浓度与二级标准、全国水平对比

注：2021 年湖北省环境质量公报、各市环境状况公报，中国生态环境状况公报

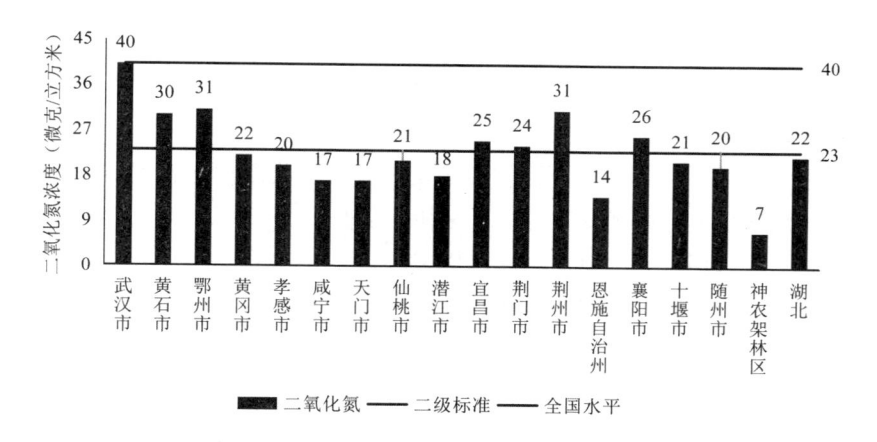

图 6-18 2021 年湖北省 NO_2 浓度与二级标准、全国水平对比

注：2021 年湖北省环境质量公报、各市环境状况公报，中国生态环境状况公报

对标全国水平，全省黄石、黄冈、潜江、襄阳的 SO_2 浓度高于全国水平（9 微克/立方米）；武汉城市圈的武汉、黄石、鄂州，宜荆荆恩城市群的宜昌、荆门、荆州以及襄十随神城市群的襄阳 NO_2 浓度高于全国水平（23 微克/立方米），其中武汉 NO_2 浓度为 40 微克/立方米，是全国水平的 1.7 倍，差距最大。

对标国家二级标准，2021 年湖北省 SO_2、NO_2 年均浓度满足国家二级标准，且低于全国水平。从各市州来看，湖北省 17 个市州 SO_2、NO_2 年均浓度满足国家二级标准。

4. 提升策略

"十四五"时期，湖北省要努力实现空气质量进一步协调改善。除恩施州、神农架、咸宁和十堰以外，其余城市要加快补齐优良天数比例低于全国水平的短板，缩小与 2025 年规划全国目标（87.5%）的差距。加快促进鄂州、天门、仙桃降低 PM10 浓度，促进武汉、鄂州、宜昌、荆门、襄阳、随州 6 个城市 PM2.5 年均浓度达标，实现湖北省 PM2.5 浓度达标，缩小 PM10、PM2.5 浓度与全国水平的差距。促进湖北省及各市州进一步降低 PM2.5 浓度，实现"2025 年地级及以上城市 PM2.5 浓度下降 10%"的目标。加快促进武汉城市圈的黄石、鄂州、黄冈、潜江 SO_2 浓度降低，武汉、黄石、鄂州、宜昌、荆门、荆州、襄阳 NO_2 浓度降低。促进湖北省氮氧化物排放总量进一步下降，实现 2025 年"氮氧化物和挥发性有机物排放总量下降 10%以上"的目标，即 2025 年湖北省废气中氮氧化物排放总量降为 32.067 万吨以下，推动环境质量持续改善。

二、湖北省水污染治理及水环境质量的区域差距和"十四五"对标提升策略

1. 国家考核断面水质优良比例进一步提升的要求

对标全国水平，2020年湖北省的国家地表水考核断面水质优良比例高于全国水平，湖库总体水质优良比例有待提升。如表6-18所示。2021年，湖北省国家地表水考核断面水质优良比例达到94.2%，高出全国水平（87.0%）7.2个百分点；劣V类断面比例低于全国水平0.6个百分点。而2021年湖北省湖库总体水质优良比例为58.8%，比全国水平（72.9%）低14.1个百分点。

表6-18 2021年湖北省水质优良比例与全国平均水平及2025年规划全国目标对比

	湖北省平均水平	全国平均水平	2025年规划全国目标
国考断面水质优良比例	94.2%	87.0%	85%
湖库总体水质优良比例	58.8%	72.9%	/

数据来源：2021年湖北省环境质量公报、中国生态环境状况公报、《中华人民共和国国民经济和社会发展第十四个五年规划和2035年远景目标纲要》。

注：国考断面水质优良比例"2025年规划全国目标"是指《中华人民共和国国民经济和社会发展第十四个五年规划和2035年远景目标纲要》中专栏1"2025年地表水达到或好于Ⅲ类水体比例达到85%"。

对标2025年国家目标，2020年湖北省国家地表水考核断面水质优良比例高于2025年国家目标（85%）。虽然全省水环境质量总体保持持续改善的势头，但部分流域水污染问题依然突出。根据湖北省发布的《全省2021年1-12月地表水考核断面水环境质量状况》，2021年荆州市西干渠潘市断面仍为劣V类。2021年荆州存在跨界断面水质考核不合格的断面。另外，部分断面水质问题出现反弹，总计有24个断面水质类别下降。

2. 污水集中处理率进一步协调改善的要求

城市污水集中处理率差异明显。如图6-19。湖北省12个城市中仅武汉低于90%；与全国水平相比，恩施州的城市污水集中处理率还有一定差距。对标全国最优水平，11个城市需提高城市污水集中处理率，武汉与之差距最大。

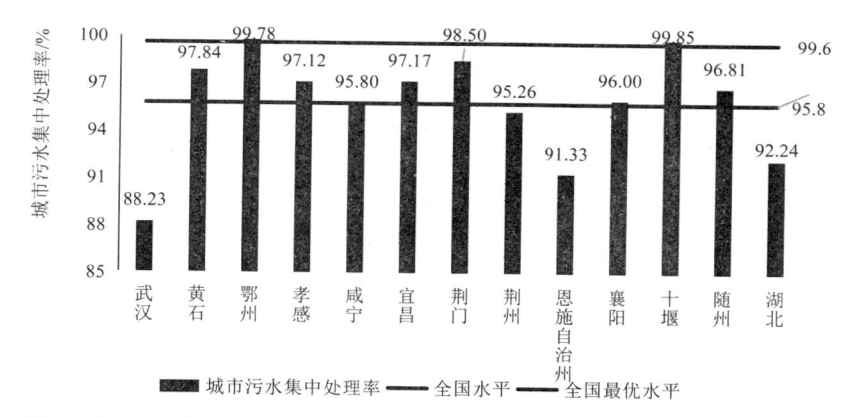

第六章 以城市群为主体承载形态优化湖北省污染防治布局及其协调发展研究

图 6-19 2020 年湖北省及 12 个城市污水集中处理率与全国、全国最优对比

数据来源：2020 年湖北统计年鉴、中国城市统计年鉴、中国城乡建设统计年鉴

与全国水平、全国最优水平相比，湖北省污水集中处理率具有进一步提升的潜力。近 10 年来湖北省及各市州污水集中处理率大幅增长，但与全国水平、全国最优水平还有一定差距。如表 6-19，2020 年湖北省城市污水集中处理率达到 92.24%，与全国水平（95.78%）仍存在差距；湖北省县城污水集中处理率达到 88.55%，与全国水平（94.42%）仍存在差距。与全国最优水平相比，湖北省各级污水集中处理率仍具有进一步优化提升的潜力，2020 年湖北省城市污水集中处理率达到 92.24%，与最优水平（99.60%）存在一定差距；湖北省县城污水集中处理率达到 88.55%，与最优水平（99.08%）仍存在差距；湖北省建制镇的污水集中处理率达到 41.28%，与最优水平（82.93%）仍存在差距。2020 年湖北省乡污水集中处理率虽然在全国水平之上，但与最优水平存在一定差距。湖北省乡污水集中处理率达到 21.43%，数值上低于上海的三分之一。湖北省县城污水集中处理率与广西（99.08%）还有一定的距离；湖北省建制镇污水集中处理率仅为贵州的二分之一。

表 6-19 2020 年湖北省、全国、全国最优污水集中处理率对比

指标	湖北	全国	全国最优水平	全国最优省（市）
城市污水集中处理率	92.24%	95.78%	99.60%	山西
县城污水集中处理率	88.55%	94.42%	99.08%	广西
建制镇污水集中处理率	41.28%	52.14%	82.93%	贵州
乡污水集中处理率	21.43%	13.43%	67.23%	上海

数据来源：《2020 年中国城乡建设统计年鉴》。

3. 提升策略

"十四五"时期,湖北省整体要努力实现湖库总体水质优良比例提高以及长江支流劣V类断面的全面消除。要完善生活污水收集处理设施体系,提升污水收集处理效能,推进污水管网全覆盖,加快补齐污水集中处理率偏低的短板,推动湖北省缩小与全国最优水平的差距;2025年城市污泥无害化处置率达到90%。废水中化学需氧量和氨氮排放总量分别下降8%,废水中化学需氧量和氨氮排放总量降为24.084万吨、2.025万吨,推进美丽河湖保护与建设。作为中心城市的武汉和作为重点城市的宜昌、襄阳要发挥引领示范作用,进一步提高污水集中处理率;加快荆州消除劣V类断面,促进荆州跨界断面水质考核达标,开展智慧水利建设,提升水利信息化水平,强化河湖智慧管理,确保重点流域断面水质稳定,防止断面水质出现反弹,推动优良断面比例的提高。

三、湖北省工业污染物排放强度的区域差距和"十四五"对标提升策略

2005年以来,湖北的经济产业结构逐渐优化,各市发展迈入经济新常态,GDP由高速增长转向高质量增长,结构调整、转型升级,有利于进一步降低工业污染物排放强度。回顾表6-3,与2005和2010年相比,2020年湖北省及各市州万元工业增加值污染物排放量总体均有所下降。但三大城市群及部分市州工业污染物排放强度差异显著,仍有进一步改善的潜力。

1. 各市州工业污染物排放强度差异显著

神农架万元工业增加值废水排放量和万元工业增加值二氧化硫排放量最高,其万元工业增加值废水排放量达到33.32吨,而恩施州仅为0.13吨。其万元工业增加值二氧化硫排放量达到12084克,是武汉的约70倍。鄂州万元工业增加值烟粉尘排放量最高,达到4415克,是天门的184倍。与全省水平相比,2020年黄石、孝感、黄冈、荆州和神农架等城市万元工业增加值废水排放量在4吨/万元以上,明显高于全省水平(3.35吨)。武汉城市圈中除武汉、黄冈、天门之外的5个城市,神农架、宜昌、荆州和荆门万元工业增加值二氧化硫排放量均高于全省水平。其中神农架达11749克,远高于全省水平(659克),改善空间十足。2020年,荆州、鄂州、恩施州万元工业增加值烟粉尘排放量高于全省,其中鄂州为全省最高,是全省水平的8倍多,改善空间最大。

2. 对标全国水平,湖北省工业污染物排放强度优于全国水平,但部分地区工业污染强度仍高于全国水平

如表6-20所示,2020年湖北省万元工业增加值废水、二氧化硫及烟粉尘排放量分别为3.35吨、324克、548克,数值上分别低于全国的6.56吨、659克、

1043克。从各市州来看,2020年,神农架工业废水排放强度高于全国水平,是全国水平的近5倍;黄石、鄂州、仙桃和神农架工业二氧化硫排放强度高于全国水平,其中神农架差距最为显著,是全国水平的近18倍;鄂州万元工业增加值烟粉尘排放量高于全国水平3372克。

表6-20 2020年湖北省各市州工业污染物排放强度与全省、全国水平对比

地区	万元工业增加值废水排放量/吨 数值	与全省水平差距	与全国水平差距	万元工业增加值二氧化硫排放量/克 数值	与全省水平差距	与全国水平差距	万元工业增加值烟粉尘排放量/克 数值	与全省水平差距	与全国水平差距
全国	6.56*	—	—	659	—	—	1043	—	—
湖北	3.35*	—	-3.21	324	—	-335	548	—	-495
武汉城市圈		-0.93	-6.56	384	60	-275		-548	-1043
武汉	2.42*	-0.93	-4.14	173	-151	-486	114	-434	-929
黄石	4.03	0.68	-2.53	1166	842	507	916	368	-127
鄂州	3.34*	-0.01	-3.22	799	475	140	4415	3867	3372
孝感	4.49*	1.14	-2.07	513	189	-146	207	-341	-836
黄冈	4.29*	0.94	-2.27	201	-123	-458	454	-94	-589
咸宁	2.82*	-0.53	-3.74	379	55	-280	425	-123	-618
仙桃			-6.56	1508**	1184	849		-548	-1043
潜江	2.13	-1.22	-4.43	591	267	-68	217	-331	-826
天门	0.63	-2.72	-5.93	6	-318	-653	24	-524	-1019
襄十随神城市群	1.2	-2.15	-5.36	190	-134	-469	237	-311	-806
襄阳	1.38	-1.97	-5.18	188	-136	-471	233	-315	-810
十堰	0.65*	-2.7	-5.91	83	-241	-576	270	-278	-773
随州	0.69*	-2.66	-5.87	139	-185	-520	194	-354	-849
神农架	33.32*	29.97	26.76	12408**	12084	11749	438**	-110	-605
宜荆荆恩城市群	4.59	1.24	-1.97	456	132	-203	1212	664	169
宜昌	6.19	2.84	-0.37	493	169	-166	428	-120	-615

续表

地区	万元工业增加值废水排放量/吨			万元工业增加值二氧化硫排放量/克			万元工业增加值烟粉尘排放量/克		
	数值	与全省水平差距	与全国水平差距	数值	与全省水平差距	与全国水平差距	数值	与全省水平差距	与全国水平差距
荆州	4.77	1.42	-1.79	426	102	-233	3569	3021	2526
荆门	2.31	-1.04	-4.25	505	181	-154	443	-105	-600
恩施州	0.13	-3.22	-6.43	113	-211	-546	1952	1404	909

数据来源：同表6-3。

注：1. 2020年全国工业增加值、工业二氧化硫排放量来源于2020年中华人民共和国国民经济和社会发展统计公报、2020年全国生态环境统计公报。2020年全国工业烟粉尘排放量采用《2020年全国生态环境统计公报》废气污染物中工业颗粒物排放量数据。万元工业增加值废水排放量＝工业废水排放量/工业增加值；万元工业增加值二氧化硫排放量＝工业二氧化硫排放量/工业增加值。2020年全国工业废水排放量数据缺失。

2. 与全省水平差距列的"-"表示各市州数值上低于全省，与全国水平差距列的"-"表示各市州或全省数值上低于全国。

3. 提升策略

"十四五"时期，湖北要进一步降低工业污染物排放强度，缩小与全国水平的差距，作为中心城市的武汉和作为重点城市的宜昌、襄阳要发挥引领示范作用，进一步降低工业污染物排放强度；襄十随神城市群的神农架加快补齐工业废水排放强度高于全国水平的短板；黄石、鄂州、仙桃和神农架加快降低工业二氧化硫排放强度，尤其是神农架；鄂州、荆州加快补齐工业烟粉尘排放强度高于全国水平的短板。

第四节 以"一主引领、两翼驱动、全域协同"布局污染防治的对策建议

《中华人民共和国国民经济和社会发展第十四个五年规划和2035年远景目标纲要》提出持续改善环境质量，这是党中央深刻把握我国生态文明建设及生态环境保护形势，着眼美丽中国建设目标，立足满足人民日益增长的美好生活

需要作出的重大战略部署。"十二五"以来，全省在湖北省人民政府的主导下，三大城市群在联防联控、考核奖惩等方面积极开展污染防治探索，通过制定规划、工作方案、指导意见等形式体现并加以落实。"十四五"时期，湖北省"一主引领、两翼驱动、全域协同"的区域布局对环境质量改善体系提出了新要求。需要湖北省"十四五"时期在"一降一减、两改善、四提升"的总体思路下，以"一主引领、两翼驱动、全域协同"优化污染防治布局，持续改善生态环境质量，促进经济社会的全面绿色转型。

一、以武汉城市圈引领污染防治的建议

2008年开始，武汉城市圈承担起全省乃至全国污染防治体制探索的重任。2008年10月湖北省人民政府发布的《省人民政府关于印发武汉城市圈资源节约型和环境友好型社会建设综合配套改革试验总体方案的通知》，围绕"两型"社会建设的要求，提出着力构建促进资源节约和环境友好的体制机制，重点推进资源节约、环境保护等方面的体制机制创新。2014年11月20日，湖北省发改委发布的《武汉城市圈"两型"社会建设综合配套改革试验行动方案（2014—2015年）》提出推进武汉城市圈大气污染防治区域协作。同年11月，省人大十二届常委会第十二次会议表决通过《湖北生态省建设规划纲要（2014—2030年）》，提出"以武汉城市圈为主体，建立统一协调、联合执法、信息共享、区域预警的大气污染联防联控机制，构建全省大气污染防治的立体网络"。2021年6月18日，第一届武汉城市圈城市生态环境合作会在武汉市生态环境局举行。武汉城市圈9城市生态环境局共同签订了《武汉城市圈城市生态环境合作协议书》，武汉城市圈生态环境合作进入新阶段。"十四五"时期，发挥武汉城市圈"一主引领"的带动作用，引领污染防治，持续改善环境质量，需要立足于武汉城市圈空气质量改善布局及现状，加快提升武汉城市圈各市空气优良天数比例，补齐各市污水集中处理率短板，进一步提升水环境质量。

1. 加快提升武汉城市圈各市空气优良天数比例

由第三节可知，2021年武汉城市圈中除了咸宁的8个城市空气优良天数比例均低于全国水平，低于2025年全国目标水平。其中武汉、黄石、鄂州要降低工业废水、烟粉尘、二氧化硫等污染物排放，武汉要降低NO_2浓度。工业烟粉尘排放量较高的城市集中在武汉城市圈。武汉需加强细颗粒物和臭氧协同控制，强化工地扬尘管控，继续压减煤炭消耗总量，推动大气污染排放物进一步减

少。[1]鄂东南的黄石、鄂州等地区是高能耗工业区,需严格控制二氧化硫、氮氧化物、PM10、PM2.5等污染物排放。鄂州要深化燃煤、工业、机动车、扬尘污染治理,加强细颗粒物和臭氧协同控制,尤其是工业烟粉尘排放强度的降低。黄石深入实施"四大行动""六大工程",推动PM2.5和臭氧协同治理,实现工业废水、二氧化硫、烟粉尘排放总量和强度双降,尤其是工业二氧化硫排放强度的降低。

2. 以武汉引领推进污水处理效率提升,促进水环境质量改善

当前,武汉污水集中处理率较高,污水集中收集处理设施的配套程度较高,污水处理效率相对较高,应当发挥引领作用,带动黄冈、咸宁等市提升污水集中处理率。随着社会经济的发展及污水处理技术的进步,水环境状况有所好转,但与水资源数量这一因素相比,水环境仍是制约武汉城市圈经济社会发展的关键因素[2]。武汉打好碧水保卫战,实施长江水环境修复行动,持续推进长江"十年禁渔",加快实施"三湖三河"、东沙湖、汉阳六湖等水环境治理,开展城镇生活污水管网补短板和处理设施提质增效行动,拓展黑臭水体整治成果,加强城市初期雨水面源污染治理。鄂州加快城镇污水收集处理设施建设和改造,推进土壤、地下水和农业农村污染综合防治,推进水环境综合治理一期工程,完善污水管网建设,巩固提升黑臭水体治理成果。咸宁深化河湖库长制,抓好斧头湖、西凉湖、黄盖湖的保护,持续整治长江非法排污口。

二、以襄十随神城市群、宜荆荆恩城市群两翼驱动环境污染防治的建议

宜荆荆恩和襄十随神两大城市群是重要工业基地,两大城市群内的各城市空气质量差异较大,要促进襄阳、荆门提升空气优良天数比例,加快荆州消除劣Ⅴ类断面,促进荆州跨界断面水质达标,支持两大城市群产业转型升级,降低工业污染物排放强度,促进经济发展全面绿色转型,实现环境质量持续改善。

1. 促进襄阳、荆门提升空气优良天数比例

由第三节可知,神农架空气优良天数比例保持全省第一,污染物浓度为全省较优水平,襄阳、荆门与之差距最大,这些城市第二产业占比较高,工业发达,其PM2.5和PM10浓度相对圈内其他城市较高,空气优良天数比例较低。

---

[1] 程用文. 政府工作报告[N]. 长江日报, 2021-02-04 (003).
[2] 姜大川,肖伟华,范晨媛,等. 武汉城市圈水资源及水环境承载力分析[J]. 长江流域资源与环境, 2016, 25 (05): 761-768.

"十四五"时期,襄阳要提升空气优良天数比例,加强城市通风廊道管控,开展工业集聚区连片综合整治,要控制工业污染物排放,实现污染源排放全面达标。荆门继续实施大气污染防治精细化管理,聚焦细颗粒物(PM2.5)、挥发性有机化合物(VOCs)和臭氧(O_3)协同治理。

2. 加快荆州消除劣Ⅴ类断面,促进荆州跨界断面水质达标

由第三节可知,2021年流经荆州的西干渠潘市断面水质为劣Ⅴ类,在长江流域跨界断面水质考核中,只有荆州1个城市存在不合格断面。荆州加快消除劣Ⅴ类断面,实施中心城区主次干道雨污分流改造项目21个,完成雨污分流管网改造39.19千米,加强乡镇污水处理厂运营监管,落实长江十年禁捕,推进重点水域"天网工程"建设,以促进荆州跨界断面水质达标。

3. 支持襄十随神、宜荆荆恩城市群产业转型升级,降低工业污染物排放强度

2020年神农架工业废水、工业烟粉尘排放量在全省处于较低水平,但其万元工业增加值废水排放量、万元工业增加值烟粉尘排放量是全省最高,主要原因是环境污染与经济发展不相协调。产业结构调整是解决环境问题的重要途径[①],因此发挥宜昌、襄阳引领示范作用,继续推进产业结构优化调整,特别是第二产业生产方式的转型升级,鼓励绿色技术创新,进一步降低工业污染物排放强度,实现最终的发展和环境质量持续改善和谐统一,成为"十四五"时期襄十随神城市群、宜荆荆恩城市群的重大课题。落实《湖北省国民经济和社会发展第十四个五年规划和二〇三五年远景目标纲要》提出的推动襄阳制造业创新发展和优化升级,支持襄十随神城市群落实汉江生态经济带发展战略,以产业转型升级和先进制造业为重点,推动汽车、装备、食品等特色产业集聚发展、提档升级;支持宜荆荆恩城市群落实长江经济带发展战略,以绿色经济和战略性新兴产业为特色,协同打造以绿色化工、生物医药、高端装备、食品为特色的产业集群。

三、湖北省全域协同环境污染防治,持续改善环境质量的建议

随着"区域协同治理"成为我国国民经济和社会发展新阶段的工作重点,"强化多污染物协同控制和区域协同治理,加强细颗粒物和臭氧协同控制,基本

---

① ZHU B, ZHANG T. The impact of cross-region industrial structure optimization on economy, carbon emissions and energy consumption: A case of the Yangtze River Delta [J]. Science of The Total Environment, 2021, 778: 146089.

消除重污染天气""健全现代生态环境治理体系""治理城乡生活环境,推进城镇污水管网全覆盖""完善中央生态环境保护督察制度"等逐渐成为各地区推动环境质量持续改善的重点内容。2022年《全国政府工作报告》也提出,要"加强生态环境综合治理,深入打好污染防治攻坚战,处理好发展和减排关系,促进人与自然和谐共生"。对湖北省而言,全域协同环境污染防治,持续改善环境质量需要加快产业结构转型,推进清洁生产,强化基础能力建设、全面提升环境治理能力,强化区域联防联控联治,升级环境治理模式。

1. 加快产业结构转型,推进清洁生产,从源头和生产过程中解决环境问题

环境质量的改善不仅是环境政策单独作用的结果,通常还与政策作用下产业结构的调整密切相关。① 黎文靖(2016)、杨冕(2017)分别对各地级市空气污染、长江经济带PM2.5影响因素进行研究,提出大气污染是环境问题,但归根到底是发展问题,在保持经济稳定增长的前提下,必须注重经济发展方式的调整,促进产业结构优化升级等。②③ 而目前湖北省产业和能源结构调整任务艰巨,产业结构仍然偏重,第二产业占比为34.9%,汽车、钢铁、化工、建材等传统支柱产业资源消耗和污染排放强度较高,是当前湖北省环境污染相对较重的主要行业;化石能源尤其是煤炭消费量在能源产品消费量中的比重较高,2019年达到49.24%,仍是造成空气污染的主要原因之一。"十四五"时期,要加快调整和优化产业结构,推进钢铁、石化等传统行业绿色转型和升级改造,尤其要对地方工业内部的"三高"行业加大整治力度,实施工业污染排放总量和强度"双控";加快煤电结构优化和转型升级,发展水电、风电、核电、太阳能、生物质能、地热能等新能源和清洁能源④,从源头协同推进污染控制。

在优化产业结构、合理配置能源结构的基础上,通过清洁生产、技术研发、培育壮大环保产业以及行业升级等工作,来增强企业清洁生产水平,促进企业行业转型升级,从而有效控制大气污染物总量,在生产过程中解决环境问题。《湖北省国民经济和社会发展第十四个五年规划和二〇三五年远景目标纲要》中也明确提出,推进清洁生产,加快发展再制造产业。加快发展绿色环保产业,

---

① 陈林,肖倩冰,蓝淑菁.基于产业结构门槛效应模型的环境政策治污效益评估——以《大气污染防治行动计划》为例[J].资源科学,2021,43(02):341-356.
② 黎文靖,郑曼妮.空气污染的治理机制及其作用效果——来自地级市的经验数据[J].中国工业经济,2016(04):93-109.
③ 杨冕,王银.长江经济带PM2.5时空特征及影响因素研究[J].中国人口·资源与环境,2017,27(01):91-100.
④ 高吉喜,李广宇,张怡,等."十四五"生态环境保护目标、任务与实现路径分析[J].环境保护,2021,49(02):45-51.

以绿色低碳技术创新和应用为主攻方向，全面推进高效节能、先进环保和资源循环利用产业体系建设。大力发展循环经济，推进重点行业和重要领域绿色化改造。环保产业和环保技术是科学精准治污的依托，也是打赢污染防治攻坚战的重要手段[1]，《中共湖北省委关于制定国民经济和社会发展第十四个五年规划和二〇三五年远景目标的建议》也明确提出培育壮大节能环保、清洁能源产业；加强先进适用绿色技术和装备研发制造、产业化及示范应用。

2. 强化基础能力建设，提升环境治理能力

补齐环境基础设施短板。当前湖北省内各级污水集中处理能力不均衡，建制镇、乡污水集中处理率与城市、县城水平差距较大。为实施升级版"十四五"污染防治攻坚战，重点区域范围应该有新的考虑。环境治理当从目前的以城市为重点尤其是地级以上城市，向区县、乡镇和农村地区扩展延伸，[2] 提升工业园区环境基础设施水平，补齐各类水污染防治设施短板，形成由城市向建制镇和乡村延伸覆盖的环境基础设施网络[3]。实施农村污水处理工程，加快建立和完善农村生活污水、垃圾处理设施的运行机制。确保湖北省 2025 年城市污泥无害化处置率达到 90%。进一步降低废水中化学需氧量和氨氮排放总量分别下降 8%。加强危险废物、医疗废物收集处理设施和转运处置体系建设，确保无害化处置率达到 100%。[4]

实施精准监管和智慧监管。在推动产业升级的同时，要强化对全域环境质量的监测和监管。疫情带来的不利影响对湖北省环境治理能力带来了较大考验，借此契机，推进现代感知手段和大数据运用，不断提高监管水平[5]，进一步加强视频监控、在线监测、无人机、无人船等方面的应用，全面提高监测自动化、标准化、信息化水平，补齐日常监管执法人手不足、精准度不高的短板，进一步健全完善环境治理监管体系。《2022 年全省生态环境工作要点》明确逐步实现省控湖泊水质自动监测全覆盖，加强地方细颗粒物与臭氧协同控制监测能力

---

[1] 刘峥延，毛显强，江河."十四五"时期生态环境保护重点方向和任务研究［J］.中国环境管理，2019，11（03）：40-45.

[2] 罗敏.打赢蓝天碧水净土保卫战，实施升级版"十四五"污染防治攻坚战——访第十三届全国人民代表大会代表、生态环境部环境规划院院长、中国工程院院士王金南［J］.环境保护，2020，48（11）：11-16.

[3] 程用文.政府工作报告［N］.长江日报，2021-02-04（003）.

[4] 湖北省国民经济和社会发展第十四个五年规划和二〇三五年远景目标纲要［N］.湖北日报，2021-04-12（009）.

[5] 湖北省生态环境厅."十四五"蓝图绘就美丽湖北［N］.湖北日报，2021-01-29（008）.

建设。推行地级城市大气中挥发性有机物非甲烷总烃自动监测。组织开展农用地土壤重金属溯源、地下水专项监测。对已核发排污许可证的企业及入河排污口、涉重金属行业企业相关堆场、尾矿库等开展污染源执法监测。开展生态环境状况指数（EI）和生态质量指数（EQI）并行评价，组织国家重点生态功能区县域生态环境质量监测评价。提升水生态监测能力与综合分析水平，配合国家做好水生物多样性监测考核试点工作。"十四五"时期，构建覆盖所有排污主体、统一监测环境介质、天地一体化的环境监测监管网络体系，充分发挥科技支撑作用，提高污染防治效果效率，确保环境质量及污染物排放状况"真准全"，为水环境按照控制单元精准治理、土壤环境分类管理、城市空气质量阶段达标提供相适应的治理能力，支撑湖北打赢升级污染防治攻坚战。[1]

3. 强化区域联防联控联治

在推进大气污染联防联控机制方面。当前，湖北省协同治理尚处于探索和推进阶段。由第二、三节可知，各区域环境质量状况差异明显，各地市州及城市圈内尚未形成区域大气污染的联防联控机制。国家及湖北省十四五规划均强调强化区域协同治理、大气污染综合治理和联防联控。从空间关联角度来说，湖北省也是长江中游城市群雾霾污染的区域联防联控重点省份，其中宜昌、荆门、孝感、黄石等是区域联防联控的重点城市[2]。因此"十四五"时期湖北省应设立应对区域大气污染的专门组织机构，针对城市圈内主要污染物和重污染天气发生频次最多的城市，提出在一定规划期内推进城市圈大气污染联防联控工作的指导意见、防治办法措施和年度工作方案。

在推进水污染联防联控机制方面。全省水污染治理的协同机制已有了一定的实践和成效，但目前湖北省的水污染协同治理主要集中在主要河流、湖泊，在省域范围内开展综合水质监测和"示范河湖建设"，而在各上中下流域水资源分段保护和水环境综合治理上，协同治理机制并未明显显现，缺乏跨区域流域协同治理机制。湖北省各城市群应针对城市群内市域交界河段及富营养湖泊，提出在一定规划期内推进城市圈水污染联防联控工作的指导意见、防治办法措施和年度工作方案，并将以上机制付诸实践。完善流域水污染联防、联控、综合治理机制，确保荆州市消除劣Ⅴ类断面；提升湖库总体水质优良比例。

---

[1] SHUAI S, FAN Z. Modeling the role of environmental regulations in regional green economy efficiency of China: Empirical evidence from super efficiency DEA-Tobit model [J]. Journal of Environmental Management, 2020, 261（01）：110227.

[2] 陈明华，王山，岳海珺，等. 长江中游城市群雾霾污染的空间关联测度与分析 [J]. 华东经济管理，2021, 35（02）：20-30.

此外，为保障区域联防联控，湖北省各区域尤其是三大城市群还需强化跨区域生态环境治理联合执法，建立污染防治区域联动模式，执行统一的生态环境质量目标、评价、考核和奖惩管理体系。按照《湖北省国民经济和社会发展第十四个五年规划和二〇三五年远景目标纲要》要求完善环境法规和标准体系，健全污染防治区域联动机制。

4. 升级环境治理模式

突出问题导向和区域性。针对水源地保护、城市黑臭水体问题，加强水资源、水环境、水生态"三水"统筹。全国人大代表、湖北省生态环境厅厅长吕文艳强调"十四五"时期，各地在持续控源减污的基础上，通盘考虑水资源、水生态、水治理协同共治，加强长期不达标、季节性超标和存在风险的河流、湖库治理，推进丹江口库区、三峡库区、汉江中下游地区、鄂北缺水地区及江汉平原湖区等典型流域的保护与治理。针对产业密集、环境问题突出，以及现有污染物排放标准不能满足环境质量要求以及流域或者区域环境形势复杂，无法适用统一的污染物排放标准的地方，所在地方政府要制定比国家污染物排放标准更严格的地方污染物排放标准。完善资金分配机制，如水污染防治专项资金分配向污水处理率低的咸宁等城市倾斜，促进全域污水集中处理率提高。

突出多污染物协同控制。环境污染治理是一项长期而复杂的系统工程，面临多重挑战，如大气、水和土壤等多重介质的交叉污染等[1]。因此，"十四五"时期湖北省可以借鉴北京和成都等城市的经验，如按照一定比例协同控制氮氧化物和VOCs减排量，实现2025年"氮氧化物和挥发性有机物排放总量分别下降10%以上"的目标。强化重污染天气应对，推进城市大气环境质量达标及持续改善，重点推进细颗粒物（PM2.5）和臭氧协同治理，实现二者双降[2]；PM2.5污染防治刚走出第一步，依然任重道远，需加快促进PM2.5浓度达标，达到"2025年较2020年下降10%"的目标，进一步降低PM10浓度，提高空气优良天数比例，力争"十四五"期间达标城市数量进一步增加。《中华人民共和国国民经济和社会发展第十四个五年规划和2035年远景目标纲要》也提出"推进重点领域、重点行业与重点污染物协同治理，基本消除重污染天气"。

---

[1] 高吉喜，李广宇，张怡，等．"十四五"生态环境保护目标、任务与实现路径分析[J]．环境保护，2021，49（02）：45-51．

[2] 黄润秋．深入贯彻落实党的十九届五中全会精神，协同推进生态环境高水平保护和经济高质量发展[J]．环境保护，2021，49（Z1）：13-21．

强化环境保护督察。强化环保督察是我国构建城市污染防治长效机制的保障[1]。对湖北省而言，持续推进中央和省环保督察反馈问题整改，强力推进大气污染防治措施落地见效，确保完成国家空气质量考核目标，持续改善空气质量；推进河湖长制常态长治，全面完成沿江化工企业"关改搬转治绿"改搬和入河排污口排查整治任务。严格落实国务院印发的《排污许可管理条例》，实现固定污染源排污许可实现全覆盖。

---

[1] 翁智雄，葛察忠，王金南. 环境保护督察：推动建立环保长效机制[J]. 环境保护，2016, 44 (Z1): 90-93.

第七章

以城市群为主体承载形态优化湖北省资源利用布局及其协调发展研究

21世纪以来，湖北省协调经济社会发展与自然资源节约循环利用发展稳步推进，资源利用能力持续提升、资源利用效率显著提高、资源循环产业发展向好。"十四五"时期，湖北省进入资源利用方式转变、资源利用循环化转型，资源利用效率提升更为显著的时期。这一时期，湖北省在优化产业布局和分工、提高产业发展质量和区域合作水平方面对湖北省自然资源利用布局及利用方式绿色化转变提出了更多内容。本章将介绍进入21世纪以来湖北省自然资源利用水平持续改善的主要方面和存在的不足，刻画湖北省自然资源利用改善的空间格局及差异，对接"十四五"我国及湖北省的自然资源利用水平改善的各项目标分析湖北省自然资源协同治理的主要内容，按照湖北省着力构建"一主引领、两翼驱动、全域协同"发展布局，加快形成"强核、壮圈、带群、兴县"多点支撑、多极发力格局的要求，提出优化湖北省"十四五"及"展望2035年"自然资源利用布局，持续提升自然资源利用效率的政策建议。

第一节 湖北省自然资源节约与循环利用的主要方面及成就

2010年以来，湖北省及各地市州在建设两型社会、倡导高效循环节约利用能源资源、形成循环发展的自然资源利用模式和产业体系方面取得显著成效。当然，湖北省及各地市州资源利用水平的持续提高、公共基础设施的全面提升也为湖北省及各地市州高效利用资源形成坚实基础。但同时，我们也应看到湖北省及各地市州转变资源利用方式的不协同问题，比如，各类产业用水比重、城乡土地利用水平不协同、固废资源综合利用回收处理等在部分城市的建设相对滞后等问题。

一、工农业节水水平提高，用水效率、效益及循环利用水平显著提高

1. 生活用水占比增长显著，超过用水总量20%

在"绿水青山就是金山银山"理论、最严格水资源管理、河长制等新的发展理念下，湖北省积极开展工农业用水总量控制，工农业用水比重有所下降，用水效率和效益显著提高。长江经济带的工业绿色水资源效率在各省市之间存在差异性，使得湖北省在制定用水对策的同时必须考虑到自身的特点，针对各类企业的用水情况，确定提高资源利用效率的措施以保证在相应绿色发展的同时创造最大的效益。如图7-1所示，2010—2021年间，湖北省工业用水占比逐渐下降，生活用水占比逐渐上升。尽管在过去十年，工农业用水所占比例依然处于较高水平，但工业、农业用水量的占比呈现逐渐下降的趋势，这得益于工业农业用水效率的大幅度提升，工业和农业都呈现出一种向高质量发展转型的状态。2021年，生活用水占比与2010年相比增长了仅1倍，但是工农业用水量依然超过了总用水量的75%，因此，工农业用水效率的提升是湖北省整体用水效率提升、工农业向高质量发展、绿色发展转型的关键①。

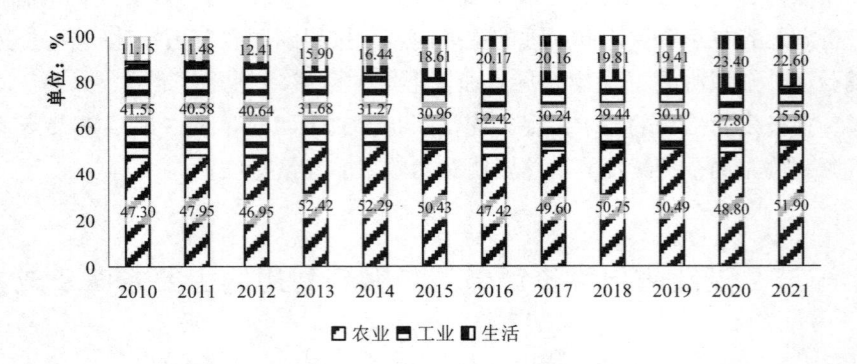

图7-1 2010—2021年湖北省农业、工业及生活用水占比

数据来源：依据《湖北省水资源公报》整理计算得出。

---

① WANG M, HUANG Y, LI D. Assessing the performance of industrial water resource utilization systems in China based on a two-stage DEA approach with game cross efficiency [J]. Journal of Cleaner Production, 2021, 312: 127722.

2. 近年来全省农业灌溉水有效利用系数提升到 0.533，各地市州农业用水总量得到控制

湖北省经济的增长离不开农业的发展，只有在采用节水灌溉技术的条件下，才能将技术本身的潜在优势转化为现实优势，也才能更有效地促进节水减排，实现稳粮增收和可持续发展①，农业用水灌溉效率的提高对湖北省整体用水效率提高起到了重要的作用。湖北省农业发展的同时消耗了大量的水资源，由于农业灌溉对于水资源的需求较大，农业的用水量始终保持在较高的水平。从图 7-2 中可以看到，2012—2021 年间，湖北省农业用水量呈现阶段性上升，2020 年受新冠疫情影响，湖北省农业用水量下降至 136.17 万吨，2021 年湖北省农业用水量为 174.45 万吨，较 2012 年上升了 24.14%。尽管由于灌溉技术进步以及农业现代化的不断更新，农业灌溉水有效利用系数有了一定的提升，但是农业用水量依然保持在较高的水平，距离高质量的农业灌溉水平还具有一定的差距。2011 年以后，湖北省通过强化农业水资源利用管理，鼓励农业发展小型水利设施，并同时加强农业节水技术推广，以及对大中型灌区续建配套与节水改造项目开展专项稽查，有效促进了农业灌溉水效率的提升。从农业的灌溉水有效利用系数来看，2021 年灌溉水有效利用系数已经提升到了 0.533，比 2012 年的 0.4858 提升了 0.0472。这表明了湖北省农业的发展方向开始从粗放型灌溉向节水的绿色高质量发展转变。

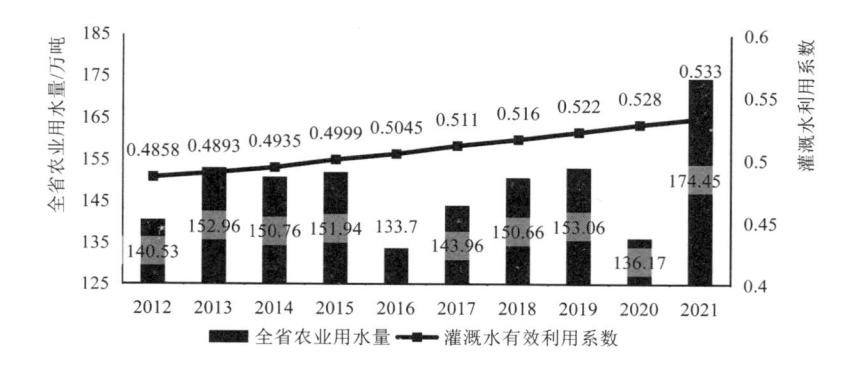

图 7-2　2012—2021 年湖北省农业用水量及灌溉水有效利用系数

数据来源：依据《湖北省水资源公报》整理计算得出。

---

① 李丰. 稻农节水灌溉技术采用行为分析——以干湿交替灌溉技术（AWD）为例 [J]. 农业技术经济，2015（11）：53-61.

湖北省农业灌溉方式在21世纪开始由粗放型灌溉向节水型灌溉转变，降低了湖北省农业用水总量，从图7-3中可以看到湖北省各个地市州农业用水总量的变化情况，在近20年间，由于灌溉方式开始转变，节水灌溉技术得到有效推广，湖北省大部分地市州农业用水总量与21世纪初相比均有所降低，但整体依然处于一种较高水平，保持平稳的波动状态。从图中可以将湖北省各地市州根据2021年农业用水量分为三个层次，分别为荆州与黄冈农业用水量较高的城市，襄阳、孝感、荆门、宜昌等农业用水量中高水平的城市和武汉、咸宁、黄石、随州、仙桃、天门、神农架、恩施州、鄂州、十堰、潜江农业用水量较低的城市。虽然与2001年相比，除了孝感、黄冈、宜昌有所上涨之外，其他省市农业水资源用量下降幅度不大，在2017—2021年期间还有小幅度的上升，但就湖北省整体而言，由于农业耕地面积较大，农业用水量处于较高水平是可以接受的。

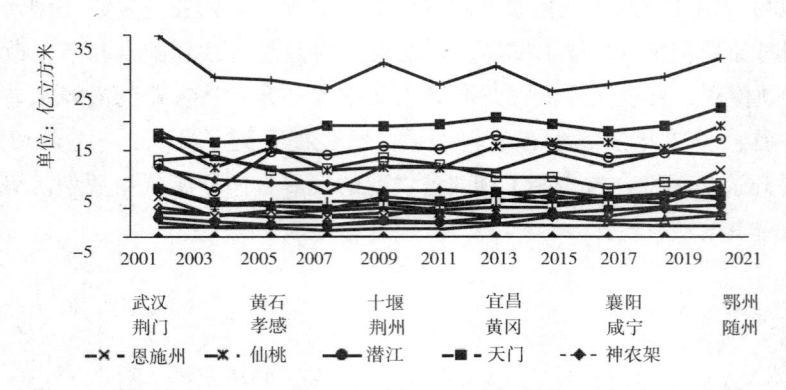

图7-3　2001—2021年湖北省各地市州农业用水量变化趋势

数据来源：依据《湖北省水资源公报》整理计算得出。

3. 全省工业用水效率逐年提升，各地市州工业用水总量得到控制

湖北省在2010年以后工业用水总量得到了一定程度的控制。如图7-4，随着2010年"十三五"规划提出推进资源集约节约利用[①]，2012年党的十八大提出资源节约型社会要取得重大进展的要求，湖北省工业用水量在2013年大幅度减少至92.43亿立方米，降低了24.01%。随着2014年11月《武汉城市圈"两型"社会建设综合配套改革试验行动方案（2014—2015）》的发布，湖北省进

---

① ZHANG B, LU D, HE Y, et al. The efficiencies of resource-saving and environment: A case study based on Chinese cities [J]. Energy, 2018, 150: 493-507.

入以武汉城市圈为主，引领宜荆荆恩和襄十随神城市群进入工业用水持续减少的阶段。2019年由于武汉城市圈工业用水量的增长造成整个湖北省工业用水增长至90亿立方米以上。2020年湖北省工业用水量下降至77.62亿立方米，2021年工业用水量升至85.58亿立方米，较2010年下降了29.6%。

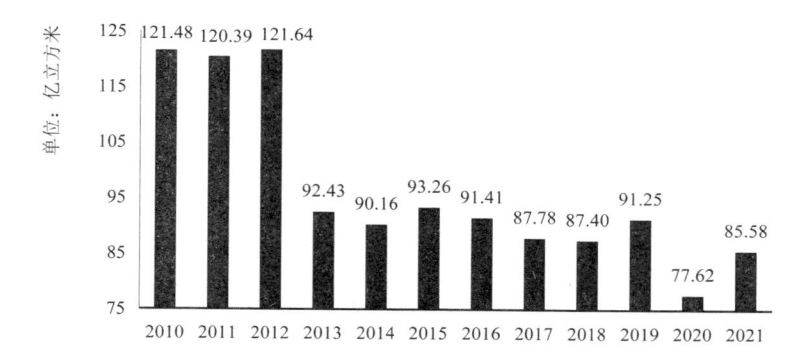

图7-4　2010—2021年湖北省工业用水量变化图

数据来源：湖北省水资源公报。

2010—2020年间，湖北省工业用水总量有所降低，整体保持在一个较为稳定的区间，其产值也在逐年增加，并且每万元GDP用水量大致呈逐年降低，这是湖北省水资源利用效率水平提升的最主要的体现，同时也是湖北省水资源利用效率提高所取得的巨大成就。

万元GDP用水量一定程度上可以衡量用水效率。在2001年，湖北省的万元GDP用水量达到了625立方米，这个数值是一个较高的水平，表明湖北省工业发展在这个时期还处于一种以资源换取经济发展的阶段。2001—2010年间，湖北省积极探索提高水资源利用效率的方法与途径，经过不断的探索，取得了巨大的成就。从图7-5中可以看到，2010年，湖北省的万元GDP用水量降低到了186立方米，与2001年相比降低了70.24%，并且在以后以平均每年6%左右的速度逐年降低。截至2021年，每万元GDP用水量已经降低到了67立方米，与2010年相比，降低了60%以上，工业逐渐进入了高质量发展的阶段。

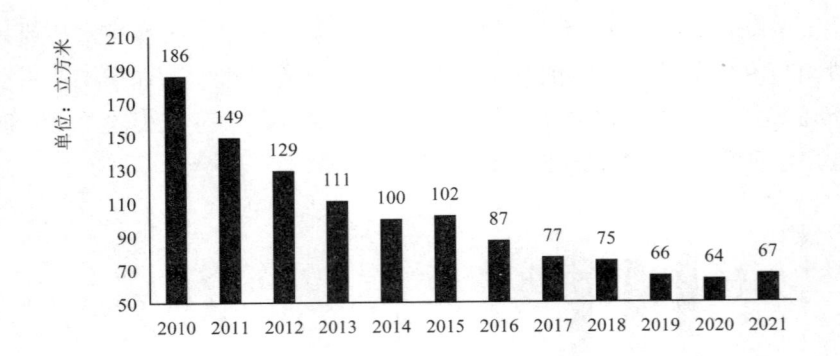

图 7-5　湖北省 2010 年以来万元 GDP 用水量变化

数据来源:《湖北省水资源公报》。

湖北省各市县用水效率的提升与每万元 GDP 用水量的大幅度减少,用水效率显著提升。从表 7-1 中可以看出,在 2001 年,湖北省各个地市州万元 GDP 用水量均处于较高水平,从单个城市来看,仅有武汉、十堰、神农架、恩施州 4 个城市的万元 GDP 用水量低于 500 立方米,咸宁、仙桃、天门、荆门、荆州万元 GDP 用水量均超过 1000 立方米,说明这些城市的水资源利用效率较低,极大地消耗了湖北省的水资源储量。到了 2010 年,湖北省整体的水资源利用效率得到了大幅度的提高,万元 GDP 用水量降低到 186 立方米,降低了 70.24%。2010 年武汉在水资源利用效率方面依旧保持领先,万元 GDP 用水量降低到了 71 立方米,降低幅度达到 77.02%。宜昌作为宜荆荆恩城市群的中心城市,水资源利用效率也有了大幅度提升,万元 GDP 用水量降低至 98 立方米,仅次于武汉,降低幅度达到 81.65%,是湖北省万元 GDP 用水量降低幅度最大的城市。其他 15 个城市均降低了六成左右,其中神农架仅降低 28.15%。2021 年武汉万元 GDP 用水量为全省最低,仅有 22 立方米,恩施州紧随其后,为 39 立方米;神农架降低幅度最大,达到了 82.84%;其他城市降低幅度也大部分都在 60% 以上,只有潜江降幅较低,万元 GDP 用水量也在较高水平。

表 7-1　21 世纪湖北省各地市州万元 GDP 用水量变化对比　单位:立方米

地区	2001 年	2010 年		2021 年	
	万元 GDP 用水量	万元 GDP 用水量	比 2001 年降低幅度	万元 GDP 用水量	比 2010 年降低幅度
武汉	309	71	-77.02%	22	-69.01%

续表

地区	2001年 万元GDP用水量	2010年 万元GDP用水量	比2001年降低幅度	2021年 万元GDP用水量	比2010年降低幅度
黄石	544	235	−56.80%	91	−61.28%
鄂州	625	239	−61.76%	131	−45.19%
孝感	709	340	−52.05%	133	−60.88%
黄冈	710	353	−50.28%	122	−65.44%
咸宁	1062	299	−71.85%	82	−72.58%
仙桃	1103	326	−70.44%	116	−64.42%
天门	1073	388	−63.84%	165	−57.47%
潜江	636	217	−65.88%	125	−42.40%
武汉城市圈	538	180	−66.51%	61	−66.00%
襄阳	637	216	−66.09%	70	−67.59%
十堰	373	150	−59.79%	43	−71.33%
随州	823	235	−71.45%	97	−58.72%
神农架	373	268	−28.15%	45	−82.84%
襄十随神城市群	599	201	−66.43%	67	−66.61%
宜昌	534	98	−81.65%	50	−48.98%
荆门	1162	293	−74.78%	111	−62.12%
荆州	1270	427	−66.38%	145	−66.04%
恩施州	325	133	−59.08%	39	−70.68%
宜荆荆恩城市群	874	222	−74.59%	83	−62.39%
全省	625	186	−70.24%	67	−63.98%

数据来源：依据《湖北省水资源公报》计算整理。

4. 全省工业水资源重复利用量和利用率保持较高增长，整体处于较高水平

在水资源的重复利用方面，湖北省工业重复用水量有了较大的提升，重复用水率也同步提升。从图7-6中可以看出湖北省自2010年起，工业水资源重复利用量在不断上升，重复利用率也在不断提高。2010年，湖北工业水资源重复利用量为21.31亿立方米，重复利用率仅为82.57%。2020年，工业水资源重复利用量达到了54.70亿立方米，增长了156.69%，重复利用率达到了91.82%，

较2010年增长了9.25个百分点。

图7-6 2010—2020年湖北省工业水资源重复利用量及利用率

数据来源：《中国城市建设统计年鉴》。

二、城乡土地利用效益逐年增加，土地利用效率显著改善

长江经济带土地综合承载力2007—2016年的显著提升[①]离不开长江经济带各省市的保护和发展，湖北省作为长江中游经济带的组成省份之一，其土地综合承载力也有显著提升，尤其是在土地的管理利用方面取得了巨大成效。湖北省在2010—2020年间，通过扩大建成区面积，加快各地非建成区建设改造，将其改造成为建成区，推进建设用地减量化，减存增效，提高建设用地利用强度，这不仅提升了湖北省土地综合承载力，也提升了湖北省经济发展和人民生活的质量水平。

1. 建成区土地效益逐年提升

湖北省在建成区面积不断扩大的同时，单位建成区的产值也在持续增加。从图7-7中可以看出，2010年湖北省的单位建成区产值为9.54亿元/平方千米，之后每年以平均6%左右的增幅逐年增加，2020年有小幅度减少，为15.76亿元/平方千米，但较2010年增加了65.17%。说明湖北省土地资源利用效率逐渐提升，每单位建成区所创造的经济效益逐年递增，单位建成区的利用水平的增加使得减少了对土地资源的低效利用，节省更多土地能够用于环境保护和提升居民生活质量。

---

① 李洁. 长江经济带土地综合承载力时空分异评价与障碍因子诊断[J]. 华东经济管理，2019，33（08）：67-75.

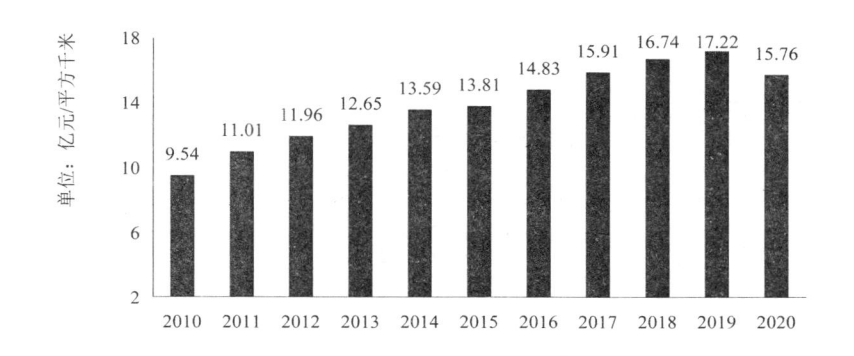

图 7-7 湖北省 2010 年以来单位建成区产值

数据来源：依据《中国城市建设统计年鉴》《湖北统计年鉴》计算整理。

从表 7-2 中可以看出，2005 年全省单位建成区产值仅有 4.6 亿元/平方千米，单位建成区产值较低。从三大城市群来看，单位建成区产值最高为武汉城市圈，为 5.64 亿元/平方千米，领先于其他两大城市群，但仍处于较低水平。从单个城市来看，武汉作为湖北省会城市，其单位建成区产值为 8.76 亿元/平方千米，远远高于其他城市，其次为恩施州，单位建成区产值为 6.32 亿元/平方千米，随州单位建成区产值最低，仅有 1.94 亿元/平方千米。

到 2010 年，全省单位建成区产值达到了 9.28 亿元/平方千米，增长达到了 101.74%。较 2005 年，三大城市群单位建成区产值均有较大幅度的增长，襄十随神城市群增幅最大，达到了 159.93%，但其单位建成区产值在三大城市群中仍然最低。从单个城市来看，增长幅度最大的为天门，达到了 299.10%，单位建成区产值增长到中等水平，武汉依然以单位建成区产值 11.5 亿元/平方千米居于榜首，黄冈、宜昌、荆门紧随其后，分别达到了 10.67、10.45、10.36 亿元/平方千米，与武汉差距越来越小；荆州单位建成区产值最低，为 5.84 亿元/平方千米，其他城市相比 2005 年均有较大幅度的增长。截至 2020 年，湖北省单位建成区产值为 15.76 亿元/平方千米，三大城市群均有较大幅度的增长。武汉单位建成区产值达到 17.64 亿元/平方千米，在湖北省持续保持领先地位，黄冈增幅最大，达到 515.80%，单位建成区产值也达到了 65.71 亿元/平方千米，其他各个城市的土地利用效率也有了大幅度提高。

表 7-2　2005、2010、2020 年湖北省各地市州单位建成区产值变化对比

单位：亿元/平方千米

地区	2005 年 单位建成区产值	2010 年 单位建成区产值	2010 年 比 2005 年增加幅度	2020 年 单位建成区产值	2020 年 比 2010 年增加幅度
武汉	8.76	11.50	31.24%	17.64	53.42%
黄石	4.82	8.02	66.52%	19.21	139.58%
鄂州	3.28	7.56	130.08%	27.78	267.50%
孝感	3.86	9.45	144.87%	38.82	310.84%
黄冈	4.80	10.67	122.08%	65.71	515.80%
咸宁	4.07	6.03	47.95%	20.01	231.91%
仙桃	4.35	7.27	67.13%	13.09	80.10%
潜江	2.82	6.35	125.31%	13.15	107.02%
天门	2.12	8.44	299.10%	13.39	58.60%
武汉城市圈	5.64	9.77	73.31%	19.67	101.36%
襄阳	3.89	9.49	143.75%	22.34	135.40%
十堰	3.77	8.21	117.66%	16.44	100.19%
随州	1.94	6.37	228.31%	13.45	111.12%
襄十随神城市群	3.29	8.54	159.93%	18.84	120.64%
宜昌	4.09	10.45	155.16%	23.53	125.21%
荆门	4.87	10.36	112.49%	28.18	172.01%
荆州	3.09	5.84	88.98%	24.66	322.24%
恩施州	6.32	9.23	46.07%	26.93	191.79%
宜荆荆恩城市群	4.05	8.66	114.03%	24.99	188.60%
全省	4.60	9.28	101.78%	15.76	69.81%

数据来源：依据《中国城市建设统计年鉴》《湖北统计年鉴》计算。

注：神农架数据缺失。

2. 湖北省基本农田保护率提升，产值逐年增加

湖北省在大力发展经济、扩大建成区面积提高土地资源经济利用的同时，也加强了对土地的保护，充分发挥出土地的基本生产作用，提高了耕地利用效率，保障了湖北省人民生活的基本粮食供应。湖北省在 2017 年 6 月全面完成了永久基本农田的划定，共划定 5883 万亩永久基本农田，超出了国家规定目标 21

万亩,同时城市周边永久基本农田保护率由划定前的 38.96% 提高到 63.65%,更使得湖北省的粮食安全得到了保障。

从耕地压力的角度看,湖北省耕地压力在 2003 年达到最高值,说明湖北省耕地供需矛盾较大,此后逐年降低①,说明湖北省在保障粮食安全的情况下对于耕地的需求降低,耕地资源的使用效率、生产粮食水平逐年增加。从单位耕地农林牧渔产值的角度来看,从图 7-8 中可以看到,2010 年,湖北省总体单位耕地农林牧渔产值仅有 10.54 万元/公顷。2016 年,湖北省总体单位耕地农林牧渔产值水平达到 18.23 万元/公顷,增长率 72.96%。湖北省单位耕地农林牧渔产值的大幅度提高说明了湖北省耕地资源利用水平以及生产技术有了较大的进步,同时在永久基本农田划定以后,耕地面积大幅度增加,使得单位耕地农林牧渔产值有一定的降低,但是由于生产技术的提高,新增耕地的生产能力将被慢慢发掘,土地资源的利用效率将得到较大的提升。

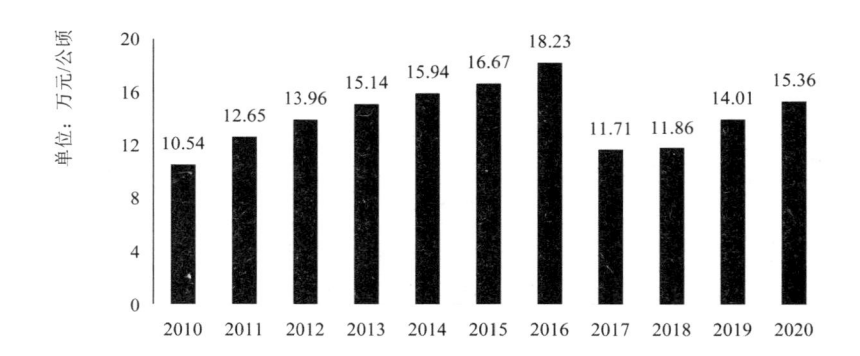

图 7-8 湖北省 2010—2020 年单位耕地农林牧渔产值变化

注:《湖北统计年鉴》公布耕地面积数据由 2016 年 3444310 公顷变化到 2017 年 5235907 公顷,到 2018 年 5235395 公顷,到 2019 年 4768588 公顷,到 2020 年 4754887 公顷

数据来源:依据《湖北统计年鉴》《湖北省自然资源综合统计年报》计算整理。

从表 7-3 中可以看出,相比于 2010 年,2020 年湖北省整体的单位耕地农林牧渔产值有较大幅度的增加,增加了 45.73%。从单个城市来看,除荆门降低了 8.28% 以及潜江降低了 1.56% 之外,其他城市单位耕地农林牧渔产值均有较大的增加,其中十堰、宜昌、武汉三市增幅最大,分别为 132.11%、113.66%、

---

① 卢新海,刘瑞红,匡兵. 湖北省耕地压力的区域差异及动态演进分析[J]. 农业工程学报,2019,35(23):266-272.

113.00%;增长最少的是荆州、天门和随州,分别为 28.34%、28.66%、31.25%,与增幅最大的城市差距显著。从城市群来看,武汉城市圈单位耕地农林牧渔产值最高,增长幅度也最大,增长了 66.70%,其中仅有仙桃、天门和潜江未达到湖北省平均水平;襄十随神城市群次之,增长了 56.18%,但只有十堰超过了湖北省的平均水平;宜荆荆恩城市群增长最少,仅增长 39.95%,只有宜昌超过了湖北省的平均水平。因此,推进襄十随神和宜荆荆恩城市群的农业发展是提升湖北省耕地效率提升的关键。

表 7-3 湖北省单位耕地农林牧渔产值　　单位:万元/公顷

地区	2010 年	2016 年	2020 年	2020 年较 2010 年变化幅度
武汉	13.73	35.23	29.24	113.00%
黄石	9.34	18.25	18.82	101.54%
鄂州	22.61	17.83	37.54	66.02%
孝感	11.74	14.73	15.86	35.13%
黄冈	11.10	25.37	15.97	43.86%
咸宁	10.81	16.79	22.60	109.08%
仙桃	10.42	41.58	14.40	38.24%
天门	7.47	14.09	9.61	28.66%
潜江	12.18	19.45	11.99	-1.56%
武汉城市圈	10.83	24.02	18.05	66.70%
襄阳	9.36	17.69	13.55	44.76%
十堰	7.84	18.25	18.20	132.11%
随州	10.37	17.88	13.61	31.25%
神农架	4.18	10.06	8.21	96.29%
襄十随神城市群	9.17	16.06	14.32	56.18%
宜昌	12.78	16.51	27.31	113.66%
荆门	9.90	17.99	9.08	-8.28%
荆州	9.12	11.36	11.70	28.34%

续表

地区	2010 年	2016 年	2020 年	2020 年较 2010 年变化幅度
恩施州	6.81	9.77	10.62	55.89%
宜荆荆恩城市群	9.49	12.97	13.28	39.95%
全省	10.54	18.23	15.36	45.73%

数据来源：依据《湖北统计年鉴》计算整理。

三、矿产资源和固废资源综合利用水平持续提高

提高固体废弃物和矿产资源排放污染物利用水平是发展循环经济的重要方面，湖北省以武汉为中心，对固废资源以及矿产资源的综合利用水平已取得了显著的改善，同时湖北省以循环经济为主的产业园建设也取得了一定的进展，促进了固废资源及矿产资源的综合利用。

1. 武汉"十三五"时期工业固体废弃物利用总量持续增长的同时，综合利用率保持在 97% 以上

在工业固体废物回收利用方面，湖北省一般工业固体废物综合处置利用率较为稳定[1]，以武汉一般工业固体废物综合处理为例。如图 7-9 所示，武汉在"十三五"初期，一般工业固体废物处理率与以前年度相比有小幅下降，自"十三五"以后，一般工业固体废物处理量逐年上升，一般工业固体废物处理率近年来有小幅度的波动，但总体保持在 97% 以上。工业固体废物的有效处置利用减少了对环境的破坏和污染，也降低了工业生产的能源、原料成本，提高了生产效率。

---

[1] 李强，胡江."十二五"规划中期绿色发展规划评估[J]. 经济研究参考，2013(55)：48-56.

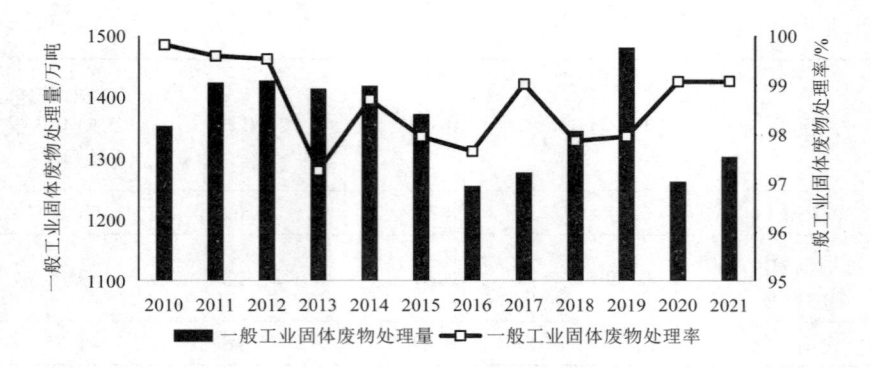

图 7-9　2010—2021 年武汉一般工业固体废物综合处置利用情况

数据来源：历年武汉固体废物污染环境防治信息公告。

工业园是支撑工业集中布局和集中生产的重要载体，也是探索建立循环经济的主战场，湖北省各市县依据不同类型工业园、产业链特征以及矿产品生产过程建立了不同形式的循环经济产业园。例如，自 2012 年起，湖北省在省内各个大城市先后建立了鄂西北循环经济产业园、中部石材循环经济产业园、千子山循环经济产业园等众多循环经济产业园。截至 2014 年共开展 89 家升级循环经济试点工作，并且初步形成了以各类循环企业为基础的企业小循环、以不同循环产业经济园区为基础的园区中循环和以城市建设布局为基础的城市大循环的循环经济发展格局。经过持续不断的探索和创新，到 2021 年，湖北省循环经济体系建设取得巨大成就，在省域内布局了一系列循环经济产业，并逐渐完善循环经济体系。

2. 矿产资源规模化、集约化开采及综合利用水平有所提高[①]

湖北省矿产资源丰富，多种矿产资源储量位于全国前列。通过提高大中型矿山企业的比重，湖北省推进矿产资源规模化开采，提高了矿产资源集约节约水平。从表 7-4 中可以看出，最低开采规模准入制度的实施优化了矿山企业规模结构情况，矿山数量由 2015 年的 2985 家减少到 2019 年的 1972 家，降低了 33.9%。湖北省经过持续的矿产资源开发整合，引导矿山企业规模开采和集约化经营，提高了矿业集中度和规模效益，大中型矿山数量由 2015 年的 179 家增长到 2019 年的 265 家，增加了 48.04%，比例由 2015 年的 6% 增长为 2019 年的 13%，改善了矿山企业的规模结构，有助于提高矿产资源规模化开采水平，实

[①] 杨宽，刘文建，闫涛. 东乌珠穆沁旗矿产资源开发现状及可持续发展对策 [J]. 资源与产业，2014，16（01）：77-82.

现矿产资源集约化开采。

表 7-4 湖北省矿山企业规模结构情况表

年份	大型企业	中型企业	小型及小矿	合计	大中小比例
2015	51	128	2806	2985	1.71：4.29：94.00
2016	65	137	2488	2690	2.42：5.09：92.49
2017	75	136	2170	2381	3.15：5.71：91.14
2018	80	134	1857	2071	3.86：6.47：89.67
2019	115	150	1707	1972	5.83：7.61：86.56
2019年比2015年变化量	64	22	-1099	-1013	—
2019年比2015年变化率	125.5%	17.2%	-39.2%	-33.9%	—

数据来源：《湖北省矿产资源总体规划（2016—2020年）》实施评估报告。

2015—2019 年，湖北省重点加强对共伴生、难选冶、低品位矿产资源的节约与综合利用，使矿产资源综合利用产值大幅度提高，综合利用水平得到明显提升。从图 7-10 中可以看出，2015—2019 年湖北省矿产资源综合利用产值整体呈现一种波动上升的趋势，2019 年湖北省矿产资源综合利用产值 27.36 亿元，较 2015 年（7.67 亿元）增长了 2.6 倍。其中，综合利用产值增长较高的矿种主要为非金属矿产，磷矿、水泥用灰岩、建筑用石材，较 2015 年分别增长 10.3 倍、8.4 倍、3.6 倍。在矿产资源开采"三率"方面，2017—2019 年，湖北省对矿山企业矿产资源合理开发利用"三率"最低指标进行"双随机一公开"的抽查。从图 7-11 中可以看出，2017—2019 年提交矿山储量年报企业占比及矿山"三率"达标率逐年上升。其中，2019 年抽查 32 家矿山，其中 27 家矿山"三率"水平达到最低标准，达标率 84.37%。2019 年湖北省矿产资源综合利用水平相比与以前年度均有显著提升。

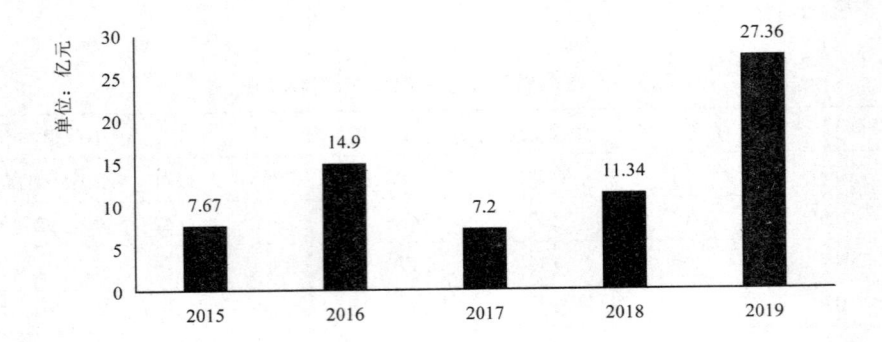

图 7-10　2015—2019 年湖北省矿产资源综合利用产值对比

数据来源：《湖北省矿产资源总体规划（2016 年—2020 年）》实施评估报告。

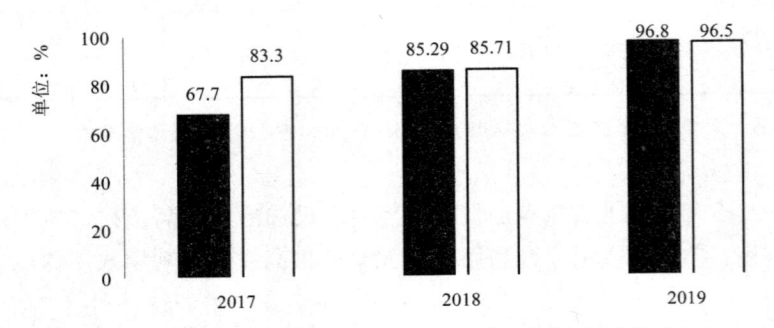

图 7-11　2017—2019 年湖北省"双随机一公开"检查结果统计图

数据来源：《湖北省矿产资源总体规划（2016 年—2020 年）》实施评估报告。

第二节　以城市群为主体承载形态的湖北省自然资源节约集约利用空间格局

产业布局结构及产业发展水平深刻影响着自然资源利用方式及其集约利用水平。在经济发展水平和资源利用水平的不同阶段、对自然生态产生的不同影响下，其利用方式的表现及其集约化程度和路径存在差异。经济发展较快的武汉城市圈是湖北省形成资源高效利用方式的引领地区。部分经济发展相对滞后的市州虽然在推进形成资源节约集约方式方面相对滞后，但为保护其相对较好的生态环境空间，这些市州也为其提高自然资源效率制定了一定的政策，为推进自然资源节约集约利用提供了基础。湖北省"十四五"时期全面提高自然资源利用效率，要考虑到各地区资源节约与集约利用的空间格局。

一、湖北省水资源节约集约利用的空间格局

2005年以来，武汉经济发展水平和水资源利用水平显著高于湖北省其他市州，其更低单位GDP用水量为创建水资源高效利用方式形成较好条件①，单位GDP用水量已成为制约湖北省其他城市高效利用水资源的重要因素。

1. 湖北省用水总量沿两江分布

从表7-5中可以看出，湖北省整体上的水资源消耗量和万元GDP用水量都是在减少的。武汉作为湖北省的省会城市，也是湖北省工业最发达的城市，工业水资源消耗量在湖北省中毫无疑问是居于省内前列的。而荆州的工业在湖北省中也是较为发达的，其工业消耗的水资源总量也是十分巨大的。从表中也可以看出，湖北省水资源消耗总量是以武汉为中心向边缘扩散的空间分布格局，越远离武汉，靠近湖北省边缘的地区，用水量越少。同时，越靠近湖北省"两江"——汉江、清江的地区，用水量也相对越多，其中武汉和荆州尤为明显，武汉处于长江和汉江的分流地，而荆州有长江贯穿整个城市。因此，这两个城市都具有丰富的水资源和发达的工业产业，也使得这两座城市在2001年成为湖北省水资源总量消耗最大的两座城市。而到了2010年，水资源消耗分布格局同样也是以武汉为中心向边缘扩散，但由于襄阳、十堰等部分地区，经济发展较为快速，水资源消耗量增长较大，而天门和仙桃并没有太多的工业企业，主要耗水产业活动是农业灌溉用水，其水资源总量的消耗有所降低，使湖北省整体水资源消耗量有所下降。2021年，湖北省用水总量与2001年相比有小幅度下降。武汉、荆州、襄阳依旧是湖北省水资源消耗较大的城市，基本分布格局并没有太大变化。

2. 万元GDP用水量以发达城市为中心向外增加

与用水量的空间格局分布不同，万元GDP用水量是以武汉为中心向边缘增加的，越边缘的地区，万元GDP用水量越高。这是由于湖北省越靠近中心的城市越发达，管理技术发展越先进，水资源有效利用程度较高。十堰、神农架、恩施州万元GDP用水量较低是因为其工业、农业产业较少，用水总量较低，使得万元GDP用水量较低。从表7-5中可以看到，2001年武汉城市圈、襄十随神

---

① ZOU D, CONG H. Evaluation and influencing factors of China's industrial water resource utilization efficiency from the perspective of spatial effect [J]. Alexandria Engineering Journal, 2021, 60 (01): 173-182.

城市群和宜荆荆恩城市群三个城市群万元 GDP 用水量除个别城市外均高于 500 立方米，其中宜荆荆恩城市群万元 GDP 用水量达到了 874 立方米，远高于其他两大城市群。2010 年与 2001 年万元 GDP 用水量相比有明显的降低，武汉与宜昌是万元 GDP 用水量最少的两个城市，这两个城市的 GDP 快速增长以及采用了节水措施，使得其用水效率大幅提升。从城市群来看，2010 年三个城市群万元 GDP 用水量均降低到 200 立方米左右，与 2001 年相比有了较大的改善。2012 年 8 月湖北省人民政府办公厅发布的《湖北省加快实施最严格水资源管理制度试点方案》，建立了用水总量控制制度和用水效率控制制度[①]，对用水效率指标进行了硬性规定。严格的规划管理、用水计划管理以及一系列的管理制度措施，使得湖北省整体水资源的消耗有所降低。此外加强各个产业节水技术改造，也是湖北省整体用水效率大幅提升的一个重要原因。2019 年湖北省万元 GDP 用水量空间布局是以武汉、宜昌、十堰为中心向边缘增加的，2021 年湖北省万元 GDP 用水量空间布局是以武汉、恩施、十堰为中心向边缘增加，较 2010 年三大城市群水资源利用效率大幅度提高，万元 GDP 用水量降低到 70 立方米以下，基本形成了"一主两翼"的总体布局。其中，襄十随神城市群降低幅度最大，整体降低了 66.67%。

表 7-5　2001、2010、2019、2021 年湖北省用水总量及万元 GDP 用水量

地区	城市	用水总量/千吨				万元 GDP 用水量/立方米			
		2001	2010	2019	2021	2001	2010	2019	2021
武汉城市圈	武汉	410	390	380	390	309	71	23	22
	黄石	120	160	190	170	544	235	107	91
	鄂州	60	80	150	90	625	239	140	131
	孝感	210	270	270	340	709	340	120	133
	黄冈	240	290	280	370	710	353	124	122
	咸宁	150	150	140	150	1062	299	91	82
	仙桃	110	90	100	240	1103	326	119	116
	天门	100	80	90	340	1073	388	143	165
	潜江	50	60	80	390	636	217	98	125

---

① 方玉东. 我国农田污水灌溉现状、危害及防治对策研究 [J]. 农业环境与发展，2011，28（05）：1-6.

续表

地区	城市	用水总量/千吨				万元GDP用水量/立方米			
		2001	2010	2019	2021	2001	2010	2019	2021
襄十随神城市群	襄阳	280	330	320	310	637	216	68	70
	十堰	70	110	80	140	373	150	44	43
	随州	100	90	90	120	823	235	82	97
	神农架林区	—	—	—	—	373	268	52	46
宜荆荆恩城市群	宜昌	150	150	160	110	534	98	36	50
	荆门	220	210	210	110	1162	293	106	111
	荆州	420	350	370	120	1270	427	150	145
	恩施	40	40	50	2	325	133	45	39

数据来源：依据《湖北省水资源公报》计算整理。

湖北省工业重复用水空间格局以武汉为"一主"引领全省循环利用。湖北省循环用水程度最大的是武汉，武汉是湖北的省会城市，同时是湖北省工业最发达的城市，首先对工业用水进行循环利用能够大幅度地节约水资源的消耗，也能够起到模范带头作用，为湖北省其他用水量较大的城市做出榜样。同时武汉位于汉江与长江的汇合点，有大量的水资源利用，工业用水的重复利用，能够大大减少武汉从自然环境中的取水量，降低生态环境的压力，提升环境承载力。从表7-6中可以看到，武汉工业重复用水量自2010年起逐年增加，到2020年，武汉工业重复用水量已经达到了37.72亿立方米，比2010年增加了1倍，成为全国工业重复用水量第四位的城市，同时也是长江中下游平原地区工业重复用水最多的城市。武汉持续推进工业重复用水技术，对湖北省提升水资源利用效率、全面提升资源利用效率起到了重要作用。

表7-6 武汉工业重复用水量变化

年份	工业重复用水量（亿立方米）	变化幅度
2010	18.78	—
2011	21.41	13.96%
2012	23.04	7.62%
2013	23.67	2.77%

续表

年份	工业重复用水量（亿立方米）	变化幅度
2014	23.05	-2.65%
2015	27.51	19.36%
2016	33.03	20.08%
2017	33.14	0.32%
2018	37.38	12.81%
2019	41.70	11.56%
2020	37.72	-9.54%

数据来源：《中国城市建设统计年鉴》。

二、土地资源集约节约利用的空间格局

2005年以来，武汉经济发展水平和土地资源利用水平显著高于湖北省其他市州，其更为高效的城镇土地资源利用水平为创建土地资源高效利用方式形成较好条件，城镇土地资源利用水平也成为制约湖北省除武汉外其他城市高效利用土地资源的重要因素。王筱明、郑新奇[1]曾用GDP增长率与建成区面积增长率对比计算土地利用效益反映土地利用集约程度，邹德玲、丛海彬[2]采用单位建成区土地面积产值对产城融合发展进行分析，国内外选用单位建成区产值等指标来分析土地利用程度的研究较为广泛，因此本书选择单位建成区产值来判断土地的利用程度。

1. 单位建成区产值以发达城市为中心向外减少

通过对比表7-7可以看出，湖北省单位建成区产值水平从2005年开始到2020年是阶段性增加的，并且是以武汉、宜昌、襄阳三个城市为中心，连接周围城市，各个城市的单位建成区产值与其所临近的中心城市水平保持一致，或是低于其所在的城市群中心城市。从表7-7中看到，2005年，湖北省单位建成区产值主要是武汉较为发达，其他城市各自发展，空间分布并没有较为明显的规律。2010年，由于"一主两副"战略的提出，宜昌和襄阳相继成为湖北省副中心城市，逐渐发展起来，湖北省开始形成以武汉、宜昌、襄阳为中心的三个

---

[1] 王筱明，郑新奇. 基于效益分析的济南市城市合理用地规模研究 [J]. 中国人口·资源与环境，2010，20（06）：160-165.

[2] 邹德玲，丛海彬. 中国产城融合时空格局及其影响因素 [J]. 经济地理，2019，39（06）：66-74.

城市群，并以这三个城市逐步带动周边城市，使得湖北省内各个城市在十年间的经济发展都得到了较大的提升。2020年，各个城市群的中心城市带动作用充分发挥了出来，同时在每个城市群内，各个城市相互协调，使得经济发展得到了大幅度的提升。首先是与其各自最临近的几个城市保持相同的发展水平，带动了其所能辐射到范围的全部城市，使得湖北省整体单位建成区产值有了较大的提升。

表7-7　2005年、2010年、2020年湖北省单位建成区产值　　单位：元/立方米

城市群	城市	2005	2010	2020
武汉城市圈	武汉	876.20	1149.96	2823.88
	黄石	481.90	802.47	2082.63
	鄂州	328.50	755.81	1733.16
	孝感	385.77	944.63	4138.77
	黄冈	480.24	1066.54	5709.34
	咸宁	407.25	602.51	2353.25
	仙桃	435.26	727.43	1903.68
	潜江	281.99	635.34	1474.72
	天门	211.51	844.15	1537.19
襄十随神城市群	襄阳	389.39	949.16	2931.19
	十堰	377.21	821.02	1709.91
	随州	193.88	636.55	1797.90
宜荆荆恩城市群	宜昌	409.47	1044.78	2630.51
	荆州	487.34	1035.56	3464.31
	荆门	308.82	583.63	3158.72
	恩施	631.59	922.57	3070.60

数据来源：依据《中国城市建设年鉴》《湖北统计年鉴》计算整理。
注：神农架数据缺失。

2. 单位耕地面积农林牧渔产值以发达城市为中心沿两江分布

从表7-8中可以清晰地看出，湖北省单位耕地面积的农林牧渔产值的空间分布也大致是以武汉、宜昌、襄阳三个城市为中心向外扩散减少分布的。2016年该分布格局更为明显，农业较为发达、单位耕地农林牧渔产值较高的城市均

是临近河流、水源丰富、具有肥沃土壤的城市。武汉、宜昌、襄阳作为各个地区的中心城市，毫无疑问是每个城市群内资源的汇聚地，而武汉地处两江交汇之处，其农业发展优势更为明显；宜昌作为宜荆荆恩城市群的中心，在 2016年，其农业的发展也是宜荆荆恩城市群最好的；而襄十随神城市群整体发展要优于宜荆荆恩城市群，从湖北省整体来看，湖北省北部城市单位耕地面积农林牧渔产值水平高于南部。

表 7-8　2010、2016 年湖北省单位耕地面积农林牧渔产值

地区	城市	单位耕地面积农林牧渔产值（万元/公顷） 2010	单位耕地面积农林牧渔产值（万元/公顷） 2016
武汉城市圈	武汉	13.73	35.23
武汉城市圈	黄石	9.34	18.25
武汉城市圈	鄂州	22.61	17.83
武汉城市圈	孝感	11.74	14.73
武汉城市圈	黄冈	11.10	25.37
武汉城市圈	咸宁	10.81	16.79
武汉城市圈	仙桃	10.42	41.58
武汉城市圈	潜江	12.18	19.45
武汉城市圈	天门	7.47	14.09
襄十随神城市群	襄阳	9.36	17.69
襄十随神城市群	十堰	7.84	18.25
襄十随神城市群	随州	10.37	17.88
襄十随神城市群	神农架林区	4.18	10.06
宜荆荆恩城市群	宜昌	12.78	16.51
宜荆荆恩城市群	荆门	9.90	17.99
宜荆荆恩城市群	荆州	9.12	11.36

数据来源：依据《湖北统计年鉴》计算整理。

三、湖北省资源综合利用和循环利用的空间格局

湖北省以武汉为引领，宜昌、襄阳作为省域副中心，逐步发展资源综合利用和循环利用体系，主要表现在一般工业固体废物综合利用处置量的变化上，

如表7-9所示,武汉作为湖北省中心,历年一般工业固体废物处理量居于湖北省较高水平,并且一般工业固体废物处理量在"十三五"以后保持持续的增长,宜昌、襄阳一般工业固体废物处理量也居于湖北省前列,宜昌一般工业固体废物处理能力与武汉相较不相上下,但在2017、2018年处理能力出现大幅度波动。除武汉、宜昌、襄阳之外,湖北省其他省份以这三个城市为中心,分武汉城市圈、襄十随神城市群和宜荆荆恩城市群三个区域,在全省范围内积极推进资源的循环综合利用和循环利用。

表7-9 武汉、宜昌、襄阳固体废物综合利用量　　　　单位:万吨

年份	武汉	宜昌	襄阳
2010	1354.04	516.16	374.30
2011	1423.93	512.19	440.62
2012	1427.28	673.20	478.15
2013	1414.3	794	574.00
2014	1419.03	989	526.50
2015	1373.28	479.23	537.82
2016	1255.94	466.93	557.29
2017	1278.09	407.19	381.09
2018	1345.97	652.07	437.94
2019	1481.05	985.02	639.68
2020	1263.21	994.62	571.17
2021	1275.57	1060.09	428.73

数据来源:依据历年武汉、宜昌、襄阳固体废物污染环境防治信息公告整理。

第三节　湖北省自然资源节约与循环利用的区域差距与和"十四五"对标提升策略

湖北省自21世纪以来不断提高生产技术水平,改良资源使用方法,通过近20年的发展,探索出了一条发展潜力的资源节约循环道路,使得资源的利用效率取得了巨大进步,生产力水平有了极大的提升。但是这条道路仍然存在些许转折,使得湖北省资源节约循环利用与我国的先进水平仍存在一定的差距,通过对比湖北省与我国资源利用效率较高的省市的资源利用方式方法,如万元

GDP用水量、单位建成区产值、单位耕地农林牧渔产值等，具体见表7-7，寻找发现湖北省在资源节约利用方面的差异，对标"十四五"规划纲要，全面提升湖北省自然资源节约与循环利用水平。

一、湖北省水资源节约与循环利用的区域差距与和"十四五"对标提升策略

在湖北省逐渐探索农村集中供水体制，提供供水保障能力，开展水系连通及农村水系综合整治试点，实施农村电网改造和乡村电气化提升工程，加快智慧广电工程建设，扩大农村数字电视网络覆盖面，持续推进农村垃圾、污水、厕所"三大革命"的过程中①，农村水资源利用效率也在不断地提升，湖北省水资源的利用潜力也将在探索体制的形成中不断被挖掘出来。

1. 与全国相比，湖北省水资源利用水平有进一步提升的潜力

湖北省拥有丰富的水资源，但长期以来对水资源的大量消耗，使得湖北省水资源的利用效率在全国层面上并不具有优势。从表7-10可以看到，2021年湖北省万元GDP用水量为67.2立方米，在"十四五"规划全国目标中，要求单位GDP用水量下降16%。湖北省为达到"十四五"目标水平，还需降低10.75立方米，而湖北省2021年万元GDP用水量低于全国水平51.8立方米，相差了每万元15.4立方米；与全国万元GDP用水量的最低水平——北京10.1立方米相差更大，达到了每万元57.1立方米，即使达到了"十四五"规划目标，仍然与当前全国最优水平相差巨大，这说明，湖北省在前20年的发展中，虽然在用水效率上取得了一定的成就，但是仍然存在大幅度提升的潜力，需要进一步提升用水效率。

表7-10 2021年万元GDP用水量全国平均水平、最优水平及湖北省平均水平对比

指标	湖北省平均水平	全国平均水平	全国最优城市	全国最优水平	湖北省"十四五"目标水平
万元GDP用水量/立方米	67.2	51.8	北京	10.1	56.45

数据来源：依据各市水资源公报、统计年鉴整理，"十四五"目标水平根据国家"十四五"规划纲要中降低16%单位耗水量计算。

---

① 张家胜. 政府工作报告——2021年1月14日在宜昌市第六届人民代表大会第六次会议上[J]. 宜昌市人民政府公报，2021(01)：2-14.

从供水方面看，2021年北京地下水和再生水分别占供水总量的33.3%和13.5%，而湖北省地表水占供水总量比例高达98.3%，极少数来自地下水，说明湖北省在污水回收利用方面存在较大的欠缺，在节约循环用水意识方面存在不足，就使得湖北省取水量远高于北京，用水效率也远远低于北京。从用水方面看，北京2021年用水总量为40.8亿立方米，而湖北省2021年用水总量则为336.1亿立方米，是北京用水的8.24倍。在用水结构上，北京生活用水占比最大为47.5%，其次为环境用水，占比为38.5%，工农业用水仅占14.0%。而湖北省若按老口径算，工业和农业占比分别为25.5%和51.9%，消耗了大量的水资源，而生活用水占比仅为22.6%；若按新口径算，生产用水量占比84.6%，生活和生态用水分别占9.1%和6.3%。与北京相比，湖北省生产方面占据了大量的水资源，这在一定程度上导致了大量的水资源消耗，在工业和农业生产方面，水资源利用效率还有较大的潜力能够发掘，同时湖北省用水结构调整也存在巨大的潜力，如果能够切实实施国家节水行动，将节水贯穿到经济社会发展全过程和各领域，强化水资源刚性约束，严格执行水资源消耗总量和强度双控，围绕"合理分水、管住用水"，强化农业、工业、生活等重点领域节水，发掘出这些潜力，湖北省用水效率将有大幅度的提升。

2. 与全省相比，各市州水资源利用水平有进一步提升的潜力

与全省相比，湖北省各市州用水效率及用水结构方面具有不同程度的提升潜力。在单位GDP用水量方面，2001—2021年，湖北省各市州整体用水效率均有较大的提升，单位GDP用水量呈现逐年下降的趋势，但各地区的用水效率差异较大，具有进一步提升的潜力。从表7-11中可以看出，湖北省单位GDP用水量由625亿立方米降低到了67亿立方米，降低了89.28%，并且各市州单位GDP用水量都有不同程度的降低，其中，武汉、咸宁、宜昌和荆门降低幅度达到了90%以上，是2001—2021年降低幅度最大的四个城市。与全省单位GDP用水量相比，各地市州差异明显，2001年，有6个城市单位GDP用水量低于全省平均水平，仅有1个城市超过全省平均水平一倍以上，而2021年，单位GDP用水量低于全省平均水平的城市减少到5个，有2个城市超过全省平均水平一倍以上，各市州之间的差距相比于2001年有所扩大。而各市要达到"十四五"规划目标，仍然需要进行一定的规划设计，其中孝感、天门、荆州三市需要降低的任务最重，分别要降低21.28、26.4、23.2立方米，武汉、十堰、恩施州任务较轻，分别要降低3.52、6.88、6.24立方米，在达成"十四五"目标以后，武汉单位GDP用水量将达到全国先进水平，十堰、恩施州也将达到较高水平，而湖北省其他各市在单位GDP用水量上依然存在较大的提升潜力。

表 7-11 湖北省各市州单位 GDP 用水量对比

地区	2001 年 单位 GDP 用水量/立方米	与全省水平差距	2021 年 单位 GDP 用水量/立方米	与全省水平差距	"十四五"目标/立方米
全省	625	–	67	–	56.28
武汉	309	-50.56%	22	-67.16%	18.48
黄石	544	-12.96%	91	35.82%	76.44
鄂州	625	0.00%	131	95.52%	110.04
孝感	709	13.44%	133	98.51%	111.72
黄冈	710	13.60%	122	82.09%	102.48
咸宁	1062	69.92%	82	22.39%	68.88
仙桃	1103	76.48%	116	73.13%	97.44
天门	1073	71.68%	165	146.27%	138.60
潜江	636	1.76%	125	86.57%	105.00
襄阳	637	1.92%	70	4.48%	58.80
十堰	373	-40.32%	43	-35.82%	36.12
随州	823	31.68%	97	44.78%	81.48
神农架	373	-40.32%	46	-31.34%	38.64
宜昌	534	-14.56%	50	-25.37%	42.00
荆门	1162	85.92%	111	65.67%	93.24
荆州	1270	103.20%	145	116.42%	121.80
恩施州	325	-48.00%	39	-41.79%	32.76

数据来源：依据《湖北省水资源公报》计算整理，"十四五"目标根据国家"十四五"规划中下降16%计算。

在用水结构方面，2001—2021 年，湖北省用水结构逐渐由重农业用水向工业用水、生活用水均衡发展，但是由于各地环境及产业分布差异，各地用水结构依然存在较大的差异，具有进一步提升的潜力。从表 7-12 中可以看出，与 2001 年相比，农业用水占比从 62.99% 降低到了 51.90%，生活用水提高到 22.64%，说明农业用水效率具有较大提升，水资源得到了高效利用。而除黄冈外，各市州农业用水占比均有所下降，其中咸宁、天门、神农架和荆门降低超

20%，除鄂州外，各市州生活用水占比有不同程度的提升，其中武汉、仙桃、天门和潜江提升了20%以上，各地虽然在用水结构方面具有一定的差距，但在2001—2021年间，各地的差距在不断地缩小，全省平均用水结构存在较大的潜力，各市州用水结构也有较大的优化改善空间。

表7-12 湖北省各市州用水结构对比

	2001年			2021年		
	工业用水占比	农业用水占比	生活用水占比	工业用水占比	农业用水占比	生活用水占比
全省	27.02%	62.99%	9.98%	25.46%	51.90%	22.64%
武汉	53.66%	32.08%	14.26%	39.86%	23.61%	36.53%
黄石	47.79%	42.58%	9.63%	62.46%	23.85%	13.69%
鄂州	52.85%	39.40%	7.75%	68.44%	24.52%	7.03%
孝感	32.70%	57.38%	9.91%	29.11%	49.96%	20.93%
黄冈	18.23%	71.16%	10.62%	10.80%	72.07%	17.14%
咸宁	14.30%	77.83%	7.88%	24.18%	56.85%	18.97%
仙桃	14.23%	79.46%	6.31%	9.43%	61.18%	29.39%
天门	10.22%	83.34%	6.44%	7.93%	60.17%	31.90%
潜江	27.97%	63.19%	8.83%	11.75%	51.97%	36.28%
襄阳	29.56%	60.86%	9.58%	34.21%	51.64%	14.15%
十堰	22.62%	57.50%	19.88%	22.89%	40.86%	36.26%
随州	13.31%	77.58%	9.11%	7.56%	74.67%	17.77%
神农架	18.79%	47.79%	33.42%	37.50%	18.75%	43.75%
宜昌	40.00%	46.89%	13.11%	22.24%	46.02%	31.75%
荆门	12.05%	82.08%	5.87%	15.58%	60.25%	24.17%
荆州	11.00%	82.94%	6.06%	8.25%	78.68%	13.07%
恩施州	25.43%	41.32%	33.24%	11.02%	36.81%	52.17%

数据来源：依据《湖北省水资源公报》计算整理。

3. 以工程建设推进湖北省节约、循环用水

湖北省水资源粗放利用的问题依然严重，从水资源承载系统脆弱性指数构成来看，湖北省最突出的问题就是水资源利用方式存在问题，尤其是在农业用水方面，尽管在灌溉效率方面已经取得了较大的提升，但灌溉水有效利用系数

依然仅有0.533，代表着有将近一半用于灌溉的水资源被浪费，而工业用水方面只有以武汉为主，宜昌、襄阳为辅的三大城市加强了对工业用水的重复利用，以这三个城市为中心的三大城市群工业重复用水依然较少，距离达到"全域协同"的目标仍然存在较大的差距。在工业水资源重复利用方面，2020年湖北工业重复利用水资源量547016万立方米，重复利用率为91.82%。无论是重复利用量还是重复利用率，在全国都属于中上等水平，而在21世纪初期，湖北省工业重复用水处于全国中下等水平。这说明过去的20年中，湖北省在工业重复用水、技术改进方面取得了一定的成就。2020年工业重复利用水资源量最高的省份是江苏，重复利用量为1437164万立方米，是湖北的2.63倍，而重复利用率却是湖北高于江苏2.81个百分点。在重复利用率方面，与湖北邻近并且用水结构相似的安徽相比，湖北低于安徽1.27个百分点，重复用水量也低于安徽省，这说明在工业重复用水方面，湖北省依然存在提升的潜力，在技术上存在进步的空间以提高工业的重复用水量。同时，由于城乡发展的不平衡，基础配套设施的建设存在一定的差距，使得城乡水资源利用的效率也存在不平衡的问题，因此，在"十四五"时期，湖北省在城乡水资源利用效率平衡方面应当根据城市水资源需求与供水情况，建立非线性多目标优化模型，实现城市水资源在不同行业之间的优化配置[1]，通过"鄂北地区水资源配置工程"等水利工程建设来推进湖北省全域的节约用水、循环用水，同时将水资源承载风险图作为湖北省水资源规划的前置条件和动态限制因素，提升规划的科学性，降低区域发展可能导致的水资源超载风险[2]。

二、湖北省土地资源的节约利用水平的区域差距与和"十四五"对标提升策略

在湖北省坚持藏粮于地、藏粮于技，坚决遏制耕地"非农化"、防止"非粮化"的前提下，湖北省在规范耕地占补平衡、坚守耕地和永久基本农田保护红线、稳定粮食播种面积和产量的原则下[3]，对城市建设用地、建成区用地的利用水平提出了新的要求，牺牲耕地换取建设用地的方式已经不复存在，只能依靠

---

[1] 吴丹，王士东，马超. 基于需求导向的城市水资源优化配置模型[J]. 干旱区资源与环境，2016，30(02)：31-37.

[2] 吕爱锋，韩雁，张士锋，等. 水资源承载风险的理论、方法与实践[J]. 中国水利，2020(19)：47-51.

[3] 王晓东. 政府工作报告——2021年1月24日在湖北省第十三届人民代表大会第五次会议上[J]. 湖北省人民政府公报，2021(05)：3-15.

建设用地减量化的两方面即节约降耗和减存增效①来提升土地资源的利用水平才能获得经济的快速发展，而当前湖北省的土地资源利用水平还存在一定的不足，利用潜力还有较大的空间可以进行挖掘。

1. 与全国相比，湖北省土地资源利用水平有进一步提升的潜力

湖北省土地资源丰富，具有丰富的地形地貌，包括山地、丘陵、盆地等地形，用于城镇建设的面积也较多。如表7-13，从建成区土地利用来看，湖北省建成区面积在全国处于较高的水平，2019年单位建成区产值比全国水平（11.42亿元/平方千米）高出5.8亿元/平方千米，但相比于上海（30.82亿元/平方千米），仍然有较大的提升空间。上海作为我国的经济中心，同时又是沿海城市，是我国第一批发展的城市之一，在经济发展方面具有天然的优势，而湖北地处我国中部、长江中下游平原地区，自古以来都是以农业为主，经过不断的发展，湖北省二、三产业比重逐步提升，单位建成区内产值也在逐步增加，同时湖北省内有两江交汇，自古以来有"九省通衢"之称的湖北在运输上也具有较大的优势，因此，湖北省具有将建成区利用效率提升到上海等城市水平的潜力。

表7-13 2019年单位建成区产值全国平均水平、最优水平及湖北省平均水平对比

指标	单位	湖北省平均水平	全国平均水平	全国最优省（市）	全国最优水平
单位建成区产值	亿元/平方千米	17.22	11.42	上海	30.82
单位耕地农林牧渔产值	万元/公顷	18.23	—	广东	27

数据来源：依据各市统计年鉴、中国城市建设统计年鉴整理，其中湖北省单位耕地农林牧渔产值为2016年数据，广东为2018年数据，其他数据为2019年数据。

从耕地利用水平和农业的发展来说，湖北省单位耕地的农林牧渔产值在2018年为11.68万元/公顷，与全国最优水平27万元/公顷（广东）相距甚远。即使是以湖北省近十年来的最高水平，也就是进行耕地面积调整之前，2016年达到的18.23万元/公顷，也与广东差距较大。从耕地质量上来说，依据《2019

---

① 刘红梅，孟鹏，马克星，等.经济发达地区建设用地减量化研究——基于"经济新常态下土地利用方式转变与建设用地减量化研讨会"的思考［J］.中国土地科学，2015，29（12）：11-17.

年全国耕地质量等别更新评价主要数据成果》，优等地主要分布在湖北、湖南和广东三省。也可以看出湖北和广东在耕地质量上差距并不大，广东农业现代化程度较高，但是湖北农业现代化程度还不够高，距达到完全实现阶段还有一定差距，因此湖北省在通过农业现代化提升耕地的利用效率上仍然存在较大的发展潜力。

通过对城市和农村的土地利用效率的分析，我们可以看出，无论是建成区面积的利用，还是耕地的利用，湖北省与全国先进水平均存在一定的差距，但是外部条件的差距并不是特别明显，也因此拥有较大的发展潜力，在未来有机会达到全国的先进水平，成为我国中部地区的重要支柱。

2. 与全省相比，各市州土地利用水平有进一步提升的潜力

与全省相比，各市州土地利用水平在建成区土地及耕地利用效率方面具有进一步提升的潜力。在建成区土地利用效率方面，在2005—2020年间，湖北省整体建成区利用效率提升较大，单位建成区产值逐年增加，而各市州的单位建成区产值均有较大的提升，但仍然有进一步提升的潜力。从表7-14中可以看出，湖北省单位建成区产值由4.60亿元/平方千米增加到15.76亿元/平方千米，增加了2.43倍。从各城市与全省水平的差距来看，2005年，各城市单位建成区产值相差悬殊，最高为武汉，高于全省水平90.46%；最低为随州，低于全省水平57.86%。而在2020年这个差距有了明显的改善，但依然存在不小的差距。从城市群的角度来看，三大城市群单位建成区产值差距依然明显，襄十随神城市群依然处于三大城市群最低水平。各市州建成区土地利用效率也存在提升的潜力。

表7-14 湖北省各市州2005年、2020年单位建成区产值对比

	2005年		2020年	
	单位建成区产值（亿元/平方千米）	与全省水平差距	单位建成区产值（亿元/平方千米）	与全省水平差距
全省	4.60	—	15.76	—
武汉	8.76	90.46%	17.64	11.93%
黄石	4.82	4.75%	19.21	21.89%
鄂州	3.28	-28.59%	27.78	76.27%
孝感	3.86	-16.14%	38.82	146.32%
黄冈	4.80	4.39%	65.71	316.94%
咸宁	4.07	-11.48%	20.01	26.97%

续表

	2005 年		2020 年	
	单位建成区产值（亿元/平方千米）	与全省水平差距	单位建成区产值（亿元/平方千米）	与全省水平差距
仙桃	4.35	-5.39%	13.09	-16.94%
天门	2.82	-38.70%	13.39	-15.04%
潜江	2.12	-54.02%	13.15	-16.56%
武汉城市圈	5.64	22.57%	19.67	24.81%
襄阳	3.89	-15.36%	22.34	41.75%
十堰	3.77	-18.01%	16.44	4.31%
随州	1.94	-57.86%	13.45	-14.66%
襄十随神城市群	3.29	-28.59%	18.84	19.54%
宜昌	4.09	-10.99%	23.53	49.30%
荆门	4.87	5.93%	28.18	78.81%
荆州	3.09	-32.87%	24.66	56.47%
恩施州	6.32	37.29%	26.93	70.88%
宜荆荆恩城市群	4.05	-12.03	24.99	58.57%

数据来源：依据《中国城市建设统计年鉴》计算整理，其中神农架无统计数据。

在耕地利用效率方面，湖北省整体耕地利用具有较大潜力，在 2010—2016 年间，湖北省整体单位给地农林牧渔产值逐年增加，从 10.54 万元/公顷增加到 18.23 万元/公顷，增加了 72.96%，各市州也有大幅度增加。但整体发展并不均衡，各市州之间有较大差距，从表 7-15 中可以看出，2016 年与全省平均水平差距最大的达到了 128.10%。这样不平衡的发展导致某些市州的耕地无法被充分利用，2020 年各市州耕地面积进行了相应调整，并增加了大量耕地面积，使得各市州单位耕地农林牧渔产值有不同程度的变化，同时由于新增耕地还未得到完全利用，导致部分市州单位耕地农林牧渔产值有所下降，因此在未来各市州的耕地利用效率有较大的发展潜力。

表 7-15 湖北省各市州 2010 年、2016 年、2020 年单位耕地农林牧渔产值对比

	2010 年		2016 年		2020 年	
	单位耕地农林牧渔产值（万元/公顷）	与全省水平差距	单位耕地农林牧渔产值（万元/公顷）	与全省水平差距	单位耕地农林牧渔产值（万元/公顷）	与全省水平差距
全省	10.54	-	18.23	-	15.36	-
武汉	13.73	30.28%	35.23	93.26%	29.24	90.40%
黄石	9.34	-11.31%	18.25	0.15%	18.82	22.55%
鄂州	22.61	114.62%	17.83	-2.18%	37.54	144.38%
孝感	11.74	11.39%	14.73	-19.19%	15.86	3.29%
黄冈	11.10	5.40%	25.37	39.15%	15.97	3.96%
咸宁	10.81	2.63%	16.79	-7.90%	22.60	47.14%
仙桃	10.42	-1.08%	41.58	128.10%	14.40	-6.22%
天门	7.47	-29.10%	14.09	-22.72%	9.61	-37.43%
潜江	12.18	15.64%	19.45	6.73%	11.99	-21.94%
武汉城市圈	10.83	2.76%	24.02	31.76%	18.05	17.53%
襄阳	9.36	-11.14%	17.69	-2.94%	13.55	-11.79%
十堰	7.84	-25.60%	18.25	0.13%	18.20	18.47%
随州	10.37	-1.58%	17.88	-1.93%	13.61	-11.39%
神农架	4.18	-60.29%	10.06	-44.79%	8.21	-46.58%
襄十随神城市群	9.17	-9.94%	16.06	-9.03%	14.32	-6.76%
宜昌	12.78	21.27%	16.51	-9.43%	27.31	77.77%
荆门	9.90	-6.03%	17.99	-1.32%	9.08	-40.88%
荆州	9.12	-13.46%	11.36	-37.69%	11.70	-23.80%
恩施州	6.81	-35.37%	9.77	-46.42%	10.62	-30.88%
宜荆荆恩城市群	9.49	-11.17%	12.97	-32.75%	13.28	-13.54%

数据来源：依据《湖北统计年鉴》计算整理。

3. 以政策、制度建设推动土地高效低碳利用

湖北省土地资源的使用也存在较为严重的粗放利用的问题，工业用地容量

小、效率低，农村土地存在大量的闲置宅基地以及低效使用的问题依然存在。农村土地的利用问题关乎粮食问题，在"十三五"时期，全省的粮食安全得到了保障，2019年在新冠疫情的冲击下经受住了考验。在2030年实现碳达峰、2060年实现碳中和的目标背景下，湖北省在新的"十四五"时期，不仅需要加强耕地的高效利用，同时也要改变土地的利用方式，将高碳利用土地逐渐向低碳土地利用模式进行转变，降低城镇土地闲置率，严格土地供应，加强未利用土地的开发，合理规划布局产业结构①，对于农村闲置宅基地以及低效利用的土地和城镇中建设用地低效的问题，需要通过政府制定有关政策以及相应的制度来解决。

三、湖北省资源综合循环利用的区域差距与和"十四五"对标提升策略

2021年湖北省大部分城市工业固体废物处置利用率达到80%以上；超过一半城市一般工业固体废物综合处置利用率达到90%以上，已大幅度超出全国平均水平，仅有少部分城市较低，未能达到全国平均水平；危险固体废物综合处理利用率基本达到100%。湖北省一般工业固体废物综合处置利用率虽然已达到较高水平，但在全国范围内并不高，与北京（100%）仍具有一定的差距。

《中共湖北省委关于制定全省国民经济和社会发展第十四个五年规划和二〇三五年远景目标的纲要》中，提出推进"无废城市"试点建设。虽然在当前湖北省各地市州的一般工业固体废物综合处理利用率还不能达到"无废城市"的标准，但体现了湖北省以党的领导为指引、绿色发展的决心。除了研发新型技术、改进资源的利用方式、改善资源利用结构降低资源损失外，湖北省也通过对已经使用后排放的产物进行相应的处理回收，通过无害化处理，将资源再次利用，实现循环使用，提升资源的使用效率。

第四节 以"一主引领、两翼驱动、全域协同"推进资源利用方式转变布局的对策建议

在湖北省人民政府的主导下，湖北省在资源节约、土地资源节约利用、水资源合理配置等方面积极开展体制探索，制定"三线一单"，健全自然资源资产

---

① XU L, TAN J. Financial development, industrial structure and natural resource utilization efficiency in China [J]. Resources Policy, 2020, 66: 101642.

产权制度，完善市场化、多元化的生态保护补偿机制，推进资源总量管理、科学配置、全面节约、循环利用。支持绿色技术创新，推进重点行业和重要领域绿色化改造，发展循环经济。通过制定发展规划、工作方案、指导意见等形式，协调推进湖北省"一主两翼、全域协同"资源节约循环利用发展。

一、以武汉城市圈引领推动资源利用方式转变的建议

湖北省虽然在以武汉为代表推动重点行业和企业完成超低排放改造，推进循环经济产业园建设，加快构建绿色、低碳、循环发展的产业体系的过程中，实现了各类资源利用效率的大幅提高，在武汉城市圈内已经建成了一批循环经济工业园，形成了小规模的循环体系，但是资源粗放利用的问题仍然突出，资源过度开发导致生态系统退化形势依然严峻。[①] 通过对湖北省的各市州资源的使用情况对比分析可以发现，在武汉城市圈的范围内，各个市州的资源节约集约水平并不一致，也并没有一个统一施行的政策来对资源集约和节约的利用情况进行约束，各市州的耕地利用水平也参差不齐，耕地仍没有达到高效利用的阶段。因此，对武汉城市圈的资源节约集约利用完善提出以下建议。

1. 探索武汉城市圈内以各地政府主导以及依靠当地市场参与的发展模式

资源循环发展模式决定了资源节约利用效率的上限，各行政区域政府自上而下的发展模式只能通过外部性的强制要求在一定程度上缓解经济发展与资源消耗的矛盾，并不能从市场内部完全解决利益与资源节约利用的冲突。解决经济发展与资源高效利用的矛盾必须通过市场内部自主调节。从第一节和第二节的分析中可以看出，武汉在各类资源利用效率水平方面，都对武汉城市圈和湖北省内起到了一定的引领作用，在一定程度上引领其他城市的循环发展，但是对武汉城市圈内各城市的带动作用并不明显。为了充分发挥武汉作为武汉城市圈中心城市的领导作用，需要探索以政府领导和依靠当地市场主导的资源利用发展模式，形成以武汉政府为主导，联结武汉城市圈内各地市政府，打通武汉城市圈内不同行政区域壁垒，形成统一的政府领导力量，对资源利用发展模式发挥领导作用，引导当地市场主动参与高效的资源利用发展模式和资源高效利用的循环网络建设。

2. 武汉应推动供水结构优化实施节水行动，引领湖北省成为节水标杆省份

完善供水结构对节水成果具有重要作用，也是优化水资源利用的关键一步。将再生水、循环水纳入供水来源，能够有效提升水资源利用效率，在第三节的

---

① 陆昊. 全面提高资源利用效率［J］. 资源导刊，2021，（02）：18-19.

对比中，我们可以看到湖北省与北京市在供水结构上的差异是造成用水量和单位 GDP 水耗的重要原因之一，虽然北京作为北方缺水城市之一，在客观条件上要求其较高的用水效率，但其供水结构是在主观要求节水和提升水资源利用效率的控制上形成的，其再生水供水占比约为供水总量的两成，这是北京能够保持较低的用水总量和极低的单位 GDP 水耗的重要原因。因此武汉应该借鉴这种优化的供水结构，通过改善供水结构增强节水效益，同时科学制定用水定额并动态调整，实施全民节水行动①，深入推进农业水价综合改革，配套建设计量设施，健全节水激励机制，提升水资源利用效率②，引领湖北省向节水标杆省份转变。

3. 荆州、黄冈应推进农业水资源总量和强度双控机制

粗放灌溉带来大量的水资源浪费，水资源储量降低等环境问题已十分严峻，推广应用节水灌溉技术以及配套机械的普及成为提高农业灌溉水利用率的有效措施之一，同时为了科学管理灌溉用水，确保配套机械设备以及节水灌溉的技术有助于控制用水总量，提升灌溉效率，应完善用水、灌溉设施管理制度。从图 7-3 中可以看到，武汉城市圈内农业用水量处于较高水平的是荆州、黄冈，其耗水量高于其他一些耕地面积较多的城市，表明其在农业用水方面仍然较为粗放，应推进这两个城市在水资源利用方面向节约集约利用转型，推广普及农业节水灌溉技术，完善灌溉设施建设和管理制度，以技术推进落实农业用水总量和强度双控机制，通过推进大中型灌区续建配套与现代化改造，新建蕲水等大型灌区，实施灌区泵站更新改造工程，提高灌区效益和效率③。

4. 天门、仙桃重视产业多元化发展，降低整体单位水耗

单位 GDP 水耗代表着一个城市的水资源使用状况、节约集约利用程度，对于用水总量较低但单位 GDP 水耗较高的城市，不仅说明该城市的用水效率不高，也在一定程度上表示该城市的产业发展处于产业链的较低端，缺乏中高端产业的经济支持。从表 7-6 中可以看到，天门、仙桃、鄂州用水总量在全省范围处于较低水平，但单位 GDP 用水量却很高，而天门和仙桃的农业用水量分别达到了用水总量的 60.17% 和 61.18%，说明在水资源利用方面天门和仙桃偏重

---

① GAO H, WEI T, LOU I, et al. Water saving effect on integrated water resource management [J]. Resources, Conservation and Recycling, 2014, 93: 50-58.
② 湖北省国民经济和社会发展第十四个五年规划和二〇三五年远景目标纲要 [N]. 湖北日报, 2021-04-12 (009).
③ 湖北省国民经济和社会发展第十四个五年规划和二〇三五年远景目标纲要 [N]. 湖北日报, 2021-04-12 (009).

于农业发展，经济缺乏其他产业支撑，因此，天门、仙桃应注重产业多元化发展，提升经济实力，从整体入手提高用水效率，降低单位GDP水耗。

5. 提升城镇建成区用地效率，探索高效利用农村土地制度

湖北省目前处于土地财政供需适度的阶段①，但是各类型土地布局合理性存在不足，可以通过合理的土地利用规划，严格控制建设用地规模和土地供应量，使各类型土地布局合理。建设用地的扩张，必然使其他类型土地发生转变，不仅影响湖北省的粮食安全，2000—2015年武汉城市圈内耕地面积呈持续下降趋势，并且后五年耕地减少幅度明显大于前五年。② 从第一节、第二节的分析来看，武汉城市圈建成区用地效率虽然高于全国平均水平，但与全国先进水平仍然存在一定差距。建设用地的不断扩张也是造成单位建成区产值水平不高的一个重要因素，因此，在武汉城市圈内，应以武汉为主严格土地使用标准，健全自然资源节约集约高效利用评估考核奖惩机制③，通过奖惩机制控制建设用地规模增加，促进建设用地减量化发展，减少对耕地面积的占用；通过加快推进城镇低效用地再开发、工业用地减量化减少低效用地，增加发展空间，减少落后产能，推动产业升级等措施，来优化城市产业结构和布局，提高城镇用地利用效率。

在武汉城市圈内，尤其是黄石、仙桃等重视农业生产的城市更需要深化农村土地改革，通过加强农业水利设施建设，打造高标准农田。通过提高农业科技支撑，打造现代化农业。以坚守耕地和永久基本农田保护红线，稳定粮食播种面积和产量，保证粮食安全为前提，持续推进优质特色稻生产区、优质专用小麦优势区建设。同时大力发展新型农村集体经济，不断探索城中村产业用地整合利用方式，在围绕农业产业项目落地不断加大供地力度的同时规范耕地占补平衡，确保耕地面积不减，提高耕地质量，保证耕地利用效率不降的同时，摒弃高强度投入、粗放式农业经营方式，建立一套区域集约化、绿色化耕地利用模式。

---

① 王玉波. 我国土地财政供给类型与调控对策［J］. 经济地理，2018，38（01）：142-151.
② 黄端，李仁东，邱娟，施媛媛，刘建红等. 武汉城市圈土地利用时空变化及政策驱动因素分析［J］. 地球信息科学学报，2017，19（01）：80-90.
③ 湖北省国民经济和社会发展第十四个五年规划和二〇三五年远景目标纲要［N］. 湖北日报，2021-04-12（009）.

二、以襄十随神城市群、宜荆荆恩城市群两翼驱动推进资源利用方式转变的建议

湖北省人民政府于 2021 年 1 月发布的《鄂北地区水资源配置工程与供水管理办法》，对湖北省北部地区水资源配置及供水管理进行了相关规定，为保障鄂北工程安全和供水安全、发挥效益提供了法治保障。对于宜荆荆恩、襄十随神两大城市群，在资源节约集约化利用方面仍需要加紧发展，由此对两大城市群的资源节约集约利用方式提出以下建议。

1. 宜昌、襄阳推动固体废物高效回收利用

固体废物资源化利用不仅可以解决固体废物处理不当带来的生态环境破坏等问题，还可以减少对原生资源的开采，缓解我国资源短缺的压力。[1] 而固体废物的高效回收利用是资源枯竭城市可持续发展的关键。宜荆荆恩城市群和襄十随神城市群内有大部分资源枯竭城市，宜昌、襄阳必须加强固体废物综合回收处理率，同时带动城市群固体废物回收利用。宜昌、襄阳与武汉相比，固体废物的综合处理水平仍然较低，处理能力波动较大，而以宜昌和襄阳为中心的宜荆荆恩和襄十随神城市群的工业固体废物处理能力也处于较低水平。因此，在这两个城市群内需要加快推动固体废物的高效回收利用。而固体废物的高效回收循环利用需要依靠政府控制，聚焦带动能力强、产出效益高的优质产业项目，支持引导钢铁、化工、电力等企业开展脱硫脱硝、超低排放改造，切实完善危废、固废等收集处理设施。建设源头减量、回收有网、转运有序、物尽其用的回收体系。[2] 在宜荆荆恩城市群内支持宜昌等市打造全国大宗固废综合利用示范区，推动综合服务区、磷石膏资源集中库一期、危废处理中心、临时供热、管廊架等项目建成投运，在襄十随神城市群内积极推动固废回收处理产业的形成。

2. 荆门、荆州应合理配置农业用水，提升农业生产技术

农业作为用水大户，提高灌区水资源配置效率是水资源可持续利用的关键，加强灌区水资源统一管理，提升农业生产技术是农业节约水资源的重要措施。[3] 2021 年荆门和荆州用水总量较高，但单位 GDP 水耗较低，而其中农业用水占比

---

[1] 杜祥琬，钱易，陈勇，等. 我国固体废物分类资源化利用战略研究 [J]. 中国工程科学，2017，19（04）：27-32.

[2] 周宏春. 加强"无废城市"建设的产业链管理 [J]. 环境保护，2019，47（09）：14-20.

[3] FAN J, HU J, KONG L, et al. Relationship between energy production and water resource utilization: A panel data analysis of 31 provinces in China [J]. Journal of Cleaner Production, 2017, 167: 88-96.

超过六成，但单位耕地农林牧渔产值却处于较低水平，表明其工业用水效率已达到了较高水平，但农业用水及产值是短板。因此，荆门和荆州应对农业用水总量进行控制，合理配置农业水资源，减少经济效益低、耗水量大的农业生产活动，提升农业生产技术。同时，完善汉江防洪排涝体系，加大沿江支流综合整治力度，建设水系连通工程，构建"一江两湖"多支水网格局，推进水资源配置及城乡供水、河湖生态修复，巩固提升农村水厂，增强供给能力，实现从"直线型"用水模式向"循环型"用水模式的转变①，促进荆门、荆州节水型农业高质量发展。减少无效水资源的投入，即提高水资源的有效利用，是提高水资源利用效率的直接途径。②

3. 随州、十堰应通过建设现代农业园区推进耕地高效利用

现代农业园区是以技术突破土地数量、质量的局限，以可持续的综合效益最大化为核心，以土地资源空间配置的动态最优化为目标而建设的园区。从第一节和第二节分析来看，随州、十堰在襄十随神城市群内属于农业较为发达但在湖北省仅处于中低水平的城市，需要通过建设现代农业园区，以耕地分布情况为基础设计现代农业园区，并立足于园区土地总量，坚持节约集约与供需平衡的原则，将节约用地与合理用地结合③，以化零为整的方式，将零散的土地整合成一个以土地高效利用为核心，提升经济效益的集约经营和智慧经营的现代农业园区，达到耕地高效利用的目标。

三、湖北省全域协同推进资源利用方式转变，推动形成节约集约化资源利用方式的建议

湖北省已经探索形成了一套资源循环利用的机制体制，建立了相应的资源循环利用体系，但在自然资源产权确定、实现生态产品价值等方面还存在一定的缺失。在湖北省新型城镇化发展快速推进的时期，要健全自然资源资产产权制度和法律法规，加强自然资源调查评价监测和确权登记，完善生态文明建设

---

① 王浩，王佳，刘家宏，等. 城市水循环演变及对策分析［J］. 水利学报，2021，52（01）：3-11.
② CAO X, ZENG W, WU M, et al. Hybrid analytical framework for regional agricultural water resource utilization and efficiency evaluation［J］. Agricultural Water Management, 2020, 231: 106027.
③ 杨萍，季明川，郝晋珉. 以土地高效利用为核心的现代农业园区设计与实证分析［J］. 农业工程学报，2015，31（09）：281-287.

评价考核制度①，完善领导干部生态环境终身责任追究制度和自然资源资产离任审计制度。要大力发展绿色循环经济，加快构建产业生态化和生态产业化的生态经济循环体系，把资源持续利用作为更加鲜明的发展战略，推动绿色低碳发展。②

1. 以支持引导全省重化工业企业绿色化改造为重点，试点建设"无废城市"

"无废城市"不是指固体废物产生量为零，而是指固体废物高度资源化利用，而工业企业是生产工业固体废物的基本单元，也是产生废水的主要源头。从第一节和第二节的分析中可以看出，湖北省工业企业产生的工业固体废物数量大，但只有武汉、宜昌、襄阳等城市处理能力较强。因此，要按照党的十九大报告提出的"构建和完善政府为主导、企业为主体、社会组织和公众共同参与的环境治理体系"的要求，构建固体废物治理体系③；依据《湖北省国民经济和社会发展第十四个五年规划和二〇三五年远景目标纲要》要求开展"无废城市"建设试点，推进固体废物源头减量和资源化利用。④ 湖北省内的众多工业企业积极进行绿色循环化改造，注重工业污水和固废的回收利用及资源化，建设"互联网+物联网"线上线下固废回收服务体系和综合管理信息系统⑤，从源头进行分类回收，然后进行分类资源化利用，最后进行妥善处置⑥。政府也应当支持企业的绿色技术创新，加快淘汰落后产能，尤其是高耗能耗水设备设施，注重企业科学规范处理工业污水、工业废气和固体废弃物，使工业企业产生的固体废弃物、工业污水、工业废气能够得到高度资源化，除此之外，推进快递包装绿色转型，加强太阳能光伏组件、动力蓄电池等新品种废弃物回收利用，

---

① 缪宏. 生态文明专家视角：黎祖交教授解读十九届五中全会精神［J］. 绿色中国，2020，(21)：8-15.
② 湖北省国民经济和社会发展第十四个五年规划和二〇三五年远景目标纲要［N］. 湖北日报，2021-04-12 (009).
③ 蔡琴，朱梦曳，刘天乐，等. 从"无废城市"到"无废社会"：中国固废治理的战略方向［J］. 可持续发展经济导刊，2020，(11)：22-26.
④ 湖北省国民经济和社会发展第十四个五年规划和二〇三五年远景目标纲要［N］. 湖北日报，2021-04-12 (009).
⑤ 石海佳，项赟，周宏春，等. 资源型城市的"无废城市"建设模式探讨［J］. 中国环境管理，2020，12 (03)：53-60.
⑥ 杜祥琬，刘晓龙，葛琴，等. 建设"无废雄安新区"的几点战略建议［J］. 中国工程科学，2017，19 (04)：115-118.

提升餐厨垃圾、建筑垃圾、污泥等废物资源化利用水平①，从各方面推进湖北省"无废城市"发展。

2. 以高标准建设循环经济产业园为基础，提升废弃物资源化水平

从第一节和第二节来看，仅有武汉工业水资源、工业固体废物循环利用效率较高，综合利用废水、固废资源方面较为先进。因此，湖北省各地方政府应当扎实开展项目前期工作，充分对循环经济产业园建设进行规划，依托锂电、精细化工、循环经济等特色园区，分区块、产业设置，形成废水、固废循环体系，高标准启动循环经济产业园建设。重点依据《湖北省国民经济和社会发展第十四个五年规划和二〇三五年远景目标纲要》中，支持潜江建设全国生态宜居明星城市、全国资源枯竭型城市转型发展高质量示范区、全国农村一二三产业融合发展示范区；支持宜荆荆恩和襄十随神城市群两个城市群内的循环产业园建设，如荆州市公安县循环造纸、医药健康、绿色家居产业集群发展，打造鄂南湘北县域中心城市，加快华中体育产业园、防水产业园和循环经济产业园等专业园区建设，促进各产业园区内企业主动参与循环经济。针对各个地区不同情况，引进再生资源废旧汽车拆解、废旧电器电子产品回收等绿色环保型项目，特别重视金属回收方式创新和废水集中处置，防止"二次污染"②。推进各类生产排污企业与循环回收利用企业园区化经营模式、"圈区化"管理，鼓励企业进驻各大循环产业园，形成"排污-回收-加工-利用"的绿色生产发展，能够最大限度降低企业排放废弃物对环境造成的破坏，提升废弃物资源化利用水平。

3. 以土地整治优化土地利用结构为手段，促进建成区土地高效利用

土地整治主要是通过优化土地利用隐性形态进而实现土地利用转型，通过实施土地整治，可调整农地利用结构，通过增加投资，整治城市建设用地，实现城市土地利用的内涵挖潜，在不新增城市建设用地的情况下提高土地利用效率。③ 从第二节中可以看到湖北省内各市州建成区土地利用效率水平均较高，仅有少数几个工业并不发达的城市单位建成区产值较低，在这几个城市应当重点进行土地整治，包括对农地和建设用地整治。通过土地结构的优化，提高土地利用效率。其他城市也需要通过土地整治，对农地结构进一步优化，对建设用

---

① 湖北省国民经济和社会发展第十四个五年规划和二〇三五年远景目标纲要［N］．湖北日报，2021-04-12（009）．
② 周宏春．电子废物何处去［J］．中国资源综合利用，2016，34（01）：17-18．
③ 龙花楼．论土地利用转型与土地资源管理［J］．地理研究，2015，34（09）：1607-1618．

地的内涵进一步挖掘,从而实现全省范围内土地效率的提高。

4. 以持续推进绿色矿业发展为契机,促进矿业转型升级

20世纪初湖北省依靠丰富的自然资源快速发展经济,取得了显著的成效,但随着湖北省各资源城市的自然资源逐渐枯竭以及人们生产生活方式逐渐向绿色高质量转变,粗放利用资源促进经济增长的模式的弊端慢慢显现,尤其是矿产行业,绿色发展转型迫在眉睫。[1] 目前,矿山企业转型升级的任务还十分繁重,必须走出一条资源集约、高效、绿色发展新路。[2] 在第一节的分析中也能看出与 2015 年相比,2019 年湖北省矿产资源利用已有了较大的进展,大部分矿山企业矿产集约化、规模化综合利用水平已达到国家标准,矿产资源"三率"水平也已基本达标,并且湖北省自然资源厅在 2019 年 6 月发布《关于加快推进全省绿色矿山建设的通知》(鄂自然资办函〔2019〕57 号),提出加快建立绿色矿山遴选长效工作机制,切实推进全省绿色矿山建设取得突破性进展。但湖北省矿山企业转型发展绿色矿业的任务依然繁重。矿山企业不仅要对矿产资源进行充分处理,将矿石中的资源最大化利用,减少污染废物的产生,并探索建设布局合理、集约高效、生态优良、矿地和谐的绿色矿业发展示范区[3]。在此基础上,还需要推进大型企业融合发展,以省内优势企业为核心,促进企业横向和纵向融合,引导优势资源向大型矿业集团集中,同时大力发展矿产资源深加工产业,推动资源优势向高端产业竞争力转化,形成综合竞争优势,促进矿业转型升级。[4]

---

[1] YU C, LI H, JIA X, et al. Improving resource utilization efficiency in China's mineral resource-based cities: A case study of Chengde, Hebei province [J]. Resources, Conservation and Recycling, 2015, 94: 1-10.

[2] 鞠建华,强海洋. 中国矿业绿色发展的趋势和方向 [J]. 中国矿业, 2017, 26 (02): 7-12.

[3] 鞠建华,黄学雄,薛亚洲,等. 新时代我国矿产资源节约与综合利用的几点思考 [J]. 中国矿业, 2018, 27 (01): 1-5.

[4] 王小敏,李书涛,黄丽,等. 湖北省矿业形势分析及对策建议 [J]. 中国矿业, 2019, 28 (08): 10-14.

第八章

以城市群为主体承载形态优化湖北省生活方式绿色化转变布局及其协调发展研究

21世纪以来，湖北省协调经济社会发展与生活方式绿色化转变稳步推进，公共交通出行量显著增长、居民生活资源能源节约水平普遍提升、创建生活绿色宜居取得显著成就、清洁人居环境持续改善，居民生活的幸福感和获得感大幅提升。"十四五"时期，湖北省进入绿色生活方式转变更加全面、更为协调的关键时期，这一时期，湖北省在倡导绿色低碳出行、提高绿色节约水平、改善绿色健康人居环境方面将赋予更多内容。本章将介绍进入21世纪以来湖北省绿色生活的主要方面和存在的不足，刻画湖北省形成绿色生活方式及其基础设施建设的空间格局及差异，对接"十四五"我国及湖北省的绿色生活改善的各项目标，分析湖北省绿色生活方式协调发展的主要内容，按照湖北省着力构建"一主引领、两翼驱动、全域协同"发展布局，加快形成"强核、壮圈、带群、兴县"多点支撑、多极发力格局的要求，提出优化湖北省"十四五"及"展望2035年"绿色生活方式形成全面推进的政策建议。

第一节　湖北省绿色生活方式的主要方面及成就

进入21世纪以来，湖北省及各地市州在倡导形成绿色低碳出行、节约能源资源的生活方式；创建生活绿色宜居、卫生环保的健康生活环境等方面取得显著成效。当然，湖北省及各地市州生态环境质量的持续好转、公共基础设施的全面提升也为湖北省及各地市州绿色生活方式的形成打下坚实基础。但同时，我们也应看到湖北省及各地市州形成绿色生活方式的不协同问题，比如，公共交通、城区绿化、天然气的普及、生活垃圾的回收处理等在部分城市的建设相对滞后等问题。

<<< 第八章　以城市群为主体承载形态优化湖北省生活方式绿色化转变布局及其协调发展研究

一、公共交通出行量显著增长形成低碳出行的重要普及方式

减少交通带来的出行碳排放对城市环境可持续发展具有重要意义。随着城市化进程不断加快，居民出行量显著增长，对城市公共交通的需求不断增大①。而公共交通出行量显著增长与降污减碳、改善大气环境质量密切关联。② 公共交通是绿色出行的重要方式之一，提高公共交通出行水平对减少碳排放、减轻大气污染具有重要意义。

1. 公共交通出行量显著增长，公共交通成为绿色出行的重要选择

大力发展城市公共交通系统，实施公交优先发展战略已成为缓解交通拥堵、减少碳排放的必然选择。如图8-1所示，湖北省公共交通出行水平整体显著提高。公共交通人均客运量整体提高，每万人拥有公共汽车数增多。2010年公共交通人均客运量为49.7人次，2019年公共交通人均客运量提高到70.96人次，是2010年的1.4倍，2020年受新冠疫情的影响，公共交通人均客运量大幅减少。另外，每万人拥有公共汽车数量也在提升，2010年每万人拥有公共汽车数为9.15辆，2020年每万人拥有公共汽车数为11.36辆，与2010年相比增加了2.21辆，同比增加了24.2%。我国城市的大气污染日益严重，尤其是大中城市，而城市大气污染物的主要来源之一是汽车尾气的排放。选择公共交通出行能够减少私家车的数量，减少汽车尾气的排放，最终有利于减轻城市的大气污染。

图 8-1　2010—2020 年湖北省公共交通运营量

数据来源：每万人拥有公共汽车数来源《中国城市统计年鉴》，公共交通客运总量来源于国家统计局网站公布数据。公共交通人均客运量=公共交通客运总量/常住人口。

---

① 张晓美. 关于创建国家级公交都市的建议［N］. 阳泉日报，2022-04-10（003）.
② 刘蔚. 发展绿色交通，发挥减污降碳协同效应［N］. 中国环境报，2021-04-08（003）.

实现区域低碳交通建设，对推动区域整体低碳化发展进程十分重要。如表 8-1 所示，各市州公共交通出行水平也明显上升。2010 年每万人拥有公共汽车数超过 10 辆的只有武汉、黄石、十堰、黄冈，其中武汉最高，为 14.06 辆，十堰、黄石分别为 13.43 辆、11.57 辆。2016 年武汉的每万人拥有公共汽车数高达 16.09 辆，黄石次之，为 14.97 辆。2016 年宜昌、荆门、荆州的每万人拥有公共汽车数分别达到 9.07、9.31、9.23 辆，与 2010 年相比有较大提高。从公共汽车人均客运量来看，除武汉、鄂州、孝感、黄冈、咸宁外，各市州公共汽车人均客运量均有所增加。其中，武汉城市圈中，武汉的公共汽车人均客运量最多，高达 159.88 人次，其次是黄石（50.16 人次），再次是鄂州（36.45 人次）。与其他城市群相比，襄十随神城市群公共汽车人均客运量的增加值最多，与 2010 年相比，2020 年十堰、襄阳、随州分别增加 25.18、10.26、10.74 人次。宜荆荆恩城市群中，2020 年宜昌的公共汽车人均客运量最高，达 41.05 人次，荆门的增加数值最多，达 9.40 人次。温室气体和环境质量改善都是我国未来社会经济的两大约束目标。交通的绿色发展，对改善环境质量特别是大气环境具有重要意义，因此要大力发展绿色交通，发挥减污降碳协同效应[①]。

表 8-1　湖北省各市州公共交通情况

地区	每万人拥有公共汽车数/辆			公共汽（电）车人均客运量/人次		
	2010 年	2016 年	增加数值	2010 年	2020 年	增加数值
武汉城市圈						
黄石	11.57	14.97	3.4	48.24	50.16	1.92
黄冈	10	7.12	-2.88	3.31	3.02	-0.29
孝感	4.19	4.97	0.78	8.21	7.76	-0.45
鄂州	4.89	3.45	-1.44	46.03	36.45	-9.58
武汉	14.06	16.09	2.03	198.48	159.88	-38.60
襄十随神城市群						
十堰	13.43	11.07	-2.36	40.44	65.62	25.18
随州	7.51	6.43	-1.08	9.66	20.40	10.74
襄阳	5.79	6.07	0.28	26.99	37.25	10.26

---

① 刘蔚. 发展绿色交通，发挥减污降碳协同效应［N］. 中国环境报，2021-04-08（003）.

续表

地区	每万人拥有公共汽车数/辆			公共汽（电）车人均客运量/人次		
	2010年	2016年	增加数值	2010年	2020年	增加数值
宜荆荆恩城市群							
荆门	5.37	9.31	3.94	24.85	34.25	9.40
荆州	6.27	9.23	2.96	18.37	22.50	4.13
宜昌	7.67	9.07	1.4	38.84	41.05	2.21
咸宁	2.48	5.37	2.89	8.12	5.85	-2.27

数据来源：《中国城市统计年鉴》。

注：1. 仙桃、天门、潜江、恩施州、神农架数据缺失。

2. 公共汽（电）车人均客运量=公共汽（电）车客运总量/年平均人口（全市）。

2. 武汉轨道交通建设取得巨大成就，轨道交通成为重要出行方式

目前，我国城市交通面临出行需求强度大、人口密度大等问题，需要集约高效的大运量交通运输模式。城市轨道交通具有方便快捷、绿色环保、运输量大等优点，能极大程度地缓解城市路面交通压力，大幅提高城市公共交通的效率。近年来，国家层面持续聚焦城市轨道交通规划建设问题，相继出台了《国务院办公厅关于进一步加强城市轨道交通规划建设管理的意见》（国办发〔2018〕52号）和《国家发展改革委关于培育发展现代化都市圈的指导意见》（发改规划〔2019〕328号），支持城市轨道交通建设。如图8-2所示，武汉轨道交通人均客运量明显呈上升趋势。2010年轨道交通人均客运量为0.578人次，2015年、2019年分别达到9.66、20.65人次。与2010年相比，2019年轨道交通人均客运量增加了20.072人次，提高了34.73倍，可以看出武汉轨道交通发展迅速，越来越多人愿意选择轨道交通出行。从轨道交通客运量占公共交通客运总量的比重来看，轨道交通客运量占比在逐年提升，如图8-2所示，2010年轨道交通客运量占公共交通客运总量的比重只有1.16%，2017年增长为22.42%，2019年达到55.9%，可以看出轨道交通在出行中发挥着越来越重要的作用。大力发展城市轨道交通，有利于提高公共交通的供给质量和服务效率、优化城市空间和产业结构布局、促进城市经济高速增长具有直接推动作用。轨道交通依托其强大的辐射能力成为吸引城市要素集聚的重要磁力中心，带动并引领城市空间要素的集聚与重构①，要大力推动城市轨道交通建设。

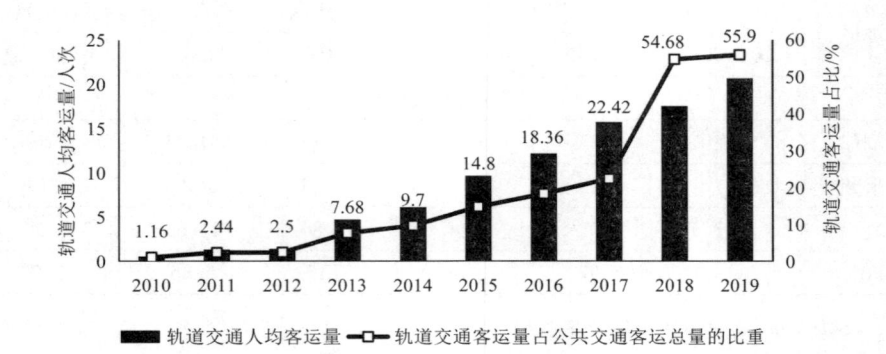

图 8-2　武汉轨道交通人均客运量及轨道交通客运量占公共交通客运总量的比重
数据来源：国家统计局网站。

二、能源资源节约构筑居民绿色生活的绿色底色

节约用水和节约用电是居民生活资源能源节约的两大方面。节约用水对保护生态环境具有重要意义，不仅有利于减轻水资源供给压力，还有利于提高水资源承载能力。在以煤电为主的能源结构中，节约用电提高了电能在终端能源消费中的比重，可以控制煤炭消费总量，减少二氧化碳、二氧化硫、粉尘等污染物的排放，助力打赢污染防治攻坚战。

1. 节约用水降低了城市水资源的供给压力

在人口、环境、资源、经济矛盾日益突出的背景下，倡导节约用水有着战略性的意义。就我国当前社会发展形势来看，城市缺水是制约社会发展的一个重要因素，保证城市供水正常是我国当前社会发展的一个重要任务，而节约用水就是通过一系列的手段来加强用水管理、调整用水结构，不断提高水资源的利用率，避免水资源的浪费。在城市中倡导节约用水可以有效缓解城市水资源短缺问题，从而促进城市化建设步伐的更快发展。党的十九届五中全会提出，要实施国家节水行动，全面提高水资源利用效率，为贯彻党中央的重大决策，要准确把握节水工作现状形势，大力推动节水工作开创新局面②。

湖北省城镇生活人均日用水量整体呈下降趋势。如图 8-3 所示，湖北省城

---

① 韩寒. 深圳市轨道交通结构与商业活力空间关联分析 [J]. 经济地理, 2021, 41 (03): 86-96.
② 许文海. 大力推进新时期节约用水工作 [J]. 水利发展研究, 2021, 21 (03): 16-20.

镇生活人均日用水量整体呈下降趋势，2019 年城镇生活人均日用水量为 161 升，与 2012 年相比下降了 4.17%。2020 年疫情使得居民居家时间大大增加，城镇生活人均日用水量增长至 172 升也是情有可原，2021 年有所降低，并呈现继续下降的趋势，根据中国建设部发布的《城市居民生活用水量标准》（GB/T 50331-2002）中相关标准（见表 8-2），2012—2021 年湖北省城市居民生活用水人均日用水量保持在 120~180 升的标准范围内。可以看出湖北省积极加强城市供水管理，促进城市居民合理用水、节约用水，保障水资源的可持续利用取得积极成效。通过节约用水可以切实转变全社会对水资源的粗放利用方式，提高水资源的利用效率和效益，促进人与水和谐相处，改善生态环境，实现水资源可持续利用，保障经济社会的可持续发展①。

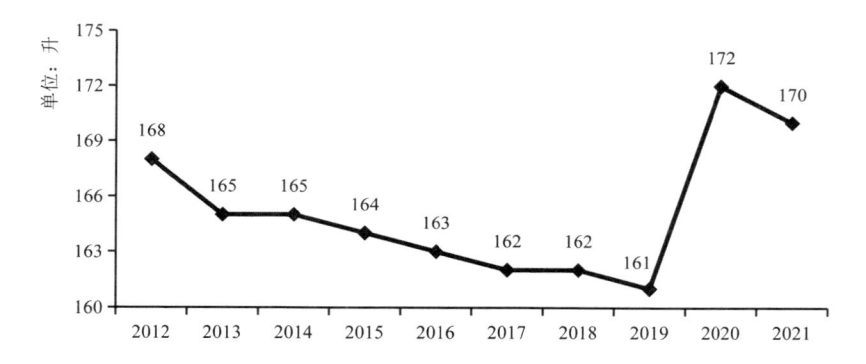

图 8-3　2012—2021 年湖北省城镇生活人均日用水量变化

数据来源：2012—2021 年湖北省水资源公告。

表 8-2　城市居民生活用水量标准

地域分区	人均日用水量（升）	适用范围
一	80~135	黑龙江、吉林、辽宁、内蒙古
二	85~140	北京、天津、河北、山东、河南、山西、陕西、宁夏、甘肃
三	120~180	上海、江苏、浙江、福建、江西、湖北、湖南、安徽
四	150~220	广西、广东、海南
五	100~140	重庆、四川、贵州、云南

---

① 潘奕．城市节约用水规划目标和任务编制要点分析［J］．低碳世界，2021，11（03）：50-51．

续表

地域分区	人均日用水量（升）	适用范围
六	75~125	新疆、西藏、青海

注：表中所列人均日用水量是满足人们日常生活基本需要的标准值，在核定城市居民用水量时，各地应在标准值区间内直接选定。

数据来源：《城市生活用水量标准》（GB/T 50331-2002）。

各市州节约用水效果明显，城镇生活人均日用水量普遍得到下降。如表8-3所示，2019年武汉城市圈中除黄冈、咸宁外，各市州城镇生活人均日用水量均有所下降。其中武汉的城镇生活人均日用水量下降最多，2019年武汉城镇生活人均日用水量为150升，与2010年相比减少了19升，同比下降了11.24%。襄十随神城市群中襄阳城镇生活人均日用水量下降最多，2019年襄阳城镇生活人均日用水量为150升，与2010年相比，下降了22升，同比减少了12.79%。2019年随州城镇生活人均日用水量为174升，与2010年相比下降了10升，同比下降了5.43%。宜荆荆恩城市群中宜昌城镇生活人均日用水量下降最多，2019年宜昌城镇生活人均日用水量为154升，与2010年相比减少了8升，同比下降了4.94%。由表8-3可以看出，2010年城镇生活人均日用水量160升以下的只有荆门、荆州、恩施州、神农架，到2019年保持在160升以下的新增了武汉、宜昌、襄阳。说明了各市州在积极推进节约用水，提高水资源的利用能力，推进水资源的可持续发展。

表8-3 2010、2019年湖北省各市州城镇生活人均日用水量　　　单位：升

城市	2010年	2019年	2019年较2010年减少值
武汉	169	150	19
黄石	176	172	4
十堰	173	170	3
宜昌	162	154	8
襄阳	172	150	22
鄂州	190	186	4
荆门	159	156	3
孝感	177	173	4
荆州	160	153	7

续表

城市	2010年	2019年	2019年较2010年减少值
黄冈	167	170	-3
咸宁	170	180	-10
随州	184	174	10
仙桃	180	176	4
天门	180	174	6
潜江	180	176	4
恩施州	160	156	4
神农架	160	170	-10

数据来源：湖北省水资源公报。

注：①"2019年较2010年减少值"一列中"-"表示2019年较2010年有所增加。
②2020年与2021年疫情环境下居民居家时间大大增加，城镇生活人均用水量变化幅度较大，因此这里选用更具有参考意义的2019年数据与2010年进行比较。

2. 电能替代提高了能源清洁化利用水平

电能具有清洁、安全、便捷等优势，实施电能替代对于推动能源消费革命、落实国家能源战略、促进能源清洁化发展意义重大。2020年中央经济工作会议明确将做好碳达峰、碳中和工作列为今年八项重点任务之一。作为清洁、高效、便捷的二次能源，电能是实现"碳达峰"与"碳中和"目标的重要路径。电能替代是提高电煤比重、控制煤炭消费总量、减少大气污染的重要举措。稳步推进电能替代，有利于构建层次更高、范围更广的新型电力消费市场，扩大电力消费，提升我国电气化水平，提高人民群众生活质量。

如图8-4所示，居民部门用电量呈波动式增长，除2014年有所下降、2020年、2021年增长率不达5%以外，其余年份增长率均在5%以上。2010年湖北省居民部门用电总量为194.52亿千瓦时，2012年达到245.47亿千瓦时，2014年达到262亿千瓦时，2016年达到315千瓦时，2021年居民部门用电总量达到454.88亿千瓦时。一方面这反映了居民生活质量在不断提高，另一方面反映了能源消费电能替代水平在逐渐提高。由于二氧化碳的排放主要源于化石能源的燃烧，而清洁能源如风电、水电等并不直接排放二氧化碳，因此在技术层面，电能对化石能源具有较强的替代性，且清洁能源发电的替代效果优于火力发电，因此使用清洁能源技术可以从本质上解决二氧化碳的排放问题①。

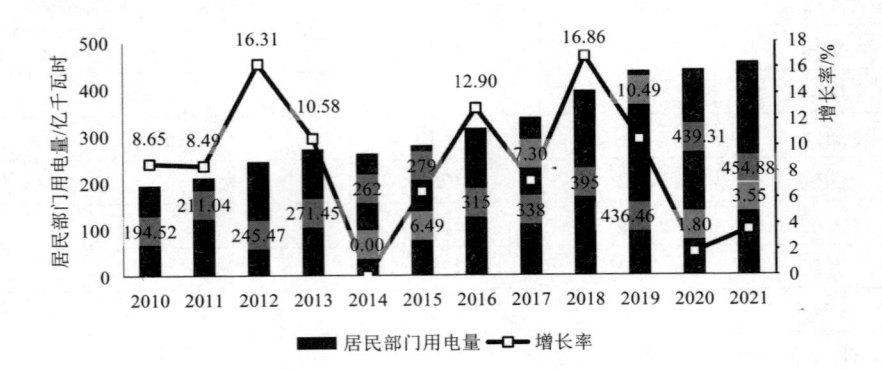

图 8-4　湖北省居民部门用电量及增长率

数据来源：《湖北统计年鉴》。增长率按照"（本年-上一年）/上一年"计算所得。

　　大力发展电力作为终端能源，是降低城市碳排放的重要途径。电力是一种洁净、高效、安全、优质的能源。能源的终端消费节能主要有三方面：一是能源密集型工业部门的节能；二是单位和家庭用户汽车的节能；三是办公室节能。② 做好终端消费的节能工作，主要是提高电力在终端能源消耗中的比重，这是工农业生产和社会生活现代化的重要标志，也是节能的重要措施。随着人口增长，居民收入增加，人民生活水平不断提高，全社会用电量也逐年上升，人均生活用电量的增长提高了对化石能源的替代水平。如表 8-4 所示，湖北省各市州居民人均生活用电量均有大幅度的上升。与 2010 年相比，黄冈人均生活用量增长幅度最大，同比增长了 2.24 倍；武汉增长幅度最小，但同时武汉的居民人均生活用电量水平最高，这与武汉作为中心城市经济发达、人口众多有关。电能作为优质、高效、清洁的二次能源，加快推进区域电能替代项目的实施，不仅能保障能源供应的安全与稳定，而且能有效减少污染物的排放，改善区域空气的质量。③

---

① 张恪渝，廖明球，杨军. 绿色低碳背景下中国产业结构调整分析 [J]. 中国人口·资源与环境，2017，27（03）：116-122.
② 王素萍. 大力加强能源节约全面建设小康社会 [J]. 国土资源，2005（03）：22-23，3.
③ 国家发展改革委，国家能源局，财政部等. 关于推进电能替代的指导意见（发改能源 [2016] 1054 号）[Z]. 2016-05-16.

表 8-4　各市州居民人均生活用电量

城市	2010 年	2020 年	增长率
武汉	691.1	927.57	134.22%
黄石	357.36	781.09	118.57%
十堰	310.09	703.90	127.00%
宜昌	354.96	739.60	108.36%
襄阳	267.16	667.78	149.96%
鄂州	351.73	819.89	133.10%
荆门	266.93	673.47	152.30%
孝感	270.3	731.98	170.80%
荆州	277.42	752.54	171.26%
黄冈	207.29	671.50	223.94%
咸宁	321.5	800.36	148.95%
随州	247.72	659.26	166.13%

数据来源：各年《湖北统计年鉴》。

注：人均生活用电量=城乡居民生活用电量/常住人口数，单位为千瓦时。

三、生活添绿和自来水、天然气等的普及铸就绿色健康生活

要使生态环境更加优美，城市生态承载力不断增强，需要构建良好的绿色人居环境和公共服务系统[1]，一是以"增绿"为主线，推进城市增绿和绿道公园建设，优化城市风道、水道、绿道和蓝绿空间，推进全域增绿提质，着力改善人居环境；二是通过提高自来水和天然气供给量，全面提升城市公共供给水平，大幅提升城市运行、管理和服务水平，加快绿色生活方式转变。

1. 城市绿地面积扩大，提升城市居民健康水平与生活质量

城市绿地是城市建设留给自然的区域，是城市文明发展的重要标志，是人民群众提高健康素养水平、推广健康生活方式的重要场所。大体而言，城市绿地有三个功能，分别是生态服务功能、休闲游憩功能和健康服务功能，对城市居民而言，城市绿地可以提升城市居民健康水平与生活品质。随着城市化进程的加快，人地关系日益紧张，城市绿地作为城市环境质量是人们身心健康必不

---

[1] XU C, DONG L, YU C, et al. Can forest city construction affect urban air quality？The evidence from the Beijing–Tianjin–Hebei urban agglomeration of China［J］. Journal of Cleaner Production，2020，264：121607.

可少的生存条件之一，是现代城市建设至关重要的部分。

如图 8-5 所示，湖北省人均城市绿地面积保持稳定提高。2010 年湖北省人均城市绿地面积为 10.12 平方米，2015 年上升为 13.72 平方米，2020 年达到 18.42 平方米，与 2010 年相比增加了 8.3 平方米，提高了 82.02%。从人均公园绿地面积来看，人均公园绿地面积呈现波动增长趋势，2010 年人均公园绿地面积为 9.62 平方米，2014 年上升为 11.1 平方米，2020 年达到 13.83 平方米，与 2010 年相比，人均公园绿地面积增加了 4.21 平方米，同比提高了 43.76%。人均城市绿地面积的扩大有利于改善城市环境，提高人居适宜度，优化城市生态系统服务功能，对改善城市环境、维护城市生态平衡、美化景观、营造舒适的生活环境等方面起着十分重要的作用，对建设生态的、可持续发展的城市具有重要意义。

图 8-5　2010—2020 年湖北省人均城市绿地面积及人均公园绿地面积

数据来源：国家统计局网站、《中国城市建设统计年鉴》。

各市州都在不断扩大城市绿地面积。如表 8-5 所示，2010 年城镇人均园林绿地面积超过 20 平方米的只有 4 个市，分别为潜江、鄂州、咸宁、武汉，2018 年又增加了黄石、仙桃、宜昌三个市。武汉城市圈中潜江的城镇人均拥有园林绿地面积最大为 37.26 平方米，其次是武汉 28.76 平方米，再次是仙桃 28.3 平方米。襄十随神城市群中城镇人均拥有园林绿地面积均有所提升，但与其他两个城市群相比，城镇人均拥有园林绿地面积整体偏低。宜荆荆恩城市群中，宜昌城镇人均拥有园林绿地面积最高达 28.18 平方米，其他两个城市均小幅上升。由表 8-5 可以看出，除鄂州、咸宁、潜江外，与 2010 年相比，各市州 2018 年城镇人均园林绿地面积均有所提高。其中仙桃的城镇人均园林绿地面积增加最高，与 2010 年相比增加了 14.21 平方米，同比提高了 100.8%；其次是宜昌，城镇人均园林绿地面积增加了 8.82 平方米，与 2010 年相比提高了 45.56%。从增长幅度来看，增长幅度最大的是天门，与 2010 年相比提高了 130%，仙桃次之同比提高了 100.8%。可以看出湖北省各市州都在不断扩大城市绿地面积。在当前城市用地日益紧张的情况下，通过优化绿地植物配置，增加城市绿量，提高绿地生态效益具有重要实际意义。[①]

表 8-5　各市州城镇人均园林绿地面积（单位：平方米）

	2010 年	2018 年	2018 年较 2010 年提升绝对百分比数值
武汉	21.68	28.76	7.08
黄石	19.08	20.15	1.07
鄂州	31.84	26.06	-5.78
孝感	5.93	6.52	0.59
黄冈	4.5	4.6	0.1
咸宁	26.77	18.38	-8.39
仙桃	14.09	28.3	14.21
潜江	40.7	37.26	-3.44
天门	5.84	13.45	7.61
襄阳	10.75	14.35	3.6
十堰	10	14.96	4.96
随州	10.27	10.87	0.6
宜昌	19.36	28.18	8.82
荆州	10.37	10.42	0.05
荆门	15.42	16.13	0.71
恩施州	7.67	14.44	6.77

数据来源：2010、2018 年各市州统计年鉴。城镇人均园林绿地面积 =（建成区面积×建成区绿化覆盖率）/常住人口

2. 城市公园提升城市服务功能，提升群众生活质量和幸福感

城市公园作为城市绿地系统中重要的组成部分，不仅具有自然生态功能，更具备休闲娱乐功能，是居民休闲娱乐的场地。作为城市慢行与休闲空间，城

[①] 高吉喜，宋婷，张彪，等. 北京城市绿地群落结构对降温增湿功能的影响 [J]. 资源科学，2016，38（06）：1028-1038.

市公园能够提升市民群众的生活质量和幸福感。如图 8-6 所示，湖北省城市公园数量不断提升，公园面积不断扩大，公园个数由 2010 年的 260 个增长到 2020 年的 520 个，同比增长了 100.00%；公园面积由 2010 年的 8100 公顷增长到 2020 年的 18500 公顷，同比增加了 1.284 倍。作为城市发展的高级形态，公园城市为新时代城市价值重塑提供了新路径，对提升城市可持续发展力、经济引领力、综合承载力和现代治理能力具有重要意义。城市公园是一种为城市居民提供的、有一定使用功能的自然化的游憩生活境遇，对绿化美化城市环境、改善生态环境质量具有重要意义。① 现代城市空间日益紧凑，密度更高，人口和建筑更为集中，这将使公园建设更具有价值，并获得新的发展契机。

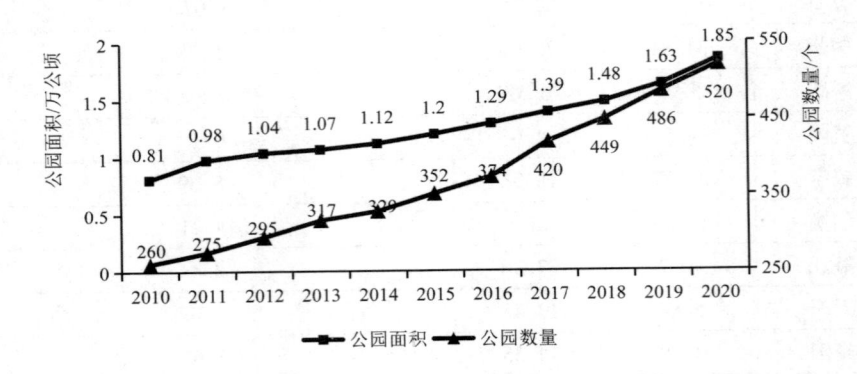

图 8-6　2010—2020 年湖北省公园数量及面积

数据来源：国家统计局网站。

3. 自来水、天然气等公共供给提升了人们现代生活的宜居性

（1）自来水供给能力的提高为人们的正常生活提供了良好的保障

水资源具有很强的公益性、基础性、战略性，尤其饮用水安全与否直接关系到饮用人群的健康及生命安全，关系到社会的稳定及综合国力的增强与否。② 自来水供给是一种公共服务，它的供给与居民的健康生活密切相关，而且提高自来水供给水平有利于维护社会的稳定。因此要重视自来水供给，提高自来水安全保障能力，维护人们的健康生活。

如图 8-7 所示，湖北省自来水普及率及供水能力整体得到提高，供水普及

---

① 罗娜，朱晓彤，王晓卓. 浅谈城市公园景观设计思路与探索［J］. 吉林蔬菜，2019（04）：78-79.
② 刘永懋，宿华. 我国饮用水资源保护与可持续发展研究［J］. 中国水利，2004（15）：15-17，5.

率整体呈上升趋势,2010年湖北省供水普及率为97.59%,2011年上升为98.25%,随后城市供水普及率小幅下降,2012年和2013年分别为98.24%和98.19%,但供水普及率仍保持在98%以上。2014年后供水普及率持续上升,2020年达到最高为99.56%,与2010年相比,2020年供水普及率提高1.97个百分点。从城市公共供水总量来看,湖北省居民供水能力得到提高。如图所示,2010年湖北省城市公共供水总量为211亿立方米,随后逐年提升,2015年城市公共供水量为253.38亿立方米,与2010年相比,增加了42.38亿立方米,同比提高了20.09%。随后城市供水总量继续上升,2019年达到288.26亿立方米,2020年小幅减少,为281.10亿立方米,与2010年相比,增加了70.1亿,同比提升了33.22%。说明湖北省在不断提高供水能力,湖北省城市居民供水水平得到提升。

图 8-7　2010—2020年湖北省城市供水总量及供水普及率

数据来源:《中国城市建设统计年鉴》。

各市州供水能力及自来水普及率得到提升。如表8-6所示,武汉城市圈中,武汉的供水量最大,2010年武汉供水量为100.07亿立方米,2020年达到140.52亿立方米,因此增加值也最大,与2010年相比增加了40.45亿,同比提升了40.42%。孝感是武汉城市圈中提升幅度最大的城市,2020年供水量为7.21亿,2010年为2.05亿,同比提升了251.71%。襄十随神城市群中十堰供水量的增加幅度最大,与2010年相比,2020年供水量提升了236.39%。宜荆荆恩城市群中宜昌绝对增加值最大,为7.59亿立方米;荆门是宜荆荆恩城市群中提升幅度最大的城市,与2010年相比,2019年供水量增加了4.47亿,提升了110.37%。各市州自来水普及率也得到进一步提升。如表8-6所示,2010年供水普及率达到100.00%的只有武汉、宜昌、鄂州、荆门、仙桃、潜江这几个城市,2020年供水普及率达到

100.00%的城市在以前的基础上，新添了黄石、十堰、襄阳、孝感、黄冈5个城市。咸宁供水普及率增加值最高达14.67%；其次是十堰，供水普及率同比增加了11.65%，反映了各市州在不断提高自来水普及水平。

表8-6 湖北省各地市州供水量及供水普及率

城市	供水量（亿立方米）				供水普及率（%）		
	2010年	2020年	增加值	变化幅度	2010年	2020年	增加值
武汉	100.07	140.52	40.45	40.42%	100.00%	100.00%	0
黄石	7.08	11.10	4.02	56.78%	99.97%	100.00%	0.03%
十堰	3.71	12.48	8.77	236.39%	88.35%	100.00%	11.65%
宜昌	8.72	16.31	7.59	87.04%	100.00%	100.00%	0
襄阳	13.03	12.21	-0.82	-6.29%	99.62%	100.00%	0.38%
鄂州	4.79	5.26	0.47	9.81%	100.00%	100.00%	0
荆门	4.05	8.52	4.47	110.37%	100.00%	100.00%	0
孝感	2.05	7.21	5.16	251.71%	97.40%	100.00%	2.6%
荆州	7.49	8.70	1.21	16.15%	98.27%	99.87%	1.6%
黄冈	3.9	4.88	0.98	25.13%	97.21%	100.00%	2.79%
咸宁	3.26	4.82	1.56	47.85%	84.34%	99.01%	14.67%
随州	3.32	4.35	1.03	31.02%	94.51%	99.42%	4.91%
仙桃	4.45	6.78	2.33	52.36%	100.00%	100.00%	0
天门	3.6	3.06	-0.54	-15.00%	93.63%	91.47%	-2.16%
潜江	2.43	2.81	0.38	15.64%	100.00%	100.00%	0
恩施州	2.74	4.73	1.99	72.63%	87.68%	99.30%	11.62%

数据来源：《中国城市建设统计年鉴》。

（2）天然气供应保障能力的提升深入推进能源低碳转型

天然气是优质高效、绿色清洁的低碳能源。加快天然气开发利用，是我国推进能源生产和消费革命，构建清洁低碳、安全高效的现代能源体系的重要路径。[1] 由于天然气是化石能源中唯一的绿色能源，所以天然气是实现绿色清洁替

---

[1] 朱昌海，李文翎. 天然气增长9.8%："气超油"理想照进现实[J]. 中国石油企业，2021（04）：51-52.

代,实现国家碳达峰、碳中和目标,建设美丽中国的中坚力量。[①] 天然气是关系到人民生活和经济发展的重要能源,它的覆盖面的扩大和普及率的提高,对推动经济社会可持续发展与提高居民生活质量发挥着重要作用。

如图 8-8 所示,湖北省天然气普及率水平整体得到提高,天然气用气人口在逐年增多,2010 年天然气用气人口为 700.47 万人,2013 年突破 1000 万人达 1106.17 万人,2020 年湖北省天然气用气人口高达 1862.16 万人,与 2010 年相比,增加了 1161.69 万人,同比提高了 1.66 倍。从图 8-8 可以看出,城市燃气普及率整体呈上升趋势,从 2010 年的 91.75% 提升到 2012 年的 95.09%,2014 年和 2015 年小幅下降,分别下降了 0.38 个百分点和 0.22 个百分点,从 2015 年开始保持上升趋势,到 2020 年湖北省城市燃气普及率达到 98.4%,与 2010 年相比,同比增加了 6.65 个百分点。我国 2015 年燃气普及率为 95.3%,而湖北省 2012 年城市燃气普及率已达 95.09%,并于 2016 年后始终高于 96%,可以看出湖北省燃气普及率高于全国平均水平,并在不断提高。

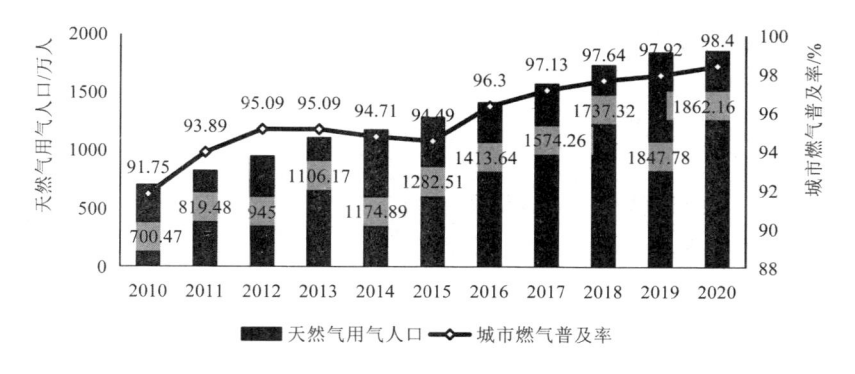

图 8-8　2010—2020 年湖北省天然气用气人口及城市燃气普及率

数据来源:《中国城市建设统计年鉴》。

各市州燃气普及水平得到提升。如表 8-7 所示,2000 年,湖北省城市燃气普及率为 86.8%,武汉城市燃气普及率为 83.3%,十堰、荆门二市城市燃气普及率已达 100%,黄石、宜昌、孝感、随州的城市燃气普及率均达 95% 以上。2010 年,湖北省城市燃气普及率为 91.75%,武汉城市燃气普及率为 92.73%,荆门、仙桃二市城市燃气普及率达 100%,黄石、襄阳、黄冈、潜江的城市燃气

---

① 戴金星. 天然气助力能源绿色低碳转型大有可为[N]. 中国石油报,2021-03-01(002).

普及率均达95%以上。2019年，湖北省各地区城市燃气进一步普及，湖北省城市燃气普及率增至97.92%，武汉城市燃气普及率增至99.38%，16个市州中除天门城市燃气普及率低于90%外，其余城市燃气普及率均达94%以上，并在2010年的基础上，新增襄阳燃气普及率达100%。2019年咸宁的城市燃气普及率较2000年提高的绝对百分比数值最高，为57.40个百分点。大部分城市燃气普及率较2000和2010年进一步提高。2019年武汉城市圈、宜荆荆恩城市群、襄十随神城市群各有一座城市的城市燃气普及率达100%。襄十随神城市群除神农架外，城市燃气普及率平均值为98.83%，燃气普及平均水平高于其他两个城市群。要继续加强天然气管网等基础设施的统筹管理和建设，大力缓解天然气供应区域不平衡。

表8-7 湖北省各地市州2000、2010、2019年城市燃气普及率

年份	2000年	2010年	2019年	2019年较2000年提高的绝对百分比数值
湖北省	86.80%	91.75%	97.92%	11.12%
武汉	83.30%	92.73%	99.38%	16.08%
黄石	98.04%	98.63%	99.11%	1.07%
十堰	100.00%	93.93%	97.52%	-2.48%
宜昌	98.01%	92.79%	97.33%	-0.68%
襄阳	88.86%	96.98%	100.00%	11.14%
鄂州	92.39%	89.64%	99.04%	6.65%
荆门	100.00%	100.00%	100.00%	0.00%
孝感	97.02%	90.15%	97.43%	0.41%
荆州	81.66%	91.02%	99.86%	18.20%
黄冈	93.28%	95.78%	99.95%	6.67%
咸宁	41.75%	89.55%	99.15%	57.40%
随州	95.18%	90.85%	98.97%	3.79%
仙桃	86.68%	100.00%	100.00%	13.32%
天门	78.60%	89.85%	74.46%	-4.14%
潜江	92.69%	97.87%	99.93%	7.24%
恩施州	—	64.14%	94.40%	—

数据来源：2000年、2010年、2019年《中国城市建设统计年鉴》。

注：神农架城市燃气普及率数据缺失；2000年恩施州城市燃气普及率数据缺失；2000

年各地城市燃气普及率采用《中国城市建设统计年鉴2000》的"用气普及率-非农业人口"数据。

四、生活垃圾的无害化处理让生活更加绿色舒适

我国城市化进程的不断加快,使得城市生活垃圾的处理与处置问题逐渐成为制约我国城市发展和影响人民生活品质及生态建设的重要因素。[1] 生活垃圾是居民在日常生活中所产生的固体废弃物,其主要成分包括废织物、废纸、厨余物、废塑料、电器、废旧家具等。生活垃圾产生量日益增加,对人们的生活质量以及生活环境都产生了恶劣的影响,针对这一情况就需要采用无害化和资源化的处理,有效应用相关设施。当今广泛应用的垃圾无害化处理方式是卫生填埋、高温堆肥和焚烧,可以实现无害化、资源化和减量化,很大程度上降低垃圾带来的污染。

全省生活垃圾无害化处理水平整体提高。如图8-9所示,湖北省生活垃圾处理率由2011年92.57%提升到2014年98.07%,2015年小幅下降至97.1%,2016年后上升至99.98%,并且到2019年的三年间一直保持99.98%的水平,2020年和2021年均达到100%,可以看出湖北省生活垃圾处理水平较2010年有所提高。由图8-9所示,2010年生活垃圾无害化处理水平为61.43%,2012年为71.51%,提高了10.08个百分点。2014年生活垃圾无害化处理率为90.16%,和2012年相比提高了18.65个百分点,2016年生活垃圾无害化处理率提高至99.89%,并且到2019年为止一直保持99.98%的高水平,2020年和2021年统计数据均达到100%。与2010年相比,2019年生活垃圾无害化处理率同比增加38.55个百分点。这些成果得益于湖北省对城市生活垃圾实现全收集、全处理,大力推行垃圾分类,加强重点行业和重要领域绿色化改造,支持绿色技术创新,加快建设循环经济产业园,加强固体废物安全处置和循环利用,探索建立生态产品价值实现机制。[2]

---

[1] 卜永广,范荣桂,禄润卿,等.我国城市生活垃圾处理与处置现状分析[J].环境与可持续发展,2017,42(05):95-98.

[2] 程用文.政府工作报告——2021年1月29日在武汉市第十四届人民代表大会第六次会议上[J].武汉市人民政府公报,2021,675(03):3-15.

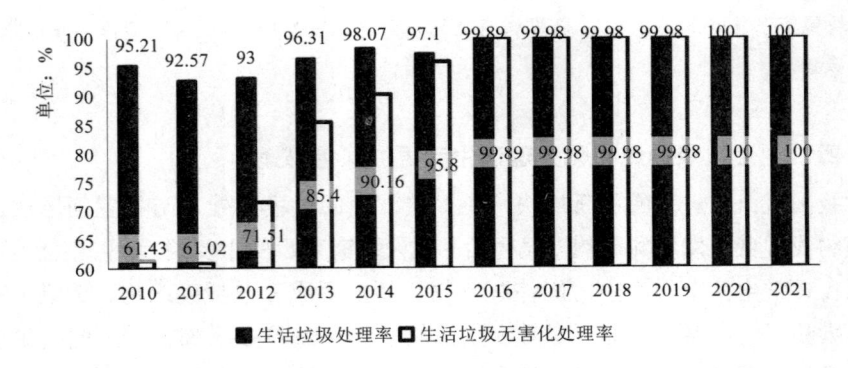

图 8-9 2010—2021 年湖北省生活垃圾处理率及生活垃圾无害化处理率

数据来源：《中国城市统计年鉴》。

市州生活垃圾处理水平得到提升。如表 8-8 所示，2010 年武汉城市圈中只有鄂州生活垃圾无害化处理率达到 100%，黄冈为 97.1%，其余均未超过 90%；襄十随神城市群中仅十堰达到了 90.9%；宜荆荆恩城市群中只有宜昌达到了 91.0%。而 2021 年湖北省 12 个市州生活垃圾无害化处理率据统计均提高至 100%。这得益于湖北省积极开展绿色生活创建活动，推行垃圾分类和减量化、资源化，着力加强废弃物处理处置。

表 8-8 2010、2021 年湖北省 12 个市州生活垃圾无害化处理率

	2010 年	2021 年	2021 年较 2010 年提升的绝对百分比数值
武汉城市圈			
武汉	78.0%	100.0%	22.1%
黄石	85.2%	100.0%	14.8%
黄冈	97.1%	100.0%	2.9%
咸宁	20.0%	100.0%	80.0%
鄂州	100.0%	100.0%	0
孝感	37.2%	100.0%	62.8%
襄十随神城市群			
襄阳	80.5%	100.0%	19.5%
十堰	90.9%	100.0%	9.1%
随州	73.0%	100.0%	27.0%

续表

	2010 年	2021 年	2021 年较 2010 年提升的绝对数值
宜荆荆恩城市群			
宜昌	91.0%	100.0%	9.0%
荆门	70.0%	100.0%	30.0%
荆州	45.7%	100.0%	54.3%

数据来源：《中国城市统计年鉴》《中国城市建设统计年鉴》。

第二节 以城市群为主体承载形态的湖北省绿色生活方式形成的空间格局

经济发展水平和居民生活水平深刻影响着居民生活方式及其绿色化水平。在经济发展水平和居民生活水平的不同阶段、不同资源环境压力格局下，其生活方式的表现及其绿色化程度和路径存在差异。经济发展较快的武汉城市圈是湖北省形成绿色生活方式的引领地区。部分经济发展相对滞后的市州虽然在推进形成绿色生活方式方面相对滞后，但其质量相对较好的生态环境空间也为其形成绿色生活方式打下了基础。湖北省"十四五"时期全面形成绿色生活方式，要考虑到各地区绿色生活方式的空间格局。

一、湖北省绿色低碳出行水平的空间格局

2010 年以来，武汉经济发展水平和居民生活水平显著高于湖北省其他市州，其更为普及的公共交通基础设施建设为创导绿色低碳出行方式形成较好条件，公共交通基础设施建设已成为制约湖北省除武汉外其他城市低碳绿色出行的重要原因。

1. 城市公共交通供给水平整体上呈现以中心城市为主的集中分布

近年来我国城市发展迅速，人口流动量越来越大，交通拥挤日益严重，同时，汽车数量的剧增也造成了严重的大气污染。公共交通是人们出行的主要方式，但由于受到经济发展程度不均衡因素的影响，每个城市公共交通供给水平分布不均，从空间分布研究各城市公共交通供给水平，能够为针对性治理交通问题、发展公共交通，提供重要参考依据。如表 8-9 所示，2010 年，武汉城市圈中，武汉的每万人拥有公共汽车数最多，为 14.06 辆；襄十随神城市群中，

十堰最多，为13.43辆；宜荆荆恩城市群中，宜昌最多，为7.67辆。可以看出武汉城市圈城市公共交通供给水平整体高于其他两个城市群。2016年，武汉城市圈仍以武汉为代表，其每万人拥有公共汽车数最多，为16.09辆；襄十随神城市群中，十堰最多，为11.07辆；宜荆荆恩城市群中，荆门最多，为9.31辆。与2010年相比，武汉、宜昌、黄石每万人拥有公共汽车数有所提升，十堰有所下降，宜荆荆恩城市群增长幅度大于襄十随神城市群。整体上看，每万人拥有公共汽车数较高的地区集中分布于十堰和鄂东地区，武汉城市圈集中分布于武汉、黄石、黄冈三个城市；襄十随神城市群中集中分布于十堰；宜荆荆恩城市群的三个城市每万人拥有公共汽车数的差距不大。

表8-9 2010、2016年湖北省各市州每万人拥有公共汽车数

地区	城市	每万人拥有公共汽车数/辆	
		2010	2016
武汉城市圈	武汉	14.06	16.09
	黄石	11.57	14.97
	黄冈	10	7.12
	咸宁	2.48	5.37
	鄂州	4.89	3.45
	孝感	4.19	4.97
襄十随神城市群	襄阳	5.79	6.07
	十堰	13.43	11.07
	随州	7.51	6.43
宜荆荆恩城市群	宜昌	7.67	9.07
	荆门	5.37	9.31
	荆州	6.27	9.23

数据来源：《中国城市统计年鉴》。

2. 公共交通人均客运量也以武汉为中心呈两极分布

如表8-10所示，2010年武汉公共交通人均客运量最多，为198.48人次；而黄冈只有3.31人次，差距巨大。2019年，武汉公共交通人均客运量最多，为167.14人次。2020年各市州公共交通人均客运量均有所下降，武汉城市圈中，武汉公共交通人均客运量仍为最多，为159.88人次；襄十随神城市群中，十堰

公共交通人均客运量最多，为 65.62 人次；宜荆荆恩城市群中，宜昌最多，为 41.05 人次。与 2010 年相比，武汉公共交通人均客运量有所下降，这与武汉城市轨道交通、共享交通发展等有关。但同时伴随着城镇化进程的加快，可以看出，大部分市州的公共交通人均客运量在不断上升，以十堰、随州、襄阳、荆门为代表的公共交通人均客运量提升比较明显。

表 8-10　2010 年、2019 年、2020 年湖北省公共交通人均客运量

城市群	城市	2010	2019	2021
武汉城市圈	武汉	198.48	167.14	159.88
	黄石	48.24	50.84	50.16
	鄂州	46.03	39.31	36.45
	孝感	8.21	8.71	7.76
	黄冈	3.31	2.65	3.02
	咸宁	8.12	7.21	5.85
襄十随神城市群	襄阳	26.99	37.84	37.25
	十堰	40.44	71.36	65.62
	随州	9.66	20.48	20.40
宜荆荆恩城市群	宜昌	38.84	40.35	41.05
	荆州	24.85	35.71	34.25
	荆门	18.37	23.17	22.50

数据来源：根据国家统计局网站公布数据计算得出。

二、湖北省绿色节约水平的空间格局

2010 年以来，中心城市武汉、宜昌、襄阳经济发展水平显著高于湖北省其他市州，伴随着生活水平的提高，中心城市绿色节约意识也相应增强，但同时人口增加带来的资源能耗的增加，也成为制约中心城市与其他市州绿色节约水平差别不大的重要原因。

1. 城镇人均日生活用水量以中心城市为主呈集中分布

节约用水是破解用水难题的基本手段，提高水资源利用率，减少水资源浪费与污水排放，是经济可持续发展的必然要求，经济的发展不能以破坏环境为

代价，而要以水资源的合理利用为前提。① 如表 8-11，整体上看，2010 年，湖北省各市州的城镇生活的人均日用水量主要集中于 160~190 升之间。武汉城市圈中，黄冈最低，为 167 升；鄂州最高，为 190 升；其他市州集中在 170~180 升之间。襄十随神城市群中，城镇生活的人均日用水量主要集中于 160~190 升之间。宜荆荆恩城市群中，三个城市均在 160 升左右。可以看出三个城市群中，武汉城市圈城镇生活的人均日用水量大于另外两个城市群，宜荆荆恩城市群城镇生活的人均日用水量整体最低。2019 年，湖北省各市州的城镇生活的人均日用水量主要集中于 140~180 升之间。武汉城市圈中，武汉最低，为 150 升；鄂州最高，为 186 升；其余各市州的人均日用水量主要集中于 160~180 升之间，整体分布较为集中。襄十随神城市群中，除襄阳低于 150 升之外，另外两个市分布于 170~180 升之间。宜荆荆恩城市群中，三个市都分布于 150~160 升之间，城市人均用水量整体分布较为均匀和集中。可以看出，与 2010 年相比，三大城市群的城市人均用水量整体有所下降，但整体上三大城市群中仍为宜荆荆恩城市群的城市人均用水量最低，保持节水效果最好。

表 8-11　2010、2019 年湖北省城镇生活人均日用水量

地区	城市	城镇生活人均日用水量/升	
		2010	2019
武汉城市圈	武汉	169	150
	黄石	176	172
	鄂州	190	186
	孝感	177	173
	黄冈	167	170
	咸宁	170	180
	仙桃	180	176
	潜江	180	176
	天门	180	174

---

① 李杰，卢耀东. 衡水市落实《衡水市节约用水管理条例》的思考与对策［J］. 河北水利，2021（01）：36-39.

续表

地区	城市	城镇生活人均日用水量/升	
		2010	2019
襄十随神城市群	襄阳	172	150
	十堰	173	170
	随州	184	174
	神农架林区	160	170
宜荆荆恩城市群	宜昌	162	154
	荆门	159	156
	荆州	160	153
	恩施	160	156

数据来源：各年湖北省水资源公报。

2. 居民部门人均生活用电量以中心城市为主呈集中分布

如表8-12所示，人均生活用电量以中心城市为主呈集中分布。2000年，湖北省人均生活用电量整体集中分布于100~400千瓦时之间。武汉城市圈中，黄石人均生活用电量最高，为259.9千瓦时；襄十随神城市群中，襄阳人均生活用电量最高，为249.8千瓦时；宜荆荆恩城市群中，宜昌人均生活用电量最高为402.5千瓦时。2010年，湖北省人均生活用电量整体集中分布于200~700千瓦时之间。武汉城市圈中，武汉人均生活用电量最高，为691.10千瓦时；襄十随神城市圈中，十堰人均生活用电量最高，为310.09千瓦时；宜荆荆恩城市群中，宜昌人均生活用电量最高，为354.96千瓦时。可以看出，与2000年相比，武汉城市圈人均生活用电量水平整体高于另外两个城市群。2019年，湖北省人均生活用电量整体集中分布于500~1200千瓦时之间；2020年，湖北省人均生活用电量整体集中分布于600~1000千瓦时之间。武汉城市圈中，除武汉人均生活用电量最高，为927.57千瓦时外，大多数市州在600~800千瓦时；襄十随神城市群中，三个城市人均生活用电量均在670千瓦时左右；宜荆荆恩城市群中，除荆门外人均生活用电量分布在700千瓦时左右。可以看出，与2010年相比，武汉城市圈明显高于襄十随神城市群和宜荆荆恩城市群的城市人均生活用电量。

表 8-12 2000、2010、2019、2020 年湖北省居民人均生活用电量

地区	城市	居民人均生活用电量/千瓦时			
		2000	2010	2019	2020
武汉城市圈	武汉	217.3	691.10	1125.60	927.57
	黄石	259.9	357.36	768.52	781.09
	鄂州	113.6	351.73	837.97	819.89
	孝感	137.5	270.30	626.43	731.98
	黄冈	173.1	207.29	587.76	671.50
	咸宁	121.9	321.50	797.52	800.36
襄十随神城市群	襄阳	249.8	267.16	601.41	667.78
	十堰	108.4	310.09	611.67	703.90
	随州	-	247.72	592.62	659.26
宜荆荆恩城市群	宜昌	402.5	354.96	680.89	739.60
	荆门	112.7	266.93	597.41	673.47
	荆州	161.8	277.42	689.35	752.54

数据来源：各年《湖北统计年鉴》。

三、湖北省绿色健康人居环境的空间格局

城市生态空间为城市提供生态系统服务，是保障城市生态安全、提升居民生活质量不可或缺的城市空间。[①] 2010 年以来，由于各市州经济社会发展的不平衡带来的资源环境差异，导致各市州城镇人均绿地面积发展不均匀。武汉作为中心城市，其城市公共供给水平显著高于湖北省其他市州。同时伴随着技术水平的不断提高，各市州生活垃圾无害化处理水平逐渐趋同并呈均匀分布。

1. 城镇人均园林绿地面积呈不均匀分布

城市绿地是城市的重要组成部分，随着城市化进程的加快，人们对城市的居住功能要求也越来越高。城乡居民越来越多地将城郊绿地用于娱乐和休闲。[②] 如表 8-13 所示，2010 年，潜江的城镇人均园林绿地面积最高，为 40.7 平方米，

[①] 王甫园，王开泳，陈田，等. 城市生态空间研究进展与展望[J]. 地理科学进展，2017, 36 (02): 207-218.

[②] LENDER V, WARD THOMPSON C. Accessibility and use of peri-urban green space for inner-city dwellers: A comparative study [J]. Landscape and Urban Planning, 2017, 165: 193-205.

而黄冈的城镇人均园林绿地面积却不到 5 平方米，可以看出最高值与最低值之间相差巨大。从城市群来看，武汉城市圈内部分布不均，呈两极化特征，鄂州、潜江的城镇人均园林绿地面积均超过 25 平方米，而孝感、黄冈的城镇人均园林绿地面积均未超过 10 平方米，可以看出武汉城市圈内各城市城镇人均园林绿地面积分布不均。襄十随神城市群整体分布较均匀，襄阳、十堰、随州城镇人均园林绿地面积均保持在 10~15 平方米之间，各城市之间差距不大。宜荆荆恩城市群中，宜昌城镇人均园林绿地面积最高，为 19.36 平方米，而恩施城镇人均园林绿地面积为 7.67 平方米，荆州城镇人均园林绿地面积在 10 平方米左右，荆门城镇人均园林绿地面积在 15 平方米左右，可以看出最高值与最低值之间存在一定差距。2018 年，武汉城市圈城镇人均园林绿地面积在 40 平方米以内，其中潜江、武汉、仙桃排名前三，分别为 37.26、28.76、28.3 平方米；襄十随神城市群城镇人均园林绿地面积在 10~15 平方米之间，十堰最高，为 14.96 平方米；宜荆荆恩城市群城镇人均园林绿地面积在 10~30 平方米之间，宜昌最高，为 28.18 平方米。可以看出，三大城市群内，武汉城市圈城镇人均园林绿地面积高于其他两个城市群，襄十随神城市群城镇人均园林绿地面积低于武汉城市圈和宜荆荆恩城市群。城市绿地为居民提供了丰富的生态系统服务，有助于提高居民的生活质量，促进居民身心健康，对居民福祉和城市可持续性具有重要意义。[1]

表 8-13　2010、2018 年湖北省城镇人均园林绿地面积

地区	城市	城镇人均园林绿地面积/平方米	
		2010	2018
武汉城市圈	武汉	21.68	28.76
	黄石	19.08	20.15
	鄂州	31.84	26.06
	孝感	5.93	6.52
	黄冈	4.50	4.6
	咸宁	26.77	18.38
	仙桃	14.09	28.3
	潜江	40.7	37.26
	天门	5.84	13.45

---

[1] 屠星月，黄甘霖，邬建国. 城市绿地可达性和居民福祉关系研究综述 [J]. 生态学报，2019，39（02）：421-431.

续表

地区	城市	城镇人均园林绿地面积/平方米	
		2010	2018
襄十随神城市群	襄阳	10.75	14.35
	十堰	10.00	14.96
	随州	10.27	10.87
宜荆荆恩城市群	宜昌	19.36	28.18
	荆门	15.42	16.13
	荆州	10.37	10.42
	恩施	7.67	14.44

数据来源：2010、2018年各市州统计年鉴。

2. 自来水供水量的空间分布呈现以武汉为极值的分布特征

自来水的安全供应是保障居民饮水安全的重要前提，人们的日常生活需要大量的自来水，因此，要提高自来水的供给保障能力，不断尝试提高供给效率的方法，不断创新供给模式，充分保证居民的用水。武汉是湖北省中供水量最多的城市。如表8-14所示，2005年，湖北省自来水供水量整体呈现以武汉为极值的两极分布，三大城市群内分别呈现以武汉、襄阳、宜昌三个中心城市为主的极值分布，武汉最高，襄阳次之，宜昌最后。与2005年相比，2010年自来水供水量进一步提升，武汉自来水供水量超过100亿立方米，整体上仍呈现以武汉为极值的两极分布，三大城市群内也保持以武汉、宜昌、襄阳三个中心城市为极点的两极分布。2020年各市州的城市供水量进一步提高，城市供水量仍呈现以武汉为极值的分布特征。襄十随神城市群中十堰的供水量最高，宜荆荆恩城市群中宜昌的供水量最高。但与2010年相比，宜昌自来水供水量超过襄阳，排名省内第二。城市自来水供水量与城市的经济发展密切相关，伴随着经济社会的不断发展以及群众生活质量的不断提升，人们对于自来水供给量的需求也在不断扩大。自来水供水是保障公民生存和发展的基本需求，是居民日常生活内容的重要组成部分，健全的自来水供水体系是建设宜居城市的必要前提。随着人口迅猛增长，要不断加大城市自来水公共服务设施的投入力度，以此来解决城市公共设施供给不足的问题。①

表 8-14　2005 年、2010 年、2020 年湖北省供水量

地区	城市	供水量/亿立方米		
		2005	2010	2020
武汉城市圈	武汉	79.8	100.07	140.52
	黄石	9.5	7.08	11.1
	鄂州	3.0	4.79	5.26
	孝感	2.67	2.05	7.21
	黄冈	3.8	3.9	4.88
	咸宁	2.8	3.26	4.82
	仙桃	4.3	4.45	6.78
	潜江	3.5	2.43	2.81
	天门	3.2	3.6	3.06
襄十随神城市群	襄阳	12.2	13.03	12.21
	十堰	3.0	3.71	12.48
	随州	5.4	3.32	4.35
宜荆荆恩城市群	宜昌	10.3	8.72	16.31
	荆门	3.6	4.05	8.52
	荆州	8.73	7.49	8.7
	恩施	2.07	2.74	4.73

数据来源：各年《中国城市建设统计年鉴》。

3. 天然气用气人口呈现以武汉为极值的两极分布。

作为清洁能源的代表，天然气在湖北省能源消费结构中的占比逐年提高。如表 8-15 所示，2005 年，湖北省天然气用气人口整体呈现以武汉为最高点的两极分布，武汉、宜昌、潜江三个城市的天然气用气人口排名前三，分别为 191.14 万人、21 万人、15 万人。与 2005 年相比，2010 年天然气用气人口进一步提升，整体仍呈现以武汉为极值的两极分布。同时，三大城市群内开始呈现

---

① 蒋海兵，张文忠，韦胜. 公共交通影响下的北京公共服务设施可达性 [J]. 地理科学进展，2017，36（10）：1239-1249.

以武汉、宜昌、十堰三个中心城市为极点的两极分布。整体上看，襄十随神城市群用气人口高于其他两个城市群。2020年，天然气用气人口进一步上升，武汉天然气用气人口达750人。武汉城市圈中呈现以武汉为中心的两极分布，襄十随神城市群中呈现以襄阳为中心的两极分布，宜荆荆恩城市群呈现以宜昌为中心的两极分布。可以发现，天然气用气人口整体呈现以三大城市群的中心城市为极点、其他市州均匀分布的特征。三个中心城市对比来看，武汉排名第一，襄阳排名第二，宜昌排名第三。与2010年相比，襄十随神城市群用气人口仍超过宜荆荆恩城市群。通过对比三张图可以明显看出，湖北省各地天然气用气人口在逐年增加。随着我国经济由高速增长阶段转向高质量发展阶段，统筹考虑能源转型和二氧化碳排放在2030年前达到峰值目标等因素，未来我国对天然气的需求仍将保持较快增长态势[①]。

表 8-15　2005 年、2010 年、2020 年湖北省用气人口

地区	城市	用气人口/万人		
		2005	2010	2020
武汉城市圈	武汉	191.14	399	750
	黄石	4.79	11.42	57.62
	鄂州	3.64	9.96	25.8
	孝感	-	4.52	52
	黄冈	0.7	5.2	25.27
	咸宁	-	4.03	30.05
	仙桃	1.75	15	34.5
	潜江	15	844	41
	天门	-	0.49	33.85
襄十随神城市群	襄阳	3.47	36.28	141.82
	十堰	13.5	40.53	67.55
	随州	0.34	6.8	46.98
	神农架林区	2	-	-

---

① 白羽, 李富兵, 王宗礼, 等. 2020 年我国天然气供需形势分析及前景展望［J］. 中国矿业, 2021, 30（03）: 1-7.

续表

地区	城市	用气人口/万人		
		2005	2010	2020
宜荆荆恩城市群	宜昌	21	63.19	92.5
	荆门	2	15.7	42.51
	荆州	8.7	11.5	70.81
	恩施	8	—	—

数据来源：各年《中国城市建设统计年鉴》。

4. 生活垃圾无害化处理水平由不均匀分布向均匀分布转变

垃圾是人类日常生活和生产中产生的固体废弃物，由于排出量大，成分复杂多样，且具有污染性、资源性和社会性，需要无害化、资源化、减量化和社会化处理。[①] 随着人民生活水平日益提高，产生的生活垃圾也逐渐增多，采用无害化方式处理垃圾，可以很大程度上降低垃圾带来的污染。如表8-16所示，2002年，武汉城市圈内武汉和鄂州城市生活垃圾无害化处理水平在90%及以上，黄石为53%，孝感和咸宁只有20%；襄十随神城市群中随州为92%，襄阳和十堰生活垃圾无害化处理率分别为77%和64%；宜荆荆恩城市群中荆门生活垃圾无害化处理率统计为100%，宜昌为57%，荆州仅为22%。与2002年相比，2010年除了武汉、黄石、随州和荆门外，其他城市的生活垃圾无害化处理水平均有所提升，其中鄂州和宜昌达到100%。与2002年相比，2010年生活垃圾无害化处理水平有所提升，其中武汉、鄂州生活垃圾无害化处理率最高，分别达到97.38%、94.62%。与2010年相比，2021年湖北省各市州生活垃圾无害化处理水平进一步提升，全省及各市州生活垃圾无害化处理水平的统计值为100%。可以看出，随着经济条件的发展以及生活垃圾无害化处理技术的不断进步，全省生活垃圾无害化处理水平分布均匀。

---

① 本刊编辑部. "城市矿藏"——垃圾处理不容小觑 [J]. 防灾博览, 2017 (02): 54-59.

表 8-16 2002、2010、2021 年湖北省生活垃圾无害化处理率

城市群	城市	2002	2010	2021
武汉城市圈	武汉	97.38	85.01	100
	黄石	53	52.11	100
	鄂州	90	100	100
	孝感	20	37.16	100
	黄冈	40	76.80	100
	咸宁	20	35.79	100
襄十随神城市群	襄阳	77	80.51	100
	十堰	64	80.00	100
	随州	92	87.00	100
宜荆荆恩城市群	宜昌	57	100.00	100
	荆州	22	70.03	100
	荆门	100	86.02	100

注：未统计恩施、天门、仙桃、潜江数据。

数据来源：《中国城市统计年鉴》《中国城市建设统计年鉴》。

第三节 湖北省形成绿色生活方式的区域差距与和"十四五"对标提升策略

2010 年以来，湖北省及各地市州在倡导形成绿色低碳出行、节约能源资源的生活方式，创建生活绿色宜居、卫生环保的健康生活环境等方面取得显著成效。但同时，我们也应看到湖北省及各地市州形成绿色生活方式的区域差距，比如，与全国及湖北省最优水平相比，部分市州在公共交通、城市绿化等方面存在发展不平衡等问题；与"十四五"规划目标相比，新能源汽车、绿色节约等方面仍存在一定差距，因此提出相应的提升策略。

一、湖北省绿色低碳出行水平的区域差距与和"十四五"对标提升策略

随着人们的环保意识越来越强烈，新能源汽车、共享单车、步行等低碳环

保的出行方式越来越被重视①，节能减排、绿色环保的新能源汽车成为未来汽车发展的方向。如今，"碳达峰、碳中和"已成为我国政策制定和发展目标的重要组成部分。交通是碳减排的重要领域之一，要提高交通基础设施和运输设备的节能减排和环境友好程度②，实现交通领域的全周期、全产业链的绿色发展。

1. 湖北省公共交通出行存在进一步改善的潜力，要进一步优化城市公共交通

2020 年 12 月，中央经济工作会议明确提出"双碳达标"，即 2030 年前碳达峰、2060 年前碳中和目标。交通运输领域作为碳排放"大户"的同时，在节能减碳方面拥有极大潜力。需要进一步加大创新投入，促进低碳转型，走绿色交通发展之路。2012 年 12 月 29 日国务院发布的《国务院关于城市优先发展公共交通的指导意见》（国发〔2012〕64 号）明确提出："按照资源节约和环境保护的要求，以节能减排为重点，大力发展低碳、高效、大容量的城市公共交通系统""倡导绿色出行"。湖北省城市交通发展正处于走向绿色出行的最佳时机。从公共汽车数来看，2020 年全国每万人拥有公共汽车数为 12.88 辆，而湖北省仅有 11.36 辆，反映了湖北省与全国水平相比存在一定差距。如表 8-17 所示，从公共交通人均客运量来看，在各市州中武汉的公共交通压力最大，2020 年公共交通人均客运量为 159.88 人次，其次是十堰、黄石、宜昌、襄阳、鄂州，可以看出区域性中心城市公共交通人均客运量较多，交通压力也较大，需要优化公交线路结构，科学布局公共交通线网，提升线网密度、站点覆盖率和公共交通出行效率。而孝感、黄冈、咸宁公共交通人均客运量较低，需要进一步加强公共交通基础设施建设，切实改善公共交通发展的软硬件环境。围绕绿色出行要求，改善城市出行条件，打造绿色交通体系，提倡"公交+慢行"出行模式。促进城市交通向公共交通转移，推动城市公交和物流配送车辆电动化。③

---

① ZHANG H, ZHUGE C, JIA J, et al. Green travel mobility of dockless bike-sharing based on trip data in big cities: A spatial network analysis [J]. Journal of Cleaner Production, 2021, 313: 127930.

② SUN D, ZENG S, LIN H, et al. Can transportation infrastructure pave a green way? A city-level examination in China [J]. Journal of Cleaner Production, 2019, 226: 669-678.

③ ZHENG J J, CHENG Y, MA G, et al. Feasibility Analysis of Green Travel in Public Transportation: A Case Study of Wuhan [J]. Sustainability, 2020, 12 (16): 1-22.

表 8-17 2020 年湖北省公共交通客运量

	公共交通人均客运量/人次	与全省最优水平差距
全省最优	159.88	-
武汉	159.88	0
黄石	50.16	-109.72
十堰	65.62	-94.26
宜昌	41.05	-118.83
襄阳	37.25	-122.63
鄂州	36.45	-123.43
荆门	34.25	-125.63
孝感	7.76	-152.12
荆州	22.50	-137.38
黄冈	3.02	-156.86
咸宁	5.85	-154.03
随州	20.40	-139.48

数据来源：《中国城市建设统计年鉴》。

2. 从轨道交通来看，武汉轨道交通还存在巨大的发展潜力

轨道交通在城市交通系统中居主导地位，是市民出行的重要方式之一，为促进城市发展和保持城市活力奠定了基础。如表 8-18 所示，与全国最优水平相比，武汉与北京、上海等城市还存在一定差距，2019 年武汉轨道交通线路长度为 383.17 千米，而北京和上海分别为其 1.99 倍和 1.85 倍；从轨道交通客运量来看，北京和上海的轨道交通客运量分别为武汉的 3.23 倍和 3.17 倍，广东和江苏由于有多个城市拥有轨道交通，轨道交通线路长度和客运量也远远超过湖北省，由此可以看出与全国最优水平城市相比，武汉轨道交通还存在一定差距。《湖北省国民经济和社会发展第十四个五年规划和二〇三五年远景目标纲要》提出城市轨道交通工程，包括建成武汉城市轨道交通第四期建设规划项目，推动第五期建设规划实施；全省城市轨道交通运营里程超过 600 千米。可以看出武汉轨道交通还存在巨大的发展潜力。随着城市化进程的推进，交通拥堵问题已成为困扰各大城市的难题，而城市轨道交通建设是缓解城市堵塞问题的重要途

径之一，因此要加快城市轨道交通建设①，充分发挥城市轨道交通骨干作用，完善轨道交通运营服务设施建设，提升运营服务能力。

表 8-18　2019 年各省轨道交通线路长度对比

地区	拥有轨道交通的城市	轨道交通线路长度合计（km）	轨道交通客运量（万人次）
湖北	武汉	383.17	122373
北京	北京	761.45	395414
上海	上海	709.56	388023
广东	广州、深圳、珠海、佛山、东莞	946.5	538681
江苏	南京、无锡、徐州、苏州、昆山、淮安	677.94	165925

数据来源：公共交通客运总量数据来源国家统计局网站。公共交通人均客运量=公共交通客运总量/常住人口数。

3. 国家节能减排政策的要求下，新能源汽车行业存在巨大的发展潜力

解决碳排放问题关键要减少能源碳排放，治本之策是转变能源发展方式。作为战略性新兴产业之一的新能源汽车产业，已经成为我国节能减排、振兴经济和转变产业结构的重要突破口。② 新能源汽车是绿色产品的典型代表，节能减排意义重大，各地各部门纷纷给予优惠政策，推进产业发展，具有巨大的发展潜力。推进新能源、清洁能源的应用，是交通运输碳减排的关键，大力发展新能源汽车，有效应对能源与环境问题。

在一系列促进汽车消费政策的推动下，自 2015 年开始，湖北省新能源汽车产量呈现持续大幅增长的态势。如图 8-10 所示，2015 年和 2016 年，产量分别完成 1.44 万辆和 2.4 万辆，年增长率分别为 44%、66.67%。2019 年，新能源汽车产量突破 10 万辆。随着新能源汽车行业的不断发展和政府对新能源汽车的大力支持，越来越多的市民开始关注新能源汽车，并把其列入购买和使用的考虑对象。新能源汽车在我国的推广应用，使得绿色低碳环保的理念更加深入人心，也让市民们低碳出行的方式更加丰富和多样化，同时出行也更加便捷。

---

① 谭章智，李少英，黎夏，等．城市轨道交通对土地利用变化的时空效应［J］．地理学报，2017，72（05）：850-862.
② 李苏秀，刘颖琦，王静宇，等．基于市场表现的中国新能源汽车产业发展政策剖析［J］．中国人口·资源与环境，2016，26（09）：158-166.

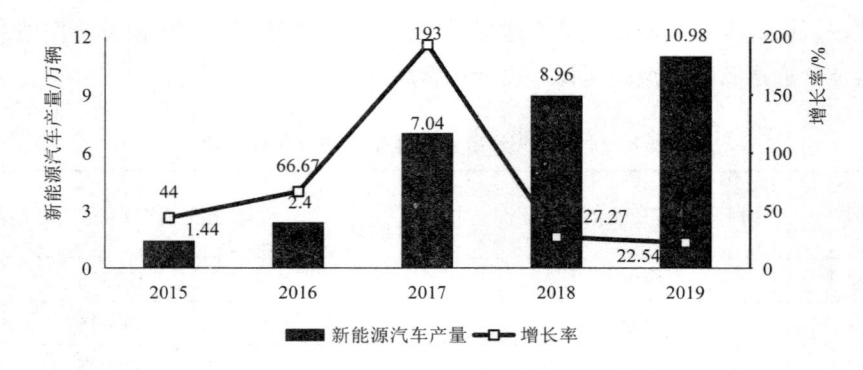

图 8-10　2015—2019 年湖北省新能源汽车产量及增长率

数据来源：根据《中国汽车工业年鉴》《节能与新能源汽车年鉴》整理获得。

二、湖北省绿色节约水平的区域差距与和"十四五"对标提升策略

绿色节约倡导简约适度、绿色低碳的生活方式。我国能源严重短缺，能源有效利用率很低，节能潜力很大，需要进一步加强节能管理，提高能源利用效率，加强对新能源、节能产品及节能、节水、节电、节材技术等的推广使用。

1. 人均日生活用水量存在改善空间，要进一步提高节约用水水平

《国家节水型城市考核标准》提出城市居民生活用水量不高于《城市居民生活用水量标准》（GB/T50331）的指标，如表 8-19 所示，2019 年湖北省城市居民人均日生活用水量标准在 120~180 升。而根据住房城乡建设部会同国家发展改革委制定的《城镇节水工作指南》，居民生活用水最低标准为人均用水量 130 升/日。如表 8-19 所示，湖北省大部分市州人均日生活用水量高于基本水平人均用水量 130 升/日的标准，武汉、黄石、鄂州、十堰、宜昌、恩施州等城市人均日生活用水量高于《城市居民生活用水量标准》中规定的湖北省的标准，这反映了湖北省人均日生活用水量整体偏高，推动水资源节约存在改善的空间。

湖北省要按照《湖北省国民经济和社会发展第十四个五年规划和二〇三五年远景目标纲要》提出的"实施全民节水行动，健全节水激励机制"，加快推进全域协同实施城市节水综合改造，推广节水技术和产品，限制淘汰落后技术和不节水产品，加大节水宣传力度，开展节水城市创建工作，争创国家或省级节水型城市。

表8-19 2019年湖北省人均日生活用水量

	人均日生活用水量（升）	与《城市居民生活用水量标准》（180升）差距	与《城镇节水工作指南》（130升）差距
湖北	190.76	+10.76	+60.76
武汉	225.92	+45.92	+95.92
黄石	223.94	+43.94	+93.94
鄂州	238.4	+58.4	+108.4
孝感	171.41	-8.59	+41.41
黄冈	148.56	-31.44	+18.56
咸宁	176.86	-3.14	+46.86
仙桃	178.67	-1.33	+48.67
潜江	123.64	-56.36	-6.36
天门	149.27	-30.73	+19.27
襄阳	99.99	-80.01	-30.01
十堰	248.4	+68.4	+118.4
随州	151.89	-28.11	+21.89
荆门	143.48	-36.52	+13.48
荆州	178.42	-1.58	+48.42
宜昌	238.4	+58.4	+108.4
恩施州	227.69	+47.69	+97.69

数据来源：湖北省水资源公报。

2. 居民生活用电节约水平存在进一步提升潜力

如表8-20及8-21所示，与规划用电水平中等城市的下限600千瓦时相比，湖北省大部分市州人均居民生活用电量在600千瓦时之上；与用电水平中等城市现状的上限800相比，湖北省大部分市州人均居民生活用电量在800千瓦时之下。可以看出，除武汉属于用电水平中上城市外，湖北省大部分市州人均生活用电量都在600~800千瓦时之间，属于用电水平中等城市。节约用电有助于提高资源的利用率，从而减少环境的污染，符合环保和社会可持续发展的原则，有利于减轻电网的负载压力，缓解能源短缺的状况，还有利于提高经济增长的质量和取得较好的经济效益与社会效益，而居民生活节约用电还可以节省家庭开支，因此需要进一步促进节能减排，倡导节约用电，鼓励使用节能家电、高效照明产品。

表8-20 《城市电力规划规范》人均居民生活用电量指标

城市用电水平分类	人均居民生活用电量［千瓦时/（人/年）］	
	现状	规划
用电水平较高城市	1501~2500	2000~3000
用电水平中上城市	801~1500	1000~2000
用电水平中等城市	401~800	600~1000
用电水平较低城市	201~400	400~800

来源：《城市电力规划规范》（GB/T50293-2014）

表8-21 2019年湖北及各市州居民部门人均生活用电量

	人均生活用电量（千瓦时）	与规划用电水平中等城市下限（600）相比	与现状用电水平中等城市上限（800）相比
湖北	752	+152	-48
武汉	1125.6	+525.6	+325.6
黄石	768.52	+168.52	-31.48
鄂州	837.97	+237.97	+37.97
孝感	626.43	+26.43	-173.57
黄冈	587.76	-12.24	-212.24
咸宁	797.52	+197.52	-2.48
襄阳	601.41	+1.41	-198.59
十堰	611.68	+11.68	-188.32
随州	592.62	-7.38	-207.38
荆门	597.41	-2.59	-202.59
荆州	689.35	+89.35	-110.65
宜昌	680.89	+80.89	-119.11

数据来源：《湖北统计年鉴》。人均生活用电量=城乡居民生活用电量/常住人口数。

三、湖北省绿色健康人居环境的区域差距与和"十四五"对标提升策略

党的十八大报告提出建设生态文明，实现"生产空间集约高效、生活空间

宜居适度、生态空间山清水秀"①。为使城市更健康、更安全、更宜居，打造人民群众高品质生活的空间，实现全域协同绿色发展，需要进一步提升园林绿地建设水平。一是保障城市生态安全，编制、实施城市生态评估和修复规划，打造城市绿地生态系统。二是加快高品质公园建设。重点建设与居民生活密切相关的公园绿地，精雕细琢打造公园环境。

1. 城市绿地面积存在提升空间，要进一步优化扩大城市绿地面积

城市绿地提供了丰富的生态系统服务，包括调节局地气候，减少噪声和空气污染，以及节约能源。同时，城市绿地还为居民提供了健身锻炼、聚会交流、休闲游憩等休闲服务，对改善居民健康、维持良好社会关系、提高生活质量起到了不可小觑的作用，对提升居民福祉和提高城市可持续性具有重要意义②。如表8-22所示，2018年城镇人均园林绿地面积潜江最高，为37.26平方米，除武汉、宜昌、仙桃和潜江外其余市州均未超过28平方米，这说明湖北省各地区之间人均绿地面积还存在一定差距。2019年全国人均公园绿地面积为14.36平方米，而湖北省的人均公园绿地面积只有11.96平方米，说明与全国水平相比尚存在一定差距。各市州中恩施州的人均公园绿地面积最高，省内排名第一，黄石其次，鄂州次之，而三大城市群的中心城市武汉、宜昌、襄阳排名没有靠前。湖北省内除黄石、十堰、襄阳、鄂州、咸宁、恩施州高于全国水平外，其他市州都低于全国水平。如表8-23所示，根据《国家园林城市标准》，人均建设用地大于100平方米的城市，城市人均公园绿地面积基本项要≥11.00平方米/人，可以看出湖北省各市州都已经达到这个基本标准；但与城市人均公园绿地面积提升项11.00平方米/人相比，还有武汉、孝感、黄冈、随州、仙桃几个城市尚未达到标准。

表8-22 各市州人均绿地面积对比

	2018年城镇人均园林绿地面积（平方米）		2019年人均公园绿地面积（平方米）		
	数值	与湖北省最优水平差距	数值	与全国水平差距	排名
全国	-	-	14.36	-	-
湖北省	-	-	11.96	-2.4	24

---

① 王甫园，王开泳，陈田，等．城市生态空间研究进展与展望［J］．地理科学进展，2017，36（02）：207-218．
② 屠星月，黄甘霖，邬建国．城市绿地可达性和居民福祉关系研究综述［J］．生态学报，2019，39（02）：421-431．

续表

	2018 年城镇人均园林绿地面积（平方米）		2019 年人均公园绿地面积（平方米）		
武汉	28.76	-8.5	10.19	-4.17	14
黄石	20.15	-17.11	16.8	+2.44	2
十堰	14.96	-22.3	14.99	+0.63	5
宜昌	28.18	-9.08	12.59	-1.77	9
襄阳	14.35	-22.91	15.09	+0.73	4
鄂州	26.06	-11.2	15.88	+1.52	3
荆门	16.13	-21.13	13.25	-1.11	7
孝感	6.52	-30.74	9.11	-5.25	16
荆州	10.42	-26.84	12.73	-1.63	8
黄冈	4.6	-32.66	10.08	-4.28	15
咸宁	18.38	-18.88	14.88	+0.52	6
随州	10.87	-26.39	10.92	-3.44	12
仙桃	28.3	-8.96	10.82	-3.54	13
潜江	37.26	0	11.48	-2.88	11
天门	13.45	-23.81	12.07	-2.29	10
恩施州	14.44	-22.82	17.58	+3.22	1

数据来源：《中国城市建设统计年鉴》。

注：湖北省排名是指"湖北省在全国省域排名"。

表 8-23 《国家园林城市标准》中关于绿地建设标准

序号	指标		国家园林城市标准	
			基本项	提升项
1	建成区绿化覆盖率（%）		≥36%	≥40%
2	建成区绿地率（%）		≥31%	≥35%
3	城市人均公园绿地面积	人均建设用地小于 80 平方米的城市	≥7.50 平方米/人	≥9.50 平方米/人
		人均建设用地 80 平方米~100 平方米的城市	≥8.00 平方米/人	≥10.00 平方米/人
		人均建设用地大于 100 平方米的城市	≥9.00 平方米/人	≥11.00 平方米/人
4	城市各城区绿地率最低值		≥25%	—
5	城市各城区人均公园绿地面积最低值		≥5.00 平方米/人	—

数据来源：《国家园林城市标准》。

2. 城市公园面积和个数存在提升空间

城市公园绿地是城市重要的生态功能景观，其空间分布的合理性对生态环境的改善及人们的日常生活质量都有一定影响。另外，城市公园对人类健康有着积极影响[①]，因此要进一步提高城市公园建设水平。如表 8-24 所示，2019 年湖北省公园个数为 486 个，而全国最优水平达到 1401 个（浙江），湖北省与全国最优水平明显存在一定差距；全国最优水平公园面积达 21269 公顷（浙江），湖北省为 16260 公顷。在湖北省各市州中，武汉公园个数最多面积最大，其他市州与武汉相比，均存在一定差距。随着我国的城市建设不断完善，各城市不断发展，人们生活的水平也在提高，人们对居住的环境也提出更高的要求，公园作为常见和基础的锻炼场所，既能美化环境，又能锻炼身体，受到人们的欢迎，所以未来城市公园建设存在巨大的发展潜力。

表 8-24 2019 年湖北省城市公园面积及个数

	公园个数（个）数值	与湖北省最优水平差距	公园面积（公顷）数值	与湖北省最优水平差距
全国最优水平	1401	-	21269	-
湖北省	486	-	16260	-
武汉	85	0	2832	0
黄石	19	-66	736	-2096
十堰	23	-62	652	-2180
宜昌	33	-52	1053	-1797
襄阳	20	-65	2001	-831
鄂州	27	-58	495	-2337
荆门	9	-76	360	-2472
孝感	10	-75	497	-2335
荆州	34	-51	1099	-1733
黄冈	3	-82	375	-2457
咸宁	12	-73	543	-2289
随州	9	-76	244	-2588

---

① 吴健生，司梦林，李卫锋. 供需平衡视角下的城市公园绿地空间公平性分析——以深圳市福田区为例[J]. 应用生态学报，2016，27（09）：2831-2838.

续表

	公园个数（个）		公园面积（公顷）	
仙桃	6	-79	182	-2650
潜江	6	-79	323	-20946
天门	34	-51	483	-20786

数据来源：《中国城市建设统计年鉴》。

3. 垃圾分类存在巨大提升空间

垃圾分类问题是一项关乎民生和社会可持续发展的社会问题。完善的垃圾分类过程也是环境保护的重要一环。有效的垃圾分类管理和优美的环境是每个公民期待的社会治理结果。①《中华人民共和国国民经济和社会发展第十四个五年规划和2035年远景目标纲要》提出，"建设分类投放、分类收集、分类运输、分类处理的生活垃圾处理系统。以主要产业基地为重点布局危险废弃物集中利用处置设施。加快建设地级及以上城市医疗废弃物集中处理设施，健全县域医疗废弃物收集转运处置体系，推行垃圾分类和减量化、资源化。"②《湖北省国民经济和社会发展第十四个五年规划和二○三五年远景目标纲要》对城市生活垃圾分类及处理工程提出要求，"地级及以上城市基本建成生活垃圾分类处理系统，县（市）建成区生活垃圾分类覆盖率不低于50%。地级市全部建成垃圾焚烧处理设施，城市生活垃圾无害化处理率达到100%，生活垃圾焚烧比例达到70%以上。"可以看出湖北省垃圾分类尚存在巨大的提升空间，要建立完善生活垃圾分类收运体系，全面提升垃圾焚烧处理能力，统筹建设焚烧飞灰处置设施。加强危险废物、医疗废物收集处理设施和转运处置体系建设③，提升餐厨垃圾、建筑垃圾、污泥等废物资源化利用水平，使得无害化处置率达到100%。

---

① 吕维霞，杜娟.日本垃圾分类管理经验及其对中国的启示［J］.华中师范大学学报（人文社会科学版），2016，55（01）：39-53.
② 中华人民共和国国民经济和社会发展第十四个五年规划和2035年远景目标纲要［N］.人民日报，2021-03-13（001）.
③ 湖北省国民经济和社会发展第十四个五年规划和二○三五年远景目标纲要［N］.湖北日报，2021-04-12（007）.

第四节 以"一主引领、两翼驱动、全域协同"推进生活方式绿色化转变的对策建议

2010年以来，在湖北省人民政府的主导下，湖北省在绿色低碳出行、能源资源节约、人居环境改善等方面取得积极进展。从加快推动绿色低碳发展，到持续改善环境质量；从提升生态系统质量和稳定性，到全面提高资源利用效率，都离不开广大公众踊跃践行绿色生活方式。[①] 要在发挥武汉城市圈引领、两大城市群两翼驱动、全域协同推进基础上，通过宣传教育、制度保障和有力监督等方式，强化全社会的绿色生活意识[②]，破除制约高质量发展、高品质生活的体制机制障碍，广泛形成绿色生活方式。

一、以武汉城市圈引领推进绿色生活方式绿色化转变建议

武汉城市圈发挥着"一主引领"的龙头作用，在绿色生活方式方面取得了不少进展，成绩有目共睹，需要继续支持武汉做大做强，发挥武汉龙头引领作用，加快推动武汉城市圈同城化发展，辐射带动全省绿色生活方式转变，全面提升城市人民生活品质。

1. 发挥武汉引领作用，带动武汉城市圈公共交通发展

由第二节公共交通空间格局分布可知，在武汉城市圈中，武汉万人拥有公共汽车数量和公共交通人均客运量都排名第一，与之相比，咸宁、鄂州、孝感万人拥有公共汽车数量较少，咸宁、孝感、黄冈公共交通人均客运量也较少。武汉作为国家中心城市、长江经济带核心城市和国际化大都市，干线铁路、城际铁路、市域（郊）铁路、城市轨道交通"四网融合"[③]，已形成快速、便捷的立体式公共交通格局。因此，武汉要发挥引领带头作用，完善以轨道交通为骨干的1小时通勤圈。咸宁、鄂州、孝感要加快推进有轨电车等重大交通基础设施建设，构建中心城区间15分钟交通圈，共同推进武汉城市圈交通一体化发展。

---

① 中国共产党第十九届中央委员会第五次全体会议公报［J］．冶金企业文化，2020（06）：4-7.
② 李国顺．马龙区推动绿色低碳生活［N］．曲靖日报，2021-03-01（001）．
③ 梁倩．多地发力建设现代化都市圈酝酿区域竞争新优势［N］．经济参考报，2021-02-23（001）．

2. 黄冈、孝感要加快推进绿地建设，提升城镇人均园林绿地面积

由第二节空间格局分布可知，在武汉城市圈中，潜江、鄂州、咸宁城镇人均园林绿地面积排名前三，而黄冈、孝感城镇人均园林绿地面积排名显著低于其他市州，因此，要加快推进黄冈、孝感城市生态长廊、绿化景观、人文景点、休闲绿道、郊野公园等设施建设，构建布局合理、功能齐全、特色鲜明的郊野公园、山地公园、城市公园、绿道公园四级公园体系，提升人均园林绿地面积。而武汉作为武汉城市圈的龙头城市，要创建国家生态园林城市、国家生态文明建设示范市和国际湿地城市，发挥引领示范带动作用，加快建设富有活力、宜居宜游、特色鲜明的滨江园林城市，推动城市慢行系统串点成线、连线成片，带动武汉城市圈绿地一体化发展。

3. 咸宁、鄂州要加快节约用水，推进节水型城市建设

由第一节、第二节分析可知，与武汉城市圈内其他城市相比，鄂州、咸宁的城镇生活人均日用水量较高，且超过中国建设部发布的《城市居民生活用水量标准》中的湖北省标准。因此，鄂州、咸宁要深入推进城镇节水工作，加快相关基础设施改造与建设，推广使用节水器具，将城市节水理念落实到每个人的行动中。武汉是武汉城市圈的龙头城市，节约用水效果最好，因此要发挥引领带动作用，加强新时期国家节水战略宣传，促使全社会重视城镇节水，推动全社会参与节水型城市建设。

4. 武汉要提高节约用电水平，推动武汉城市圈提高能源清洁化利用水平

由第二、三节可知，在武汉城市圈中，武汉的人均生活用电量最高。随着收入水平的提高和城镇化的不断推进，居民部门的生活用电消费量持续增长，我国面临着巨大的节能减排压力，居民部门的节能和碳减排对能源系统的转型和国家节能减排目标的实现具有重要意义。虽然电力也是清洁能源，但是电力是二次能源，电的产生会消耗化石能源，而过度的能源消耗和碳排放将不利于我国的生态环境和社会可持续发展。因此，需要推广节能家电、高效照明产品，提高居民生活节约用电水平。推进陆上风电和光伏发电全面实现平价无补贴上网；因地制宜开发水电；在安全的前提下，积极有序发展核电；加快推进抽水蓄能、新型储能等调节性电源建设，进一步优化完善电网建设，推动电网智慧化升级，大力提升新能源消纳能力，提高电力系统灵活调节水平。

二、以襄十随神城市群、宜荆荆恩城市群两翼驱动推进绿色生活方式绿色化转变的建议

襄十随神城市群、宜荆荆恩城市群是湖北省重要的绿色增长极，推进襄十

随神城市群、宜荆荆恩城市群绿色生活方式转变，是"十四五"时期优化区域发展布局、推进区域协调发展的重要内容。因此需要发挥两大城市群"两翼驱动"的支撑作用，驱动布局绿色生活方式转变，实现绿色发展。

1. 推进宜昌、恩施州提高天然气普及率，提高清洁能源利用水平

由第一节分析可知，宜荆荆恩城市群天然气普及水平低于襄十随神城市群，且襄十随神城市群内所有城市的天然气普及率都高于宜昌的天然气普及率。在宜荆荆恩城市群内，与其他两个城市相比，宜昌、恩施州的天然气普及率较低。因此，恩施州要努力打造天然气管网枢纽，加快建设油气产供储销体系，提高天然气普及率。宜昌要努力发挥引领示范作用，有序发展新能源和可再生能源，落实能源安全新战略，带动宜荆荆恩城市群天然气普及水平整体提升。

2. 推进荆州、随州提高生活垃圾无害化处理水平，提升公共服务水平

由第二节空间格局分布可知，襄十随神城市群中除随州外，其他两个城市生活垃圾无害化处理率都达到了100%，宜荆荆恩城市群中除荆州外，其他两个城市生活垃圾无害化处理率都达到了100%。因此，荆州、随州要围绕公共服务设施提标扩面、环境卫生设施提级扩能、市政公用设施提档升级，开展县城品质提升行动，补齐县城短板弱项，提升县城公共设施和公共服务水平[①]，形成与美好生活需要相适应的服务供给，使得城镇乡村美丽宜居、人与自然和谐共生，推进建设一批宜居宜业的美丽县城。

3. 发挥宜昌引领示范作用，提升襄十随神、宜荆荆恩城市群城镇人均园林绿地面积

由第二节空间格局分布可知，宜荆荆恩、襄十随神两大城市群中，宜昌的城镇人均园林绿地面积最高，襄十随神城市群城镇人均园林绿地面积整体低于宜荆荆恩城市群。因此要加快打造襄阳成为长江经济带重要绿色增长极，提升城镇人均园林绿地面积，带动襄十随神城市群城镇人均园林绿地面积整体提高。宜昌作为省域副中心城市、长江中上游区域性中心城市、长江经济带绿色发展示范城市，要积极投身长江经济带生态优先绿色发展的主战场，加快建设滨江宜居公园城市，带动襄十随神、宜荆荆恩两大城市群生态环境更加优美，国土空间开发保护格局优化，生态系统稳定性持续增强，环境治理能力提升，优质生态产品更加丰富，生态价值得到合理实现，绿色发展方式及生产生活方式加快形成。

---

① 湖北省国民经济和社会发展第十四个五年规划和二〇三五年远景目标纲要［N］．湖北日报，2021-04-12（007）．

三、湖北省全域协同推进绿色生活方式绿色化转变，形成绿色生活方式的建议

要促进"全域协同"推进绿色生活方式绿色化转变，需要各个城市共同努力，立足于各地资源环境现状，因地制宜，多方面促进绿色生活转型。实现经济社会发展的同时，人们生活质量也逐渐提高，实现人与自然的和谐发展，打造绿色生活、健康生活、宜居生活。

1. 鼓励绿色出行，倡导简约适度、绿色低碳的生活

绿色交通是绿色生态城市的重要组成部分。《中共中央国民经济和社会发展第十四个五年规划和二〇三五年远景目标纲要》提出，"科学规划布局城市绿环绿廊绿楔绿道，推进生态修复和功能完善工程，优先发展城市公共交通，建设自行车道、步行道等慢行网络，建设低碳城市。"同时从第三节可知，湖北省在绿色低碳出行方面存在巨大的潜力，因此，一是鼓励公共交通出行，推动城市公共交通实现电动化、清洁化，建设畅通城市。二是倡导推广新能源汽车，培养公民环境意识，大力发展新能源和清洁能源车辆，推动城市物流配送车辆实现新能源化。三是以自行车绿道交通为补充的便民生活圈，建设自行车道等慢行网络，积极推行绿色生活方式，促进生活方式向绿色低碳、文明健康等方向转变，形成绿色低碳环保的社会风尚。四是现在积极推进新能源公交车应用，刷新绿色出行颜值。目前，全省公交车中新能源公交车占比58%，到2022年年底，这一比重将增至77%左右；到2025年年末，新能源公交车占比将增至85%以上。在绿色城市与韧性城市互为促进的背景下，顺应城市发展新理念新趋势，开展城市现代化试点示范，建设宜居、创新、智慧、绿色、人文、韧性城市[1]。

2. 改善人居环境，建设美丽宜居城市

中央城市工作会议明确指出："城市建设要以自然为美，把好山好水好风光融入城市"，"留住城市特有的地域环境"，"努力把城市建设成为人与人、人与自然和谐共处的美丽家园"。宜居城市规划、建设和管理的基本方向就是不断地改善居民的居住环境，提供舒适的生活和休闲空间，促进社区的和谐发展，建立充满活力、开放和包容的社会环境，尊重和保护城市的历史和文化遗产，维护人与自然的和谐，共建美好和幸福的生活家园。[2] 从第三节可知，湖北省人均

---

[1] 中华人民共和国国民经济和社会发展第十四个五年规划和2035年远景目标纲要[N]. 人民日报，2021-03-13（001）.

[2] 张文忠. 宜居城市建设的核心框架[J]. 地理研究，2016，35（02）：205-213.

公园绿地面积还存在进一步的提升空间。因此,一是构建分层多级贯通三镇的城市风道、江湖相济湖网相连的城市水道、蓝绿交织清新富氧的绿道廊道,推进公园城市建设,构建布局合理、功能齐全、特色鲜明的郊野公园、山地公园、城市公园、绿道公园四级公园体系,推动城市慢行系统串点成线、连线成片。二是打造绿色、开放、共享的美好社区生活,突出服务、应急、活动、便民四大功能,合理制定公共服务设施配置标准,加快建设完善新城区、老城区、工业园区公共服务配套设施,加强老年人活动阵地建设。坚持人民城市为人民,实施城市更新行动,加快建设宜居城市、韧性城市、智慧城市、绿色城市、人文城市,让人民群众在城市生活得更方便、更舒心、更美好[①]。

3. 加强垃圾分类,形成文明健康的生活风尚

随着我国城市人口的不断增长和经济社会的不断发展,城市生活垃圾总量以每年8%~10%的增速累计,造成全国三分之一的城市身陷"垃圾围城"的困境,严重影响居民的生活质量。[②] 生活垃圾兼具污染性与资源性的特点,无论是在立法层面,还是在政策设计层面,抑或是在实践层面,都以生活垃圾减量化、无害化、资源化为主要目标。[③] 从第三节可知,根据全国及湖北省十四五规划纲要的要求,湖北省在垃圾分类方面尚存在巨大的提升空间。因此,一是加强垃圾分类,健全垃圾分类地方立法,推动生活垃圾分类投放、分类运输、分类处置。二是完善垃圾处理设施,提高垃圾无害化处理水平,推动生活垃圾、建筑垃圾、农业废弃物等资源化利用。三是倡导厉行节俭,减少使用一次性日用品,抵制过度包装商品;推行科学文明的餐饮消费模式,争做"光盘族",理性消费外卖,减少外卖垃圾产生量;推行"净菜半净菜进城",减少易腐垃圾产生量,从源头上推动垃圾减量,减轻末端处理压力。四是全面开展强化生活垃圾分类投放的宣传和督导,推行物质奖励和诚信积分相结合的激励制度,提高市民参与垃圾分类的积极性。

4. 完善绿色产品认证制度,加强政府绿色采购

低碳产品的购买行为是低碳消费的主要行为,对缓解碳排放、保护自然环境有着重要影响。首先需要建立完善的绿色产品认证制度,加强认证标准、认

---

① 湖北省国民经济和社会发展第十四个五年规划和二〇三五年远景目标纲要[N].湖北日报,2021-04-12(007).

② 晏梦灵,刘凌旗.日本城市生活垃圾处理的联动机制与居民自治会的重要作用[J].生态经济,2016,32(02):48-51,68.

③ 冯林玉,秦鹏.生活垃圾分类的实践困境与义务进路[J].中国人口·资源与环境,2019,29(05):118-126.

证体系、认证机制的研究，不断扩大认证范围，提高认证的规范性，建立科学化、精细化的认证产品采信机制和认证产品分级机制。《湖北省国民经济和社会发展第十四个五年规划和二〇三五年远景目标纲要》提出，"严格绿色产品标准、认证、标识制度，推广节能家电、高效照明产品、节水器具、绿色建材等绿色产品。"因此要建立环境标志、节能标志、绿色建筑标志、有机食品标志等制度，增加绿色消费产品供给，包括绿色食品、节能产品、绿色建筑、公共交通、环境标志产品，等等。加大绿色生态产品认证，健全绿色生态产品和服务的标准体系和绿色标识认证体系。又根据《湖北省国民经济和社会发展第十四个五年规划和二〇三五年远景目标纲要》"加大政府绿色采购力度，优先采购或强制采购节能产品、环境标志产品"。绿色采购活动体现了国家保护环境、节约资源的意愿，是人类面对生存危机、针对传统采购观提出的全新的绿色采购理念。政府绿色采购的实施，能够有效降低产品能耗，减少环境污染，缓解环境危机，促进绿色发展，因此需要加大政府绿色公共采购力度和范围。

参考文献

中文期刊文献

[1] 齐建国,王红等.中国经济新常态的内涵和形成机制[J].经济纵横,2015(03):7-17.

[2] 刘国斌,韩世博.人口集聚与城镇化协调发展研究[J].人口学刊,2016,38(02):40-48.

[3] 刘涛,齐元静,曹广忠.中国流动人口空间格局演变机制及城镇化效应——基于2000和2010年人口普查分县数据的分析[J].地理学报,2015,70(04):567-581.

[4] 汪光焘,王婷.贯彻《交通强国建设纲要》,推进城市交通高质量发展[J].城市规划,2020,44(03):31-42.

[5] 崔万田,何春.城镇化的农村减贫效应:理论机制与实证检验[J].经济科学,2018(04):89-102.

[6] 卢瑜,向平安.城镇化和生态环境的协同耦合研究——以长株潭城市群为例[J].城市发展研究,2020,27(01):1-6.

[7] 李兰冰,刘秉镰."十四五"时期中国区域经济发展的重大问题展望[J].管理世界,2020,36(05):36-518

[8] 阙政,刘绮黎.52颗明珠"入遗"年表[J].新民周刊,2017(29):20-29.

[9] 郭政,姚士谋,陈爽,等.长三角城市群城市宜居水平时空演化及影响因素[J].经济地理,2020,40(02):79-88.

[10] 刘修岩,梁昌一.中国城市群一体化水平综合评价与时空演化特征分析——兼论城市群规模的影响[J].兰州大学学报(社会科学版),2021,49(02):49-61.

[11] 许伟.以区域协调发展推进湖北"十四五"高质量发展[J].决策

与信息，2021（02）：16-22.

[12] 肖金成．中部崛起的新机遇与新挑战［J］．区域经济评论，2018（01）：20-21.

[13] 卢飞，刘明辉，孙元元．"两个比照"政策是否促进了中部崛起［J］．财贸经济，2019（01）：114-127.

[14] 李鸿忠．积极构建中部崛起的战略支点［J］．求是，2013（06）：4-5.

[15] 湖北省促进中部地区崛起工作办公室．再认识再定位再行动——新时期湖北实施中部崛起战略的思考与建议［J］．支点，2017（10）：54-56.

[16] 彭智敏，史佳可．经济新常态下促进中部崛起的任务选择［J］．湖北社会科学，2017（06）：75-79.

[17] 李朱．长江经济带发展战略的政策脉络与若干科技支撑问题探究［J］．中国科学院院刊，2020，35（08）：1000-1007.

[18] 袁北星，管志鹏．新中国成立以来湖北区域发展战略的历史演进与现实启示［J］．政策，2019（12）：49-51.

[19] 赵凌云．推进"两圈一带"总体战略引领湖北科学发展［J］．学习月刊，2009（15）：33-34.

[20] 董慧丽，夏志强．全面深入推进"两圈一带"总体战略［J］．学习月刊，2011（15）：36-37.

[21] 湖北省委政策研究室．省第十次党代会报告深度解读系列文章［J］．政策，2012（09）：22-40.

[22] 赵霞．建设"一主两副"鄂三角构筑中部崛起的重要战略支点［J］．党政干部论坛，2012（10）：35-36.

[23] 习近平．推动形成优势互补高质量发展的区域经济布局［J］．奋斗，2019（24）：4-8.

[24] 王鹏，张秀生．国外城市群的发展及其对我国的启示［J］．国外社会科学，2016（04）：115-122.

[25] 杨桂山，徐昔保，李平星．长江经济带绿色生态廊道建设研究［J］．地理科学进展，2015，34（11）：1356-1367.

[26] 蔡庆华．长江大保护与流域生态学［J］．人民长江，2020，51（01）：70-74.

［27］陆大道．长江大保护与长江经济带的可持续发展——关于落实习近平总书记重要指示，实现长江经济带可持续发展的认识与建议［J］．地理学报，2018，73（10）：1829-1836.

［28］湖北省人民政府关于印发湖北省推进国土空间规划体系建立并监督实施方案的通知［J］．湖北省人民政府公报，2020（01）：3-13.

［29］常纪文．国有自然资源资产管理体制改革的建议与思考［J］．中国环境管理，2019，11（01）：11-22.

［30］习近平．推动我国生态文明建设迈上新台阶［J］．奋斗，2019（03）：1-16.

［31］周亮，车磊，周成虎．中国城市绿色发展效率时空演变特征及影响因素［J］．地理学报，2019，74（10）：2027-2044.

［32］封志明，杨艳昭，闫慧敏，等．百年来的资源环境承载力研究：从理论到实践［J］．资源科学，2017，39（03）：379-395.

［33］廖慧璇，籍永丽，彭少麟．资源环境承载力与区域可持续发展［J］．生态环境学报，2016，25（07）：1253-1258.

［34］肖金成，安树伟．从区域非均衡发展到区域协调发展——中国区域发展40年［J］．区域经济评论，2019（01）：13-24.

［35］何建坤．中国能源革命与低碳发展的战略选择［J］．武汉大学学报（哲学社会科学版），2015，68（01）：5-12.

［36］田宜水．2015年中国农村能源发展现状与展望［J］．中国能源，2016，38（07）：25-29.

［37］石莹，朱永彬，王铮．成本最优与减排约束下中国能源结构演化路径［J］．管理科学学报，2015，18（10）：26-37.

［38］潘继平，杨丽丽，王陆新，等．新形势下中国天然气资源发展战略思考［J］．国际石油经济，2017，25（06）：12-18.

［39］顾佰和，谭显春，穆泽坤，等．中国电力行业CO_2减排潜力及其贡献因素［J］．生态学报，2015，35（19）：6405-6413.

［40］张恪渝，廖明球，杨军．绿色低碳背景下中国产业结构调整分析［J］．中国人口·资源与环境，2017，27（03）：116-122.

［41］张宏艳，江悦明，冯婷婷．产业结构调整对北京市碳减排目标的影响［J］．中国人口·资源与环境，2016，26（02）：58-67.

[42] 董梅,李存芳.低碳省区试点政策的净碳减排效应[J].中国人口·资源与环境,2020,30(11):63-74.

[43] 张晓梅,庄贵阳.中国省际区域碳减排差异问题的研究进展[J].中国人口·资源与环境,2015,25(02):135-143.

[44] 国家能源局.关于做好可再生能源发展"十四五"规划编制工作的通知[J].大众用电,2020,35(05):6-7.

[45] 刘佳骏,史丹,汪川.中国碳排放空间相关与空间溢出效应研究[J].自然资源学报,2015,30(08):1289-1303.

[46] 武红.中国省域碳减排:时空格局、演变机理及政策建议——基于空间计量经济学的理论与方法[J].管理世界,2015(11):3-10.

[47] 湖北省人民政府关于印发促进湖北高新技术产业开发区高质量发展若干措施的通知[J].湖北省人民政府公报,2021(05):25-29.

[48] 徐盈之,杨英超,郭进.环境规制对碳减排的作用路径及效应——基于中国省级数据的实证分析[J].科学学与科学技术管理,2015,36(10):135-146.

[49] 马丽梅,史丹,裴庆冰.中国能源低碳转型(2015—2050):可再生能源发展与可行路径[J].中国人口·资源与环境,2018,28(02):8-18.

[50] 林伯强.能源革命促进中国清洁低碳发展的"攻关期"和"窗口期"[J].中国工业经济,2018(06):15-23.

[51] 岳立,杨帆.新常态下中国能源供给侧改革的路径探析——基于产能、结构和消费模式的视角[J].经济问题,2016(10):1-6,97.

[52] 马骏.论构建中国绿色金融体系[J].金融论坛,2015,20(05):18-27.

[53] 雷英杰.专访中国银监会政策研究局巡视员叶燕斐绿色信贷或将释放更多生态红利[J].环境经济,2016(Z6):18-21.

[54] 林美顺.中国城市化阶段的碳减排:经济成本与减排策略[J].数量经济技术经济研究,2016,33(03):59-77.

[55] 张华,魏晓平.绿色悖论抑或倒逼减排——环境规制对碳排放影响的双重效应[J].中国人口·资源与环境,2014,24(09):21-29.

[56] 樊杰.主体功能区战略与优化国土空间开发格局[J].中国科学院院刊,2013,28(02):193-206.

[57] 刘纪远, 刘文超, 匡文慧, 等. 基于主体功能区规划的中国城乡建设用地扩张时空特征遥感分析 [J]. 地理学报, 2016, 71 (03): 355-369.

[58] 黄成, 吴传清. 主体功能区制度与西部地区生态文明建设研究 [J]. 中国软科学, 2019 (11): 166-175.

[59] 孙新雷, 孙蕾. 提升中原经济区金融支持力度研究 [J]. 区域经济评论, 2013 (05): 110-114.

[60] 杨伟民, 袁喜禄, 张耕田, 等. 实施主体功能区战略, 构建高效、协调、可持续的美好家园——主体功能区战略研究总报告 [J]. 管理世界, 2012, (10): 1-17, 30.

[61] 盛科荣, 樊杰. 主体功能区作为国土开发的基础制度作用 [J]. 中国科学院院刊, 2016, 31 (01): 44-50.

[62] 刘习平. 基于资源环境承载力的湖北沿长江干流经济带产业布局优化 [J]. 湖北经济学院学报, 2018, 16 (03): 46-53, 126.

[63] 彭佳捷, 周国华, 唐承丽, 等. 基于生态安全的快速城市化地区空间冲突测度——以长株潭城市群为例 [J]. 自然资源学报, 2012, 27 (09): 1507-1519.

[64] 白佳玉, 程静. 论海洋生态安全屏障建设: 理论起源与制度创新 [J]. 中国海洋大学学报 (社会科学版), 2016 (06): 19-25.

[65] 胡飞, 柯新利, 柴明, 等. 权衡城市扩张与永久基本农田保护的城市增长边界划定——以武汉市为例 [J]. 地理与地理信息科学, 2019, 35 (03): 72-77.

[66] 林坚, 乔治洋, 叶子君. 城市开发边界的"划"与"用"——我国14个大城市开发边界划定试点进展分析与思考 [J]. 城市规划学刊, 2017 (02): 37-43.

[67] 张小东, 韩昊英, 张云璐, 等. 国土空间规划重要控制线体系构建 [J]. 城市发展研究, 2020, 27 (02): 30-37.

[68] 杨荣金, 孙美莹, 傅伯杰, 等. 长江流域生态系统可持续管理策略 [J]. 环境科学研究, 2020, 33 (05): 1091-1099.

[69] 刘录三, 黄国鲜, 王璠, 等. 长江流域水生态环境安全主要问题、形势与对策 [J]. 环境科学研究, 2020, 33 (05): 1081-1090.

[70] 吴大放, 胡悦, 刘艳艳, 等. 城市开发强度与资源环境承载力协调分

析——以珠三角为例［J］．自然资源学报，2020，35（01）：82-94.

［71］赵建吉，刘岩，朱亚坤，等．黄河流域新型城镇化与生态环境耦合的时空格局及影响因素［J］．资源科学，2020，42（01）：159-171.

［72］方创琳，崔学刚，梁龙武．城镇化与生态环境耦合圈理论及耦合器调控［J］．地理学报，2019，74（12）：2529-2546.

［73］刘彦文，刘成武，何宗宜，等．基于地理加权回归模型的武汉城市圈生态用地时空演变及影响因素［J］．应用生态学报，2020，31（03）：987-998.

［74］陈力原，黄甘霖．全球长期城市生态研究中的社会经济要素：指标、数据与应用前景［J］．生态学报，2020，40（18）：6678-6686.

［75］赵文力，谢宜章，向平安．城市生态空间评价及量化标准分析——以长株潭城市群为例［J］．中南林业科技大学学报，2020，40（04）：72-79.

［76］肖金成．"十四五"时期区域经济高质量发展的若干建议［J］．区域经济评论，2019（06）：13-17.

［77］姚常成，吴康．多中心空间结构促进了城市群协调发展吗？——基于形态与知识多中心视角的再审视［J］．经济地理，2020，40（03）：63-67.

［78］姚常成，李迎成．中国城市群多中心空间结构的演进：市场驱动与政策引导［J］．社会科学战线，2021（02）：77-78，281.

［79］郭庆宾，刘静，王涛．武汉城市圈城镇化生态环境响应的时空演变研究［J］．中国人口资源环境，2016，26（02）：137-143.

［80］熊曦，张陶，段宜嘉，等．长江中游城市群绿色化发展水平测度及其差异［J］．经济地理，2019，39（12）：96-102.

［81］赵育恒，曾晨．武汉城市圈生态服务价值时空演变分析及影响因素［J］．生态学报，2019，39（04）：1426-1440.

［82］吴传清，黄磊．演进轨迹、绩效评估与长江中游城市群的绿色发展［J］．改革，2017（03）：65-77.

［83］张强，肖金成，陶一桃，等．"学习贯彻党的十九届五中全会精神"笔谈（续前）［J］．河北经贸大学学报，2021，42（02）：1-11.

［84］李兰冰，刘秉镰．"十四五"时期中国区域经济发展的重大问题展望［J］．管理世界，2020，36（05）：36-51，8.

［85］孙久文，易淑昶，傅娟．提升我国城市群和中心城市承载力与资源配

置能力研究［J］．天津社会科学，2021（02）：102-109．

［86］梁龙武，王振波，方创琳，等．京津冀城市群城市化与生态环境时空分异及协同发展格局［J］．生态学报，2019，39（04）：1212-1225．

［87］王浩，沈正平，李新春．淮海城市群战略定位与协同发展途径及措施［J］．经济地理，2017，37（05）：58-65．

［88］卢现祥，李慧．自然资源资产产权制度改革：理论依据、基本特征与制度效应［J］．改革，2021（02）：14-28．

［89］谭荣．自然资源资产产权制度改革和体系建设思考［J］．中国土地科学，2021，35（01）：1-9．

［90］谷树忠．自然资源资产及其负债表编制与审计［J］．中国环境管理，2016，8（01）：30-33．

［91］彭伟斌，曹稳键．"十四五"时期我国区域协调与绿色融合发展研究［J］．企业经济，2021，40（03）：142-150．

［92］徐素波，王耀东，耿晓媛．生态补偿：理论综述与研究展望［J］．林业经济，2020，42（03）：14-26．

［93］国家发展改革委国土开发与地区经济研究所课题组，贾若祥，高国力．地区间建立横向生态补偿制度研究［J］．宏观经济研究，2015（03）：13-23．

［94］李红举，宇振荣，梁军，等．统一山水林田湖草生态保护修复标准体系研究［J］．生态学报，2019，39（23）：8771-8779．

［95］易行，白彩全，梁龙武，等．国土生态修复研究的演进脉络与前沿进展［J］．自然资源学报，2020，35（01）：37-52．

［96］彭建，吕丹娜，张甜，等．山水林田湖草生态保护修复的系统性认知［J］．生态学报，2019，38（23）：8755-8762．

［97］王军，应凌霄，钟莉娜．新时代国土整治与生态修复转型思考［J］．自然资源学报，2020，35（01）：26-36．

［98］张文忠．宜居城市建设的核心框架［J］．地理研究，2016，35（02）：205-213．

［99］晏梦灵，刘凌旗．日本城市生活垃圾处理的联动机制与居民自治会的重要作用［J］．生态经济，2016，32（02）：48-51，68．

［100］冯林玉，秦鹏．生活垃圾分类的实践困境与义务进路［J］．中国人

口·资源与环境,2019,29(05):118-126.

[101] 廖琪,胡锐,容誉,等."十四五"时期湖北生态环境保护的阶段特征与战略选择[J].环境与可持续发展,2020,45(05):105-108.

[102] 董锁成,史丹,李富佳,等.中部地区资源环境、经济和城镇化形势与绿色崛起战略研究[J].资源科学,2019,41(01):33-42.

[103] 徐敏,王东,马乐宽,等.关于城镇污水处理厂进水浓度低及污水处理率修正的相关问题探讨[J].环境保护,2020,48(05):38-42.

[104] 李海生,傅泽强,孙启宏,等.关于加强生态环境保护打造绿色发展新动能的几点思考[J].环境保护,2020,48(15):33-38.

[105] 郭雯雯,陈永金,刘阁,等.2016—2019年长江中游城市群空气质量时空变化特征及影响因素分析[J].生态环境学报,2020,29(10):2034-2044.

[106] 丁镭,刘超,黄亚林,等.湖北省城市环境空气质量时空演化格局及影响因素[J].经济地理,2016,36(03):170-178.

[107] 姜大川,肖伟华,范晨媛,等.武汉城市圈水资源及水环境承载力分析[J].长江流域资源与环境,2016,25(05):761-768.

[108] 陈林,肖倩冰,蓝淑菁.基于产业结构门槛效应模型的环境政策治污效益评估——以《大气污染防治行动计划》为例[J].资源科学,2021,43(02):341-356.

[109] 黎文靖,郑曼妮.空气污染的治理机制及其作用效果——来自地级市的经验数据[J].中国工业经济,2016(04):93-109.

[110] 杨冕,王银.长江经济带PM2.5时空特征及影响因素研究[J].中国人口·资源与环境,2017,27(01):91-100.

[111] 高吉喜,李广宇,张怡,等."十四五"生态环境保护目标、任务与实现路径分析[J].环境保护,2021,49(02):45-51.

[112] 刘峥延,毛显强,江河."十四五"时期生态环境保护重点方向和任务研究[J].中国环境管理,2019,11(03):40-45.

[113] 罗敏.打赢蓝天碧水净土保卫战,实施升级版"十四五"污染防治攻坚战——访第十三届全国人民代表大会代表、生态环境部环境规划院院长、中国工程院院士王金南[J].环境保护,2020,48(11):12-16.

[114] 陈明华,王山,岳海珺,等.长江中游城市群雾霾污染的空间关联

测度与分析［J］．华东经济管理，2021，35（02）：20-30．

［115］高吉喜，李广宇，张怡，等．"十四五"生态环境保护目标、任务与实现路径分析［J］．环境保护，2021，49（02）：45-51．

［116］黄润秋．深入贯彻落实党的十九届五中全会精神，协同推进生态环境高水平保护和经济高质量发展［J］．环境保护，2021，49（Z1）：13-21．

［117］翁智雄，葛察忠，王金南．环境保护督察：推动建立环保长效机制［J］．环境保护，2016，44（Z1）：90-93．

［118］李丰．稻农节水灌溉技术采用行为分析——以干湿交替灌溉技术（AWD）为例［J］．农业技术经济，2015（11）：53-61．

［119］李洁．长江经济带土地综合承载力时空分异评价与障碍因子诊断［J］．华东经济管理，2019，33（08）：67-75．

［120］卢新海，刘瑞红，匡兵．湖北省耕地压力的区域差异及动态演进分析［J］．农业工程学报，2019，35（23）：266-272．

［121］李强，胡江．"十二五"规划中期绿色发展规划评估［J］．经济研究参考，2013（55）：48-56．

［122］杨宽，刘文建，闫涛．东乌珠穆沁旗矿产资源开发现状及可持续发展对策［J］．资源与产业，2014，16（01）：77-82．

［123］方玉东．我国农田污水灌溉现状、危害及防治对策研究［J］．农业环境与发展，2011，28（05）：1-6．

［124］王筱明，郑新奇．基于效益分析的济南市城市合理用地规模研究［J］．中国人口·资源与环境，2010，20（06）：160-165．

［125］邹德玲，丛海彬．中国产城融合时空格局及其影响因素［J］．经济地理，2019，39（06）：66-74．

［126］张家胜．政府工作报告——2021年1月14日在宜昌市第六届人民代表大会第六次会议上［J］．宜昌市人民政府公报，2021（01）：2-14．

［127］吴丹，王士东，马超．基于需求导向的城市水资源优化配置模型［J］．干旱区资源与环境，2016，30（02）：31-37．

［128］吕爱锋，韩雁，张士锋，等．水资源承载风险的理论、方法与实践［J］．中国水利，2020（19）：47-51．

［129］王晓东．政府工作报告——2021年1月24日在湖北省第十三届人民代表大会第五次会议上［J］．湖北省人民政府公报，2021（05）：3-15．

[130] 刘红梅, 孟鹏, 马克星, 等. 经济发达地区建设用地减量化研究——基于"经济新常态下土地利用方式转变与建设用地减量化研讨会"的思考 [J]. 中国土地科学, 2015, 29 (12): 11-17.

[131] 陆昊. 全面提高资源利用效率 [J]. 资源导刊, 2021 (02): 18-19.

[132] 王玉波. 我国土地财政供给类型与调控对策 [J]. 经济地理, 2018, 38 (01): 142-151.

[133] 黄端, 李仁东, 邱娟, 等. 武汉城市圈土地利用时空变化及政策驱动因素分析 [J]. 地球信息科学学报, 2017, 19 (01): 80-90.

[134] 杜祥琬, 钱易, 陈勇, 等. 我国固体废物分类资源化利用战略研究 [J]. 中国工程科学, 2017, 19 (04): 27-32.

[135] 周宏春. 加强"无废城市"建设的产业链管理 [J]. 环境保护, 2019, 47 (09): 14-20.

[136] 王浩, 王佳, 刘家宏, 等. 城市水循环演变及对策分析 [J]. 水利学报, 2021, 52 (01): 3-11.

[137] 杨萍, 季明川, 郝晋珉. 以土地高效利用为核心的现代农业园区设计与实证分析 [J]. 农业工程学报, 2015, 31 (09): 281-287.

[138] 缪宏. 生态文明专家视角: 黎祖交教授解读十九届五中全会精神 [J]. 绿色中国, 2020 (21): 8-15.

[139] 蔡琴, 朱梦曳, 刘天乐, 等. 从"无废城市"到"无废社会": 中国固废治理的战略方向 [J]. 可持续发展经济导刊, 2020 (11): 22-26.

[140] 石海佳, 项赟, 周宏春, 等. 资源型城市的"无废城市"建设模式探讨 [J]. 中国环境管理, 2020, 12 (03): 53-60.

[141] 杜祥琬, 刘晓龙, 葛琴, 等. 建设"无废雄安新区"的几点战略建议 [J]. 中国工程科学, 2017, 19 (04): 115-118.

[142] 周宏春. 电子废物何处去 [J]. 中国资源综合利用, 2016, 34 (01): 17-18.

[143] 龙花楼. 论土地利用转型与土地资源管理 [J]. 地理研究, 2015, 34 (09): 1607-1618.

[144] 鞠建华, 强海洋. 中国矿业绿色发展的趋势和方向 [J]. 中国矿业, 2017, 26 (02): 7-12.

［145］鞠建华，黄学雄，薛亚洲，等．新时代我国矿产资源节约与综合利用的几点思考［J］．中国矿业，2018，27（01）：1-5.

［146］王小敏，李书涛，黄丽，等．湖北省矿业形势分析及对策建议［J］．中国矿业，2019，28（08）：10-14.

［147］韩寒．深圳市轨道交通结构与商业活力空间关联分析［J］．经济地理，2021，41（03）：86-96.

［148］许文海．大力推进新时期节约用水工作［J］．水利发展研究，2021，21（03）：16-20.

［149］潘奕．城市节约用水规划目标和任务编制要点分析［J］．低碳世界，2021，11（03）：50-51.

［150］张恪渝，廖明球，杨军．绿色低碳背景下中国产业结构调整分析［J］．中国人口·资源与环境，2017，27（03）：116-122.

［151］王素萍．大力加强能源节约全面建设小康社会［J］．国土资源，2005（03）：22-23，3.

［152］高吉喜，宋婷，张彪，等．北京城市绿地群落结构对降温增湿功能的影响［J］．资源科学，2016，38（06）：1028-1038.

［153］罗娜，朱晓彤，王晓卓．浅谈城市公园景观设计思路与探索［J］．吉林蔬菜，2019（04）：78-79.

［154］刘永懋，宿华．我国饮用水资源保护与可持续发展研究［J］．中国水利，2004（15）：15-17，5.

［155］朱昌海，李文翎．天然气增长9.8%："气超油"理想照进现实［J］．中国石油企业，2021（04）：51-52.

［156］卜永广，范荣桂，禄润卿，等．我国城市生活垃圾处理与处置现状分析［J］．环境与可持续发展，2017，42（05）：95-98.

［157］程用文．政府工作报告——2021年1月29日在武汉市第十四届人民代表大会第六次会议上［J］．武汉市人民政府公报，2021（03）：3-15.

［158］李杰，卢耀东．衡水市落实《衡水市节约用水管理条例》的思考与对策［J］．河北水利，2021（01）：36-39.

［159］王甫园，王开泳，陈田，等．城市生态空间研究进展与展望［J］．地理科学进展，2017，36（02）：207-218.

［160］屠星月，黄甘霖，邬建国．城市绿地可达性和居民福祉关系研究综

述［J］．生态学报，2019，39（02）：421-431．

［161］蒋海兵，张文忠，韦胜．公共交通影响下的北京公共服务设施可达性［J］．地理科学进展，2017，36（10）：1239-1249．

［162］白羽，李富兵，王宗礼，等．2020年我国天然气供需形势分析及前景展望［J］．中国矿业，2021，30（03）：1-7．

［163］本刊编辑部．"城市矿藏"——垃圾处理不容小觑［J］．防灾博览，2017（02）：54-55．

［164］谭章智，李少英，黎夏，等．城市轨道交通对土地利用变化的时空效应［J］．地理学报，2017，72（05）：850-862．

［165］李苏秀，刘颖琦，王静宇，等．基于市场表现的中国新能源汽车产业发展政策剖析［J］．中国人口·资源与环境，2016，26（09）：158-166．

［166］吴健生，司梦林，李卫锋．供需平衡视角下的城市公园绿地空间公平性分析——以深圳市福田区为例［J］．应用生态学报，2016，27（09）：2831-2838．

［167］吕维霞，杜娟．日本垃圾分类管理经验及其对中国的启示［J］．华中师范大学学报（人文社会科学版），2016，55（01）：39-53．

［168］中国共产党第十九届中央委员会第五次全体会议公报［J］．冶金企业文化，2020（06）：4-7．

［169］蒋超良．高举旗帜牢记嘱托全面建成小康社会开启湖北"建成支点、走在前列"新征程——在中国共产党湖北省第十一次代表大会上的报告［N］．湖北日报，2017-07-03（001）．

［170］肖德．湖北地域文化与区域经济发展［N］．湖北日报，2016-12-07（015）．

［171］秦尊文．着力增强湖北经济发展的韧性［N］．湖北日报，2020-04-07（015）．

［172］湖北省统计局．2021年湖北经济运行情况解读［N］．湖北日报，2022-01-20（008）．

［173］阳小华．努力在中部地区崛起中走在前列［N］．湖北日报，2020-01-19（006）．

［174］周开斌．湖北工业化中期产业特征及发展对策思考［N］．湖北日报，2016-08-22（011）．

[175] 肖丽琼．湖北规上工业战略性新兴产业营收破万亿元大关［N］．湖北日报，2022-05-30．

[176] 廖志慧．历史性跨越！湖北经济总量突破5万亿重回全国第七位［N］．湖北日报，2021-01-21．

[177] 张爱虎．我省6年1100亿元购买公共服务7万个项目让群众享受多种服务［N］．湖北日报，2022-03-03．

[178] 湖北省统计局．坚定湖北经济长期向好的发展信心——2020年一季度经济数据解读［N］．湖北日报，2020-04-22．

[179] 佚名．中共湖北省委湖北省人民政府关于加快补上"三农"领域短板决胜全面建成小康社会的实施意见［N］．湖北日报，2020-04-11（005）．

[180] 秦尊文．"一主"重在塑造"引领型发展"［N］．湖北日报，2020-12-10（006）．

[181] 佚名．武汉城市圈政协主席论坛在咸宁举行依托城市圈培育和打造中部强大市场［N］．湖北日报，2019-12-30（020）．

[182] 吴瞳，马振华．武汉要主动做大做强引领推动长江中游城市群发展［N］．长江日报，2021-04-14（004）．

[183] 本报评论员．推进区域协调发展打造武汉城市圈同城化核心区——论贯彻市委七届十一次全会精神［N］．鄂州日报，2020-12-22（001）．

[184] 王才忠．全面建成小康社会湖北应该怎样作为——专访省委党校副校长、教授张继久［N］．湖北日报，2017-07-11（011）．

[185] 李墨．宜荆荆恩城市群：在1万亿元平台上起跳［N］．湖北日报，2022-04-28．

[186] 佚名．龙头引领四地一心天地宽——襄阳带动襄十随神城市群一体化发展回眸［N］．湖北日报，2022-04-28．

[187] 佚名．加快武汉都市圈建设打造全国重要增长极［N］．湖北日报，2022-03-23．

[188] 湖北日报评论员．在"一盘棋"中展现湖北担当作为——同题共答打造全国重要增长极［N］．湖北日报，2021-03-25（007）．

[189] 邹东山．砥砺奋进七十载跨越发展谱华章——新中国成立70年来湖北发展的历程、成就与启示［N］．湖北日报，2019-09-07（014）．

[190] 柳洁，董庆森．湖北抢占经济新赛道［N］．湖北日报，2022-06-

12（014）．

[191] 胡芳华．【奋进新征程建功新时代·非凡十年】奋力描绘湖北高质量发展新画卷［N］．央视网，2022-07-27．

[192] 文俊，张智，丘剑山．科技强省建设成势见效湖北创新能力进入全国"第一方阵"［N］．湖北日报，2022-05-19．

[193] 秦尊文．一元多层次战略体系的科学内涵［N］．湖北日报，2012-04-18（015）．

[194] 中共湖北省委政策研究室．论"一元多层次战略体系"［N］．湖北日报，2012-07-16（001）．

[195] 陈会君．一元多层次，协调发展的荆楚攻略［N］．湖北日报，2016-01-09（003）．

[196] 湖北日报评论员．加快建成中部地区崛起重要战略支点［N］．湖北日报，2021-03-15（001）．

[197] 李保林，周呈思．建成支点走在前列谱写新篇为全面建设社会主义现代化开好局起好步［N］．湖北日报，2020-12-03（001）．

[198] 廖志慧．新理念的湖北实践［N］．湖北日报，2021-05-23（003）．

[199] 谢慧敏，王忠林．突出"一主引领"更快"做大做强"［N］．湖北日报，2020-12-04（002）．

[200] 湖北日报评论员．一主引领两翼驱动全域协同——论科学优化区域发展布局［N］．湖北日报，2020-12-03（007）．

[201] 长江日报评论员．九城就是一城：武汉市委书记市长赴黄冈黄石孝感调研同城化［N］．长江日报，2022-03-26（007）．

[202] 谢慧敏．"一主引领"共舞荆楚未来［N］．湖北日报，2020-12-05（005）．

[203] 马振华，李佳，李金友，等．加快打造全国经济中心推动"大武汉"向"强武汉"迈进［N］．长江日报，2020-12-21（004）．

[204] 黄璐．"金凤凰"将展翅高飞［N］．湖北日报，2020-12-03（004）．

[205] 谢高波．凝心聚力推动形成"一主引领、两翼驱动、全域协同"区域发展布局［N］．湖北日报，2021-04-15（004）．

[206] 湖北日报评论员．开启中心城市引擎促进中部加速崛起［N］．湖北日报，2021-11-12（007）．

[207] 刘天纵，肖丽琼，张儒越．政策先行描绘县域经济突破路线图［N］．湖北日报，2021-04-03（010）．

[208] 湖北日报评论员．推进区域协调发展和新型城镇化——五论学习贯彻省第十二次党代会精神［N］．湖北日报，2022-06-27（007）．

[209] 湖北日报评论员．"领唱领舞"激发澎湃动力［N］．湖北日报，2022-01-23（007）．

[210] 习近平．在深入推动长江经济带发展座谈会上的讲话［N］．人民日报，2018-06-14（002）．

[211] 湖北省环境保护厅．《湖北省生态保护红线划定方案》解读［N］．湖北日报，2018-09-20（020）．

[212] 佚名．双核驱动多点支撑协同发展——宜昌以更大力度更实举措推进区域协同发展［N］．湖北日报，2019-08-26（006）．

[213] 佚名．深刻把握区域发展的本质和重要特征［N］．湖北日报，2022-02-09．

[214] 佚名．加快形成"强核、壮圈、带群、兴县"多点支撑、多极发力格局——二论纵深推进区域发展布局［N］．湖北日报，2022-02-10．

[215] 薛军，莫昌伟．王建军信长星与王祥喜座谈［N］．青海日报，2021-02-24（001）．

[216] 胡弦，张熙，李书颖等．湖北碳市场交易量、成交额占全国半壁江山［N］．湖北日报，2021-07-17（006）．

[217] 湖北省国民经济和社会发展第十四个五年规划和二〇三五年远景目标纲要［N］．湖北日报，2021-04-12（007）．

[218] 李剑军，吕梦媛．湖北非化石能源消费占比18%以上［N］．湖北日报，2021-03-18（007）．

[219] 林伯强．完善价格机制推动能源体制改革［N］．中国证券报，2018-07-25（A04）．

[220] 刘满平．以体制机制改革推动能源革命［N］．中国证券报，2014-10-27（A18）．

[221] 易纲，吴秋余．主动作为，支持绿色低碳高质量发展［N］．人民日

报，2021-04-15（012）.

［222］廖志慧.湖北省主体功能区规划解读：为每一块土地科学定位［N］.湖北日报，2013-03-01（006）.

［223］湖北日报评论员.让绿水青山成为最大财富最大优势最大品牌——四论贯彻落实省委十一届八次全会精神［N］.湖北日报，2020-12-09（001）.

［224］湖北日报评论员.保持加强生态文明建设的战略定力——三论学习贯彻全国两会精神［N］.湖北日报，2019-03-20（001）.

［225］秦尊文.以生态优先绿色发展为导向积极探索高质量发展新路［N］.湖北日报，2019-03-19（010）.

［226］中华人民共和国国民经济和社会发展第十四个五年规划和2035年远景目标纲要［N］.人民日报，2021-03-13（001）.

［227］程用文.政府工作报告［N］.长江日报，2021-02-04（003）.

［228］湖北省生态环境厅."十四五"蓝图绘就美丽湖北［N］.湖北日报，2021-01-29（008）.

［229］张晓美.关于创建国家级公交都市的建议［N］.阳泉日报，2022-04-10（003）.

［230］刘蔚.发展绿色交通，发挥减污降碳协同效应［N］.中国环境报，2021-04-08（003）.

［231］戴金星.天然气助力能源绿色低碳转型大有可为［N］.中国石油报，2021-03-01（002）.

［232］李国顺.马龙区推动绿色低碳生活［N］.曲靖日报，2021-03-01（001）.

［233］梁倩.多地发力建设现代化都市圈酝酿区域竞争新优势［N］.经济参考报，2021-02-23（001）.

英文期刊文献

［234］ZHANG Y, WANG W, LIANG L, et al. Spatial-temporal pattern evolution and driving factors of China's energy efficiency under low-carbon economy［J］. Science of The Total Environment, 2020, 739.

［235］WANG M, FENG C. The impacts of technological gap and scale economy on the low-carbon development of China's industries: An extended decomposition analysis [J]. Technological Forecasting and Social Change, 2020, 157: 120050.

[236] ZHANG J, ZENG W, WANG J, et al. Regional low-carbon economy efficiency in China: analysis based on the Super-SBM model with CO_2 emissions [J]. Journal of Cleaner Production, 2017, 163: 202-211.

[237] TIAN Y, WANG R, LIU L, et al. A spatial effect study on financial agglomeration promoting the green development of urban agglomerations [J]. Sustainable Cities and Society, 2021, 70: 102900.

[238] SPRINGER C, EVANS S, LIN J, et al. Low carbon growth in China: The role of emissions trading in a transitioning economy [J]. Applied Energy, 2019, 235: 1118-1125.

[239] WANG Y, LI X, ZHANG F, et al. Effects of rapid urbanization on ecological functional vulnerability of the land system in Wuhan, China: A flow and stock perspective [J]. Journal of Cleaner Production, 2020, 248 (Mar. 1): 119284.1-119284.13.

[240] GUERRY A D, POLASKY S, LUBCHENCO J, et al. Natural capital and ecosystem services informing decisions: From promise to practice [J]. Proceedings of the National Academy of Sciences, 2015, 112 (24): 7348-7355.

[241] PAN Z, HE J, LIU D, et al. Ecosystem health assessment based on ecological integrity and ecosystem services demand in the Middle Reaches of the Yangtze River Economic Belt, China [J]. Science of The Total Environment, 2021, 774: 144837.

[242] CAO H, QI Y, CHEN J, et al. Incentive and coordination: Ecological fiscal transfers' effects on eco-environmental quality [J]. Environmental Impact Assessment Review, 2021, 87: 106518.

[243] XU S, MIAO Y, GAO C, et al. Regional differences in impacts of economic growth and urbanization on air pollutants in China based on provincial panel estimation [J]. Journal of Cleaner Production, 2019, 208: 340-352.

[244] ZENG J, LIU T, FEIOCK R, et al. The impacts of China's provincial energy policies on major air pollutants: A spatial econometric analysis [J]. Energy Policy, 2019, 132: 392-403.

[245] ZHU B, ZHANG T. The impact of cross-region industrial structure optimization on economy, carbon emissions and energy consumption: A case of the Yangtze River Delta [J]. Science of The Total Environment, 2021, 778: 146089.

[246] SHUAI S, FAN Z. Modeling the role of environmental regulations in regional green economy efficiency of China: Empirical evidence from super efficiency DEA-Tobit model [J]. Journal of Environmental Management, 2020, 261: 110227.

[247] WANG M, HUANG Y, LI D. Assessing the performance of industrial water resource utilization systems in China based on a two-stage DEA approach with game cross efficiency [J]. Journal of Cleaner Production, 2021, 312: 127722.

[248] ZHANG B, LU D, HE Y, et al. The efficiencies of resource-saving and environment: A case study based on Chinese cities [J]. Energy, 2018, 150: 493-507.

[249] ZOU D, CONG H. Evaluation and influencing factors of China's industrial water resource utilization efficiency from the perspective of spatial effect [J]. Alexandria Engineering Journal, 2021, 60 (1): 173-182.

[250] XU L, TAN J. Financial development, industrial structure and natural resource utilization efficiency in China [J]. Resources Policy, 2020, 66: 101642.

[251] GAO H, WEI T, LOU I, et al. Water saving effect on integrated water resource management [J]. Resources, Conservation and Recycling, 2014, 93: 50-58.

[252] FAN J, HU J, KONG L, et al. Relationship between energy production and water resource utilization: A panel data analysis of 31 provinces in China [J]. Journal of Cleaner Production, 2017, 167: 88-96.

[253] CAO X, ZENG W, WU M, et al. Hybrid analytical framework for regional agricultural water resource utilization and efficiency evaluation [J]. Agricultural Water Management, 2020, 231: 106027.

[254] YU C, LI H, JIA X, et al. Improving resource utilization efficiency in China's mineral resource-based cities: A case study of Chengde, Hebei province [J]. Resources, Conservation and Recycling, 2015, 94: 1-10.

[255] XU C, DONG L, YU C, et al. Can forest city construction affect urban air quality? The evidence from the Beijing-Tianjin-Hebei urban agglomeration of China

[J]. Journal of Cleaner Production, 2020, 264: 121607.

[256] LENDER V, WARD THOMPSON C. Accessibility and use of peri-urban green space for inner-city dwellers: A comparative study [J]. Landscape and Urban Planning, 2017, 165: 193-205.

[257] ZHANG H, ZHUGE C, JIA J, et al. Green travel mobility of dockless bike-sharing based on trip data in big cities: A spatial network analysis [J]. Journal of Cleaner Production, 2021, 313: 127930.

[258] SUN D, ZENG S, LIN H, et al. Can transportation infrastructure pave a green way? A city-level examination in China [J]. Journal of Cleaner Production, 2019, 226: 669-678.

[259] ZHENG J J, CHENG Y, MA G, et al. Feasibility Analysis of Green Travel in Public Transportation: A Case Study of Wuhan [J]. Sustainability, 2020, 12 (16): 1-22.